Walter Julius Derenberg – Leben und Werk

Frankfurter wirtschaftsrechtliche Studien

Herausgegeben von
Theodor Baums, Andreas Cahn, Friedrich Kübler,
Hans-Joachim Mertens, Eckard Rehbinder, Gunther Teubner

Band 60

PETER LANG
Frankfurt am Main · Berlin · Bern · Bruxelles · New York · Oxford · Wien

René Runte

Walter Julius Derenberg – Leben und Werk

PETER LANG
Europäischer Verlag der Wissenschaften

Bibliografische Information Der Deutschen Bibliothek
Die Deutsche Bibliothek verzeichnet diese Publikation in der Deutschen Nationalbibliografie; detaillierte bibliografische Daten sind im Internet über <http://dnb.ddb.de> abrufbar.

Zugl.: Frankfurt (Main), Univ., Diss., 2003

D 30
ISSN 0723-0427
ISBN 3-631-52183-9

www.peterlang.de

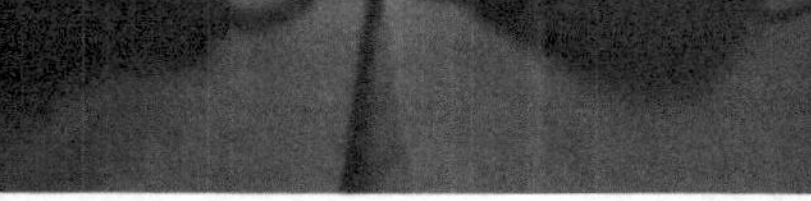

Meinen Eltern

und Aloys Runte

Danksagung

Der Verfasser bedankt sich vielmals für die ebenso hilf- wie zahlreiche Unterstützung, die er bei der Herstellung dieser Arbeit erfahren hat. Neben all den nicht ausdrücklich Erwähnten gilt der Dank des Verfassers insbesondere nachfolgenden Personen und Istitutionen:

Herrn Professor Dr. Dr. h.c. Theodor Baums für den Vorschlag dieses Dissertationsthemas und für die langjährige wertvolle sowie gedulgige Förderung bis zum Abschluss der Arbeit.

Der New York University, School of Law für die herzliche Gastfreundschaft und unentgeltliche Zurverfügungstellung sämtlicher Quellen und Forschungseinrichtungen während des Forschungsaufenthalts des Verfassers von Mai bis Dezember 1997.

Herrn Professor Dr. Dr. h.c.mult. Friedrich-Karl Beier und dem Max-Planck-Institut für ausländisches und internationales Patent-, Urheber- und Wettbewerbsrecht in München für die wertvollen Informationen und Hinweise und den Einblick in die mit Derenberg über 20 Jahre lang geführte Korrespondenz.

Dem Staatsarchiv Hamburg, dort Herrn Rose, welches mit den Ausbildungsunterlagen Derenbergs einen wesentlichen Baustein zur Rekonstruktion von Derenbergs Lebenslauf bis zu dessen Emigration beisteuerte.

Herrn Robert W. Hess, der als Stiefsohn Derenbergs in zeitumspannenden Telefonaten dem Verfasser bereitwillig und freundlich Auskunft auf zahllose Fragen gab und in großem Maß dazu beitrug, dass einzelne, nur schwer zu rekonstruierende Lebensphasen Derenbergs (insbesondere die sich unmittelbar an die Immigration anschließende Zeit) beleuchtet und die menschliche Seite Derenbergs noch farbiger dargestellt werden konnten. Obendrein übergab Herr Hess mit den von ihm verwahrten persönlichen Unterlagen Derenbergs einen Quellenfundus, der sich insbesondere bei der Darstellung des Lebens Derenbergs als von besonders hohem Wert erwies.

Herrn Vito Giordano, der als Partner Derenbergs in der Kanzlei Von Maltiz Derenberg Kunin Janssen & Giordano dem Verfasser den Kontakt zu Herrn Hess herstellte und in zahllreichen Gesprächen sich die Zeit nahm, dem Verfasser aufschlussreiche Informationen sowohl über Derenbergs Leben, seine Persönlichkeit als auch Tätigkeit zu vermitteln.

Den zwischenzeitlich verstorbenen Zeitzeugen Derenbergs, Herrn Professor Dr. Stefan A. Riesenfeld und Herrn Dr. Ernst C. Stiefel, die als jüdische Emigranten dem Verfasser neben Angaben zu der Person und Tätigkeit Derenbergs auch wichtige Informationen über die Umstände der Immigration und die Bedingungen im Aufnahmeland gegeben konnten.

Frau Charlotte Jones, United States Trademark Association (nunmehr INTA), für ihre persönlichen Schilderungen der Person Derenbergs, die sie in 13 Jahren der Zusammenarbeit mit ihm gewonnen hatte.

Den Zeitzeugen, Kollegen und vielfach auch Schülern Derenbergs, David Golberg, Morton David Goldberg, Arthur J. Greenbaum, Edward Halle, Professor Norman Redlich und Roe L. Zissu für ihre in mit dem Verfasser geführten Telefonaten mitgeteilten Informationen über die Persönlichkeit und Tätigkeit Derenbergs.

Für die großzügige finanzielle Unterstützung während der Dissertationstätigkeit bedankt sich der Verfasser bei der Universität Osnabrück sowie der Alfred Freiherr von Oppenheim-Stiftung des Stifterverbandes für die Deutsche Wissenschaft, die mit einem bedeutenden Reisekostenzuschuss den Forschungsaufenthalt des Verfassers in New York City, USA erst ermöglichte.

Inhaltsverzeichnis

Abkürzungsverzeichnis

AAA	American Arbitration Association
a.a.O.	am angegebenen Ort
ABA	American Bar Association
Abs.	Absatz
A.I.P.P.I.	Association Internationle pour la Protection de la Propriété Industrielle
Art.	Artikel; Article
ASCAP	American Society of Composers, Authors and Publishers
AT&T	American Telephone and Telegraph Company
Aufl.	Auflage
BCIA	Berne Convention Implementation Act
Bd	Band
BGBl	Bundesgesetzblatt
BT-Drucks.	Drucksache des Deutschen Bundestages
c.	caption
ca.	circa
CA 1909	Copyright Act of 1909
CA 1976	Copyright Act of 1976
CATV	Community Antennas Televisions
C.C.	Circuit Court
C.C.A.	Circuit Court of Appeals
C.C.P.A.	Court of Coustoms and Patent Apeals
Chair.	Chairman
CISAC	International Confederation of Author´s and Composer´s Societies
Cl.	Clause
Co.	Company
Congr.	Congress
Corp.	Corporation
D.	District
DAJV	Deutsch-Amerikainsiche Juristen-Vereinigung e.V.
D.C.	District of Columbia; District Court
Del.	Dellaware
ders.	derselbe
dies.	dieselbe
Diss.	Dissertation
Dr. d. R.	Doktor der Rechtswissenschaft
Dr. med.	Doktor der Medizin
Ed.	Edition
Edit.	Editors
E. D.	Eastern District
El.	Ergänzungslieferung

Eq. Cas.	Equity Cases
et al.	et alii (und andere)
f.	folgende
Fed.	Federal Reporter, Entscheidungssammlung der oberen Bundesgerichte
Fed. 2nd	Federal Reporter, 2nd Series
Fed. Supp.	Federal Supplement, Entscheidungssammlung der unteren Bundesgerichte
ff.	fortfolgende
FTC	Federal Trade Commission
GRUR Int.	Gewerblicher Rechtsschutz und Urheberrecht, Internationaler Teil
GEMA	Gesellschaft für musikalische Aufführungs- und mechanische Verfvielfältigungsrechte
H.L.	House of Lords
H.R.	House Report
Hrsg.	Herausgeber
IAB	International Acceptance Bank
ICC	International Review of Industrial Property and Copyright Law
IDEA	IDEA, Journal of Law and Technology
i.d.S.	in diesem Sinne
i.e.S.	im engeren Sinne
IHK	Industrie- und Handelskammer
i.H.v.	in Höhe von
IIC	International Review of Industrial Property and Copyright Law
IIDA	Instituto Interamericano de Direito de Autor (die emerikanische Bezeichnung lautet: Interamerican Copyright Institute)
Inc.	Incorporated
INTA	International Trademark Association
IntR	Internationales Recht
i.S.v.	im Sinne von
Jr.	Junior
JuS	Juristische Schulung
K.B.	King's Bench
L. Ed.	United States Supreme Court Reports, Lawyers' Edition
lit.	litera
L. R.	Law Reports
LTA	Lanham Trademark Act
Ltd.	Limited
Mfg.	Manufacturing

Mio.	Million(en)
m.w.N.	mit weiteren Nennungen
NAM	National Association of Manufacturers
N.D.	Nothern Distric
N.J.	New Jersey
NJW	Neue juristische Wochenschrift
No.	Number
NIRA	National Industrial Recovery Act
NS-Staat	Deutschland zur Zeit des Nationalsozialismus
NS-Zeit	Herrschaftszeit der Nationalsozialisten in Deutschland
N.Y.	New York
NYU	New York University
OCC	The Office of the Chief of Counsel
OPA	Office of Price Adminstration
o.V.	ohne Verfasserangabe
Prof.	Professor
PTC	Patents, Trademarks, and Copyrights
RBÜ	Revidierte Berner Übereinkunft
RGBl.	Reichsgesetzblatt
Rn.	Randnummer
S.	Seite; Senate
Sec.	Section
S.D.	Southern District
sog.	sogenannten
S. Res.	Senate Resolution
SS	Sommer Semester
St.	Saint
Stat.	Statute
S. W.	South Western Reporter
TMA	Trademark Act
TMR	The Trademark (früher auch Trade-Mark) Reporter
UCC	Universal Copyright Convention
UCCIA	Universal Copyright Convention Implementation Act
UCLA	University of California Los Angeles
UFITA	Archiv für Urheber-, Film-, Funk- und Theaterrecht
UNESCO	United Nations Educational Social Cultural Organisation
US	United States; United States, Entscheidungssammlung des Supreme Courts der Vereinigten Staaten
USA	United States of America
U.S.C.	United States Code

U.S.C.A.	United States Codes Annotated
USPQ	United States Patent Quaterly
USTA	The United States Trademark (oder früher auch Trade-Mark) Association
u.s.w.	und so weiter
v.	versus
Vol.	Volume
Vorb.	Vorbemerkung
Wasp	White Anglo-Saxon Protestant
W.D.	Western District
WS	Winter Semester
WUA	Welturheberrechtsabkommen

Literaturverzeichnis

Akten	zur Deutschen Auswärtigen Politik 1918-1945 Ergänzungsband zu den Serien A-E Gesamtpersonenverzeichnis Portraitphotos und Daten zur Dienstverwendung Anhänge Göttingen 1995
Annual Survey of American Law	Dedication of The Annual Survey of American Law, 1973/74 by The Board of Student Editors, S. IX, New York, 1974 [nachgedruckt in Bulletin of The Copyright Society of the U.S.A.,Vol. 23, 1975-1976, S. 8 f.]
Bappert, Walter Wagner, Egon	Internationales Urheberrecht, Kommentar München, Berlin, 1956
Bauer, Joseph P. Reach	A Federal Law of Unfair Copmetition: What Should be the of Section 43 (a) of the Lanham Trademark Act? UCLA Law Review, Vol. 31, 1984, S. 671 ff.
Baumgarten, Jon A. Meyer, Christopher A.	Die Bedeutung des Beitritts der USA zur Berne Übereinkunft GRUR Int., 1989, S. 620-627
Baums, Theodor	Rechtsnorm und richterliche Entscheidung im Wettbewerbsrecht Der Beitrag Rudolf Callmanns zur deutschen und amerikanischen Rechtsentwicklung erschienen in: Marcus Lutter, Ernst C. Stiefel, Michael H. Höflich (Hrsgr.), Der Einfluß deutscher Emigranten auf die Rechtsentwicklung in den USA und in Deutschland, Vorträge und Referate des Bonner Symposions im September 1991 Tübingen, 1993, S. 63-84
Barber, Arthur Wm.	The Constitution and Trade-Marks Bulletin of the United States Trade-Mark Association New Series, Vol. 8, 1912, S. 119-147
Barron, Jerome A. Dienes, C. Thomas	Constitutional Law: Principles and Policy Cases and Materials 2nd Edition Charlottesville, Virginia, 1982

Bennhold, Martin	Juristen im Exil erschienen in: Edith Böhne, Wolfgang Motzkau-Vahleton (Hrsgr.) Die Künste und die Wissenschaften im Exil 1933-1945 Gerlingen, 1992, S. 503-532
Beran, Martin J.	Derenberg Over-The-Shoulder The Trademark Reporter, Vol. 68, 1978, S. 282-344
Birmingham, Stephen	In unseren Kreisen Die großen jüdischen Familien New Yorks Aus dem Amerikanischen von Joachim A. Frank Frankfurt/M , Berlin, 1969 [Titel der amerikanischen Originalausgabe: Our Crowd Berlin, Frankfurt/M, Wien, 1967]
Boorstyn, Neil Parker, Dvora (Ed.)	Boorstyn on Copyright 2nd Edition, Vol. 1 Deerfield, Il., New York, NY, Rochester, NY Stand: September 1997
von Borries, Reimer	Ernst C. Stiefel (Nachruft) DAJV-Newsletter Zeitschrift der Deutsch-Amerikanischen Juristen-Vereinigung e.V. 1997, S. 135-136
Boytha, György	Die historischen Wurzeln der Vielfältigkeit des Schutzes von Rechten an Urheberwerken erschienen in: Dittrich, Robert (Hrsg.), Die Notwendigkeit des Urheberrechtsschutzes im Lichte seiner Geschichte Wien, 1991, S. 69-90
Browne, William Henry	A Treatise on the Law of Trade-Marks and Analogous Subjects (Firm-Names, Business-Signs, Good-Will, Labels, &c.) 1st Ed., Boston, 1885 2nd Ed., Boston, 1898
Bulletin of The United States Trade-Mark Association	The Use of a Trade-Mark with a Customer's Name Vol. 4, New Series, 1908, S. 118-121
idid.	Assistant Secretary Appointed Vol. 30, New Series, 1935, S. 284
Bulletin of The Copyright Society of the U.S.A.	Copyright Act Revision Authorized Vol. 2, No. 6, 1955, S. 159

Callmann, Rudolf	The Law of Unfair Competition Trademarks and Monopolies Vol. 3 3rd Edition Mundelein, Illinois, 1969 Vol. 4 4th Edition [fortgeführt von Altman, Louis] Deerfield, IL, New York, NY, Rochester, NY Stand: August 1997 (jeweils zit.: *Callmann*, Unfair Competition, Trademarks and Monopolies, Vol.)
ders.	The New Trade-Mark Act of July 5, 1946 The Trade-Mark Reporter, Vol. 37, 1937, Seiten 3-20
Carter, Chauncey P.	Legislative History of the New Trade-Mark Act The Trade-Mark Reporter, Vol. 36, 1946, S. 121-123
ders.	A New Day for Trade-Marks? The Trade-Mark Reporter,Vol. 36, 1946, S. 141-144
Cary, George D. Law,	The Impact of the Convention on United States Copyright The Universal Copyright Convention and Public Law 743 Bulletin of the Copyright Society of the U.S.A. Vol. 2, August 1954 - June 1955, S. 113-115
certiorary writ 1953 (Class Book 1953)	[ohne Titel], S. 19, [NYU interne Publikation]
Chaffee, Zechariah, Jr.	Coming into Equity with Clean Hands Michigan Law Review Vol. 47, 1948-49, Ann Arbor, Michigan, S. 1065-1096
Chernow, Ron	Die Warburgs – Odyssee einer Familie 1. Auflage, Berlin, 1994
Cohen, Julius Henry	The Arbitrator - Essentials of His Conduct - Impartiality The Arbitration Journal, Vol. 1, 1937, S. 189-192
Congressional Quarterly's Witt, Elder (Editor)	Guide to the U.S. Supreme Court Washington, D. C., 1979
Cornish, William R.	Das „Statute of Anne" (8 Anne c. 19) erschienen in: Wadle, Elmar (Hrsg.) Historische Studien zum Urheberrecht in Europa Berlin, 1993, S. 57-65

Cox, Rowland	The Constitution of the United States and its Relation to the Subject of Trade-Marks The Albany Law Journal 1895, S. 118-124
Currie, David P.	Die Verfassung der Vereinigten Staaten von Amerika Frankfurt a.M., 1988
Curry, James A. Riley, Richard B. Battistoni, Richard M.	Constitutional Government The American Experience St. Paul, New York, Los Angeles, San Francisco, 1989
Dannay, Richard	Alan Latman Journal of The Copyright Society of the U.S.A. Vol. 32, 1984-85 , S. 1
Deák, Francis	[Besprechung von Derenbergs erstem Buch} Harvard Law Review Vol. 45, 1931-1932, S. 954f. (zit.: *Deák*)
Delp, Ludwig	Das Recht des geistigen Schaffens München, 1993
Derenberg, Walter Julius	Der Trödelvertrag Diss., Hamburg, 1926
ders.	Warenzeichen und Wettbewerb in den Vereinigten Staaten von Amerika Berlin, 1931
ders.	Deceptive Advertising as Unfair Competition in Germany Trademark Bulletin, Vol. 27, 1932, S. 322-324
ders.	Resolutions of the Seventh Congress of The International Chamber of Commerce as to Changes in the Paris Union Convention Trademark Bulletin, Vol. 28, 1933, S. 263-267
ders.	"Roquefort Cheese" again before the Courts Trademark Bulletin, Vol. 30, 1935, S. 244-248
ders.	The Federal Tribunals versus the Fair Trade Acts Trademark Bulletin, Vol. 30, 1935, S. 276-280
ders.	Trade-Mark Protection and Unfair Trading Albany, NY, 1936

ders.	Is Piracy of Dress Designs an Actionable Wrong? Trademark Bulletin, Vol. 31, 1936, S. 57-63
ders. [als Vertreter der USTA]	Hearings before the Subcommittee on Trade-Marks Committee on Patents, House of Representatives 77th Congr., 1st Sess., on H. R. 102, H. R. 5461, and S. 895 November 4, 12, 13, and 14, 1941, S. 124-126 United States Government Printing Office Washington, D.C., 1941
ders.	Trade-Marks ante portas The Trade-Mark Reporter, Vol. 33, 1943, S. 135-151
ders.	Copyright Law, 1942 Annual Survey of American Law S. 702-711,New York, 1945
	Copyright Law, 1949 Annual Survey of American Law S. 855-866, New York, 1950
	Copyright Law, 1950 Annual Survey of American Law S. 701-713, New York, 1951
	Copyright Law, 1951 Annual Survey of American Law S. 712-728, New York, 1952
	Copyright Law, 1952 Annual Survey of American Law S. 618-632, New York, 1952
	Copyright Law, 1953 Annual Survey of American Law S. 367-381, New York, 1953
	Copyright Law, 1954 Annual Survey of American Law S. 407-419, New York, 1955
	Copyright Law, 1956 Annual Survey of American Law S. 228-237, New York, 1957
	Copyright Law, 1957 Annual Survey of American Law S. 246-262, New York, 1958
	Copyright Law, 1958 Annual Survey of American Law S. 237-255, New York, 1959
	Copyright Law, 1966 Annual Survey of American Law S. 337-350, New York, 1967

	Copyright Law, 1967 Annual Survey of American Law S. 581-596, New York, 1968 (zit.: *Derenberg*, Copyright Law, Annual Survey, [Jahresangabe])
ders.	The Law of Trade-Marks, 1943 Annual Survey of American Law S. 655-671, New York, 1945
ders.	Lanham Bill, H. R. 82, Reported by Senate Committee on Patents The Trademark-Reporter, Vol. 34, 1944, S. 177-181
ders.	The Trade-Mark Law Casts Its Shadow (La Touraine Case) The Trade-Mark Reporter, Vol. 36, 1946, S. 175-177
ders.	At the Threshold of the Lanham Trade-Mark Act The Trade-Mark Reporter, Vol. 37, 1947, S. 297-305
ders.	The Lanham Trade-Mark Act and its Impact on the Drug Industry Journal of the Patent Office Society, Vol. 29, 1947, 469-487
ders.	Foreign Law Aspects of the New Trade-Mark Act of 1946 The Trade-Mark Reporter, Vol. 37, 1947, S. 711-730
ders.	The Lanham Act of 1946 in Operation The Trade-Mark Reporter, Vol. 38, 1948, S. 628-639
ders.	The Lanham Trade-Mark Act of 1946 Practical Effects and Experiences After One Year's Administration The Trade-Mark Reporter, Vol. 38, 1948, S. 831-856 [Sowie: Journal of the Patent Office Society, Vol. 30, 1948 S. 730-772]
ders.	The Second Year of Administration of the Lanham Trade-Mark Act of 1946 The Trade-Mark Reporter, Vol. 39, 1949, S. 651-667
ders.	The Fourth Year […] The Trade-Mark Reporter, Vol. 41, 1951, S. 893-922
ders.	The Fifth Year […] The Trade-Mark Reporter, Vol. 42, 1952, S. 712-742

ders.	The Sixth Year […] The Trade-Mark Reporter, Vol. 43, 1953, S. 779-832
ders.	The Seventh Year […] The Trade-Mark Reporter, Vol. 44, 1954, S. 991-1054
ders.	The Tenth Year […] The Trademark Reporter, Vol. 47, 1957, S. 879-957
ders.	The Twenty-fifth Year […] The Trademark Reporter, Vol. 62, 1972, S. 393-502
ders.	The Twenty-sixth Year […] The Trademark Reporter, Vol. 63, 1973, S. 333-418
ders.	Preview of the International Trade-Mark Conference (Lisbon, 1951) The Trade-Mark Reporter, Vol. 40, 1950, S. 637-643
ders.	The Place of Literary and Artistic Property in Legal Education Association of American Law Schools, Vol. 6, 1953-1954 S. 108-112
ders.	Trade Regulation, 1955 Annual Survey of American Law S. 237-267, New York, 1956
ders. [supervisor]	Note New York University Law Review, Vol. 31, 1956 S. 1263-1312
ders.	The Problem of Trademark Dilution and the Antidilution Statutes California Law Review, Vol. 44, 1956, S. 439-488
ders.	Federal Unfair Comptition Law at the End of the First Decade of the Lanham Act: Prologue or Epilogue? New York University Law Review Vol. 32, 1957, S. 1029-1065
ders.	Comments Copyright Law Revision, Studies prepared for the Subcommittee on Patents, Trademarks, and Copyrights of the Committee of the Judiciary United States Senate, 86th Congr., 1st Sess. pursuant to S. Res. 53, Washington 1960 3rd Print, S. 56 f., 4th Print, S. 70 f., 7th Print S. 45 f. 10th Print S. 43 f.

ders.	Comment Copyright Law Revision, Part 2, Discussion and Comments on Report of the Register of Copyrights on the General Revision of the U.S. Copyright Law House Committee Print, 88th Congr., 1st Sess. Washington 1963, S. 273-277
ders.	[Stellungnahme], Transcript of Meeting on General Revision of the U.S. Copyright Law Library of Congress, Washington, D.C., 14.09.1961 abgedruckt in: Copyright Law Revision, Part 2 Discussion and Comments on Report of the Register of Copyrights on the General Revision of the U.S. Copyright Law Washington, 1963, S. 106
ders.	Product Simulation: A Right or a Wrong? Columbia Law Review Vol. 64, 1964, S. 1192-1215 [übersetzt abgedruckt: Sklavische Nachahmung - Recht oder Unrecht?, GRUR Int., 1965, S. 341-352]
ders.	[Stellungnahme], Hearings before the Subcommittee on Commerce and Finance of the Committee on Interstate and Foreign CommerceHouse of Representatives 88th Congr., 2nd Sess., on H.R. 4651 June 16 and 17, 1964 U.S. Government Printing Office, Washington, 1964 S. 44-58
ders.	Submission on behalf of AT&T Hearings before the Subcommittee on Patents, Trademarks, and Copyrights of the Committee on the Judicary United States Senate, 90th Congr., 1st Sess. persuant to S. Res. 37 on S. 597, April 28, 1967 Part 4, Appendix U.S. Government Printing Office, Washington, 1967 S. 1143 f.
ders.	The Status of United States Copyright Law Revision Bulletin of The Copyright Society, Vol. 15, 1967-68, S. 397
ders.	The Status of United States Copyright Law Revision Interauteurs, No 178, 1st quarter 1970, S. 50-55

ders.	Consumerism and "Old-Fashioned Commercial Honesty" IDEA, The Patent, Trademark and Copyright Journal of Research and Education Vol. 15, Conference Number 1971, S. 45-63
ders.	The Contribution of Edward S. Rogers to the Trademark Act of 1946 in Historical Perspective The Trademark Reporter, Vol. 62, 1972, S.189-196
ders.	Marcas abandonadas ?"campo libre" para todos? Revista Mexicana de la Propiedad Industrial y Artística Special Vol. 21-22, 1973, S. 147-160
Derenberg, Walter Julius Sargoy, Edward A.	Foreword Copyright Law Symposium, Number Twenty-Two Nathan Burkhan Memorial Competition Sponsored by the American Society of Composers Authors and Publishers Columbia University Press, New York, 1977, S. V-XX
Diamond, Sidney A.	Legal Protection for the „Moral Rights" of Authors and Other Creators The Trademark Reporter, Vol. 68, 1978, S. 244-281
Dieselhorst, Jochen	Was bringt das Urheberpersönlichkeitsrecht? Urheberpersönlichkeitsschutz im Vergleich: Deutschland - USA Diss., Frankfurt a.M., 1995
Dietz, Adolf	Die USA und das „droit moral": Idiosynkrasie oder Annäherung? GRUR Int. 1989, S. 627-634
Diggins, Bartholomew	The Lanham Trade-Mark Act The Trade-Mark Reporter, Vol. 37, 1947 S. 305-322, 419-451
Drug Trade News	Splendid Official Drug Trade News, 13 Juni, 1949, S. 34
Dubin, Joseph A.	[Stellungnahme], Transcript of Meeting on General Revision of the U.S. Copyright Law Library of Congress, Washington, D.C., 14.09.1961 abgedruckt in: Copyright Law Revision, Part 2 Discussion and Comments on Report of the Register of Copyrights on the General Revision of the U.S. Copyright Law Washington, 1963, S. 104-105

Ehrlich, Judith Ramsey Rehfeld, Barry J.	The New Crowd The Changing of the Jewish Guard on Wall Street Boston, Toronto, London, 1989
Fathchild, Irvin H.	Territoriality of Registered Trade-Marks Idaho Law Journal, Vol. 3, 1933, S. 193-205
Fawcett, Waldon	Trade-Mark Legislation in the 1934 Congress Bulletin of The United States Trade-Mark Association Vol. 28, New Series, 1933, S. 304-310
Fenning, Karl	Trade Mark Act Congressional Report Journal of the Patent Office Society Vol. 17, 1935, S. 120-133
Fezer, Karl-Heinz	Markenrecht, Kommentar zum Markengesetz, zur Pariser Verbandsübereinkunft und zum Madrider Markenabkommen 2. Auflage, München, 1999
Finkelstein, Herman	Preface Copyright Law Symposium, Number Twenty-Two Nathan Burkhan Memorial Competition Sponsored by the American Society of Composers Authors and Publishers Columbia University Press, New York, 1977 S. XXIII-XXV
Flint, Peter B.	Prof. Walter J. Derenberg Dies; Lawyer Was Copyright Expert The New York Times, 10.09.1975, S. 48
Föhr, Andreas	Der Copyright-Vermerk Diss., München 1990
Fortas, Abe	[Tribute to the] Dedication of the Annual Survey of the American Law, 1973/1974 1973/74 Annual Survey of American Law, S. X New York, 1974
Frankfurter Allgemeine Zeitung	Die Weltrangliste der wertvollsten Marken (Quelle: Interbrand) 27.06.2000, Verlagsbeilage Nr. 146, S. B6

Fromm, Friedrich Karl Nordemann, Wilhelm	Urheberrecht, Kommentar zum Urhebrrechtsgesetz und zum Urheberrechtswahrnehmungsgesetz mit den Texten der Urhebrrechtsgesetze Österreichs und der Schweiz 9. Auflage, Stuttgart, Berlin, Köln, 1998 (zit.: *Fromm/Nordemann-[Verfasser]*, Urhebrrechtskommentar)
Furler, [Vorname unbekannt]	[Stellungsnahme], Stenographische Berichte der Verhandlungen zur zweiten und dritten Beratung des Entwurfs eines Gesetzes über das am 6. September 1952 unterzeichnete Welturheberrechtsabkommen GRUR Int. 1955, S. 296-297
Galston, Clarence G.	Some Aspects of the Lanham Trade-Mark Act - Effective July 5 The Trade-Mark Reporter, Vol. 37, 1947, S. 412-419
Ganser, Lothar	Die Rechtsnatur des Trödelvertrags Diss., Rostock, 1937
Gavit, Bernard C.	The Commerce Clause of the United States Constitution Bloomington, Indiana, 1932 (zit.: *Gavit*, The Commerce Clause)
GEMA-Nachrichten	[Bildbeitrag über die Verleihung der Richard-Strauss-Medaille an Derenberg] Heft 90, 1971, S. 52
Ginsburg, Jane C. Goldberg, David Greenbaum, Arthur J. Gitlin, Paul	Trademark and Unfair Competition Law Cases and Material Charlottesville, Virginia, 1991 Walter J. Derenberg Bulletin of The Copyright Society of the U.S.A. Vol. 23, October 1975 - August 1976, S. 1
Göppinger, Horst	Juristen jüdischer Abstammung im „Dritten Reich“ Entrechtung und Verfolgung 2. Aufl., München, 1990
Goldman, Abe A.	The History of U.S.A. Copyright Law Revision from 1901 to 1954 Study No. 1, erschienen in: Copyright Law Revision Studies Prepared for the Subcommittee on Patents, Trademarks and Copyrights of the Committee on the Judiciary, United States Senate, 86th Congr., 1st Sess. pursuant to S. Res. 53, Washington 1960, S. 1-15

Goldstein, Paul	Copyright, Patent, Trademark and Related State Doctrines Cases and Materials 1st Edition, Chicago, Illinois, 1973
ders.	Copyright, Patent, Trademark and Related State Doctrines Cases and Materials on the Law of Intellectual Property 3rd Edition, Westbury, New York, 1990
Gorman, Robert A. Ginsburg, Jane C.	Copyright for the Nineties Cases and Materials 4th Edition, Charlottesville, Virginia, 1993
Greenbaum, Arthur J.	Foreword The Trademark Reporter, Vol. 68, No. 3, May- June 1978 [Walter J. Derenberg Memorial Edition], S. IV-VI
ders.	Remarks at the Funeral of Alan Latman on July 23, 1984 Journal of The Copyright Society, Vol. 32, 1984-85 , S.2-3
Guggisberg, Hans R.	Geschichte der USA 2. Auflage Stuttgart, Berlin, Köln, Mainz, 1988
Handler, Milton	False and Misleading Advertising Yale Law Journal, Vol. 39, 1929-30, S. 22-51
Handler, Milton Pickett, Charles	Trade-Marks and Trade Names - An Analysis and Synthesis Columbia Law Review Vol. 30, 1930, S. 168-201, 759-788
Hartnick, Alan J.	For Professor Alan Latman Journal of The Copyright Society of the U.S.A. Vol. 32, 1984-85 , S. 4-5
Hartwig, Thomas Roscher, Achim	Die verheißene Stadt Deutsch-jüdische Emigranten in New York Gespräche, Eindrücke, Bilder Berlin, 1986
Heideking, Jürgen	Geschichte der USA Tübingen, Basel, 1996

Henn, Harry G. (Chairman)	Report of Committe No. 304, Programm for Revision of the Copyright Law Section of Patent, Trademark and Copyright Law American Bar Association Committee Reports, 1960, to be presented at the Annual Meeting to be held August 26 – Septemper 1, 1960, Washington, D.C. S. 57-62, Chicago, 1960
Hesseltine, Norman F.	A Digest of the Law of Trade-Marks and Unfair Trading Boston, 1906
Hilg, Günter	Beamtenrecht 3. Auflage, München, 1990
Hirsch, Julius	Price Control in the War Economy New York, London, 1943
Hopkins, James Love	The Law of Trademarks, Tradenames and Unfair Competition 2nd Edition Chicago, 1905 4th Edition Cincinnatti, 1924
Hoffmann-Riem, Wolfgang Thieme, Werner	Die beiden juristischen Fachbereiche an der Universität Hamburg erschienen in: Jan Albers, Klaus Asche, Jürgen Gündisch, Hans-Joachim Seeler, Werner Thieme (Hrsgr.) Recht und Juristen in Hamburg Köln, Berlin, Bonn, München, 1994
Hughes, Charles Evans	The Supreme Court of the United States Its Foundation, Methods and Achievements An Interpretation New York, 1928
Journal of the Patent Office Society	Walter J. Derenberg Awarded 1963 Jefferson Medal Vol. 45, 1963, S. 498
ibid.	[ohne Titel], Vol. 29, 1947, S. 235
Kaminstein, Abraham L.	Preface, Copyright Law Revision, Report of the Register of Copyrights on the General Revision of the U.S. Copyright Law Washington, 1961, S. IX-XI

ders.	Divisibility of Copyrights Study No. 11, erschienen in: Studies on Copyright Arthur Fisher Memorial Edition, Copyright Society of the U.S.A., (Hrsg.) South Hackensack, N.J., 1963, S.623-688
Kaplan, Benjamin	The Registration of Copyright Study No. 17, erschienen in: Studies on Copyright Arthur Fisher Memorial Edition, Copyright Society of the U.S.A., (Hrsg.) South Hackensack, N.J., 1963, S. 325-392
Katz, Hanna	[Besprechung Derenbergs ersten Buches] A German Work on Trade-Marks and Unfair Competition in the United States Michigan Law Review, Vol. 30, 1931-32, S. 168-169 (zit.: *Katz*)
Kaznelson, Siegmund (Hrsg.)	Juden im deutschen Kulturbereich, Ein Sammelwerk 2. Auflage, Berlin 1959
Keller, Bruce P.	How Do You Spell Relief? Private Regulation of Advertising under Section 43(a) of the Lanham Act The Trademark Reporter, Vol. 75, 1985, S. 227-248
Kelly, Alfred H. Harbison, Winfried A. Belz, Herman	The American Constitution, Ist Origins and Developments 6th Edition, New York, London, 1995 (zit.: *Kelly/Harbison/Belz*, The American Constitution)
Kinkel, Klaus	Eröffnungsansprache erschienen in: Marcus Lutter, Ernst C. Stiefel, Michael H. Höflich (Hrsgr.), Der Einfluß deutscher Emigranten auf die Rechtsentwicklung in den USA und in Deutschland, Vorträge und Referate des Bonner Symposions im September 1991 Tübingen, 1993, S. 3-8
Klein, Woody	Out of the Woods The Villager, Greenwich Village, New York Thursday, 04.05.1967, S. 6
Kohler, Josef	Urheberrecht an Schriftwerken und Verlagsrecht [Neudruck der Ausgabe Stuttgart, 1907] Aalen, 1980

Krause, Eckart Huber, Ludwig Fischer, Holger (Hrsg.)	Hochschulalltag im „Dritten Reich" Die Hamburger Universität 1933-1945 Teil II: Philosophische Fakultät, rechts- und staatswissenschaftliche Fakultät Berlin, Hamburg, 1991 Teil III: Mathematisch-Naturwissenschaftliche Fakultät, Medizinische Fakultät, Ausblick, Anhang Berlin, Hamburg, 1991
Kuhbier, Peter	Grundlagen der quantitativen Wirtschaftspolitik Berlin, New York, 1981
Lacy, Dan	Copyright Revision in the United States, erschienen in: Copyright Current Viewpoints on History, Laws, Legislation Edited by Allan Kent and Harold Lancour, New York, London, 1972, S. 109-121
Ladas, Stephen P.	[Buchbesprechung *Derenbergs* zweiten Buchs] The Yale Law Journal, Vol. 47, 1937-38, S. 1425 f. (zit.: *Ladas*)
Latman, Alan	Walter J. Derenberg New York University Law Review, Vol. 50, 1975, S. 736 f.
ders.	A Glimpse at the New Copyright Act, The Copyright Act of 1976: Dealing with the New Realities New York, N.Y., 1977, S. 77-84
Leaffer, Marshall A.	Understanding Copyright Law 2. Edition, 1995, 1997 Reprint
Lepsius, M. Rainer	Juristen in der sozialwissenschaftlichen Emigration erschienen in: Marcus Lutter, Ernst C. Stiefel, Michael H. Höflich (Hrsgr.), Der Einfluß deutscher Emigranten auf die Rechtsentwicklung in den USA und in Deutschland, Vorträge und Referate des Bonner Symposions im September 1991 Tübingen, 1993, S. 19-31
Liddy, Sylvester J.	[Buchbesprechung Derenbergs zweiten Buchs] New York University Law Quarterly Review Vol. 14, 1936-37, S. 555-558 (zit.: *Liddy*)

Lively, Donald E. Haddon, Phoebe A. Roberts, Dorothy E. Weaver, Russel L.	Constitutional Law Cases, History, And Dialogues Cincinnati, Ohio, 1996
Lorenz, Ina	Die Juden in Hamburg zur Zeit der Weimarer Republik: eine Dokumentation Teil 2, S. 734-1550, Hamburger Beiträge zur Geschichte der deutschen Juden; 13,2 Hamburg, 1987
Lunsford, Julius R., Jr.	Unfair Competition: Uniform State Act Needed Virginia Law Review, Vol. 44, 1958, S. 583-601
ders.	Reflections of a Retired Trademark Attorney The Trademark Reporter, Vol., 86, 1996, S. 456-563
ders.	Foreword enthalten in: McKenney, Long III Federal Unfair Competition: Lanham Act § 43 (a) Release No. 4, Deerifield, Il., New York, NY Rochester, NY, April 1993
Lutter, Marcus Stiefel, Ernst C. Hoeflich, Michael H.	Vorwort enthalten in: Marcus Lutter, Ernst C. Stiefel, Michael H. Höflich (Hrsgr.) Der Einfluß deutscher Emigranten auf die Rechtsentwicklung in den USA und in Deutschland Vorträge und Referate des Bonner Symposions im September 1991 Tübingen, 1993, S. III-V
Mansfield, Walter R.,	[Tribute to the] Dedication of the Annual Survey of the American Law, 1973/1974 [to Derenberg] 1973/74 Annual Survey of American Law, S. X f. New York, 1974 [nachgedruckt in: Bulletin of The Copyright Society Vol. 23, 1975-1976, S. 9-10]
Marx, Robert Crawford, C. Frank	Umpires or Arbitrators? (A European Viewpoint, An American Viewpoint) The Arbitration Journal, Vol. 1, 1937, S. 126-131

McCarthy, J. Thomas	Trademarks and Unfair Competition Vol. 1 2nd Edition New York, 1984 [wird unter dem folgenden Titel fortgesetzt:] McCarthy on Trademarks and Unfair Competition Vol. 1 New York, 1996, Stand Dezember 1996 Vol. 3 New York, 1996, Stand: September 1996 Vol. 4 New York, 1996, Stand: Dezember 1996
McKay, Robert B.	Walter Derenberg: An Appreciation [Einleitung zum "Symposium on copyright and patent law in honor of Professor Walter Julius Derenberg" anläßlich dessen 65. Geburtstags] New York University Law Review Vol. 44, S. 447-449, 1969 [Bild Derenbergs auf Seite 446]
ders.	Walter J Derenberg - A Tribute Bulletin of The Copyright Society of the U.S.A. Vol. 23, October 1975 - August 1976, S. 2-5
ders.	Walter Derenberg: A Personal Recollection The Trademark Reporter, Vol. 68, 1978, S. 216-220
McKenney, Charles E. Long III, George F.	Federal Unfair Competition: Lanham Act § 43 (a) Release No. 4 Deerifield, Il., New York, NY, Rochester, NY Stand: April 1993
Merchant, John H.	Administration of the Lanham Act The Trade-Mark Reporter, Vol. 37, 1947, S. 287-293
ders.	The Walter Derenberg I Knew The Trademark Reporter, Vol. 68, 1978, S. 228-235
Merriam-Webster's	Collegiate® Dictionary 10th Edition, Springfield, Massachusetts, 1994
Mestmäcker, Ernst-Joachim Schulze, Erich	Kommentar zum deutschen Urheberrecht unter Berücksichtigung des internationalen Rechts und des Gemeinschaftsrechts in den Mitgliedstaaten der EU Band 2 und 3 Stand: 26. Lieferung, Neuwied, November 1998 (zit.: *Mestmäcker/Schulze*, Kommentar zum deutschen Urheberrecht)

Mitchell, Broadus Mitchell, Louise Pearson	A Biography of the Constitution of the United States Its Origin, Formation, Adoption, Interpretation 2nd Edition New York, 1975 (zit.: *Mitchell/Mitchell*, The Constitution of the United States)
Möhring, Philipp Schulze, Erich Ulmer, Eugen Zweigert, Konrad	Quellen des Urheberrechts, Gesetzestexte aller Länder 46. El. , Neuwied, Stand Mai 2000
Moore, Frank S.	Legal Protection of Goodwill Trade-Marks - Trade Emblems Advertising - Unfair Competition New York, 1936 (zit.: *Moore*, Legal Protection of Goodwill)
Moyer, Elliott H. (Special Assistant to the Attorney General, Antitrust Division, Department of Justice, Washington, D. C.)	Hearings before a Subcommittee of the Committee on Patents United States Senate, 78th Congr., 2nd Sess. on H. R. 82 November 15, and 16, 1944, S. 71-79 United States, Government Printing Office Washington, D.C., 1944
Nathanson, Nathaniel L.	The Emergency Court of Appeals erschienen in: Mansfield, Harvey C. (general supervisor) Problems in Price Control: Legal Phases Office of Temporary Controls Office of Price Administration, Washington, D.C. United States, Government Printing Office, 1947
National Association of Manufacturers	[Statement] Hearings before the Subcommittee on Trade-Marks Committee on Patents, House of Representatives 77th Congr., 1st Sess., on H. R. 102, H. R. 5461, and S. 895 November 4, 12, 13, 14, 1941, S. 132-136 United States Government Printing Office Washington, 1941
New York University	Founders Day Honors Convocation The 136th Anniversary of the Founding of the University Thursday, April 20, 1967, 8:00 P.M. [nicht veröffentlichte Quelle]

Nimmer, Melville B. Nimmer, David	Nimmer on Copyright: A Treatise on the Law of Leterary, Musical and Artistic Property, and the Protection of Ideas Vol. 3, New York, N.Y., Stand Sept. 97
Nims, Harry D.	The Law of Unfair Competition and Trade-Marks 3rd Edition, New York, 1929 4th Edition Vol. 2, New York, 1947
Nims, Harry D. Whitman, Stewart L.	Trade-Mark Menace Bulletin of The United States Trade-Mark Association Vol. 30, New Series, 1935, S. 157-161
Oertmann, Paul	Kommentar zum Bürgerlichen Gesetzbuch und seinen Nebengesetzen Bürgerliches Gesetzbuch, zweites Buch, Recht der Schuldverhältnisse, zweite Abteilung, §§ 433 bis 853 5. Auflage, Berlin, 1929 (zit. *Oertmann*)
O´Mahoney, Joseph C.	Foreword, Copyright Law Revision, Studies prepared for the Subcommittee on Patents, Trademarks and Copyrights of the Committee on the Judiciary United States Senate, 86th Congr., 1st Sess. pursuant to S. Res. 53 Studies 1-4, Washington 1960, S. III-IV
Oppenheim, Chesterfield S.	[Besprechung von Derenbergs zweitem Buch] The George Washington Law Review Vol. 5, 1936-37, S. 922 f. (zit.: *Oppenheim*)
Pacific Bridge	Law Seminar on Trademarks and Unfair Competition June 1966, [ohne Seitenangabe, Artikel enthalten in den Perönlichen Unterlagen Robert W. Hess']
Parkinson, Robert H.	Concerning Federal Trade-Mark Legislation: Its Needs, Whence and What the Power Report of the 26th Annual Meeting of the American Bar Association Vol. 26, Philadelphia, 1903, S. 598-643 (zit.: *Parkinson*, Concerning Federal Trade-Mark Legislation, Reports of the American Bar Association)
Patent and Trade Mark Review	United States, Trade Marks. Compulsory State Registration Killed in Kentucky Vol. 35, October 1936 - September 1937, S. 103

ibid.	United States, Trade Marks. Nevada. State Compulsory Registration Bill Vol. 35, October 1936 - September 1937, S. 129
ibid.	United States, Trade Marks. New York State Registration. Amended Bill Vol. 35, October 1936 - September 1937, S. 198
ibid.	United States, Trade Marks. Utah State Law Makes Registration Compulsory Vol. 35, October 1936 - September 1937, S. 262
ibid.	United States, Trade-Marks. New Jersey Bill Calling For Compulsory Registration Has Hearing Vol. 36, October 1937 - September 1938, S. 137 f.
ibid.	United States, Trade Marks. Derenberg Appointed Counsel Vol. 45, October 1946 - September 1947, S. 138
Patry, William F.	Latman's The Copyright Law 6th Edition, Washington, D. C., 1989
Pattishall, Beverly W.	Two Hundred Years of American Trademark Law The Trademark Reporter, Vol. 68, 1978, S. 121-147
Pattishall, Beverly W. Hilliard, David Craig	Trademarks Legal Education Publication Cases and Materials Series New York, N.Y., 1987
Pemberton, John C.	The "Chipso" Trade-Mark Bulletin of The United States Trade-Mark Association Vol. 28, New Series, 1933, S. 320-323
Picket, Charles	[Besprechung von Derenbergs zweitem Buch] Brooklyn Law Review Vol. 7, 1937-38, S. 543-546 (zit.: *Picket*)
Printers' Ink	If it's anything about trade-marks, Dr. Derenberg has the right answer 7. November, 1947, S. 16
Redlich, Norman Weinfeld, Edward	Alan Latman Journal of The Copyright Society of the U.S.A. Vol. 32, 1984-85 , S. 13-15

Report of the Commissioners	Appointed to Revise the Statutes Relating to Patents, Trade and other Marks, and Trade and Commercial Names Under Act of Congress Approved June 4, 1898 56th Congr., 2nd Sess., Senate, Document No. 20 Washington, Government Printing Office Washington, D.C., 1902
Reuter, Madalynne	The Walter Derenberg Copyright Library The Life of Copyright is Extended Publishers Weekly, May 3, 1976, S. 31 f.
Revista Mexicana	In Memoriam Walter J. Derenberg Revista Mexicana de la Propiedad Industrial y Artística Vol. 25-26, 1975, S. 9 f.
Riesenfeld, Stefan A.	Die neue Heimat: Roosevelts Amerika erschienen in: Marcus Lutter, Ernst C. Stiefel, Michael H. Höflich (Hrsgr.), Der Einfluß deutscher Emigranten auf die Rechtsentwicklung in den USA und in Deutschland, Vorträge und Referate des Bonner Symposions im September 1991 Tübingen, 1993, S. 9-13
Ringer, Barbara A.	Bibliography on Design Protection Copyright Office, The Library of Congress Washington D.C., 1955
dies.	The Unauthorized Duplication of Sound Recordings Copyright Law Revision Studies prepared for the Subcommittee on Patents, Trademarks, and Copyrights of the Committee on the Judicary United States Senate, 86th Congr., 2nd Sess. Study No. 26, Washington, D.C., 1957
dies.	Renewal of Copyright Study No. 31, erschienen in: Studies on Copyright, Arthur Fisher Memorial Edition, Copyright Society of the U.S.A., (Hrsg.) South Hackensack, N.J., 1963, S. 503-622
dies.	Walter J. Derenberg Bulletin of The Copyright Society of the U.S.A. Vol. 23, October 1975 - August 1976, S. 6-7

dies. | [Statement], Copyright Law Revsion, Hearings before the Subcommittee on Courts, Civil Liberties, and the Administration of Justice of the Committee on the Judiciary House of Representatives
94th Congr., 1st Sess. on H.R. 2223
Washington, D.C., 1976, S. 95-99

Ringer, Barbara A.
Gitlin, Paul | Copyrights
Practising Law Institute, Revised Edition
New York, N.Y., 1965

Rogers, Edward S. | Some Historical Matter Concerning Trade-Marks
Michigan Law Review, Vol. 9, 1910, S. 29 ff.

ders. | Some Suggestions Concerning a Trade-Mark Registration Act
Bulletin of The United States Trade-Mark Association
New Series, Vol. 16 (1921), S. 45 ff.

ders. | Preliminary Draft of a Trade-Mark Act
Bulletin of The United States Trade-Mark Association
New Series, Vol. 16 (1921), S. 195 ff.

ders. | Progress in the Revision of the Trade-Mark Law
Bulletin of The United States Trade-Mark Association
New Series, Vol. 17 (1922), S. 46 ff.

ders. | Revised Draft of a Trade-Mark Act
Bulletin of The United States Trade-Mark Association
New Series, Vol. 17 (1922), S. 225 ff.

ders. | Protection of Industrial Property
Michigan Law Review, Vol. 27, 1929, S. 491-498

ders. | Some Suggestions Concerning the Assignment of Trade-Marks
Bulletin of The United States Trade-Mark Association
New Series, Vol. 25, 1930, S. 231-240

ders. | [Statement of Edward S. Rogers]
Hearings before the Committee on Patents
Subcommittee on Trade-Marks, House of Representatives
75th Congr., 3rd Sess. on H. R. 9041,
March 15, 16, 17, 18, 1938
Washington, D.C., 1938, S. 11-14

ders. (Chairman)	Report of the Committee on Federal and State Trade-Mark Legislation American Bar Association Section of Patent, Trade-Mark and Copyright Law Committee Reports to be presented at the Annual Meeting to be held July 15-16, 1935, Los Angeles, California S. 9-17 to be held August 25-26, 1936, Boston, Massachusetts S.17-27 to be held September 27-28, 1937, Kansas City, Missouri S. 23-25 to be held July 25-27, 1938, Cleveland, Ohio, S. 66 f.
ders.	The Expensive Futility of the United States Trade-Mark Statute Michigan Law Review, Vol. 12, 1914, S. 660-676
ders.	Introduction [zu Derenbergs erstem Buch] enthalten in: Derenberg, Warenzeichen und Wettbewerb in den Vereinigten Staaten von Amerika Berlin, 1931, , S. III-V (zit.: *Rogers*, Vorwort zu Derenbergs erstem Buch, Warenzeichen und Wettbewerb in den in den Vereinigten Staaten von Amerika)
ders.	Foreword [zu Derenbergs zweitem Buch] enthalten in: Derenberg, Trade-Mark Protection and Unfair Trading Albany, N.Y., 1936, S. V-VII (zit.: *Rogers*, Foreword, Derenberg, Trade-Mark Protection and Unfair Trading)
ders.	The Lanham Act and the Social Function of Trade-Marks The Trademark Reporter, Vol. 62, 1972, S. 255-261
Rogers, Edward S. Fathchild, Irvin H.	Report of the Sub-Committee to the Joint Meeting of the Committees on Trade-Mark Law American Bar Association Section of Patent, Trade-Mark and Copyright Law Committee Reports to be presented at the Annual Meeting to be held September 27-28, 1937, Kansas City, Missouri S. 26-35
Ruby, Charles E.	[Buchbesprechung von Derenbergs zweitem Buch] Boston University Law Review, Vol. 17, 1937, S. 503-505 (zit.: *Ruby*)

Rüthers, Bernd	Recht als Waffe des Unrechts - Juristische Instrumente im Dienst des NS-Rassenwahns NJW 1988, S. 2825-2836
Sargoy, Edward A. (Chairman)	Report of Committe No. 15, Programm for Revision of the Copyright Law, Section of Patent, Trademark and Copyright Law American Bar Association Committee Reports, 1957, to be presented at the Annual Meeting to be held July 13-16, 1957 New York City Chicago, 1957, S. 51-69
Sauerland, Max	Dr. Julius Derenberg Hamburger Fremdenblatt, 80. Abendausgabe, 20.03.1928 [ohne Seitenagaben]
Savage, Henry J.	[Statement], Hearings before a Subcommittee of the Committee on Patents United States Senate, 78th Congr., 2nd Sess., on H. R. 82 November, 15, 16, 1944 United States Government Printing Office Washington, D.C., 1944
Sayre, Paul	The Law of Trade-Marks and Unfair Trading [Besprechung von Derenbergs zweitem Buch] Iowa Law Review, Vol. 23, 1937-38, S. 445-448
Schechter, Frank I.	The Historical Foundations of the Law Relating to Trade-Marks New York, 1925 (zit.: *Schechter*, The Historical Foundations of Trade-Mark Law)
ders.	Fog and Fiction in Trade-Mark Protection Columbia Law Review Vol. 36, 1936, S. 60-87
ders.	[Besprechung von Derenbergs erstem Buch] University of Pennsylvania Law Review and American Law Register Vol. 80, 1931 - 1932, S. 148f. (zit.: *Schechter*)
Schiller, Arthur A.	[Besprechung von Derenbergs erstem Buch] Columbia Law Review, Vol. 32, 1932, S. 160f. (zit.: *Schiller*)

Schricker, Gerhard | Urheberrecht, Kommentar
2. Auflage, München, 1999
(zit.: *Schricker-[Verfasser]*, Urheberrecht)

Shoemaker, William D. | Trade-Marks
A Treatise on the subject of Trade-Mark with particular reference to the laws relating to registration thereof
Vol. I
Washington, D. C., 1931,

Shulman, Harry | [Besprechung Derenbergs zweitem Buchs]
The University of Chicago Law Review, Vol. 5, 1937-38
S. 695-701
(zit.: *Schulman*)

Sloan, Irving J. (Editor and Compiler) | Desk-Top Guide to the Constitution
Chronology, Facts & Documents
London, Rome, New York, 1987

Sloman, John | Economics
New York, London, Toronto, Sidney, Tokyo, Singapore, 1991

Smith, Bradley F. | Der Jahrhundertprozeß
Die Motive der Richter von Nürnberg
Anatomie einer Urteilsfindung
Frankfurt a.M., 1977

Smith, Adam | An Inquiry into the Nature and Causes of the Wealth of Nations
[Nachdruck der Ausgabe von 1776], Oxford, 1976

Smith, Joseph | The American Constitution
The First Two Hundred Years 1787-1987
Exeter Studies in History No. 16
University of Exeter, 1987

Soergel | Kommentar zum Bürgerlichen Gesetzbuch mit Einführungsgesetz und Nebengesetzen
Band 2/2, Schuldrecht I/2, (§§ 433-515, AGB-Gesetz, AbzG, EKAG)
11. Auflage, Stuttgart, Berlin, Köln, Mainz, 1986
(zit.: *Soergel-[Verfasser]*)

Spencer, Richard | Some Administrative Difficulties Attending the Registration of Trade-Marks
Bulletin of The United States Trade-Mark Association
New Series, Vol. 35, 1940, S. 205-216

Staudinger, J. von	Kommentar zum Bürgerlichen Gesetzbuch mit Einführungsgesetz und Nebengesetzen Zweites Buch, Recht der Schuldverhältnisse, §§ 433-534 13. Bearbeitung, Berlin 1995 (zit.: *Staudinger-[Verfasser]*)
Stiefel, Ernst C.	Die deutsche juristische Emigration in den U.S.A. erschienen in: Festschrift für Walter Oppenhoff zum 80. Geburtstag Walter Jagenburg, Georg Maier-Reimer, Thomas Verhoeven (Hrsgr.) München 1985, S. 433-449
Stiefel, Ernst C. Mecklenburg, Frank	Deutsche Juristen im amerikanischen Exil (1933-1950) Tübingen, 1991
Stolleis, Michael	Die Rechtsordnung des NS-Staates JuS 1982, S. 645-651
Strauss, Herbert A. Röder, Werner (Hrsgr.)	Biographisches Handbuch der deutschsprachigen Emigration nach 1933 = International Biographical Dictionary of Central European Emigrés 1933-1945 Band I, Politik, Wirtschaft, Öffentliches Leben München, New York, London, Paris, 1980 Band II / Teil 1, A-K, The Arts, Science and Literature München, New York, London, Paris, 1983 Band III, Gesamtregister München, New York, London, Paris, 1983
Strauss, William Ringer, Barbara A.	Supplement to Bibliography on Design Protection Copyright Office, The Library of Congress Washington, D.C., 1959
Sullivan, Lawrence Anthony	Handbook of the Law of Antitrust Hornbook Series St. Paul, Minn., 1977
Supplement to The Bulletin of New York University School of Law	Walter Derenberg Copyright Library Dedicated at NYU School of Law Summer 1976, S. 3
Taylor, Telford	Die Nürnberger Prozesse Kriegsverbrechen und Völkerrecht Ergänzte Sonderausgabe, Zürich, 1951

The Bulletin of New York University School of Law	[ohne Titel] Vol. 4, No. 8, June 1949, S. 3
ibid.	[ohne Titel] Vol. 6, No. 4, Fall 1958, S. 12
ibid.	Professor in Profile Walter J. Derenberg Vol. 8, No. 3, Spring 1961, S. 11-13
ibid.	Professor Derenberg Donates Extensive Copyright Library to School of Law Vol. 10, No. 2, Winter 1962, S. 16
ibid.	Copyright Society 10th Anniversary Vol. 12, No. 1, Fall 1963, S. 9
The Commentator	[ohne Titel], November 20, 1973, S. 6 [NYU interne Publikation]
The New York Times	Three N.Y.U. Professors to Be Honored by Alumnis 13.04.1967, [Artikel enthalten in den persönlichen Unterlagen Robert W. Hess']
The Register of Copyrights	The Report in Summary, Copyright Law Revision, Report of the Register of Copyrights on the General Revision of the U.S. Copyright Law Washington, D.C., 1961, S. V-VII
The Trade-Mark Reporter	The United States Trade-Mark Association and the Lanham Trade-Mark Bill Vol. 35, 1945, S. 8-10
ibid.	Practising Law Institute Offers Course on Trade-Marks The Trade-Mark Reporter, Vol. 37, 1947, S. 548-550
ibid.	Dr. Walter J. Derenberg The Trademark Reporter, Vol. 49, 1959, S. 595
Tseng, Henry P.	New Copyright U.S.A. A Guide for Teachers and Librarians Colombus, 1979
Uchtenhagen, Ulrich	Zur Geschichte der amerikanischen Urheberrechts-Konventionen erschienen in: Dittrich, Robert (Hrsg.), Die Notwendigkeit des Urheberrechtsschutzes im Lichte seiner Geschichte Wien, 1991, S. 252-275

Ulmer, Eugen	Urheber- und Verlagsrecht 3. Auflage, Berlin, Heidelberg, New York, 1980
ders.	Walter J. Derenberg 70 Jahre GRUR Int., 1973, S. 668
ders.	[Nachruf] Walter J. Derenberg GRUR Int., 1975, S. 392
ders.	In Memoriam Walter J. Derenberg 1903-1975 International Review of Industrial Property and Copyright Law (IIC) Vol. 6, 1975, S. 365 f.
ders.	Walter Derenberg's Contributions to the Comparative and International Law of Intellectual Property The Trademark Reporter, Vol. 68, 1978, S. 239-243
UNESCO Copyright Bulletin	[ohne Titel], Vol. 3, 1950, S. 6
ibid.	Official Report of the Committee of Experts Vol. 3, 1950, S. 9-14
Upton, Francis Henry	A Treatise on Law of Trade-Marks Albany, 1860
U.S. Chief of Counsel for the Prosecution of Axis Criminality	Nazi Conspiracy and Agression Vol. I Washington, D.C., 1946
U.S. Department of Commerce Patent and Trademark Office	The Story of the U.S. Patent and Trademark Office Washington, D.C., 1988
US Office of Temporary Controls Office of Price Administration	The Beginnings of OPA Part I. The Price Control Act of 1942 by Wilson, William Jerome Part II. The price Stabilization Division by Hart, John A. Part III. Selective Price Control by Taylor, George R. Washington, D. C. [keine Datumsangabe] (zit.: US Office of Temporary Controls, The Beginnings of OPA)

US Office of Price Administration Henderson, Leon (Administrator)	First Quarterly Report for the Period Ended April 30, 1942 (United States Government Printing Office) Washington, D.C., 1942 (zit.: US Office of Price Administration, First Quarterly Report)
Waasen, Raphael van	Das Spannungsfeld zwischen Urheberrecht und Eigentum im deutschen und ausländischen Recht Diss., Frankfurt a.M., Berlin, Bern, New York, Paris, Wien, 1994
Wagenblaß, Horst	Volkswirtschaftslehre, öffentliche Finanzen und Wirtschaftspolitik 3. Auflage, Heidelberg, 1986
Walk, Joseph (Hrsg.)	Das Sonderrecht für die Juden im NS-Staat Eine Sammlung der gesetzlichen Maßnahmen und Richtlinien - Inhalt und Bedeutung Heidelberg, Karlsruhe, 1981
Weinfeld, Edward	Alan Latman Journal of The Copyright Society of the U.S.A. Vol. 32, 1984-85 , S. 16
Willoughby, Westel Woodbury	The Constitutional Law of the United States Vol. I, 1st Edition, New York, 1910
Wolff, John	[Besprechung von Derenbergs erstem Buch] Yale Law Journal, Vol. 41, 1931-1932, S. 481-483 (zit.: *Wolff*)
Woodard, Harold R.	The Lanham Act - Before and After The Trademark Reporter, Vol. 86, 1996, S. 449-455
Yarnell, Jules E.	Professor Derenberg Instituto Interamericano de Direito de Autor (IIDA) [amerikanische Bezeichnung: Interamerican Copyright Institute] Vol. 3, Sao Paulo, December 31, 1975 [die gesamte Ausgabe enthält keine Seitenzahlen, der Nachruf befindet sich auf der Titelseite]
Zissu, Roger L.	The Past Revisited - The Copyright Act of 1976 at Mid Decade: An Overview with Observations Journal of the Copyright Society of the U.S.A. Vol. 34, 1986-1987, S. 4-28

Zweigert, Konrad Kötz, Hein	Einführung in die Rechtsvergleichung auf dem Gebiet des Privatrechts 3. Auflage Tübingen, 1996

Einleitung

Als Herr Professor Dr. *Baums* im Juli 1996 das Leben und Werk *Walter Julius Derenbergs* dem Verfasser zum Gegenstand einer Dissertation vorschlug, wusste letzterer nicht, worauf er sich einließ. Weder die Person *Derenbergs* noch die Arbeitsweise, die mit einer solchen Aufgabe verbunden ist, waren ihm vertraut.

Was folgte, waren unzählige Momente mühseliger, zeitaufwendiger, journalistischer Kleinstarbeit, die nicht selten in den Bereich der Verzweiflung führten, sowie Jahre des Lernens in einem Bereich der Rechtsgeschichte des US-amerikanischen Warenzeichen- und Urheberrechts.

Was geblieben ist, ist ein Rückblick voller Dankbarkeit in Erinnerung an eine arbeits- und erlebnisreiche Zeit in New York City und die Überzeugung, ein außergewöhnliches Leben einer außergewöhnlichen Persönlichkeit kennengelernt zu haben.

Den Grund dafür, dass am Ende der Arbeit die positiven Erinnerungen im Vordergrund stehen, liefert *Derenberg* selbst.

Da ist zum einen die Quintessenz, die sich dem objektiven Betrachter aus dem Leben *Derenbergs* offenbart. Sie ist geprägt von Optimismus, Tatendrang und Menschlichkeit. Obwohl *Derenberg* durch die antisemitischen Maßnahmen des nationalsozialistischen Regimes im Alter von 30 Jahren seiner beruflichen Basis und deutschen Zukunft beraubt wurde, vermochte er es, seinem Leben Vielfältigkeit und Erfolg zu verleihen, und zwar in einem Maße, dass der zerstörerische Eingriff des Nationalsozialismus am Ende unbemerkt bleibt. Dieses Resultat am Ende von *Derenbergs* Leben beruht jedoch weniger auf Glück oder persönlichen Vergünstigungen, sondern ist vielmehr Ergebnis seiner ihm eigenen Art und Weise, sein eigenes Leben und Schicksal positiv und aktiv in die Hand zu nehmen. Deutliches Zeugnis für diese Eigenschaft *Derenbergs* ist der frühe Zeitpunkt seiner Emigration, nämlich 1934. Derenberg wurde aus seiner Heimat Deutschland zwar ebenso vertrieben wie die vielen anderen Emigranten jüdischen Glaubens. Aber er ist nicht nur vertrieben worden, sondern *Derenberg* ist auch selbst gegangen. Er hat nicht so lange tatenlos gewartet, bis die Situation konkret lebensgefährlich und aussichtslos geworden war. Vielmehr hat er sich aktiv zur Emigration entschlossen, um seinem Leben bestmöglichen Fortgang zu ermöglichen. *Derenberg* hat wider seinen Willen, aber bewusst, die Wurzeln zu seiner Heimat Deutschland und seiner Familie aufgegeben und den schweren Schritt in die Emigration auf sich genommen. Dabei ließ er ebenso viel zurück wie all die anderen Vertriebenen, aber ihm schien gewiss zu sein, dass er früher oder später diese Konsequenz würde ziehen müssen, und so nahm er sein Schicksal selbst in die Hand, solange er darauf noch Einfluss hatte.

Neben dieser aktiven Lebensauffassung *Derenbergs* ist die ungeteilt positive Erinnerung an ihn, die er bei seinen Mitmenschen hinterlassen hat, der zweite

Faktor, der den Rückblick auf diese Arbeit so freundlich und dankbar ausfallen lässt. *Derenbergs* Persönlichkeit hat einen überragenden Eindruck bei all denen hervorgerufen, die mit ihm in Kontakt kamen. Und dieser Eindruck herrscht noch bis heute vor. Dies war nicht nur in dem Inhalt der Aussagen der befragten Zeitzeugen, Kollegen und Freunde *Derenbergs* festzustellen, sondern ergab auch obendrein, dass jeder von ihnen erfreut und bemüht war, zu dieser Arbeit Informationen und Hilfe beitragen zu können.

Das Leben *Walter Julius Derenbergs* war facettenreich, dynamisch, allen äußeren Widrigkeiten trotzend und hochinteressant, und es war geprägt von einer warmherzigen Persönlichkeit, für die Gerechtigkeit und Lauterkeit den Kern menschlichen Zusammenlebens darstellten.

Die Achtung, die dem Verfasser im Laufe der Zeit gegenüber *Derenberg* erwuchs, mag sich vielleicht bei der Lektüre der folgenden Seiten auf den Leser übertragen. Die Objektivität der Darstellung hat sie nicht beeinflusst.

Erstes Kapitel: Das Leben Walter Julius Derenbergs

§ 1 Kindheit, Jugendzeit und Ausbildung

Überblick
- 08.12.1903 Derenberg wird in Hamburg geboren
- April 1909 - März 1912 Vorschule in Hamburg
- April 1912 - März 1921 Gelehrtenschule des Johanneums zu Hamburg
- März 1921 Abiturientenexamen
- SS 1921 - WS 1924/25 Studium der Rechts- und Staatswissenschaften an der Hamburgischen Universität
- 04.07.1925 Erstes juristisches Staatsexamen
- 06.07.1925 Ernennung zum Referendar in Hamburg
- 04.02.1926 Doktor der Rechte
- 13.10.1928 Zweites juristisches Staatsexamen in Hamburg

Walter Julius Derenberg wird am 08.12.1903 im Haus seiner Eltern in Hamburg Harvestehude im Frauenthal 9 geboren. Er wächst in einem wohlhabenden Elternhaus und familiären Umfeld auf. Neben seinem ein Jahr älteren Bruder *Carl* hat er noch zwei jüngere Schwestern, namentlich *Ruth*, 1906 geboren, und *Gabriele*, die 1914 das Licht der Welt erblickte.

Sein Vater, Dr. med. *Walter Derenberg*, ist ein in Hamburg praktizierender Hals-Nasen-Ohrenspezialist. Seine Mutter, *Martha Louise Derenberg*, entstammt der in Hamburg sehr berühmten und alt eingesessenen jüdischen Bankiersfamilie *Warburg*, deren Bankhaus M.M.Warburg & Co. seit 1798 besteht[1]. *Louise Derenberg* übt selbst keinen Beruf aus, engagiert sich aber stark im karitativen Bereich[2] und ist in geringem Maße auch politisch tätig[3].

---

[1] Die Warburgs waren äußerst vermögend und statusorientiert, was sogar dazu führte, dass Louises Mutter, Charlotte, gegen die Hochzeit von Louise und Walter Derenberg zu intervenieren suchte. So sagte sie zu Louise, als diese ein paar Möbelstücke bewunderte: „Wenn du deinen kleinen Arzt heiratest, kannst du dir die nicht leisten." (*Chernow*, Die Warburgs, S.119).

[2] Sie hilft beratend und finanziell sieben bis acht bedürftigen Familien (*Chernow*, Die Warburgs, S.118). Daneben ist sie Mitglied im jüdischen Frauenverein zur Unterstützung von Wöchnerinnen der Gemeinde und des Israelitischen Humanitären Frauenvereins (*Lorenz*, Die Juden in Hamburg zur Zeit der Weimarer Republik, Teil 2, S.850-852).

[3] Sie unterstützt öffentlich den Wahlaufruf der Religiös-Liberalen zur Wahl des Repräsentanten-Kollegiums der Deutsch-Israelitischen Gemeinde in Hamburg am 23. März 1930 (*Lorenz*, Die Juden in Hamburg zur Zeit der Weimarer Republik, Teil 1, S.236).

Ebenso wie die Eltern sind auch die Kinder jüdischer Konfession. Ihre Erziehung erfolgt in Bezug auf gesellschaftliche Aspekte bewusst sehr jüdisch, nicht jedoch in religiöser Hinsicht. So besucht die Familie nur einmal im Jahr die Synagoge und führt auch keinen dauerhaft koscheren Haushalt. Den Kindern wird vielmehr eine tolerante und liberale Haltung anderen Religionen gegenüber vermittelt, was auch darin seinen Ausdruck findet, dass *Derenbergs* Kindermädchen evangelisch-lutherischen Glaubens ist[4]. Die bewusst jüdische Erziehung bezieht und beschränkt sich darauf, die Kinder für ihre als Juden besondere gesellschaftliche Stellung innerhalb Hamburgs und Deutschlands zu sensibilisieren. So sagte die jüngste Schwester *Derenbergs*, *Gabriele*, über das von ihren Eltern vermittelte sozialpolitische Bewusstsein: „(...),wir haben gewußt, wir gehören zu einer Minorität. Wir haben gewußt, daß wir nicht die beliebteste Minorität waren, und wir haben gewußt, wir sollten uns anständig benehmen, weil wir soviel unter Kritik standen."[5]

Derenbergs Ausbildung beginnt im Jahre 1909 mit der Vorschule, wo er drei Jahre lang auf den Schulbeginn vorbereitet wird. An diese Zeit schließen sich neun Jahre Schulzeit an der Gelehrtenschule des Johanneums zu Hamburg an. Dort besteht er Ostern 1921 erfolgreich das Abitur. Nach eigenen Ausführungen entwickelt er in dieser Zeit besondere Vorlieben für die lateinische Sprache und die ältere und neuere Weltgeschichte[6]. Daneben empfindet er für die Musik tiefe Zuneigung, welche er an dem im Hause seiner Eltern befindlichen Flügel entfaltet und vertieft. Diese musische Ader pflegt *Derenberg* sein gesamtes Leben über und sie beeinflusst sogar die Auswahl eines seiner juristischen Tätigkeitsgebiete. Denn vor allem seine tief empfundene Wertschätzung gegenüber der künstlerischen Leistung ist als seine maßgebliche Motivation dafür anzusehen, dass sich die Anwendung und Weiterentwicklung der nationalen Urheberrechtsgesetze und das Streben nach einem die Welt umspannenden Copyright Law, dem auch die USA angehören sollten, zu *Derenbergs* größter juristischer Passion entwickelte[7].

Direkt im Anschluss an seine Schulzeit nimmt *Derenberg* im Sommersemester 1921 an der Hamburgischen Universität das Studium der Rechts- und Staatswissenschaften auf, in dessen Verlauf sich seine Interessenschwerpunkte

---

[4] Gabriele Derenberg Schiff in: *Hartwig/Roscher*, Die verheißene Stadt, S.147.

[5] Gabriele Derenberg Schiff in: *Hartwig/Roscher*, Die verheißene Stadt, S.147; *Chernow* schreibt über die Kindheit Walter J. Derenbergs und seiner Geschwister, dass sie in einer assimilierten Atmosphäre fast ohne jüdische Freunde groß wurden, siehe Die Warburgs, S. 119.

[6] Derenberg in seinem Lebenslauf anlässlich des Antrages, die Prüfung zum ersten juristischen Staatsexamen ablegen zu dürfen. Staatsarchiv Hamburg, Justizverwaltung – Personalakten A 1382 Walter Derenberg, Dr. d. R.

[7] Siehe hierzu die Ausführungen zu *Derenbergs* Einfluss auf das Urheberrecht der USA unten im zweiten Kapitel S. 155 ff.

auf den Gebieten der allgemeinen Rechtslehre, der allgemeinen Lehren des Privatrechts und des römischen Privatrechts herausbilden. Aber auch im nichtjuristischen Bereich zeigt *Derenberg* Interesse und besucht zwei Semester lang Vorlesungen über Kunstgeschichte; zugleich sucht er Einblicke in den Bereich der Nationalökonomie zu gewinnen[8].

Hätte die Studienwahl allerdings nach seinen eigenen Vorstellungen erfolgen dürfen, so wäre er dem Vorbild seines Vaters gefolgt und hätte Medizin studiert. Sein Onkel *Max M. Warburg* jedoch hatte die Ausbildung zum Juristen für *Derenberg* und den gesamten Familienkreis der *Warburgs* als von größerem potentiellen Nutzen angesehen und sich aufgrund seiner dominanten Stellung innerhalb der Familie mit seiner Ansicht durchsetzen können[9].

Nach dem sechsten Semester bittet *Derenberg* am 21. Februar 1925 die Senatskommission für die Justizverwaltung Hamburg erfolgreich um seine Zulassung zur ersten juristischen Staatsprüfung. Herausragend in seinem Examensverlauf ist die von ihm angefertigte Hausarbeit, welche von einem der vier Korrektoren sogar mit bestem Prädikat bewertet wird. Als sein schwächstes Rechtsgebiet stellt sich die Klausur im öffentlichen Recht dar, die von allen vier Prüfern ein „recht gut" erhält. Mit der mündlichen Prüfung erlangt *Derenberg* am 4. Juli 1925 sein erstes juristisches Staatsexamen mit der Gesamtnote "voll gut".

Bereits vor diesem erfolgreichen Abschluss seiner Studienzeit hatte sich *Derenberg* um eine Promotionsstelle bemüht. Als Doktorvater steht ihm Prof. Dr. *Reichel* von der Hamburgischen Universität zur Seite. *Derenberg* selbst bezeichnet sich als dessen besonderer Schüler, da dieser in ihm die Freude an der Rechtswissenschaft geweckt und seinem Studium die rechte Bahn gewiesen habe[10]. Als Dissertationsthema bekommt er die dogmatische Einordnung des Trödelvertrags gestellt[11]. Im Oktober 1925 schließt er die schriftliche Arbeit ab

---

[8] Derenberg in seinem Lebenslauf anlässlich der Beantragung, die Prüfung zum ersten juristischen Staatsexamen ablegen zu dürfen. Staatsarchiv Hamburg, Justizverwaltung – Personalakten A 1382 Walter Derenberg, Dr. d. R.

[9] Diese Information entstammt einem persönlichen Gespräch des Verfassers mit *Robert W. Hess*, der die hierarchische Einordnung Max M. Warburgs als „the sign of the family" bezeichnet. Auf die exponierte Stellung Max. M. Warburgs weist auch *Kaznelson* hin, indem er ihn als den hervorragendsten Vertreter des Hamburger Bankhauses bezeichnet, Juden im deutschen Kulturbereich, S. 757.

[10] Derenberg in seinem Lebenslauf anlässlich der Beantragung, die Prüfung zum ersten juristischen Staatsexamen ablegen zu dürfen. Staatsarchiv Hamburg, Justizverwaltung - Personalakten A 1382 Walter Derenberg, Dr. d. R.

[11] Der Trödelvertrag war damals von der rechtlichen Konstruktion her ein noch umstrittener Vertragstyp, der von Derenberg und auch heute noch als bedingter Kaufvertrag eingeordnet wird (*Derenberg*, Der Trödelvertrag, S.68; *Soergel - Huber*, vor § 433 Rn 69 f (11. Aufl.)). Sein Gegenstand ist die Übergabe einer Sache an eine andere Person, den "Trödler", zum Verkauf für einen festgesetzten Preis. Der "Trödler" wird in eigenem Namen und für

und reicht sie bei der Rechts- und Staatswissenschaftlichen Fakultät der Hamburgischen Universität zur Annahme ein. Die anschließende mündliche Prüfung besteht er am 4. Februar 1926 mit dem Prädikat "gut" und bekommt den Titel eines Doktors der Rechte verliehen.

Zu diesem Zeitpunkt hat *Derenberg* schon über sechs Monate seiner dreijährigen Referendariatszeit in Hamburg absolviert. Bereits am 6. Juli 1925, somit nur zwei Tage nach bestandenem erstem juristischen Staatsexamen, wird er in Hamburg zum Referendar ernannt und weitere zwei Tage später vereidigt. Seine erste Station beginnt er am 17. August 1925 bei dem Amtsgericht Hamburg, Zivilabteilung 5, bei Ausbilder Richter *Willers*. Es folgen noch weitere 15 Stationen, denen *Derenberg* jeweils unterschiedlich lange zugewiesen wird[12].

Als für damalige Verhältnisse ungewöhnlich ist hervorzuheben, dass er bereits während seiner Referendarszeit vom 15. September 1926 bis 31. Januar 1927 seinen ersten Auslandsaufenthalt im Rahmen seiner juristischen Karriere absolviert. Bei Dr. *George Melchior* in Scheveningen in den Niederlanden entwirft er Rechtsgutachten auf dem Gebiet des internationalen Privatrechts und bearbeitet theoretische Fragen aus eben diesem Rechtskreis und dem Völkerrecht. In seiner Bewertung ist *Melchior* von *Derenberg* sehr angetan, attestiert ihm sehr gute Kenntnisse auf dem Gebiet des deutschen Rechts und eine sehr gute allgemeine juristische Begabung. Mit diesem Urteil befindet sich *Melchior* in Übereinstimmung mit dem Tenor aller Ausbilder *Derenbergs*. Von einer Ausnahme abgesehen[13], bescheinigen ihm alle Ausbilder insgesamt eine weit

---

eigene Rechnung tätig, darf daher einen eventuellen Mehrerlös einstreichen und hat die Wahl, häufig innerhalb einer gesetzten Frist, die Sache zurückzugeben oder zum festgesetzten Preis selbst zu kaufen (*Staudinger - Mader*, Vorbem. zu §§ 494 ff Rn 13). Diese Vertragsart war schon dem römischen und gemeinen Recht als contractus aestimatorius bekannt (*Soergel - Huber*, vor § 433 Rn 72; *Oertmann*, S. 1016). Die Übersetzung in das Deutsche als "Trödelvertrag" ist von jeher als unglücklich bezeichnet worden (*Ganser*, Die Rechtsnatur des Trödelvertrags, S. 11f). Derenbergs Vorschlag, den Vertrag als "Kauf auf Absatz" zu bezeichnen (*Derenberg*, Der Trödelvertrag, S. 57) wurde unter den vielen bereits vorgenommenen Bezeichnungen selbst noch 1937 von einem Bearbeiter des gleichen Themas als einzig brauchbarer Vorschlag angesehen (*Ganser*, a.a.O., S.11 f). Dennoch hat sich dieser Begriff nicht behaupten können. Verträge in der Gestalt eines "Trödelvertrages" sind heute noch im Buchhandel anzutreffen und werden als Konditionsgeschäft oder auch Verkaufsauftrag bezeichnet (*Soergel - Huber*, vor § 433 Rn 69 / *Staudinger - Mader*, Vorbem. zu §§ 494 ff Rn 13). Auch hat Derenbergs Vorschlag, den Kauf auf Absatz gesetzlich zu kodifizieren (*Derenberg*, Der Trödelvertrag, S. 121), keine Gefolgschaft gefunden.

12 Staatsarchiv Hamburg, Justizverwaltung - Personalakten A 1382 Walter Derenberg, Dr. d. R.

13 Richter Dr. Delbanco, Abteilung für Konkurssachen am Amtsgericht in Hamburg, befindet, dass Derenbergs Leistungen in dieser Station nur als ausreichend anzusehen seien. Bei dieser Bewertung ist jedoch zu berücksichtigen, dass Delbanco Derenberg insgesamt nur 14 Tage zur Ausbildung bei sich hatte, nämlich vom 12.04. bis 19.04.1926 und vom 18.05. bis 25.05.1926. Andere Ausbilder, die Derenberg auch nur über ähnlich kurze Zeiträume zugeteilt

über dem Durchschnitt liegende juristische Kenntnis und Befähigung und heben neben seinem Fleiß, seiner Schnelligkeit bei der Erledigung der ihm überlassenen Aufgaben und seinem Interesse auf allen Fachgebieten stets sein tadelloses Auftreten ausdrücklich hervor[14]. Es zeigt sich in dieser Zeit, dass *Derenberg* dazu neigt, auch verhältnismäßig einfachen Stoff wissenschaftlich vertieft zu behandeln, indem er weit ausholend mit geschichtlichen Rückblicken die Bearbeitung abrundet. Genau dieser Umstand ist es jedoch, der während seiner Anwaltsstation neben all dem Lob auch Kritik hervorruft. Vom 4. Juli bis 31. Oktober 1927 führt das Referendariat *Derenberg* in die renommierte Hamburger Anwaltssozietät Prof. Dr. *Wassermann* - Prof. Dr. *Fischer* - Dr. *Bussmann*[15]. In der Beurteilung durch *Fischer*, der in gleichem Maße Theoretiker wie auch Praktiker ist, wird die mangelnde Entschlussfreudigkeit *Derenbergs* erwähnt, die aus seiner Tendenz zur theoretischen Vertiefung resultiere. Es fehle ihm noch die praktische Gewandtheit. *Fischer* sieht die Ursache für diesen Mangel in der bisherigen theoretischen Ausbildung *Derenbergs* und ist sicher, dass dieses Defizit bei entsprechender Gewichtsverlagerung seitens der Ausbilder *Derenbergs* schnell ausgeräumt werden wird.

Mit diesen alles in allem exzellenten Bewertungen stellt sich *Derenberg* der Prüfung zum zweiten juristischen Staatsexamen, welche er am 13. Oktober 1928 mit der Gesamtnote „recht gut" besteht.

Derenbergs juristische Ausbildung ist nun zu Ende, und schon am 15. Oktober 1928 wird er von der Landesjustizverwaltung Hamburg auf seinen Antrag hin zum Assessor ernannt.

Doch all der berufliche Erfolg für *Derenberg* in diesem Jahr kann nicht darüber hinweg täuschen, dass es sich hierbei um ein für ihn trauriges Jahr handelt, da es für den Tod seines Vaters steht, der am 11. März 1928 nach kurzer

---

bekommen hatten, enthielten sich einer Benotung und gaben nur ihren persönlichen Eindruck wieder. Diesbezüglich äußert sich Delbanco dahin, dass Derenberg ein tadelloses Verhalten gezeigt und an der Materie Interesse gefunden habe. Staatsarchiv Hamburg, Justizverwaltung - Personalakten A 1382 Walter Derenberg, Dr. d. R.

14 Landgerichtsdirektor Dr. Uhde, Zivilkammer 10, Landgericht in Hamburg, spricht sogar von einer sehr angenehmen Zusammenarbeit mit Derenberg. Der Oberlandesgerichtsrat Dr. Schultz, der Derenberg schon aus der mündlichen Prüfung her kannte und der der Leiter des Relationskurses war, an dem Derenberg teilnahm, berichtet am 31.03.1928, nachdem er ihn drei Monate als Ausbilder beim fünften Zivilsenat des Hanseatischen Oberlandesgerichts betreut hatte, dass es eine Freude sei, mit ihm zusammenzuarbeiten. Staatsarchiv Hamburg, Justizverwaltung - Personalakten A 1382 Walter Derenberg, Dr. d. R.

15 Die Praxis firmiert heute unter dem international bekannten Namen Lovells Boesebeck Droste.

Insbesondere zu Wassermann unterhält Derenberg über Jahre hinweg eine besondere juristische Beziehung. Er ist es, der Derenberg als sein universitärer Lehrer das Wettbewerbsrecht nahe bringt, ihm den Horizont für das amerikanische Recht öffnet und mittelbar den Anlass für sein erstes Buch geben wird.

schwerer Krankheit im Alter von nur 54 Jahren in Hamburg verstirbt[16]. *Derenberg*, der von sehr familiärer Natur war und seinen Vater liebte und verehrte, wird von diesem Verlust sehr beeinflusst, und es ist Beleg für seine strenge Selbstdisziplin, dass er dennoch sieben Monate später sein zweites Staatsexamen erfolgreich besteht.

§ 2 Auslandsaufenthalt und Beschäftigungen bis zur Emigration

Überblick
- 15.10.1928 Ernennung zum Assessor in Hamburg
- 16.11.1928 Derenberg beginnt einjährigen Auslandsaufenthalt, erste Station: New York
- 01.09.1929 zweite Station: London
- Mitte Dezember 1929 Rückkehr nach Hamburg
- 10.02.1930 Assessortätigkeit bei der Landesjustizverwaltung Hamburg
- 01.04.1931 Überweisung an das Amtsgericht Hamburg
- 01.10.1931 bis 31.03.1933 Assessortätigkeit bei der Berliner Industrie- und Handelskammer
- 18.03.1933 auf Antrag *Derenbergs* Entlassung aus dem Staatsdienst und Zulassung zur Hamburger Anwaltschaft
- 25.04.1933 Rücknahme der Zulassung zur Hamburger Anwaltschaft
- November 1934 Emigration nach New York, USA

Nach seiner Ausbildung und Ernennung zum Assessor bereitet sich *Derenberg* auf einen einjährigen Auslandsaufenthalt mit den Zielen New York und London vor. Er möchte die verschiedenen Rechtssysteme, mit denen er während seiner juristischen Ausbildung, insbesondere während seiner Auslandsstation bei *Melchior* in Scheveningen[17], schon theoretisch in Berührung gekommen ist, nun auch in der Praxis kennenlernen, wobei vor allem das jeweilige Verfahrensrecht und Wettbewerbsrecht seine erhöhte Aufmerksamkeit finden sollen.

Vor der Reise bespricht sich *Derenberg* mit dem Regierungsdirektor der Hamburger Justizverwaltung Dr. *Johannes Meyer*, zu dem er ein sehr gutes berufliches und freundschaftliches Verhältnis aufgebaut hat[18], über seine

---

[16] Siehe den Nachruf von *Sauerland*, der im Hamburger Fremdenblatt, 80. Abendausgabe, 20.03.1928, veröffentlicht ist. Das Biographische Handbuch nennt hiervon abweichend aber wohl unzutreffend 1925 als das Todesdatum Julius Derenbergs.

[17] Siehe die Ausfürhungen oben auf S. 6.

[18] Derenberg steht während seines Auslandsaufenthalts postalisch mit Meyer in Verbindung. Er schreibt ihm insgesammt drei Briefe, wobei zwei davon mit drei bzw. fünf beidseitig beschriebenen DIN A 4 Blättern mehr als nur durchschnittliche Länge aufweisen und neben

möglichen Berufsaussichten nach einem solchen Auslandsaufenthalt. Im Verlauf dieser Unterredung stellt *Meyer Derenberg* in Aussicht, nach seiner einjährigen Abwesenheit und Weiterbildung bei ihm, also in der Hamburger Justizverwaltung, als Assessor tätig werden zu können. Daneben bietet auch *Wassermann Derenberg* an, nach diesem einen Jahr in seiner Kanzlei *Wassermann - Fischer - Bussmann*, in der *Derenberg* schon während seiner Referendariatszeit tätig gewesen ist[19], den Anwaltsberuf aufzunehmen. Mit diesen Zusagen versehen begibt sich *Derenberg* am 16. November 1928 auf die Reise nach New York, USA.

In New York angekommen, bezieht er Quartier im Hotel San Rafael, 65 West 45th. Anfang Dezember beginnt er bei *Hervey, Barber & McKee*, eine damals große Anwaltskanzlei in New York, mit seiner juristischen Tätigkeit. Bei dieser Firma bleibt er bis zum Abschluss seines Aufenthalts am 31. August 1929[20] und liest sich während dieser Zeit in das amerikanische Rechtssystem ein, wobei er seine Schwerpunkte auf die Gebiete des Zeichenrechts und des Rechts gegen den unlauteren Wettbewerb legt.

Daneben ist *Derenberg* des öfteren als Gast amerikanischer Komitees zur Verbesserung des Zivil- und Strafprozesses anzutreffen[21].

Noch in den ersten zwei Monaten wird ihm vom deutschen Generalkonsul *Karl von Lewinsky*[22] angeboten, Deutschland anderthalb Jahre lang in der deutsch-amerikanischen Gemischten Kommission für amerikanische Kriegsschädenersatzansprüche in Washington zu vertreten. Diese Aufgabe hätte die Bearbeitung von ca. 6000 Klagen der Vereinigten Staaten von Amerika gegen Deutschland auf Reparationsleistungen, die noch aus dem ersten Weltkrieg resultierten, zum Gegenstand gehabt.

---

den sachlichen Informationen auch das gute menschliche Verhältnis dieser beiden Personen zueinander widerspiegeln. Die Antworten Meyers fallen zwar wesentlich kürzer, keine ist länger als eine Seite, aber nicht weniger freundlich aus. Staatsarchiv Hamburg, Justizverwaltung - Personalakten A 1382 Walter Derenberg, Dr. d. R.

[19] Siehe die Ausführungen oben auf S. 7.

[20] Bestätigung der Anwaltsfirma Hervey, Barber & McKee vom 03.03.1930. Staatsarchiv Hamburg, Justizverwaltung - Personalakten A 1382 Walter Derenberg, Dr. d. R.

[21] Das Interesse Derenbergs an Komitees mit solchen Themen rührt daher, dass er gerade das amerikanische Prozessrecht als für den deutschen Juristen sehr interessant findet, da es nur Verschiedenheiten und Gegensätze gebe, die man oft zuerst gar nicht für möglich halte. Brief Derenbergs aus New York vom 21.02.1929 an Meyer. Staatsarchiv Hamburg, Justizverwaltung - Personalakten A 1382 Walter Derenberg, Dr. d. R.

[22] Karl von Lewinski ist seit dem 28.10.1922 Leiter der deutschen Staatsvertretung bei der deutsch-amerikanischen Gemischten Kommission für amerikanische Kriegsschädenersatzansprüche (mixed claims commission) in Washington. Am 07.08.1925 übernimmt er parallel zu dieser Tätigkeit die Leitung des Generalkonsulats Deutschlands in New York. Akten zur Deutschen Auswärtigen Politik, 1918-1945, aus dem Archiv des Auswärtigen Amts, Ergänzungsband zu den Serien A-E, S.469.

Nach reiflicher Überlegung und Besprechungen mit seinem Onkel *Paul Warburg*[23] und *von Lewinsky* selbst lehnt *Derenberg* das Angebot ab. Es sei, wie *von Lewinsky* selbst eingesteht, keinerlei wissenschaftliches Arbeiten. Außer auf Englisch zu plädieren, werde man bei dieser Tätigkeit nicht weiter juristisch gefordert. Diese Fähigkeit meint *Derenberg* ohnehin schon in gewissem Maße erlernt zu haben, so dass ihn diese Arbeit nicht weiterbringe. Darüber hinaus habe er in New York bereits so viele Herausforderungen und Freunde

[23] Paul M. Warburg, geboren 1868 in Hamburg, und Bruder von Max M. Warburg, mit dem er seit 1895 das Bankhaus Max. M. Warburg in Hamburg selbständig leitete (*Chernow*, Die Warburgs, S.101), ist bereits 1902 auf Drängen seiner amerikanischen Ehefrau Nina *Loeb* in die Vereinigten Staaten nach New York übergesiedelt (*Chernow*, a.a.O., S. 122). Im selben Jahr wird er dort Teilhaber des amerikanischen Bankhauses Kuhn, Loeb und vergrößert auf diese Weise die Reichweite seiner Hamburger Familienbank erheblich (*Chernow*, a.a.O. S,122). Ausgestattet mit feinen Seismographen für wirtschaftspolitische Schwachstellen bemängelt er in den USA das Fehlen einer mit der im bestehenden Deutschland vergleichbaren Zentralbank und regt die Errichtung einer solchen Institution an. Nach anfänglichen, erheblichen Widerständen gelingt es ihm, an der Wall Street und in der Politik zahlreiche Befürworter zu finden, und als enger Berater des Senators Aldrich wird er als Hauptentwickler des sog. Aldrich-Plans von 1911 angesehen, der die Einrichtung einer solchen zentralbankähnlichen Stelle zum Gegenstand hat (*Chernow*, a.a.O. S.177). Dieser Aldrich-Plan scheitert zwar 1912 im Kongress, jedoch enthält er bereits die grundlegenden Gedanken, die 1913 im Federal Reserve Act ihren Ausdruck finden (*Chernow*, a.a.O., S.179). Und so wird Paul Warburg als eigentlicher Urheber dieses Federal Reserve Acts und der Federal Reservebank als solcher angesehen (*Kaznelson*, Juden im deutschen Kulturbereich, S. 758) In Fachkreisen schätzt man seine Kompetenz, 1923 sagt ein Bankdirektor über ihn, er sei der bestinformierte Bankier der Vereinigten Staaten (*Chernow*, a.a.O., S. 183 unter Verweis auf einen Bericht im „Redmonds Financial Weekly", 19.10.1923), und er wird am 10.08.1914 als eines von sieben Mitgliedern auf Druck des Präsidenten Woodrow Wilson im Zentralbankrat vereidigt (*Chernow*, a.a.O., S.184f.) und am 10.08.1916 sogar von Wilson zum Vizepräsidenten dieses Gremiums ernannt (*Chernow*, a.a.O., S.240). Im August 1918 tritt Paul Warburg allerdings von diesem Posten zurück, als sich angesichts der Kriegssituation eine emotionale Kampagne in den Zeitungen und teilweise in dem Senat in Gang gesetzt hatte, die seine Loyalität zu den USA aufgrund seiner deutschen Herkunft und seiner brüderlichen Verbindung zu Max M. Warburg und dessen Bankhaus in Frage stellte (*Chernow*, a.a.O., S.241-243). Ca. drei Jahre später, im April 1921, gründet er in New York die International Acceptance Bank, die sich auf Handelsfinanzierungen in Form von Vergabe kurzfristiger Kredite gegen Bankakzepte und bankgirierte Warenwechsel spezialisiert und dem Einlagengeschäft völlig fern bleibt (*Chernow*, a.a.O., S.285). Mit diesen Krediten wollte Paul Warburg das in Trümmern liegende Deutschland wieder aufzubauen helfen und finanzierte auf diese Weise bereits im Juli desselben Jahres die Getreideeinfuhren Deutschlands (*Chernow*, a.a.O. S.285). Des weiteren war er beratend an der Entwicklung des Dawes-Plans beteiligt, der die Reparationsforderungen gegen Deutschland erheblich verminderte. Seine IAB wurde Amerikas Agent für die Reichsbank und deren auf Golddeckung gestützte Diskontabteilung und stellte Deutschland 1924 einen Kredit in Höhe von 25 Mio. $ zur Verfügung (*Chernow*, a.a.O., S.343). Ende 1930 übernimmt sein Sohn Jimmy Warburg seine Stellung als Präsident der IAB. Am 24.01.1932 stirbt Paul Warburg (*Chernow*, a.a.O., S.407).

gefunden, und Washington sei ohnehin ein "Dorf". Sein Angebot, diese Arbeit nur für einige Monate ausüben zu wollen, wird seitens *von Lewinsky* abgelehnt.

Ein weiterer für *Derenberg* sehr bedeutsamer Grund, die Offerte abzulehnen, ist neben ihrer fehlenden wissenschaftlichen Herausforderung die Tatsache, dass *Derenberg* in New York bereits Anfang des Jahres 1929 eine wissenschaftliche Arbeit auf dem Gebiet des amerikanischen Zeichenrechts begonnen hat. Er hat sich für dieses Vorhaben auch schon äußerst kompetente Unterstützung sichern können, indem er im Büro eines der größten amerikanischen Spezialisten auf dem Gebiet des Warenzeichen-, Wettbewerbs- und Patentrechts, *A. W. Barber*, arbeiten darf[24]. Die Arbeit an dieser Schrift, betont *Derenberg*, interessiere ihn brennend, und er sei nicht gewillt, sie gegen die Tätigkeit in Washington einzutauschen.

Die Anregung zu diesem Vorhaben *Derenbergs* hatte *Wassermann* gegeben, der zu der damaligen Zeit Herausgeber der Zeitschrift "Markenschutz und Wettbewerb“ gewesen ist[25] und *Derenberg* vor dessen Reisebeginn gebeten hatte, hierfür eine Abhandlung über das amerikanische Zeichenrecht zu verfassen. *Derenberg* ist von dieser Herausforderung vor allem aus dem Grund so fasziniert, da es zu diesem Thema in den USA noch keine befriedigende systematische Bearbeitung gibt[26]. Aber dies ist auch genau der Umstand, der ihn bereits nach zwei Monaten Bearbeitungszeit befürchten lässt, dass seine später verfasste Ausarbeitung den Rahmen der von *Wassermann* gewünschten Schrift um Längen überschreiten wird[27]. Und so teilt er schon im Februar 1929 *Meyer* in seinem Brief mit, dass er glaube, noch mindestens ein halbes Jahr für dieses Thema zu benötigen. Diese Vermutung sollte sich als richtig erweisen, denn *Derenberg* beendet seine, wie er sich ausdrückt, „Schrift über amerikanisches Industrierecht“ Ende August 1929[28]. Obwohl er diese Abhandlung als Buch

---

24 Barber ist damals gleichzeitig auch Geschäftsführer der U. S. Trade-Mark-Association.

25 Zu dieser Tätigkeit Wassermanns siehe *Kaznelson*, Juden im deutschen Kulturbereich, S. 645.

26 Er schreibt Meyer am 21.02.1929, dass die Arbeit dadurch um so schwerer, aber auch um so lohnender sei.

Dass er mit seiner Aussage, dass es keine befriedigende systematische Bearbeitung zu diesem Thema gebe, keiner Fehleinschätzung unterliegt, zeigen die überragenden Rezensionen seines später erschienenen Buchs. Siehe hierzu die Ausführungen unten im zweiten Kapitel S. 98 ff. und das in seinem Buch enthaltene Vorwort von *Rogers*, das mit den Worten beginnt: „I am extremely glad that Dr. Derenberg has written this book.“.

27 Und genau so wird es auch kommen, denn aus der Anregung Wassermanns entwickelt sich der Grundstein zu Derenbergs 1931 veröffentlichtem 400 Seiten starken ersten Buch „Warenzeichen und Wettbewerb in den Vereinigten Staaten von Amerika“. Siehe auch die Danksagung *Derenbergs* an Wassermann in: Warenzeichen und Wettbewerb in den Vereinigten Staaten von Amerika, S.4.

28 Derenberg in seinem zweiten Brief an Meyer, London 01.11.1929. Staatsarchiv Hamburg, Justizverwaltung - Personalakten A 1382 Walter Derenberg, Dr. d. R.

veröffentlichen möchte, fühlt er sich in Erwartung eines neuen US-amerikanischen Warenzeichengesetzes gezwungen, bis zu dessen Inkrafttreten abzuwarten. Im Verlauf der nächsten anderthalb Jahre zeichnet sich jedoch aufgrund der apathischen Haltung des US Congress gegenüber der Warenzeichenrechtsmaterie ab, dass ein solches Gesetz nicht in absehbarer Zeit erlassen werden wird, und so veröffentlicht *Derenberg* sein Buch im Jahre 1931[29]. Was *Derenberg* nicht ahnt, ist, dass das von ihm erwartete Gesetz erst 1946 vom US Congress verabschiedet und er selbst einer der Väter dieses Gesetzes werden wird[30].

Am 31. August 1929 verlässt *Derenberg* New York und begibt sich nach London, Großbritannien[31]. Auch dort versucht er, wie in den USA, einen praktischen Einblick in das Rechtssystem zu erlangen, welches er bislang nur theoretisch kennengelernt hat. Er arbeitet dort bei den Solicitors *Dehn & Lauderdale* und assistiert *Dehn* in einem Komitee der International Law Association[32]. Daneben besucht er die Vorlesungen für die angehenden Barrister in den Inns of Court und wohnt den unterschiedlichsten Gerichtsverhandlungen bei.

Kurz vor Weihnachten kehrt *Derenberg* von seiner insgesamt 13 Monate dauernden Reise nach Hamburg in sein Elternhaus zurück. Eigentlich war der Besuch in London länger geplant. Das Jahr im Ausland sollte sich auf beide Stationen je zur Hälfte aufteilen. Aber die Stadt New York und die Arbeit an seinem Buch hatten ihm so gut gefallen, dass er seinen Aufenthalt dort auf Kosten Londons bis in den August hinein verlängerte.

Neben vielen juristischen Informationen schreibt *Derenberg* an *Meyer* in seinen drei Briefen auch regelmäßig einige Ausführungen zu seinen beruflichen Zukunftsplänen. Hierbei wägt er stets seine Neigungen für die Arbeit bei der Landesjustizverwaltung gegen die hindichtlich einer Laufbahn als Anwalt ab. Im ersten Brief am 21. Februar 1929 aus New York überwiegt noch seine Gunst für den Anwaltsberuf bei *Wassermann-Fischer-Bussmann*. Er gibt *Meyer* offen seine Bedenken zu erkennen, die eine Abhängigkeit von anderen Personen im Staatsdienst für ihn mit sich bringen könnte[33]. Ob diese Befürchtungen als eine

---

29 Zu dem schleppenden Gesetzgebungsverfahren in Bezug auf das neue Bundeswarenzeichenrecht siehe die Ausführungen unten S. 113 ff.

30 Siehe hierzu die Ausführungen untem im zweiten Kapitel, § 1, S. 112 ff.

31 Anschrift: London S.E. 25, 2 Lancaster Road, c/o. Mrs. Larkin. Diese lässt sich dem Brief Derenbergs an Meyer vom 01.11.1929 entnehmen, Staatsarchiv Hamburg, Justizverwaltung - Personalakten A 1382 Walter Derenberg, Dr. d. R.

32 Bestätigungsschreiben von Ch. Dehn an Derenberg vom 21.02.1930, Staatsarchiv Hamburg, Justizverwaltung - Personalakten A 1382 Walter Derenberg, Dr. d. R.

33 wörtlich schreibt er: „Würde ich doch auch als Richter später in die Abhängigkeit von Persönlichkeiten kommen, die mir vielleicht nicht mehr so wohlwollend zugetan sind wie Sie.“ Brief Derenbergs an Meyer vom 21.02.1929. Staatsarchiv Hamburg, Justizverwaltung - Personalakten A 1382 Walter Derenberg, Dr. d. R.

Vorahnung *Derenbergs* auf die in den nächsten fünf Jahren in Deutschland eintretenden nationalpolitischen Veränderungen überinterpretiert wären, mag dahingestellt bleiben. Zumindest aber reflektieren sie seine sensible Erziehung hinsichtlich seiner gesellschaftlichen Stellung als Jude, die er durch seine Eltern erfahren hat[34].

Trotz dieser Bedenken bezüglich der Abhängigkeit von ihm möglicherweise missgünstig gegenüber eingestellten Personen beginnt im folgenden halben Jahr sich die Waagschale zu Gunsten einer Tätigkeit bei der Landesjustizverwaltung zu neigen. Er gesteht *Meyer*, sich innerlich mehr zu einer Assessorentätigkeit bei ihm als zum Anwaltsberuf hingezogen zu fühlen. Dies beziehe sich jedoch nur auf eine Anstellung bei der Landesjustizverwaltung im speziellen und nicht generell auf eine Tätigkeit im Staatsdienst, da er glaubt, seine erworbenen Kenntnisse auf dem Gebiet anderer Rechtssysteme und der englischen Sprache im allgemeinen Staatsdienst nicht anwenden zu können[35]. *Meyer* verspricht ihm, obwohl die Landesjustizverwaltung gerade beschlossen hatte, keine Assessoren mehr einzustellen[36], ihn, sobald wieder Plätze angeboten würden, in erster Linie vorzuschlagen[37].

Wie sehr *Derenberg* sich mittlerweile für diese Berufstätigkeit entschieden hat, zeigt der Umstand, dass er *Meyer* anbietet, bei einer festen Zusage einer Assessorenstelle sogar noch einmal nach London zu fahren und dort eine eventuelle Wartezeit überbrücken zu wollen[38].

Zu einer solchen Wartezeit kommt es jedoch nicht mehr, denn bereits am 17. Januar 1930 wird von *Meyer* die Verfügung ausgefertigt, die bestimmt, dass *Derenberg* mit Wirkung vom 10. Februar 1930 der Landesjustizverwaltung als Assessor überwiesen wird[39]. Welchen Aufgabenbereich *Derenberg* dort übernommen hat, ist nicht bekannt.

Im folgenden Jahr verliert er die Unterstützung *Meyers*. Neuer Regierungsdirektor der Landesjustizverwaltung wird Dr. *Bertram*, der von nun an *Deren-*

---

34 „Wir waren immer bewußt jüdisch, ohne daß Religion als solche so wichtig war. … Wir haben Hebräisch gelernt, wir haben gewußt, wir gehören zu einer Minorität. Wir haben gewußt, daß wir nicht die beliebteste Minorität waren, und wir haben gewußt, wir sollten uns anständig benehmen, weil wir soviel unter Kritik standen.“ Derenbergs Schwester Gabrielle *Derenberg-Schiff* in: *Hartwig, Roscher*, Die verheißene Stadt, S. 147.

35 Derenberg an Meyer im Brief aus London am 01.11.1929, Staatsarchiv Hamburg, Justizverwaltung - Personalakten A 1382 Walter Derenberg, Dr. d. R.

36 Es ist Winter 1929/30 und und somit die Zeit der Weltwirtschaftskrise.

37 Meyer an Derenberg im Brief vom 27.11.1929, Staatsarchiv Hamburg, Justizverwaltung - Personalakten A 1382 Walter Derenberg, Dr. d. R.

38 Derenberg an Meyer im Brief aus London am 01.11.1929, Staatsarchiv Hamburg, Justizverwaltung - Personalakten A 1382 Walter Derenberg, Dr. d. R.

39 Verfügung archiviert in: Staatsarchiv Hamburg, Justizverwaltung - Personalakten A 1382 Walter Derenberg, Dr. d. R.

bergs Korrespondenzpartner ist. Der Verlust dieser Förderung wirkt sich unmittelbar darin aus, dass *Derenberg* am 1. April 1931 von der Landesjustizverwaltung dem Amtsgericht Hamburg zur Beschäftigung als Assessor überwiesen wird, wo er in der darauffolgenden Zeit beim Vormundschaftsamt eingesetzt wird. Bei dieser neuen Aufgabe handelt es sich um ein Rechtsgebiet, in dem *Derenberg* unter keinen Umständen jemals tätig sein wollte. In einem Brief an *Meyer* ca. anderthalb Jahre zuvor, der die Begründung enthält, warum er nicht in den allgemeinen Staatsdienst aufgenommen werden, sondern ausschließlich bei der Landesjustizverwaltung arbeiten wolle, schreibt *Derenberg* ausdrücklich: „Ich habe das Gefühl, dass sich die Kenntnisse ausländischer Rechtssysteme und weitgehende Beherrschung der englischen Sprache auf solchem Posten [Anm.: gemeint ist eine Anstellung bei der Landesjustizverwaltung] besser verwerten ließe als beim Grundbuchamt, der *Vormundschaftsbehörde* oder Staatsanwaltschaft.“[40] Diesen Worten zufolge hätte *Derenberg* eine derartige Tätigkeit niemals aufgenommen, sondern sich bei einem solchen Angebot mit Sicherheit für den Anwaltsberuf entschieden. Als logische Konsequenz seiner Abneigung gegen sein neues Einsatzgebiet bemüht er sich unverzüglich nach seiner Überweisung um einen Berufswechsel und wird dabei auch rasch fündig. Die Industrie- und Handelskammer Berlin bietet ihm zum 1. Oktober 1931 eine Assessorenstelle an, die zwar nur auf sechs Monate, aber mit Verlängerungsoption ausgeschrieben ist. Um diese Stelle annehmen zu können, will *Derenberg* sich für die Zeit in Berlin vom Hamburger Staatsdienst beurlauben lassen und stellt hierzu bei *Bertram* nach einem persönlichen Gespräch einen entsprechenden Antrag[41]. Hierauf erwidert ihm *Bertram* vier Tage später, dass sein Beschäftigungsverhältnis bei dem Vormundschaftsamt am 30. September 1931 endigen werde, eine besondere Beurlaubung als hamburgischer Assessor demnach nicht erforderlich und eine mögliche Wiederbeschäftigung im Hamburger Staatsdienst nach seiner Berliner Zeit noch nicht zu übersehen sei[42]. Demzufolge behält *Derenberg* zwar formal noch den Beamtenstatus, seine Laufbahn bei der Landesjustizverwaltung Hamburg scheint mit diesem Schreiben *Bertrams* jedoch beendet.

So wenig die sechsmonatige Beschäftigung beim Vormundschaftsgericht *Derenberg* beruflich von Nutzen ist und seinen Interessen entspricht, so sehr offenbart sie den sein Leben als roter Faden durchziehenden Wesenszug, jede an ihn gestellte Aufgabe zu einem tadellosen Abschluss zu bringen. In seinem

---

40 Brief Derenberg an Meyer vom 20.11.1929 aus London, Staatsarchiv Hamburg, Justizverwaltung - Personalakten A 1382 Walter Derenberg, Dr. d. R. (Hervorhebung durch den Verfasser).

41 Schreiben Derenbergs vom 13.08.1931, Staatsarchiv Hamburg, Justizverwaltung – Personalakten A 1382 Walter Derenberg, Dr. d. R.

42 Schreiben Bertrams vom 17.08.1931, Staatsarchiv Hamburg, Justizverwaltung – Personalakten A 1382 Walter Derenberg, Dr. d. R.

Zeugnis von dieser Stelle heißt es, dass er sich in die in Betracht kommenden Gesetze rasch und gut eingearbeitet und lebhaften Anteil an der menschlichen und sozialen Seite der vormundschaftlichen Tätigkeit genommen habe. Darüber hinaus bekommt er attestiert, dass er zu den guten Assessoren gehöre, was Fleiß, Kenntnisse, Fähigkeiten und Leistungen anbelange, und schnelle Auffassung, Gründlichkeit und (mittlerweile[43]) genügend rasche Entschlusskraft verbinde[44].

Die Anstellung in Berlin bei der Industrie- und Handelskammer als wissenschaftlicher Hilfsarbeiter behält *Derenberg* für die Dauer von anderthalb Jahren und zieht während dieser Zeit von Hamburg nach Berlin[45]. Sein dortiges Einsatzgebiet während des ersten Jahres liegt überwiegend im Bank- und Börsendezernat, wobei er laut Zeugnis der IHK Berlin insbesondere bei der Reform des Aktienrechts und Zulassungswesens sowohl bei der Vorbereitung als auch bei der Ausführung der der Kammer und den Börsenorganen obliegenden Beschlüsse in großem Umfang mitgewirkt habe[46]. Nach dem Inkrafttreten der gesetzlichen Neuordnung des Wettbewerbsrechts im Jahre 1932 wurde *Derenberg* aufgrund seiner in Deutschland und den USA erworbenen Fachkenntnis auf dem Gebiet des gewerblichen Rechtsschutzes zum stellvertretenden Vorsitzenden des bei der Kammer bestehenden Amtes für Wettbewerbsstreitigkeiten ernannt, dessen Sitzungen er selbständig leitet, und seine Kompetenz und Neutralität finden hierbei allgemeine Anerkennung[47].

Zum 31. März 1933 sieht die IHK Berlin scheinbar nur widerwillig von einer Weiterbeschäftigung *Derenbergs* ab. Zur Begründung des Verzichts wird die angespannte Haushaltslage angeführt. Der plausiblere Trennungsgrund ist aber, dass es nach der Machtübernahme durch die Nationalsozialisten für die Kam-

---

[43] In der Beurteilung durch Fischer war das noch ganz anders gesehen worden. Hierzu siehe die Ausführungen oben auf S. 7.

[44] Zeugnis durch den ersten Vorsitzenden des Vormundschaftsamtes, Amtsgerichtsdirektor Müller, Staatsarchiv Hamburg, Justizverwaltung - Personalakten A 1382 Walter Derenberg, Dr. d. R.

[45] Derenberg wohnt in Berlin in der Dorotheenstr. 8, Derenbergs Briefkopf im Schreiben an die Landesjustizverwaltung vom 15.03.1933, Staatsarchiv Hamburg, Justizverwaltung – Personalakten A 1382 Walter Derenberg, Dr. d. R.

[46] Seite 1 des Zeugnisses der IHK Berlin über Derenberg vom 31.03.1933. Die Kopie einer beglaubigten Abschrift liegt dem Verfasser vor und wurde aus den persönlichen Unterlagen Robert Hess' entnommen.

Eine Personalakte über Derenberg aus der damaligen Zeit ist bei der IHK Berlin heute nicht mehr verfügbar, denn die frühere Berliner IHK befand sich im östlichen Teil der Stadt und ist in den letzten Kriegstagen bei einem Luftangriff zerstört worden. Die Kammerunterlagen sind dabei weitgehend vernichtet worden und die teilweise vorher ausgelagerten Unterlagen sind in den Kriegswirren verschollen (Auskunft der IHK Berlin auf Anfrage des Verfassers).

[47] Seite 1 des Zeugnisses der IHK Berlin über Derenberg vom 31.03.1933.

mer untragbar geworden war, Juden in exponierter Stellung zu beschäftigen[48]. Denn mit dem 30. Januar 1933 wurde das Fanal für die uneingeschränkte, organisierte Durchsetzung des reichsweit vorhandenen Antisemitismus' gegeben, dessen Wurzeln sich bis in das letzte Viertel des 19. Jahrhunderts zurückverfolgen lassen[49]. Der Druck, dem die IHK Berlin ausgesetzt war, lässt sich daran ermessen, dass die Stadtverwaltung Berlin bereits am 18. März 1933, somit noch vor dem Inkrafttreten des Gesetzes zur Wiederherstellung des Berufsbeamtentums am 7. April 1933[50], jüdischen Rechtsanwälten und Notaren ihre Tätigkeit untersagt[51]. Das Bedauern des Verlusts von *Derenbergs* Arbeitskraft und das dieser Maßnahme diametral gegenüberstehende Interesse der Kammer lässt sich dem folgenden Zitat entnehmen: „Der hohe Wert, den wir den Leistungen des Herrn Dr. Derenberg beimassen, kam darin zum Ausdruck, dass sein Dienstverhältnis wiederholt verlängert wurde und die Zeit, für welche die Kammer wissenschaftliche Hilfsarbeiter regelmässig einstellt, um ein Mehrfaches überschritten hat. Nicht nur seine geistige Befähigung und seine wissenschaftlichen Kenntnisse, sondern auch das ausserordentliche Interesse, das er in unermüdlicher Hingabe allen Aufgaben der Kammer entgegenbrachte, hätten es uns erwünscht erscheinen lassen, uns noch länger seine Kraft zu erhalten. Indem wir der Notwendigkeit der Haushaltslage Rechnung tragen,[...]"[52]

Bei der Suche nach einer neuen beruflichen Herausforderung entschließt sich *Derenberg* jetzt doch für den Anwaltsberuf und beantragt zu diesem Zweck bei der Hamburger Landesjustizverwaltung noch während des letzten Monats seiner Arbeit in Berlin unter gleichzeitiger Entlassung aus dem Hamburgischen Staatsdienst die Zulassung zur Anwaltschaft[53]. Diesem Antrag wird am 18. März 1933 ohne inhaltliche Abweichungen entsprochen[54]. *Derenberg* ist von nun an

---

48 Die Machtübernahme durch die Nationalsozialisten sieht auch Derenberg als wahren Beendigungsgrund an. In dieser Weise äußert er sich in seinem Lebenslauf, den er 1935 Dean Sommer im Zusammenhang seiner Bewerbung zur Anstellung als lecturer an der New York University, School of Law übergeben hat und der ausschnittsweise zitiert ist in: *McKay*, Walter Derenberg: An Appreciation, New York University Law Review, Vol. 44, 1969, S. 447 (Die Gesamtunterlagen sind unglücklicherweise und zu einer unbestimmbaren Zeit nach Derenbergs Tod vernichtet worden oder sonstwie abhanden gekommen.).

49 Dass der Antisemitismus insbesondere in der Justiz schon weit vor 1933 eine massive Stütze fand, leitet *Bennhold* überzeugend her, Juristen im Exil, S. 503, 508 ff. in: *Böhne/Motzkau-Valeton* (Hrsg.), Die Künste und die Wissenschaften im Exil 1933-1945.

50 Reichsgesetzblatt 1933, I, S.175.

51 *Walk* (Hrsg.), Das Sonderrecht für die Juden im NS-Staat, S. 5.

52 Seite 1 f. des Zeugnisses der IHK Berlin über Derenberg vom 31.03.1933.

53 Derenberg in einem Brief an die Hamburger Landesjustizverwaltung vom 15.03.1933, Staatsarchiv Hamburg, Justizverwaltung - Personalakten A 1382 Walter Derenberg, Dr. d. R.

54 Verfügung des Präses der Hamburger Landesjustizverwaltung vom 18.03.1933, Staatsarchiv Hamburg, Justizverwaltung - Personalakten A 1382 Walter Derenberg, Dr. d. R.

bei dem Hanseatischen Oberlandesgericht, dem Landgericht und dem Amtsgericht Hamburg als Rechtsanwalt zugelassen.

Aber *Derenbergs* Aussichten auf eine erfolgreiche Anwaltskarriere in Deutschland sind zu diesem Zeitpunkt aus denselben politischen Gründen, die auch zur Beendigung seines Beschäftigungsverhältnisses bei der IHK Berlin geführt haben, als denkbar schlecht anzusehen.

Deutschland befindet sich unmittelbar in der Zeit nach der Machtergreifung *Adolf Hitlers* am 30. Januar 1933. An diesen 30. Januar 1933 schloss sich die erste Phase der Judenverfolgung durch die Nationalsozialisten an, die von einer Flut von legislativen und exekutiven Maßnahmen und einzelnen Terrorakten der Sturmabteilung (SA) insbesondere gegen politische oder intellektuelle Gegner des Nationalsozialismus geprägt war und bis zum Juli 1933 andauerte[55]. Besonders hervorzuheben sind hierbei: die Verordnung des Reichspräsidenten *von Hindenburg* zum Schutz von Volk und Staat vom 28. Februar 1933[56], die die Grundrechte der Bürger außer Kraft setzte und die Grundlage für die antidemokratische Gesetzgebung der NS-Zeit bildete[57]; das Ermächtigungsgesetz[58], wodurch sich der Reichstag selbst entmachtete[59] und darüber hinaus Gesetze zuließ, die gegen die Verfassung verstießen[60]; das Gesetz zur Wiederherstellung des Berufsbeamtentums vom 7. April 1933[61], durch das verfassungsmäßig geschützte Rechte der Beamten beseitigt oder zumindest erheblich vermindert wurden und den Nationalsozialisten dazu diente, unerwünschte Beamte zu entfernen[62].

Speziell auf *Derenbergs* berufliche Zukunft bezogen erwies sich vor allem der 7. April 1933 als schicksalsschwerer Tag. An diesem Tag im April wird nicht nur das Gesetz zur Wiederherstellung des Berufsbeamtentums, sondern

---

55 *Strauss/Röder (*Hrsgr.*)*, Biographisches Handbuch der deutschsprachigen Emigration nach 1933, Band I, Einleitung S. XIX ; *Rüthers*, Recht als Waffe des Unrechts, NJW 1988, 2825, 2826; zu den einzelnen Maßnahmen sehr interessant: *Walk* (Hrsg.), Das Sonderrecht für Juden im NS-Staat. Allein in der Zeit vom 17.02.1933 bis 31.07.1933 sind 205 amtliche, antisemitische Maßnahmen zu verzeichnen. Im Vergleich dazu sind vom August 1933 bis zum Erlass der Nürnberger Gesetze am 15.09.1935 noch 427 amtliche Maßnahmen vorgenommen worden. Also im vierfachen Zeitraum gerade mal doppelt so viele.

56 Reichsgesetzblatt 1933, I, S. 83.

57 *Walk* (Hrsg.), Das Sonderrecht für Juden im NS-Staat, I. Zeitabschnitt, S.3 f Rn 5.

58 Reichsgesetzblatt 1933, I, S.141.

59 Art. 1: „Reichsgesetze können außer in dem in der Reichsverfassung vorgesehenen Verfahren auch durch die Reichsregierung beschlossen werden. [...]"; *Stolleis*, Die Rechtsordnung des NS-Staates, JuS 1982, 645, 647; *Rüthers*, NJW 1988, 2825, 2828.

60 Art. 2: „Die von der Reichsregierung beschlossenen Gesetze können von der Reichsverfassung abweichen, soweit sie nicht die Einrichtung des Reichstags als solche zum Gegenstand haben. (...)".

61 Reichsgesetzblatt 1933, I, S.175.

62 *Hilg*, Beamtenrecht, S.19.

auch das Gesetz über die Zulassung zur Rechtsanwaltschaft erlassen[63]. § 1 I dieses zuletzt genannten Gesetzes bestimmt, dass die Zulassung von Rechtsanwälten, die nicht arischer Abstammung sind, bis zum 30. September 1933 zurückgenommen werden kann, es sei denn, dass es sich bei der betroffenen Person um einen Frontsoldaten aus dem ersten Weltkrieg oder eine vor dem 1. August 1914 zur Anwaltschaft zugelassene Person handelte (§ 1 II)[64]. Wer als nicht arisch galt, bestimmte § 3 I zur Wiederherstellung des Berufsbeamtentums unter Berücksichtigung der ersten Durchführungsverordnung zu selbigem Gesetz. Danach reichte es aus, wenn nur ein Großelternteil nicht arisch war[65].

Da *Derenberg* demzufolge als nicht arisch gilt und weder Frontsoldat im ersten Weltkrieg war noch die Anwaltszulassung vor dem 1. August 1914 erhalten hatte, wird ihm die Anwaltszulassung am 25. April 1933 knapp einen Monat nach ihrer Erteilung aufgrund § 1 I des Gesetzes über die Zulassung zur Rechtsanwaltschaft entzogen[66].

Der Verlust der Rechtsanwaltszulassung bedeutet für *Derenberg* das Ende seiner deutschen Anwaltskarriere, noch bevor sie richtig beginnen konnte. Es stellt sich demnach für ihn die Frage nach beruflichen Alternativen, in denen er seine erworbenen juristischen Fähigkeiten anwenden könnte.

Der Weg zurück zur Hamburger Landesjustizverwaltung ist ihm seit dem 7. April 1933 mit dem Erlass des Gesetzes zur Wiederherstellung des Berufsbeamtentums endgültig versperrt. Denn § 3 I dieses Gesetzes bestimmt, dass Beamte nicht arischer Abstammung in den Ruhestand zu versetzen sind[67].

Auch eine Anstellung im universitären Bereich ist seit dem 7. April 1933 ausgeschlossen, denn §§ 3 bis 6 des Gesetzes zur Wiederherstellung des Berufsbeamtentums finden auch auf die Universitätsprofessoren Anwendung. Die juristische Fakultät der Hamburger Universität verliert durch diese Entlassungen acht Professoren und Seminardirektoren[68]. Hierdurch schrumpft die Zahl der fakultätsangehörigen Professoren und Dozenten von 20 auf 12 Mitglieder, obwohl die überwiegende Zahl der Betroffenen aufgrund ihrer nationalkonservativen Haltung nicht als Gefahr für das nationalsozialistische Regime angesehen werden konnte und folglich ihre Entlassungen hauptsächlich auf

---

[63] Reichsgesetzblatt 1933, I, S.188.

[64] Reichsgesetzblatt 1933, I, S.188.

[65] Reichsgesetzblatt 1933, I, S.195.

[66] Schreiben der Landesjustizverwaltung an Derenberg vom 25.04.1933, Staatsarchiv Hamburg, Justizverwaltung - Personalakten A 1382 Walter Derenberg, Dr. d. R.

[67] Reichsgesetzblatt 1933, I, S.175, allerdings bestimmt § 3 II die Ausnahme für Frontsoldaten im 1. Weltkrieg und Beamte, die schon vor dem 01.08.1914 den Beamtenstatus erlangt hatten.

[68] Nachweis in *Krause/Huber/Fischer* (Hrsg.) Hochschulalltag im „Dritten Reich", Die Hamburger Universität 1933-1945, Teil II, S. 869 f.

rassischer Verfolgung beruhten[69]. Einer dieser acht Hamburger Professoren ist *Wassermann*, dem mit Wirkung zum 31. August 1933 aufgrund des § 3 dieses Gesetzes als „Nichtarier“ die Lehrbefugnis entzogen wird[70]. Mit dieser Maßnahme gegen *Wassermann* zeigt sich deutlich, dass die gezielte Judenverfolgung auch vor wissenschaftlich etablierten Personen nicht Halt macht[71]. Demnach sind die Chancen für jüdische Berufseinsteiger, wie *Derenberg* es sein würde, als nicht existent anzusehen.

Derenberg hätte noch dem Gedanken verfallen können, aufgrund eines privatrechtlichen Vertrages für die öffentliche Hand tätig zu werden und so § 3 I des Gesetzes zur Wiederherstellung des Berufsbeamtentums zu umgehen. Doch auch diese Nische wird am 4. Mai 1933 geschlossen. Denn § 3 I S.1 i.V.m. § 1 der zweiten Durchführungsverordnung zum Gesetz zur Wiederherstellung des Berufsbeamtentums besagt, dass privatrechtliche Verträge zwischen der öffentlichen Hand und nicht arischen Personen zum Monatsende mit Monatsfrist zu kündigen sind[72].

Am 16. Mai 1933 werden die Präsidenten der Landgerichte vom Reichsminister der Justiz durch Allgemeinverfügung ermächtigt, die Listen der Notare auf der Grundlage des Gesetzes vom 7. April 1933[73] zu bereinigen[74], so dass auch dieser Berufszweig für *Derenberg* versperrt wird.

Die Aufzählung dieser amtlichen, antisemitischen Maßnahmen führt zu dem Ergebnis, dass ein deutscher Jurist jüdischer Herkunft, der nicht zu dem Ausnahmekreis der Frontsoldaten oder seit dem 1. August 1914 tätigen Juristen zählt, in seiner Heimat Deutschland mit seiner Ausbildung nahezu kein berufliches Einsatzgebiet mehr vorfindet. *Derenbergs* Präferenzen liegen in der Anwalts-, Professoren- oder gehobenen Verwaltungstätigkeit und er ist somit innerhalb von nicht einmal zwei Monaten (vom 7. April bis 16. Mai 1933) seiner beruflichen Zukunft in Deutschland auf juristischem Gebiet beraubt

---

69 *Hoffmann-Riem/Thieme*, Die beiden juristischen Fachbereiche an der Universität Hamburg, erschienen in *Albers/Asche u.a.*, Recht und Juristen in Hamburg, S. 284; Die Anzahl der Professoren und Dozenten bezieht sich auf den Zeitpunkt des Drucks des Vorlesungsverzeichnisses der juristischen Fakultät, Universität Hamburg, zum Sommersemester 1933. *Krause/Huber/Fischer* (Hrsg.) Hochschulalltag im „Dritten Reich“, Die Hamburger Universität 1933-1945, Teil II, S. 869.

70 *Krause/Huber/Fischer* (Hrsg.) Hochschulalltag im „Dritten Reich“, Die Hamburger Universität 1933-1945, Teil II, S. 870 und Teil III S. 1475.

71 Wassermann verlässt Deutschland 1938 über Großbritannien und begibt sich 1939 nach Argentinien in das Exil, wo er am 24.04.1953 in Buenos Aires stirbt. *Krause/Huber/Fischer* (Hrsg.) Hochschulalltag im „Dritten Reich“, Die Hamburger Universität 1933-1945, Teil III S. 1475.

72 Reichsgesetzblatt 1933, I, S.233-235.

73 Dies bezieht sich auf den Arierparagraphen (§ 3) des Gesetzes zur Herstellung des Berufsbeamtentums.

74 *Walk* (Hrsg.), I. S.23 Rn 105.

worden. Will *Derenberg* auf juristischem Sektor weiter arbeiten, so steht er jetzt vor der Wahl, bis zu einer Änderung der Gesetzeslage abzuwarten oder Deutschland zu verlassen.

Obwohl er unmittelbar nach der Machtergreifung *Adolf Hitlers* die Emigration in die USA erwägt, widersetzt er sich diesem Gedanken an den Verlust von Heimat und Familie, indem er als ultima ratio auf die radikal veränderten Bedingungen mit einer Abkehr von seinem gewünschten Einsatzgebiet reagiert und in einem Hamburger Unternehmen der Baumwollimport Industrie als juristischer Berater tätig wird[75]. Jedoch war dieser Versuch *Derenbergs*, in seiner Heimat doch noch eine Möglichkeit zu finden, sich im juristischen Arbeitsfeld dauerhaft verdingen zu können, schon nach kurzer Zeit beendet. Die restriktiven Im- und Exportkontrollgesetze zwingen das Unternehmen, seine Aktivitäten in existenzbedrohendem Maße zu beschränken. Nachdem *Derenbergs* Arbeitgeber wegen angeblichen Verstoßes gegen das Devisenkontrollgesetz von den Nationalsozialisten verhaftet wurde und auch *Derenberg* selbst, wie er später amüsiert anmerkt, sehr zu seinem Bedauern zu Unrecht verdächtigt wird, gibt er seine juristisch-ökonomische Tätigkeit nach weniger als einem Jahr auf[76]. Er muss endgültig einsehen, dass Deutschland für ihn kein berufliches Betätigungsfeld und nur eine äußerst ungewisse, bedrohlich erscheinende Zukunft bereithält und entschließt sich nunmehr doch für die Auswanderung. Im November 1934 emigriert Derenberg in die USA.

---

[75] Professor in Profile, Walter J. Derenberg, The Bulletin of New York University, School of Law, Vol. 8, No. 3, Spring 1961, S. 11; Diese Station in Derenbergs Leben ist auch seinem Lebenslauf zu entnehmen, den er 1935 an Dean Sommer im Zusammenhang mit seiner Bewerbung zur Anstellung als lecturer an der New York University, School of Law übergeben hat. Ausschnittsweise zitiert in *McKay*, Walter Derenberg: An Appreciation, New York University Law Review, Vol. 44, 1969, S. 447.

[76] Professor in Profile, Walter J. Derenberg, The Bulletin of New York University, School of Law, Vol. 8, No. 3, Spring 1961, S. 11.

§ 3 Anfangszeit in New York bis zum Kriegseintritt der USA (1934-1941)

Überblick

- bis September 1935 kein formelles Beschäftigungsverhältnis Derenbergs nachweisbar, aber:
  Wissenschaftliche Tätigkeit für die USTA,
  Vorbereitung seines zweiten Buchs
- September 1935:
  1. Aufnahme des Studiums an der NYU School of Law
  2. Beginn der Lehrtätigkeit an der NYU School of Law
  3. Anstellung als assistant secretary bei der USTA
- Mitte 1936 Beginn seiner Tätigkeit für die AAA als secretary im Law Review Committee of the Journal of the AAA
- 1936 Veröffentlichung seines zweiten Buchs, „Trade-Marks and Unfair Trading"
- SS 1938 Derenberg erweitert seine Vorlesungstätigkeit um einen graduate arbitration course.
- 08.08.1938 bar exam
- 1940 counsel für die USTA
- 04.11.1940 Zulassung zur Anwaltschaft New Yorks
- Juli 1941 Aberkennung der deutschen Staatsbürgerschaft und des juristischen Doktortitels

Mit der Flucht in die USA tritt *Derenberg* zu der großen Schicksalsgemeinschaft der juristischen, jüdischen Emigration hinzu[77], bei der die Betroffenen alles Erreichte und lieb Gewonnene in Deutschland zurücklassen mussten und einer Zukunft entgegen blickten, die ihnen zwar die Gefahren der

---

[77] Für ausschließlich das deutsche Gebiet werden bei *Göppinger*, Juristen jüdischer Abstammung im „Dritten Reich", 400 Juristen als Exilanten aufgeführt. Das Biographische Handbuch der deutschsprachigen Emigration bezieht noch Österreich und die ehemalige Tschecheslowakei in ihre Zusammenstellung ein und dokumentiert 1140 Emigranten mit juristischer Ausbildung, worunter sich 140 Rechtswissenschaftler befinden. *Strauss/Röder* (Hrsgr.), Bibliographisches Handbuch der deutschsprachigen Emigration nach 1933, Band III, S. 172 ff., 184. *Lepsius* nennt jedoch selbst die letztere Zahl als noch zu klein, da sie die Vielzahl der Juristen nicht erfasse, die verfolgt wurden, aber aufgrund normaler Anwaltstätigkeit nicht prominent gewesen seien oder auch wegen Freitod oder sonstiger Beendigung ihres Lebens gar nicht mehr in die Emigrationsstatistiken Eingang gefunden hätten, Juristen in der Sozialwissenschaftlichen Emigration, erschienen in *Lutter/Stiefel/Höflich* (Hrsgr.), Der Einfluß deutscher Emigranten auf die Rechtsentwicklung in den USA und in Deutschland, S. 23.

Verfolgung ersparen würde, beruflich aber desaströse Gestalt annahm. Denn nach den Worten von *Ernst C. Stiefel*[78] waren die Juristen, die damals in die USA auswanderten, im Regelfall für das neue Rechtssystem „unverständlich, unnötig, unverwertbar, unwillkommen, ungebildet und ungelehrig“[79]. Aufgrund solcher negativer Attribute ist es nur verständlich, dass sie extremen Schwierigkeiten begegneten, sich im Exil neu zu orientieren und beruflich und persönlich zu integrieren, und die meisten von ihnen schafften es nicht, mit ihrem erlernten Rechtswissen in dem fremden System wieder Fuß zu fassen. Sie wechselten in andere Bereiche wie Wirtschaftsprüfer, Bibliothekar, Lehrer, Übersetzer, Versicherungsagent oder Investmentbroker[80].

Unverständlich waren sie aus dem Grund, dass ihre deutsche Muttersprache in den USA selbstverständlich nicht geläufig war und ihr eigenes Englisch in den allermeisten Fällen ein „Kauderwelsch übelster Art“ darstellte[81]. Ist jedoch die Sprache neben dem Rechtswissen das wichtigste Instrument des Juristen, so waren die Emigranten dieses Berufszweiges bis zum Erlernen eines adäquaten Englisch als beruflich gelähmt anzusehen. **Unnötig** waren sie, da sie den USA direkt nach ihrer Immigration nur auf dem Gebiet der Rechtsvergleichung zum civil law nützlich sein konnten, eine Eigenschaft, die in den auf Isolation bedachten USA der 30iger Jahre auf kein oder nur sehr wenig Gehör traf[82], und da seit 1933 zwischen den USA und dem Deutschen Reich die ökonomischen Beziehungen eingefroren waren, gestalteten sich ihre Kenntnisse selbst für die Wirtschaft als **unverwertbar**[83]. Die Exiljuristen waren auch, mangels in Deutschland vermittelter Vorkenntnisse, über das Rechtssystem des common law gänzlich **ungebildet** und verstanden es häufig nicht, ihre deduktive Be-

---

[78] selber Exiljurist und Zeitzeuge Derenbergs.

[79] *Stiefel*, Die deutsche juristische Emigration in den USA, Festschrift für Walter Oppenhoff zum 80. Geburtstag, S. 433, 436.

[80] *Lepsius*, Juristen in der sozialwissenschaftlichen Emigration, erschienen in *Lutter/Stiefel/Höflich*, Der Einfluß deutscher Emigranten auf die Rechtsentwicklung in den USA und in Deutschland, S. 23; *Stiefel*, Die deutsche juristische Emigration in den USA, Festschrift für Walter Oppenhoff zum 80. Geburtstag, S. 433, 437.

[81] *Stiefel*, Die deutsche juristische Emigration in den USA, Festschrift für Walter Oppenhoff zum 80. Geburtstag, S. 433, 436.

[82] *Lutter/Stiefel/Hoeflich* zitieren in ihrem Vorwort zum Bonner Symposion 1991, dass das Interesse der US-amerikanischen Law Schools am civil law noch als „Dornröschenschlaf“ bezeichnet wurde, Der Einfluß deutscher Emigranten auf die Rechtsentwicklung in den USA und in Deutschland, S. III; *Riesenfeld* spricht allerdings von einem schon vor 1933 bestehenden starken Interesse der US-amerikanischen Forschung am deutschen Recht, begründet durch Wigmore, Pound, Patterson und andere führende Rechtswissenschaftler, Die neue Heimat: Roosevelts Amerika, erschienen in *Lutter/Stiefel/Höflich* (Hrsg.), Der Einfluß deutscher Emigranten auf die Rechtsentwicklung in den USA und in Deutschland, S. 13.

[83] *Stiefel*, Die deutsche juristische Emigration in den USA, Festschrift für Walter Oppenhoff zum 80. Geburtstag, S. 433, 436.

handlung von Rechtsproblemen fallenzulassen und an Stelle dessen die im common law typische induktive Bearbeitung juristischer Streitfragen anzunehmen, was sie ihren Gastgebern gegenüber obendrein als **ungelehrig** erscheinen ließ[84]. Zählt der Jurist in seinem Heimatland sicherlich zu der am flexibelsten, nahezu universell einsetzbaren Berufsgruppe, so ist er bei einem plötzlichen und unvorbereiteten Wechsel in ein systemfremdes Ausland dort zunächst unbrauchbar. *Klaus Kinkel* fasste die tragische Situation, in der sich die in die Emigration getriebenen Juristen im Gegensatz zu den Naturwissenschaftlern befanden, treffend zusammen, indem er in US-amerikanischer Terminologie feststellt, dass es für sie einfach „keinen Markt" gab[85].

Neben diese sich speziell aus dem juristischen Beruf als solchen ergebenden Schwierigkeiten gesellte sich noch ein der Zeit entsprechendes allgemeines Problem, nämlich die große Depression und damit verbunden die Ablehnung der Inländer gegen jeden neu in das Land hinzutretenden potentiellen Konkurrenten[86]. Am 24. Oktober 1929 war die US-amerikanische Wirtschaft infolge wirtschaftlichen Isolationismus, begleitet von einer die Vorwarnungen seit 1926 missachtenden, dem Konzept des ausnahmslosen „Laissez faire" verschriebenen Wirtschaftspolitik und einem die wirtschaftliche Lage vollkommen überschätzenden, einjährigen Spekulationsfieber abrupt in sich zusammengebrochen. Dieser Tag zog die größte Depression in der Geschichte der USA nach sich[87]. Der absolute Tiefpunkt der Krise wird am 8. Juli 1932 erreicht. An diesem Tag beträgt der Indexdurchschnitt der Industriewerte nur noch 58 Punkte. Im Sep-

---

84 *Stiefel*, Die deutsche juristische Emigration in den USA, Festschrift für Walter Oppenhoff zum 80. Geburtstag, S. 433, 436 f. Zu dem Unterschied zwischen civil law und common law in der Vorgehensweise bei der Rechstfindung siehe *Zweigert/Kötz*, Einführung in die Rechtsvergleichung auf dem Gebiet des Privatrechts, S. 250 ff.

85 *Kinkel*, Eröffnungsansprache zum Bonner Symposion im September 1991, abgedruckt in *Lutter/Stiefel/Höflich*, Der Einfluß deutscher Emigranten auf die Rechtsentwicklung in den USA und in Deutschland, S. 5.

86 *Stiefel*, Die deutsche juristische Emigration in den USA, Festschrift für Walter Oppenhoff zum 80. Geburtstag, S. 433, 436. Vor diesem Hintergrund spricht auch *Riesenfeld*, der 1935 als deutscher Emigrant in die USA floh, den USA sehr akzentuiert seinen Dank für ihre „große Unvoreingenommenheit, Aufnahmefreudigkeit *oder wenigstens Aufnahmebereitschaft*" in der damaligen Zeit aus (Hervorhebung vom Verfasser vorgenommen), Die neue Heimat: Roosevelts Amerika, erschienen in *Lutter/Stiefel/Höflich*, Der Einfluß deutscher Emigranten auf die Rechtsentwicklung in den USA und in Deutschland, S. 9.

Dieses Problem der Emigranten spricht *Stiefel* dort nur sehr kurz an, gab dem Verfasser aber in einem persönlichen Gespräch in New York die Anregung, die in der damaligen Zeit neben der katastrophalen Wirtschaftslage vorherrschende soziostrukturelle Besonderheit in New York hinsichtlich dreier Gruppen (Our Crowd, The New Crowd und Emigrants) darzustellen, unter der nahezu alle Emigranten jüdischer Herkunft zu leiden hatten.

87 *Guggisberg*, Geschichte der USA, S. 198 f.; *Heideking*, Geschichte der USA, S. 297-299.

tember 1929 hatte er bei 452 Punkten notiert. Die Industrieproduktion war bis zu diesem Zeitpunkt im Verhältnis zur Zeit vor dem schwarzen Freitag (der tatsächlich ein Donnerstag war) auf 54 % geschrumpft, das Sozialprodukt sogar auf 43,5 %. Die Zahl der Arbeitslosen betrug 1932 15 Mio., was einer Quote von 25-33 % entsprach und einem Anstieg um 10 Mio. Erwerbslose im Vergleich zu 1929[88]. Mit dem Amtsantritt *Franklin D. Roosevelts* im März 1933, der den für die Depression verantwortlich gemachten *Herbert Hoover* ablöste, indem er ihn bei der Wahl vernichtend geschlagen hatte (*Roosevelt* gewinnt in 42 von 48 Staaten und mit insgesamt 7 Mio. Stimmen Vorsprung), wurde dessen New Deal Programm ins Leben gerufen, welches der US-amerikanischen Wirtschaft zur langsamen Genesung verhalf[89]. Mit diesem Programm, dessen Anfang der Erlass des National Industrial Recovery Act vom 16. Juni 1933 darstellte, begannen zugleich regulative Maßnahmen der Bundesregierung auf dem Wirtschafts-, Finanz- und Sozialsektor in bis zu diesem Zeitpunkt in den USA unbekanntem Ausmaß[90]. Bis 1935 sind die regulatorischen Aktivitäten der Bundesregierung hauptsächlich auf Sofortmaßnahmen zur Linderung der unmittelbaren Not der Bevölkerung, der Begrenzung der negativen finanziellen Auswirkungen und der Neustrukturierung der Wirtschaft ausgerichtet, während in der sich daran anschließenden Zeit bis 1939 soziale Reformen erfolgten[91]. Die deutschen Emigranten treffen somit zu einer Zeit mit wirtschaftlich denkbar ungünstigen Rahmenbedingungen in den USA ein. Insbesondere angesichts der überwältigenden Arbeitslosenzahlen versteht es sich, dass jeder einzelne Exilant, der mangels Eignung keine wirtschaftliche Hilfe versprechen kann, im Gegenteil sogar selbst hilfsbedürftig ist, mehr als **unwillkommen** ist.

Wählte sich der jüdische Exiljurist als Zielort New York City aus, so begegnete er dort zusätzlich einer ganz besonderen sozialen Struktur, die ihm regelmäßig den Neuanfang und die Integration über das Maß der normalen Probleme hinausgehend erschwerte. Denn New York war zwar von einem hohen jüdischen Einwohneranteil geprägt. Schon 1915 zählten sie fast 1,5 Mio., was einem Anteil von 28 % aller Bürger New Yorks entsprach[92]. Jedoch kann man nicht von einer einheitlichen jüdischen Gemeinde sprechen, sondern es hatten

---

88 Alle Zahlen entnommen aus *Guggisberg*, Geschichte der USA, S. 198 f.; teilweise auch in *Heideking*, Geschichte der USA, S. 299 f., wobei bei der prozentualen Berechnung der Arbeitslosenquote eine Abweichung von 33 zu 25 % besteht, bei gleicher absoluter Arbeitslosenzahl.

89 *Guggisberg*, Geschichte der USA, S. 200 f.; *Heideking*, Geschichte der USA, S. 302 f.

90 Eine sehr gute Zusammenfassung der einzelnen Notstandsmaßnahmen findet sich bei *Riesenfeld*, Die neue Heimat: Roosevelts Amerika, erschienen in *Lutter/Stiefel/Höflich*, Der Einfluß deutscher Emigranten auf die Rechtsentwicklung in den USA und in Deutschland, S. 11-13.

91 *Guggisberg*, Geschichte der USA, S. 200 f.

92 *Birmingham*, In unseren Kreisen, S. 282.

sich historisch gewachsene, streng voneinander separierte Gruppen herausgebildet: Our Crowd, The New Crowd und Immigrants[93].

Die Our Crowd war eine Gruppe deutscher Juden, die schon früh nach New York eingewandert waren und im Verlaufe der Jahre immensen Reichtum und Einfluss aufgebaut hatten. Sie kamen in der Zeit zwischen 1837 und Ende des 19. Jahrhunderts, waren Kaufleute oder Bankiers und hatten die Wall Street fest in ihrem Griff. Familien wie *Loeb*, *Sachs*, *Guggenheim* (sie waren die einzigen Schweizer), *Schiff*, *Seligman*, *Speyer*, *Strauss*, *Warburg*, *Lewisohn* und *Lehman* bildeten den Kern und das Rückgrat dieser kleinen, verschwiegenen Gemeinde und führten solche Unternehmen wie Macy & Co., Lehman Brothers, Hallgarten & Co., Kuhn, Loeb & Co., Goldman, Sachs & Co., J. & W. Seligman, und Carl M. Loeb, Rhoades & Co.[94] Die Our Crowd hatte ihre eigenen für die New Yorker nur schwer verständlichen internen Regeln und Anschauungen und wurde mit Missfallen und Neid beäugt, was ihrem Hang zur Abgrenzung und Verschwiegenheit nach außen sehr entgegenkam. Da Reichtum, Deutschstämmigkeit oder die Zugehörigkeit zum jüdischen Glauben allein nicht ausreichten, um in diese Gruppe Zugang zu finden, konnte man entweder nur hineingeboren werden oder blieb auf ewig ausgeschlossen, und über Generationen hinweg schafften es diese deutschen Emigranten, durch wohlbedachte Heiratspolitik keiner weiteren Familie den Zutritt zu gewähren[95].

Als weitere Schicht trat seit 1870 eine neue Generation Juden zum sozialen Gefüge New Yorks, aus der zwei oder gar drei Generationen später die Mitglieder der New Crowd hervorgehen sollten[96]. Diese Neuankömmlinge waren überwiegend osteuropäische Juden (nur zu einem geringen Teil italienischer, irischer oder sonstiger europäischer Herkunft), Schuster, Schneider, Bürstenmacher, Schlosser, Deckennäher und Weber, die aufgrund der massiven Verfolgung im zaristischen Russland ihre Heimat verlassen und sich als Exilort die Lower East Side New Yorks ausgewählt hatten. Sie waren das genaue Gegenteil der Our Crowd: völlig verarmt, nicht amerikanisiert, sondern obendrein noch jiddisch sprechend und Anhänger der Gewerkschaftsbewegung. Der Our Crowd war es peinlich, mit diesen „Russen“ in Verbindung gebracht zu werden, nur weil sie auch Juden waren. So wird die Zeitung Hebrew Standard mit den Worten zitiert: „Der gründlich akklimatisierte amerikanische Jude … empfindet für sie keine Sympathien in religiöser, gesellschaftlicher oder geistiger Hinsicht.

---

[93] In der bis heute erschienenen Literatur ist immer nur von den ersten zwei Gruppen die Rede. Laut *Stiefel*, der zu den Immigrants gehörte, waren die aus Deutschland vertriebenen Juden jedoch in den meisten Fällen keiner der beiden Gruppen zuzurechnen, sondern traten, von Our Crowd und The New Crowd ignoriert und abgelehnt, als eine eigene, isolierte Schicksalsgemeinschaft hinzu.

[94] Siehe hierzu *Birmingham*, In unseren Kreisen, S. 19-24.

[95] *Birmingham*, In unseren Kreisen, S. 20 f.

[96] *Ehrlich/Rehfeld*, The New Crowd, S. 11; *Birmingham*, In unseren Kreisen, S. 228 f.

Er steht dem christlichen Empfinden seiner Umwelt näher als dem Judaismus dieser elenden dunklen Hebräer."[97] Und nachdem die Versuche der Our Crowd gescheitert waren, die Neuankömmlinge durch finanzielle Anreize davon abzuhalten, sich ausgerechnet in New York niederzulassen und auch ihre Anträge in Washington auf Verschärfung der Einwanderungsgesetze keinen Erfolg gehabt hatten, begannen die Mitglieder von Our Crowd den Lower East Side Juden materielle Hilfe und Erziehung zukommen zu lassen, jedoch nicht aus Gründen der Solidarität oder des Zugehörigkeitsbewusstseins, sondern ausschließlich, um dem durch das ärmliche und als aufdringlich empfundene Auftreten der „anderen" Juden drohenden eigenen Reputationsverlust entgegenzuwirken. Sie vermieden dabei dementsprechend den gesellschaftlichen Kontakt mit ihnen und selbstverständlich jegliche familiäre Vermischung[98]. Die Enkelkinder dieser verachteten Juden waren es, die nach dem zweiten Weltkrieg die Wende an der Wall Street einleiteten und sukzessive alle Firmen der Our Crowd übernahmen[99].

Als dritte Gruppe kamen ab 1933 die von *Hitler* vertriebenen jüdischen Immigranten aus Deutschland in New York an. Sie gehörten nur selten zu einer der Dynastien der Our Crowd und konnten ebenfalls keine Verwandtschaft zu der New Crowd aufweisen, weshalb sie von keiner der beiden Gemeinden Anerkennung erfuhren. Sie waren als zuletzt ankommende und aus diesem Grund am wenigsten akklimatisierte und gänzlich kontaktlose Gemeinschaft die in der jüdischen Hierarchie New Yorks am Ende der Skala zu findende Gruppierung, wobei sie allerdings nicht weit hinter den Mitgliedern der New Crowd rangierten, die erst nach dem zweiten Weltkrieg ihre Möglichkeiten des Aufstiegs ergreifen konnten.

Bildeten die Immigranten nicht nur unter den Juden in New York den gesellschaftshierarchischen Abschluss, so waren ihre Möglichkeiten auch bei dem für sie beruflich relevanten, nicht jüdischen Rest der Gesellschaft New Yorks als in gleichem Maße ungenügend anzusehen, insbesondere dann, wenn sie dem juristischen Berufszweig angehörten. Ihre potentiellen Karrierechancen waren ausbildungsbedingt neben der universitären Laufbahn auf die Finanz- und Geschäftswelt Amerikas beschränkt. Die beiden zuletzt genannten Branchen stehen in New York synonym für die Wall Street und diese konstituierte sich um 1933 ausschließlich aus Unternehmen der Our Crowd oder großen Wasp firmes, wobei Wasp als Abkürzung für „white Anglo-Saxon protestant" gebraucht wird[100], ein Begriff, der die ablehnende Haltung gegen-

---

[97] *Birmingham*, In unseren Kreisen, S. 284.

[98] *Birmingham*, In unseren Kreisen, S. 285 f.

[99] 1979 verlor mit John Langeloth *Loeb* das letzte Mitglied der Crowd sein Unternehmen an ein Mitglied der New Crowd und schloss damit eine über Hundert Jahre dauernde Ära ab. *Ehrlich/Rehfeld*, The New Crowd, S. 8 f.

[100] siehe Merriam Webster's Collegiate Dictionary, 10th Ed., S. 1333.

über Juden bereits im Namen trägt. *Stiefel* spricht von einem in diesen Kreisen damals vielfach vorherrschenden Geist der Xenophobie und des Antisemitismus, wie er heutzutage nicht mehr verständlich sei[101].

Den jüdischen Immigranten, aber auch den Mitgliedern der New Crowd, war somit der Eintritt in die Firmen der Wall Street verbaut, weil sie entweder Juden waren - Wasp firmes - oder die falschen Juden waren - Our Crowd firmes[102].

Im Ergebnis trat somit hinsichtlich der juristischen, jüdischen Immigranten zusätzlich zu der Unverwertbarkeit ihres Wissens auch noch ihre gesellschaftliche Isolation hinzu, die sich aus dem soeben dargestellten „Ping-Pong-Effekt" der Ablehnungsgründe seitens des für sie relevanten Establishments ergab. Vergleicht man das, was sie in Deutschland erreicht hatten und zurückließen, mit der Zukunft, der sie mit ihrer Emigration in die USA sehenden Auges entgegengingen, kann man in etwa die Not ermessen, der sie mit diesem Schritt gehorchten.

Das gefundene Ergebnis ist repräsentativ für die meisten der juristischen Emigranten, von denen sich aber einige wenige dieser Schicksalsgemeinschaft schon durch geringe Vorteile wie privilegiert herausnehmen. Doch darf man auch bei ihnen niemals die Unfreiwilligkeit zur Emigration vergessen - lebten schließlich auch sie im Exil.

Eine dieser im Unglück begünstigt erscheinenden Personen ist *Walter Julius Derenberg*. Seine Immigrationsvoraussetzungen in den USA unterscheiden sich zahlreich von den soeben aufgezählten, typischen Hindernissen, die den Exiljuristen den Anfang so schwer und unfreundlich gestalteten.

Aufgrund seines einjährigen Aufenthalts im englischsprachigen Raum[103] konnte er nicht nur ein fehlerfreies Englisch für den allgemeinen Sprachgebrauch vorweisen, sondern hatte infolge seiner Arbeit auf juristischem Gebiet während dieses Jahres auch noch einen umfangreichen Wortschatz der Fachterminologie erlangt. Seine Aussprache ist allerdings akzentbelastet, was ihm das entmutigende Urteil seines ersten Arbeitgebers einbrachte, er solle sich mit diesem Akzent keine Hoffnungen machen, jemals im Lehr- oder Anwaltsbereich in den USA erfolgreich sein zu können, sondern seine Aufgaben lieber bei Macy's in den Hinterzimmern suchen[104].

---

[101] *Stiefel*, Die deutsche juristische Emigration in den USA, Festschrift für Walter Oppenhoff zum 80. Geburtstag, S. 433, 436.

[102] *Ehrlich/Rehfeld*, The New Crowd, S. 12.

[103] Siehe die Ausführungen oben auf S. 9.

[104] *Reuter*, Derenberg Copyright Library, The Life of Copyright Is Extended, Publishers Weekly, 1976, 31. Welcher Arbeitgeber sich diese Arroganz anmaßte, ist nicht bekannt. Der Verfasser vermutet aber hierbei einen der Anwälte der (namentlich nicht in Erfahrung zu bringenden) Kanzlei, in der Derenberg seit seinem Jurastudium an der NYU School of Law kurzfristig als Clerk tätig ist (Clerks sind meist studentische Hilfskräfte, die vorbereitende Materialsuche zur Fallargumentation betreiben).

Ein weiterer Vorteil *Derenbergs* war seine Vorbildung auf dem Gebiet des US-amerikanischen Wettbewerbs- und Zeichenrechts. Er hatte nicht nur Einblicke in das common law System gewonnen, sondern war als Autor seines in den USA und Deutschland mit höchstem Lob und Anerkennung versehenen Buchs „Warenzeichen und Wettbewerb in den Vereinigten Staaten von Amerika" als Experte anzusehen[105]. Neben seinem deutschen Werk hatte *Derenberg* 1932/33 schon zwei Artikel im Trademark Bulletin veröffentlicht und nahm demzufolge bereits vor seiner Emigration am Rechtsleben der USA auf dem Gebiet des Warenzeichen- und Wettbewerbsrechts aktiv teil[106].

Des weiteren war er mit 31 Jahren jünger als die meisten Vertriebenen, und es ist leicht nachvollziehbar, dass sich ein abrupter und tiefgreifender Verlust der heimatlichen Wurzeln in zunehmendem Maße besser überwinden lässt, je jünger der Betroffene und je höher damit seine Fähigkeit zur Anpassung an die neue Kultur ist. Hierbei kommt *Derenberg* der siebenmonatige Aufenthalt 1928/29 in New York erneut zugute, da er die Stadt genau kennt und obendrein mag[107] und sie sich ihm demzufolge nicht als fremd offenbart.

Um auf *Ernst C. Stiefels* Worte zurückzukommen, ist *Derenberg* im Gegensatz zu den typischen Ausprägungen der juristischen Emigration für das US-amerikanische Rechtssystem weder unverständlich, noch unnötig, noch unverwertbar, noch ungelehrig und erst recht nicht ungebildet. Bleibt nur noch das Attribut des Unwillkommen-Seins hinsichtlich seiner Person genauer zu betrachten, und auch hierbei stellt *Derenberg* eine Ausnahme dar. Natürlich hatten die US-Amerikaner während der damaligen schlechten Wirtschaftslage auch auf ihn nicht gewartet, und er war, bar jeden Forschungsauftrags oder sonstiger Beschäftigung, von der Lage am Arbeitsmarkt ebenso hart getroffen wie jeder andere Immigrant auch. Aber er war aufgrund seiner Abstammung als Sohn einer *Warburg* von der in New York vorherrschenden sozialen Hierarchie bevorteilt, gehörten die *Warburgs* nämlich zur Our Crowd. *Felix* und *Paul Warburg* waren zur Jahrhundertwende von Hamburg nach New York in die USA ausgewandert und als Teilhaber an Kuhn, Loeb & Co. äußerst vermögend und einflussreich. Dass *Felix* und *Paul*[108] Mitglieder der Crowd waren, bedeu-

---

105 Zum durchweg überragenden Tenor der Buchbesprechungen seines Buchs siehe die Ausführungen unten im zweiten Kapitel S. 98 ff.

106 Es handelt sich dabei um folgende Artikel: Deceptive Advertising as Unfair Competition in Germany, Trademark Bulletin, Vol. 27, 1932, S. 322-324; Resolutions of the Seventh Congress of The International Chamber of Commerce as to Changes in the Paris Union Convention, Trademark Bulletin, Vol. 28, 1933, S. 263-267

107 Siehe die Ausführungen oben auf S. 10.

108 Dieser war zum Zeitpunkt *Derenbergs* Immigration schon seit zwei Jahren tot. Zu ihm hatte *Derenberg* aber während seines Aufenthalts in New York 1928/29 engen Kontakt und danach auch von Hamburg aus Briefkontakt. *Robert Hess* bezeichnet *Paul Warburg* als „instrumental" dafür, dass sich *Derenberg* dafür entschlossen hatte, nicht nach England,

tete aber nicht sogleich auch *Derenbergs* gänzliche Aufnahme in diesen elitären Kreis, war doch seine Verwandtschaft über seine Mutter dafür zu fern und vor allem zu unbedeutend für die Crowd. Aber er erhielt wichtige Unterstützung von *Felix Warburg*, und es eröffneten sich ihm zwangsläufig größere berufliche Möglichkeiten, als er sie ohne Referenz dieser Blutsverwandtschaft gehabt hätte. So ist es *Felix Warburg*, der *Derenberg* das zur Einwanderung in die USA unerlässliche Affidavit zur Unterhaltssicherung stellt und in dessen Haus er zu Beginn seiner Zeit auch seine erste Bleibe findet. Zur Sorglosigkeit hat *Derenberg* allerdings keine Veranlassung, da die ihm zukommende Unterstützung nur als Starthilfe und nur zweckgebunden gewährt wird. Genaue Belege lassen sich heutzutage nicht mehr finden[109], aber *Robert Hess* spricht davon, dass *Felix Warburg Derenberg* zu Beginn seiner Zeit in den Bereichen finanziell gefördert habe, die ihm den Anfang einer juristischen Karriere in New York ermöglichten, also die Aufnahme des Jurastudiums an der New York University und die Fertigstellung seines zweiten Buchs, was eine Übersetzung und umfangreiche Erweiterung seines Erstwerks darstellte[110]. Dass es diese Unterstützung war, die für *Derenberg* das Fundament seiner in New York beginnenden Karriere bedeutet hat, verdeutlicht er, indem er 1936 sein zweites Werk weder seinen Eltern noch einem anderen Verwandten in Deutschland sondern nur einer einzigen Person widmet: *Felix Warburg*!

Als Ergebnis ist somit festzuhalten, dass auch das letzte sonst typische Merkmal der juristischen Emigration auf *Derenberg* nicht vollständig zu übertragen war. Zwar war er der Stadt New York und dem größten Teil seiner Bürger unwillkommen, er wurde jedoch von einem mächtigen und einflussreichen Verwandten unterstützend willkommen geheißen und scherte auf diese Weise auch unter gesellschaftlichen Aspekten aus der Gruppe der Vertriebenen aus.

Aber nur dass er dort, wohin er vertrieben wurde, anfängliche Unterstützung fand und nicht ähnlich haltlos, wie seine Gefährten, im neuen Rechtssystem plaziert war, darf nicht darüber hinweg täuschen, dass *Derenberg* nicht freiwillig gekommen, sondern aus seiner Heimat Deutschland genau so ausgespien war wie all die anderen. Seine Privilegierung unter den Elenden darf nicht vergessen lassen, was er zurückließ. *Derenbergs* familiäre Bindung an seine Mutter und Geschwister in Hamburg ist übermächtig, und Hamburg ist seine geliebte Geburts-, Jugend- und Studienstadt mit dem elterlichen Wohnhaus, in dem noch die Erinnerungen an seinen Vater allgegenwärtig sind, die ihm so viel bedeuten. So befindet sich dort im obersten Stockwerk das ehemalige Gewächshaus seines Vaters, in welchem dieser mit einem großen Maß an Talent und Mühe viele afrikanische Pflanzen (hauptsächlich Kakteen) zum ersten Mal so hoch im

---

sondern nach New York zu fliehen. Zu Lebzeiten *Pauls* ist der Kontakt zu ihm wesentlich stärker ausgeprägt als der zu *Felix Warburg*.

109 Bis auf einen, auf den unten auf S. 36 noch eingegangen werden wird.

110 Zu den Besprechungen des zweiten Buchs siehe die Ausführungen unten auf S. 99 ff.

Norden zum Gedeihen brachte und später mit der Benennung einer Kakteenart nach seinem Namen, *Echeveria Derenbergii*, geehrt wurde[111]. Darüber hinaus beherbergte das Haus die weltweit beachtete Kunstsammlung seines Vaters, der ein begeisterter Anhänger älterer Kunstwerke war und insbesondere auf dem Gebiet des japanischen Farbenholzschnitts aus der Zeit des 17.-19. Jahrhunderts als äußerst sachverständig angesehen wurde[112]. Dies sind für den Familienmenschen *Derenberg* nicht nur wichtige, sondern auch prägende Faktoren, denn wie sein Vater entwickelt auch er einen starken Hang zu Kunst und Kultur, insbesondere zur fernasiatischen, und zu klassischer Musik.

Neben den starken und für ihn so lebenswichtigen familiären Banden hat *Derenberg* auch seine beruflichen Kontakte in Hamburg, und es befindet sich auch der Wohn- und Firmensitz der *Warburgs* dort, die ihn kraft ihres mächtigen Einflusses in ganz Deutschland bedeutsam hätten unterstützen können.

Im Ergebnis bildete Hamburg seit *Derenbergs* Geburt vor 31 Jahren in emotionaler und materieller Hinsicht seinen Lebensmittelpunkt, und dieses Zentrum war er gezwungen, auf unabsehbare Zeit, vielleicht sogar für immer, zurückzulassen.

Von welcher Bedeutung der Verlust dieser Wurzeln auf die emotionale Lebensqualität des einzelnen Exilanten im Aufnahmeland ist, kann den Worten *Stiefels* über die eigene erlittene innere Pein entnommen werden, als dieser fragt: „Wieviel Heimat braucht der Mensch? *Mehr als er weiß*. Man kann einen Menschen aus der Heimat vertreiben, aber nicht die Heimat aus dem Menschen treiben."[113]

November 1934 in New York angekommen, bezieht *Derenberg* für die Anfangszeit Quartier im Hause *Felix Warburgs* in der Upper East Side, im damals und auch heute noch vornehmsten Wohnviertel New Yorks. Über seine Anfangszeit bis Juni 1935 konnte nur wenig in Erfahrung gebracht werden. Es ist zu vermuten, dass er während dieser Zeit an der Übersetzung und Erweiterung seines ersten in deutsch erschienenen Buchs arbeitet und daneben bereits in dieser Zeit seine Clerk-Tätigkeit in einer heute nicht mehr ermittelbaren Kanzlei aufgenommen hat, um sich in geringfügigem Maße selbst finanziell zu stützen[114]. Zeitgleich dazu beginnt er, sich als assistant editor des „Trade-Mark

---

[111] Professor in Profile, Walter J. Derenberg, The Bulletin of New York University, School of Law, Vol. 8, No. 3, Spring 1961, S. 11.

[112] *Sauerland* in einem Nachruf auf Julius Derenberg, Hamburger Fremdenblatt, 80. Abendausgabe, 20.03.1928.

[113] Zitat enthalten bei *von Borries*, Ernst C. Stiefel (Nachruf), DAJV-Newsletter, 1997, 135, 136. (Hervorhebung durch den Verfasser).

[114] Über diese Tätigkeit als Clerk im Jahre 1935 berichtet McKay, wobei seinen Ausführungen nicht zu entnehmen ist, ob diese Arbeit von Derenberg vor seiner Immatrikulation an der NYU School of Law oder erst danach begonnen wurde. *McKay*,

Bulletins", ein damals noch vom „The Trade-Mark Reporter" getrennt herausgegebenes, aber ebenfalls von der USTA verlegtes Bulletin, durch Publikationstätigkeit weitere fachwissenschaftliche Reputation zu erwerben[115].

Mit diesen Tätigkeiten überbrückt *Derenberg* seine Zeit der beruflichen Neuorientierung in New York bis zum September 1935, dem Monat, der für ihn nur knapp zehn Monate nach seiner Einreise den Start zu einer erfolgreichen, markante Spuren im Rechtssystem des Gastgeberlandes hinterlassenden Karriere bedeutet.

Im September 1935 beginnt *Derenberg* sowohl seine lernende als lehrende Tätigkeit des US-amerikanischen Rechts: Er nimmt im Alter von 31 Jahren das Studium der Rechtswissenschaften an der New York University School of Law auf, parallel dazu hält er an derselben Universität erste Kurse über das Warenzeichenrecht der USA und als dritte Aufgabe tritt seine Anstellung als Assistant Secretary bei der United States Trademark Association (USTA) als seinen Tag ausfüllend hinzu.

Die Aufnahme des juristischen Studiums war trotz der Vorbildung *Derenbergs* notwendig, da ein entsprechender amerikanischer Abschluss zu der damaligen Zeit unverzichtbare Voraussetzung war, um in den Vereinigten Staaten zur Anwaltschaft und zu den Gerichten zugelassen werden zu können[116]. Und so musste der promovierte deutsche Volljurist, Fachbuchautor und anerkannte Warenzeichenrechtsexperte *Dr. Walter Julius Derenberg* erneut die Vorlesungen besuchen und sich drei Jahre auf das ersehnte Examen vorbereiten. Bei dieser Tätigkeit verblüffte er in vielfacher Weise seine im Durchschnitt zehn Jahre jüngeren Kommilitonen: nicht nur durch sein Alter, seinen starken deutschen Akzent und seine in Spezialbereichen vorhandene Expertenkenntnis, sondern vor allem auch dadurch, dass er sich während der Vorlesungen niemals irgendwelche Notizen machte, obwohl diese Mitschriften schon damals (und auch heute noch) für die US-amerikanischen Studenten neben den Case Books den wesentlichen Teil ihrer Unterlagen zur Vorbereitung auf die einzelnen Prüfungen ausmachten[117]. Der Grund für die vermeintliche Nachlässigkeit *Derenbergs* war, dass er über die Gabe eines absoluten Gedächtnisses verfügte, und somit auch alles auditiv Wahrgenommene dauerhaft spei-

---

Walter Derenberg: An Appreciation, New York University, Law Review, Vol. 44, 1969, S. 447.

115 Er veröffentlicht zwei Artikel: "Roquefort Cheese" again before the Courts, Trademark Bulletin, Vol. 30, 1935, S. 244-248; The Federal Tribunals versus the Fair Trade Acts, Trademark Bulletin, Vol. 30, 1935, S. 276-280.

116 *McKay*, Walter Derenberg: An Appreciation, New York University, Law Review, Vol. 44, 1969, S. 447.

117 Diese Besonderheit erfuhr der Verfasser von dem ehemaligen Kommilitonen und Freund Derenbergs, *Edward E. Halle*, der sich selbst heute noch hörbar beeindruckt an dieses Verhalten Derenbergs erinnert.

cherte[118]. Diese Fähigkeit erleichterte ihm natürlich nicht nur das Studium, sondern bildete neben seiner hohen Selbstdisziplin, seiner schnellen Auffassungsgabe und dem unbändigen Interesse für das Warenzeichen- und Urheberrecht die zusätzliche Basis für seine späteren Arbeitserfolge.

Zeitgleich mit der Immatrikulation als first-year-student beginnt für *Derenberg* mit der Einstellung als lecturer an der NYU School of Law seine universitäre Karriere, und er entdeckt hierin die Tätigkeit, die fortan seinen Lebensinhalt bedeuten wird. Nach eigener Aussage empfindet *Derenberg* einen ihm unerklärlichen inneren Drang, lehren zu müssen[119], und er bezeichnet später ein Leben ohne die Studenten als sinnlos[120]. Hervorzuheben ist, dass *Derenberg* die Aufnahme in den Dozentenkreis der NYU School of Law ohne jegliche Berufung auf seine familiäre Herkunft, sondern allein aufgrund seiner bisher erbrachten juristischen Leistungen erlangt hat. Denn es ist nicht etwa *Felix Warburg*, der *Derenberg* das Tor zur NYU School of Law öffnet, sondern ein nachdrückliches Empfehlungsschreiben *Edwin M. Borchards*, Professor of Law, Yale University, vom 21. Januar 1935 an *Frank H. Sommer*, Professor of Law und damaliger Dean of NYU School of Law, welches *Derenbergs* Anfrage auf die Möglichkeit einer Dozententätigkeit auf dem Gebiet des Warenzeichenrechts begleitet[121]. *Borchard* hatte *Derenbergs* erstes Buch, „Warenzeichen und Wettbewerb in den Vereinigten Staaten", gelesen und ihm als Reaktion darauf am 2. Juli 1931 einen persönlichen Brief nach Berlin gesandt, worin er das Buch als herausragend und seinesgleichen in deutscher und wohl auch in englischer Sprache vergeblich suchend mit höchstem Prädikat versah. Darüber hinaus bat er in diesem Brief, *Derenberg* in der Zeit vom 18. bis 25. Juli 1931 in Berlin treffen zu können[122]. Ob eine solche Zusammenkunft in Berlin tatsächlich stattgefunden hat, kann nicht nachgewiesen werden. Ein persönlicher Kontakt muss jedoch erfolgt sein, da sich *Borchard* in seinem Empfehlungsschreiben sowohl über *Derenbergs* juristische Fähigkeiten als auch über seine Persönlichkeit äußert, indem er ihm eine „modesty and agreeable personality" attestiert und sein Rechtsgebiet von einer Art „which ought to interest a good part of the student body" charakterisiert[123].

---

[118] Auf das absolute Gedächtnis Derenbergs wurde von *Edward E. Halle*, *Robert W. Hess* und *Charlotte Jones* in Interviews hingewiesen.

[119] Über dieses ihm selbst schon fast unheimliche Phänomen sprach er des öfteren mit seinem Partner *Vito Giordano* in der Anwaltskanzlei.

[120] Siehe die Aufführungen unten auf S. 65.

[121] Zu dieser Entwicklung siehe, Professor in Profile, Walter J. Derenberg, The Bulletin of New York University, School of Law, Vol. 8, No. 3, Spring 1961, S. 11.

[122] Der Brief ist in den persönlichen Unterlagen Derenbergs über die Rezensionen seines ersten Buchs enthalten, die dem Verfasser durch *Robert W. Hess* in Derenbergs ehemaliger Kanzlei von Maltiz Derenberg Kunin Janssen & Giordano zugänglich gemacht worden sind.

[123] Das Empfehlungschreiben Borchards ist im Original leider nicht mehr vorhanden, aber

Von dieser Referenz und *Derenberg* selbst beeindruckt teilt *Sommer Derenberg* am 14. Juni 1935 schriftlich mit, dass er für das akademische Jahr 1935/36, also beginnend vom 1. September 1935, einen graduate course mit dem Titel „Industrial Property" eingerichtet habe, der von *Derenberg* gelesen werden solle[124]. Wöchentlich durfte er zwei Stunden halten, die zur Sicherung ausreichender Teilnehmerzahlen auf die Abendstunden terminiert waren und wofür er einen Jahressalär von 1.200,- $ erhielt. Dem Brief war das Bedauern *Sommers* beigefügt, aufgrund der angespannten Haushaltslage die Dienste *Derenbergs* nicht in umfangreicherem Maße in Anspruch nehmen zu können. Mit der Berufung auf die angespannte Haushaltslage wird *Sommer* bei *Derenberg* unweigerlich böse Erinnerungen wachgerufen haben. Denn war es schon dieser als offizielle Begründung strapazierte Begriff, der die Karriere *Derenbergs* in Deutschland beendet hatte[125], so ist er es wieder, der sich seinem Neuanfang verlangsamend entgegenstemmt. Diesmal bleibt jedoch in Anbetracht der Auswirkungen der Weltwirtschaftskrise der Trost, dass er nicht als euphemistische Worthülle dem Antisemitismus zur Tarnung dient, sondern seinen wahren Inhalt tatsächlich repräsentieren darf und somit bei Besserung der ökonomischen Lage auch mit einer Ausweitung des Beschäftigungsumfanges zu rechnen war.

Die dritte Neuerung für *Derenbergs* Leben im September 1935 war sein offizieller Anfang bei der United States Trademark Association als Assistant Secretary. Die USTA, gegründet 1875, ist die älteste Vereinigung der USA, die sich ausschließlich Zeichenrechtsangelegenheiten widmet und zu der damaligen Zeit über 200 der größten Konzerne der USA unter ihren Mitgliedern zu verzeichnen hatte[126]. In einer im „Bulletin of the United States Trade-Mark Association" abgedruckten Mitteilung von der Anstellung *Derenbergs* wird er als hochqualifiziert für diese Aufgabe gewürdigt und auf sein in Kürze erscheinendes Buch über das Warenzeichenrecht der USA sowie seine Dozententätigkeit an der NYU School of Law hingewiesen[127]. Das Amt des Secretary definiert sich in diesem Zusammenhang nicht aus den gleichen überwiegend technischen Tätigkeiten, wie man sie aus Deutschland her assoziiert, sondern in den USA verstehen sich hierunter auch die für die Öffentlichkeitsarbeit einer Gesellschaft zuständigen Personen, die den Schriftverkehr der Organisation

---

auszugsweise zitiert in: Professor in Profile, Walter J. Derenberg, The Bulletin of New York University, School of Law, Vol. 8, No. 3, Spring 1961, S. 11.

124 Brief *Sommers* an Derenberg vom 14.06.1935, der in den persönlichen Unterlagen Robert Hess' enthalten ist.

125 Siehe die Ausführungen oben auf S. 15 f.

126 Hearing before the Committee on Patents, Subcommittee on Trade-Marks, House of Representatives, 75th Congr., 3rd Session, on H. R. 9041, March 15, 16, 17, 18, 1938, S. 62.

127 Assistant Secretary Appointed, Bulletin of The United States Trade-Mark Association, Vol. 30, 1935, S. 284.

eigenverantwortlich regeln und deren Standpunkte bei der Teilnahme an öffentlichen Veranstaltungen repräsentieren und verteidigen. In seiner Zeit als Assistant Secretary dieser Organisation bemüht sich *Derenberg* überwiegend um die Ausarbeitung und Weiterentwicklung eines neuen Warenzeichengesetzentwurfes, welcher 1938 von *Fritz G. Lanham* in den US Congress eingebracht wird[128]. Daneben bleibt *Derenberg* Assistant Editor des „Bulletins of The United States Trade-Mark Association"[129].

Zusammengefasst beendet *Derenberg* das Jahr 1935 als first-year Law Student, als Dozent für amerikanisches Warenzeichenrecht an der NYU School of Law und als Assistant Secretary der mächtigsten nationalen Warenzeichenlobby der USA. Sowohl die Geschwindigkeit seiner Integration in das US-amerikanische Rechtssystem als auch die Kombination der Tätigkeiten, die zu dieser Teilhabe führten, erscheinen kurios und lassen im leistungsorientierten Amerika den Schluss auf eine ungewöhnliche, herausragende, ja sogar ungewöhnlich herausragende Person zu.

Die unkonventionelle Kombination von first-year Law Student und Lecturer zugleich führte auch zu anfänglichen Komplikationen und Irritationen innerhalb der Professorenschaft an der NYU School of Law. Sie war vor allem für Professor *Larry Simpson* nur schwer zu akzeptieren und bildete von Beginn an die Grundlage für anhaltende Verstimmungen zwischen *Simpson* und *Derenberg*. Während einer Vorlesung *Simpsons* an einem Vormittag der ersten Semesterwoche 1935 war ihm *Derenberg* scheinbar unangenehm aufgefallen und phänotypisch bis zum Abend in Erinnerung geblieben. Als an jenem Abend die Mitglieder der Dozentenschaft ihre erste Besprechung hatten und *Simpson* eben dieses Erstsemester unter den Anwesenden ausmachte, ging er *Derenberg* unter Hinweis auf die exklusive Anwesenheitserlaubnis für Angehörige des lehrenden Bereichs harsch an, in der Absicht, ihn aus dem Raum zu entfernen. Sein Wille muss dabei von solch einer Dynamik getragen gewesen sein, dass es *Derenberg* unmöglich war, *Simpson* von der wahren Sachlage in Kenntnis zu setzen. Erst als Professor *Arthur T. Vanderbilt* den Raum mit den Worten „Hi *Walter*, how are you?" betrat, froren Stimme und Gesicht *Simpsons* ein und er war dem gesprochenen Wort wieder zugänglich[130]. Der Kontakt zu *Simpson*, der laut

---

[128] Zur Entwicklung dieses Gesetzentwurfes und Derenbergs Einfluss hierauf siehe die Ausführungen unten im zweiten Kapitel S. 115 ff.

[129] Derenbergs ehemaliger Professor und fachlicher Ziehvater Martin Wassermann ist zu dieser Zeit noch einer von drei Associate Editors des „Bulletins" für Deutschland, bevor ihm von den Nationalsozialisten der Professorentitel aberkannt wird und er nach Argentinien auswandert.

[130] Dies war im Nachhinein die Lieblingsgeschichte Derenbergs, die er nicht müde wurde zu erzählen und dem Verfasser ebenfalls durch viele der interviewten Zeitzeugen berichtet wurde.

Professor *Norman Redlich*[131] einen sehr harten Umgang mit seinen Studenten pflegte und von ihm eher der europäischen Schule zugerechnet wird, hat sich jedoch zu Studienzeiten nicht mehr sonderlich erwärmt.

Weitere Einzelheiten über den Verlauf des Studiums von *Derenberg* können heute nicht mehr in Erfahrung gebracht werden, nur soviel, dass die von ihm im Verlaufe der drei Jahre erzielten Noten die Bandbreite des Möglichen erschöpfend widerspiegelten, das Übergewicht jedoch im obersten Bereich gelegen hat und dementsprechend das Gesamtergebnis positiv ausgefallen ist[132]. Die weit überwiegende Zahl seiner Prüfungsleistungen ist so überzeugend, dass er sowohl nach dem ersten als auch nach dem zweiten Jahr zur Teilnahme an den beiden Law Reviews der NYU eingeladen wird. Eine solche Teilnahme stellt für amerikanische Studenten eine bedeutende Auszeichnung dar, da sie mit erheblichem Reputationsgewinn innerhalb der Universität verbunden ist und durch eine Mitgliedschaft im Board des Law Review die spätere Arbeitsplatzsuche wesentlich erleichtert wird. *Derenberg* muss aber aus Zeitgründen beide Einladungen ablehnen[133], denn bereits 1936 tritt mit seiner Tätigkeit für die „American Arbitration Association" eine weitere Verpflichtung in seinen Tagesablauf. Diese 1926 gegründete Vereinigung plante für das Jahr 1937 den Start der Herausgabe einer eigenen Zeitschrift, „The Arbitration Journal". Hierzu wurde *Derenberg* als ein Mitglied des Law Review Committee (es besteht keinerlei Beziehung zum Law Review der NYU) für die Rubrik „Arbitration Law" eingestellt. Das Institut der Arbitration entspricht dem deutschen Schiedsgerichtswesen (Mediation). Der sogenannte Arbitrator wird von den im Streit liegenden Parteien als neutrale Person ausgewählt und seine den Disput beilegende Entscheidung ist für beide Seiten bindend[134]. *Derenbergs* Hauptaufgabe ist es, wichtige aktuelle von Arbitrators getroffene Entscheidungen zusammenzustellen und zu kommentieren. Daneben liegt sein Nutzen für die Arbitration Association auch noch im Übersetzen von Entscheidungen deutscher Schiedsgerichtsstellen. Bei dieser Tätigkeit kann

---

131 Ehemaliger Kollege Derenbergs an der NYU School of Law und auch heute dort noch tätig.

132 Professor in Profile, Walter J. Derenberg, The Bulletin of New York University, School of Law, Vol. 8, No. 3, Spring 1961, S. 11, 12. Die dort wiedergegebene Darstellung über Derenbergs Noten wurde auch durch seinen ehemaligen Kommilitonen *Edward H. Halle* dem Verfasser gegenüber bestätigt.

133 Die beiden Einladungsbriefe vom 17.07.1936 und 19.07.1937 hat Derenberg allerdings aufbewahrt und sie sind heute in den persönlichen Unterlagen Robert Hess' enthalten.

134 Zu den vier Vorraussetzungen, nach denen der Arbitrator „unbiased, disinterested, impartial and free from prejudice" sein muss siehe *Cohen*, The Arbitrator - Essentials of His Conduct - Impartiality, The Arbitration Journal, Vol. 1, 1937, S. 189 ff.; zu den verschiedenen Ausprägungsformen solcher Schlichtungsstellen siehe *Marx/Crawford*, Umpires or Arbitrators?, The Arbitration Journal, Vol. 1, 1937, S. 126 ff.

Derenberg von seinen bei der IHK Berlin gesammelten Erfahrungen profitieren, da er dort 1932 selbst die Aufgabe eines Schiedsrichters für Wettbewerbsangelegenheiten inne gehabt hatte[135]. Aber diese Kenntnisse sind es nicht, die zu *Derenbergs* Beschäftigung führen, sondern diesmal ist es allein die finanzielle Unterstützung, die *Felix Warburg* der American Arbitration Association mittels seiner „The Woodlands Foundation" zukommen lässt. Um seinem Neffen die Finanzierung des Studiums an der NYU School of Law zu ermöglichen, stellt er der AAA für die kommenden drei Jahre eine jährliche Spende von 3.000,- $ in Aussicht, unter der Bedingung, dass *Derenberg* dort arbeiten darf und das Geld zum überwiegenden Teil für seine Bezahlung verwandt wird. Auf dieses Angebot geht die AAA ein und *Felix Warburg* verlängert seine Zahlungen später sogar noch um ein viertes Jahr. Wie einem späteren Schreiben *Antonia Hatvanys*, langjährige Secretary der AAA, zu entnehmen ist, waren einzig diese Spenden ausschlaggebend für die Anstellung *Derenbergs*, da ohne sie zu dem damaligen Zeitpunkt mangels Finanzkraft der AAA von seiner Beschäftigung hätte abgesehen werden müssen[136].

Die Art und Weise der Förderung durch *Felix Warburg* auf indirektem, an den Arbeitseinsatz *Derenbergs* gekoppelten Weg verdeutlicht, dass *Derenberg* zwar von seiner Verwandtschaft zur Crowd profitierte, sich aber die Unterstützung verdienen musste. In diesem Zusammenhang sei auch erwähnt, dass *Derenberg* nicht länger als wirklich nötig in dem Hause *Felix Warburgs* logierte und sich bereits im Juni 1935 ein kleines Ein-Zimmer-Appartement auf der gegenüberliegenden und etwas preiswerteren Seite des Central Parks mietete. Ob dieser Auszug durch *Felix Warburg* forciert war oder *Derenberg* aus eigenem Antrieb möglichst schnell die gewohnte Selbständigkeit und Unabhängigkeit erlangen wollte, kann heute nicht mehr in Erfahrung gebracht werden. Fest steht nur, dass er durch diesen Umzug etliche Annehmlichkeiten des schlossartig dimensionierten Baus *Felix Warburgs*, in dem *Derenberg* neben all dem Dienstpersonal nicht einmal richtig aufgefallen wäre, verliert, denn sein neues Appartement in 390 West End Avenue fällt sehr bescheiden aus, und er kann sich durch die Anwesenheit seines Steinway Klaviers aus Platzmangel kaum noch bewegen, möchte aber trotzdem auf das Musikinstrument nicht verzichten[137].

Neben der Einstellung bei der AAA ist als weiteres bedeutendes Ereignis in *Derenbergs* Leben 1936 die Veröffentlichung seines in englischer Sprache verfassten zweiten Buchs, „Trade-Mark Protection and Unfair Trading", anzu-

---

135 Siehe die Ausfürhungen oben auf S. 15.

136 Eine Kopie dieses Affidavits, das keine Datumsangabe trägt und von Antonia *Hatvany* offensichtlich im Zusammenhang mit einer späteren Steuerklärung Derenbergs abgegeben wurde, wurde dem Verfasser durch *Robert Hess* zugesandt.

137 Die Adresse ist dem Brief *Sommers* an Derenberg zu entnehmen, in dem er ihn am 14.06.1935 von der Einrichtung des „Industrial Property Course" unterrichtet.

sehen. Dieses Werk erzeugt in den US-amerikanischen Fachkreisen ein schallendes Echo positiver Superlative und trägt *Derenberg* unmittelbar die Anrede als „Mr. Trademark" ein. Es ist vor allem seine aus dem deduktiven Denkstil des Kontinentaljuristen stammende Befähigung zur Systematisierung von bis dahin scheinbar zusammenhanglosen Einzelfallentscheidungen und seine damit zwangsläufig im Zusammenhang stehende Kritik an ergebnisorientierten, undogmatischen, aber (leider) systemimmanenten, Argumentationsketten der US-amerikanischen Rechtsprechung, die dem induktiven common law Juristen so einzigartig und beneidenswert erscheint und *Derenberg* auch durch die Gerichte als Leading Authority auf dem Gebiet des Warenzeichenrechts höchste Anerkennung verleiht[138]. Diese Publikation, die eine Übersetzung und Erweiterung seines ersten Buchs ist und in Fachkreisen als „the modern bible of trade-marks" bezeichnet wird[139], legt den Grundstein für die sich von da an rasant entwickelnde nationale Anerkennung *Derenbergs* als führender Warenzeichenrechtsexperte in den USA.

Parllel zu seinen Tätigkeiten als Assistant Secretary für die USTA und als Mitglied des Law Review Committee der AAA führt *Derenberg* in den sich anschließenden zwei Jahren das Studium und die Lehrtätigkeit an der NYU School of Law fort. Sein erster gradaute course „Industrial Property" entwickelte sich von der Teilnehmerzahl her gesehen als ein Fehlschlag, da sich nur acht Studenten dafür interessierten[140]. Es ist der erste Kurs an einer US-amerikanischen Universität überhaupt, der sich allein mit dem Warenzeichenrecht befasst, ohne gleichzeitig die Gebiete des Urheberrechts oder Patentrechts darin integriert zu behandeln[141]. Aufgrund des bis dahin stiefmütterlichen Umgangs mit diesem Rechtsgebiet an den amerikanischen Universitäten gibt *Derenberg* offen zu, dass er überrascht war, dass überhaupt ein Student den Weg in seine Vorlesung gefunden hatte[142], und es wäre ob der geringen Nachfrage eigentlich mit der Absetzung seiner Vorlesung durch die Leitung der Law School zu rechnen gewesen. Doch Dank der Weitsicht und des Gespürs *Arthur T. Vanderbilts*, des langjährigen Deans der NYU School of Law, der wegen seines Einsatzes für die Law School noch heute als der Hauptverantwortliche dafür gilt, dass sich die NYU School of Law stets unter den besten fünf Universitäten der USA befindet, wurde an diesem Programm und *Derenberg* weiter festgehalten. *Derenberg* selbst sagt später, dass er alles, was er

---

138 Siehe die Ausführungen unten auf S. 67 und die Darstellungen unten im zweiten Teil auf S. 100 f.

139 *Mansfield*, [Tribute to] Dedication of The Annual Survey of American Law, 1973/74, nachgedruckt in Bulletin of The Copyright Society, Vol. 23 October 1975-August 1976, S. 9 f.; *Reuter*, The Life of Copyright Is Extended, Publishers Weekly, 1976, 31.

140 *Klein*, Out of the Woods, The Villager, 04.05.1967, S. 6.

141 Siehe hierzu die Ausführungen unten S. 168.

142 *Klein*, Out of the Woods, The Villager, 04.05.1967, S. 6.

erreicht habe, dem „Judge“[143] verdanke, da dieser es verstanden habe, sein Potential besser zu erkennen und einzuschätzen, als er selbst es gekonnt habe, und er ihn zum Weitermachen gedrängt und ermutigt habe. Ohne diese Unterstützung, meint *Derenberg*, hätte er den Versuch der Lehre niemals fortgeführt; er habe sie letztendlich nur für *Vanderbilt* weiterverfolgt[144]. Es mag durchaus als richtig angenommen werden, dass *Derenberg* ohne die Förderung *Vanderbilts* wahrscheinlich nicht wieder so schnell die Chance geboten worden wäre, das Rechtsgebiet des Warenzeichenrechts an einer Law School in den USA zu etablieren, aber die Aussage *Derenbergs*, er habe *Vanderbilt* alles, was er selbst später darstellte, zu verdanken, ist allzu bescheiden. Sie spiegelt jedoch eine Hauptcharaktereigenschaft *Derenbergs* wider, denn er ist jemand, der niemals seine eigenen Verdienste nach außen darstellt und den Grund für seinen Erfolg immer durch die Beteiligung anderer oder durch begünstigende Umstände zu erklären sucht und wie *Vito Giordano* es formuliert: „He never blew his own horn.“[145]. Dieses Merkmal wird zu einem Teil vielleicht auf Veranlagung *Derenbergs* beruht haben, reflektiert aber auch deutlich seine zurückhaltende deutsch-jüdische Erziehung.

Im weiteren Verlauf gelingt es *Derenberg*, erheblich größeren Zulauf für seine Kurse zu gewinnen, was weniger auf das gewachsene Interesse der Studenten am Warenzeichenrecht, als vielmehr auf die von jedem seiner Schüler mit Bestnoten gepriesene didaktische Begabung *Derenbergs* zurückzuführen ist[146]. So ist es nur eine logische Konsequenz, dass sein Lehrprogramm an der NYU School of Law sogar noch erweitert wird, namentlich um einen graduate arbitration course, den er ab dem Sommersemester (spring term) 1938 unterrichtet und der ebenfalls für die damalige Zeit eine Einmaligkeit in den Ausbildungsprogrammen der US-amerikanischen Universitäten darstellt[147]. Dieser Kurs wird aufgrund der hohen Besucherzahlen im darauffolgenden Wintersemester wiederholt, und durch diesen wachsenden Zuspruch auf seine Lehr-

---

143 Dies ist der Spitzname, den Vanderbilt von Kollegium und Studentenschaft erhält.

144 *Klein*, Out of the Woods, The Villager, 04.05.1967, S. 6; Professor in Profile, Walter J. Derenberg, The Bulletin of New York University, School of Law, Vol. 8, No. 3, Spring 1961, S. 11, 12.

145 Auch im Bulletin der NYU School of Law wird geschrieben: „His wonderment over the parallel growth of his own career with that of the School of Law is unceasing.“ Professor in Profile, Walter J. Derenberg, The Bulletin of New York University, School of Law, Vol. 8, No. 3, Spring 1961, S. 11, 13.

146 Zu Derenbergs außergewöhnlichen didaktischen Fähigkeiten siehe beispielhaft: *Ulmer*, Walter J. Derenberg 70 Jahre, GRUR Int. 1973, 668; *Reuter*, The Life of Copyright Is Extended, Publishers Weekly, 1976, 31; *Wm.Peyton Marin,* President of the NYU Alumni Federation, in seiner Laudatio auf Derenberg anlässlich der Verleihung des Great Teacher Award of NYU am 20.04.1967. Sie ist in geschriebener Form in den persönlichen Unterlagen *Robert W. Hess'* enthalten. Zu der Bedeutung des Great Teacher Award sieh unten S. 63.

147 Arbitration Journal, Vol. 3, 1939, S. 385.

veranstaltungen gelingt es *Derenberg*, sich im Dozentenkreis der NYU School of Law weiter zu etablieren.

Im Jahre 1938 vermag er es auch, sein US-amerikanisches Rechtsstudium erfolgreich zum Abschluss zu bringen. Hiermit im Zusammenhang steht auch der erste nachweisbare persönliche Kontakt zu seiner Mutter seit seiner Flucht aus Deutschland. *Derenberg* befindet sich am 8. August 1938 nach dem Durchlaufen der Examina zum New York State Bar Exam erschöpft und erholungsbedürftig zur Regeneration im Urlaub in der Schweiz. Ebenfalls dort am selben Ort logiert seine Mutter, und sie ist es auch, die ihm an diesem Tag die freudige Nachricht überbringt[148]. *Derenberg* hält sich gerade im Swimmingpool auf, das Schwimmen gehörte zu einer seiner Leidenschaften, der er bis zu seinem Tode nachging, und plagt sich noch immer mit der festen Überzeugung, am bar exam gescheitert zu sein, als seine Mutter mit einem Telegramm aus New York überglücklich an ihn heran tritt und ihm den Inhalt laut zuruft: „Derenberg passed Bar very high on list."[149]

Damit waren für ihn fast alle Voraussetzungen erfüllt, um in den Vereinigten Staaten seine in Deutschland so abrupt beendete Anwaltskarriere fortsetzen zu können. Schließlich musste er von nun an nur noch auf das Bürgerrecht warten, um zu der Anwaltschaft und zu den amerikanischen Gerichten zugelassen werden zu können. Dieser letzte Schritt auf seinem Weg in die vollständige Integration erfolgt am 4. November 1940, als *Derenberg* zu den Gerichten des Staates New York und zu der Anwaltschaft zugelassen wird[150].

Seinen ersten Klienten gewann *Derenberg* jedoch schon, bevor er vollwertiges Mitglied der US-amerikanischen Jurisprudenz wurde, denn ebenfalls im Jahr 1938 setzte ihn das Unternehmen The Coca-Cola Company (im weiteren Verlauf der Arbeit „Coca-Cola" genannt) auf einen sogenannten „small retainer"[151]. Ein solcher retainer ist ein fester Betrag, den das Unternehmen dem Anwalt für das gesamte Jahr zahlt. Als Gegenleistung dafür wird der Anwalt auf jeweils spezielle Anfrage des Unternehmens in konkreten Einzelfällen gutachterlich tätig. Dieser retainer *Derenbergs* ist ein weiterer Beitrag zu seiner eigenständigen Finanzierung des Lebensunterhalts. Er wird über die Jahre noch ausgeweitet, und *Derenberg* unterbricht seine Tätigkeit für Coca-Cola nur in

---

148 Dieses Ereignis wurde von Derenberg selbst geschildert und wiedergegeben in: Professor in Profile, Walter J. Derenberg, The Bulletin of New York University, School of Law, Vol. 8, No. 3, Spring 1961, S. 11, 12.

149 Das Originaltelegramm befindet sich heute noch in den persönlichen Unterlagen Robert Hess' und trägt den Absender *Peter Hern.*

150 Das Datum entstammt einer telefonischen Anfrage des Verfassers beim Office of Court Administration, New York. Es ist zugleich auch die einzige Information, die dort über Derenberg gespeichert ist.

151 Diese Information entstammt einem persönlichen Gesprächs des Verfassers mit *Robert W. Hess.*

seiner Zeit als Mitarbeiter des Office of Price Administration und Trademark Counsel des Patent Office, da er dem Vorwurf des Interessenkonflikts entgehen möchte. Die Verbindung zu Coca-Cola wurde durch *Edward S. Rogers* hergestellt, der unangezweifelten Führungspersönlichkeit des US-amerikanischen Warenzeichenrechts (bezogen auf die erste Hälfte des zwanzigsten Jahrhunderts). Er hatte *Derenbergs* außergewöhnliche Befähigung bereits während dessen siebenmonatigem Aufenthalt in New York City, 1928/29, erkannt und stand ihm seit seiner Ankunft im Exil unterstützend zur Seite[152].

Nach dem bestandenen bar exam stellen bis 1942 die Arbeit für die USTA, Coca-Cola und die AAA und die Dozententätigkeit an der NYU School of Law *Derenbergs* entgeltliche Beschäftigungen dar. Bei der USTA wird er im Jahre 1940 Counsel und beim „The Arbitration Journal" Ende 1941 Editor for Law and Decisions. Die Aufgabe des Assistant Editors beim „Bulletin of the USTA" beendet er Ende 1940, als diese Zeitschrift mit „The Trade-Mark Reporter" vereinigt wird. Zu vorbezeichneten Tätigkeiten tritt noch seine sehr zeitaufwendige Mitwirkung bei der Entwicklung eines neuen Warenzeichengesetzes für die USA hinzu. In den Vereinigten Staaten gilt selbst 1940 noch das gänzlich veraltete Bundeswarenzeichenrecht von 1905, was national wegen seiner Beschränkung auf das formelle Recht zur Uneinheitlichkeit und zu Unbilligkeiten führte und international wegen seiner Aufteilung in Bundes-, Bundesstaatenrecht und common law den meisten ausländischen Juristen verschlossen blieb[153]. Aufgrund seiner tiefgreifenden Kenntnisse auf diesem Rechtsgebiet, die *Derenberg* 1936 mit der Veröffentlichung seines zweiten Buchs unter Beweis gestellt hat, ist er seit 1938 bei mehreren Anhörungen des Subcommittee on Trade-Marks unter der Leitung *Fritz G. Lanhams* als Teilnehmer im Auftrag der USTA vertreten[154]. *Derenberg* wird auch schon vor 1938 als Berater *Edward S. Rogers* und als Mitglied verschiedener USTA Komitees auf diesen Gesetzesentwurf Einfluss genommen haben. Da er aber noch nicht zu der US-amerikanischen Anwaltschaft zugelassen war, ist er in den Komitees der American Bar Association vor 1938 nicht als offizielles Mitglied verzeichnet, und seine inoffizielle Mitwirkung kann daher für diese Zeit nur gemutmaßt, jedoch nicht nachgewiesen werden. Neben seinen Aussagen während der Anhörungen des Subcommittee on Trade-Marks ist seine Beteiligung an den bedeutendsten Komitees außerhalb des Kongresses im Jahre 1942 zu nennen. *Derenberg* gehört dem Lanham Bill Committee der USTA, dem Lawyers Advisory Committee der USTA und dem Coordinating

---

[152] Siehe unten Fußnote 326.

[153] Siehe hierzu den speziell für ausländische Fachjuristen verfassten Artikel von *Rogers*, Protection of Industrial Property, Michigan Law Review, Vol. 27, 1929, S. 491 ff.; Zum Status Quo des US-amerikanischen Warenzeichenrechts zum Zeitpunkt *Derenbergs* Emigration siehe die Ausführungen unten im zweiten Kapitel S. 81 ff.

[154] Siehe hierzu die Ausführungen unten im zweiten Kapitel S.125 f.

Committee unter der Schirmherrschaft der National Association of Manufacturers an und ist Secretary von allen drei Komitees[155]. Insbesondere das letztere wird als das wichtigste Komitee auf dem Weg zur Verabschiedung des Lanham Trademark Act 1946 angesehen, da in diesem Komitee nach langer Zeit des argumentativen Chaos' die unterschiedlichen Meinungen kanalisiert werden konnten und ein Entwurf verfasst wurde, der noch 1946 das substantielle Konzept des endgültigen Gesetzes bildete[156].

Im Juli 1941 erreichte *Derenberg* noch einmal die damals vorherrschende antisemitische Haltung der deutschen Verwaltung. Ohne formellen Beschluss, aber unter Berufung auf seine Emigration, werden ihm die deutsche Staatsangehörigkeit und seine juristische Doktorwürde der Hamburgischen Universität aberkannt[157]. Dies ist jedoch nur der Vorläufer davon, dass der in Europa mittlerweile tobende Krieg letztlich mit dem japanischen Angriff auf Pearl Harbor am 7. Dezember 1941 auch in die USA und in *Derenbergs* Leben getragen wird.

§ 4 Kriegs- und unmittelbare Nachkriegstätigkeit (1942-1946)

Überblick

- 1942 Derenberg gibt seine Arbeit bei der AAA auf.
- 20. November 1942 Einstellung beim OPA, Washington, D. C., als Principal Attorney.
- 26.03.1943 Beförderung beim OPA zum Head Attorney.
- 1943 Zulassung zum Supreme Court, Washington, D. C.
- 17.01.1944 Zulassung zum US Court of Customs and Patent Appeals
- September 1945 Anfrage von Justice Jackson an das OPA, Derenberg, der bereits Assistant General Counsel geworden ist, nach Nürnberg zu den ersten Kriegsverbrecher Prozessen zu entsenden. Seine Arbeit für das OPA ist damit 1946 beendet.

Mit dem Kriegseintritt der USA verändert sich auch *Derenbergs* Leben. Er scheint sich dem Land, das ihm die lebensrettende Zuflucht gewährt hat, verpflichtet zu fühlen und bietet an, entsprechend einer großen Zahl der amerikanischen Bevölkerung seinen persönlichen Beitrag leisten zu wollen, um eine bestmögliche Effizienz der US-amerikanischen Kriegsführung und somit eine schnelle Beendigung dieses Weltkriegs erreichen zu können. Da er für den

---

[155] Siehe hierzu die Ausführungen unten im zweiten Kapitel S. 125ff.

[156] Siehe hierzu die Ausführungen unten im zweiten Kapitel S. 129 ff.

[157] *Krause/Huber/Fischer*, Hochschulalltag im „Dritten Reich", Teil III, S. 1503 und 1505.

aktiven Dienst an der Front nicht ausgebildet und obendrein zu alt ist, stehen für ihn nur Tätigkeiten innerhalb der Vereinigten Staaten zur Auswahl. Er entschließt sich, seine Arbeitskraft und Fähigkeiten dem Office of Price Administration (OPA) in Washington, D. C., anzubieten. Als Antwort auf seine Anfrage bittet ihn *Nathaniel L. Nathanson*, Associate General Counsel of the OPA[158] Anfang Oktober 1942 telefonisch, dort den Posten des Chief of the Research and Opinion Branch of the Court Review zu übernehmen[159]. Diese Abteilung ist eine Unterabteilung der Court Review Division, die ihrerseits der Legal Division eingegliedert ist[160]. Am 20. November, nach Beendigung seiner Vorlesungen an der NYU School of Law, tritt *Derenberg* den Dienst als Principal Attorney für das General Counsel's Office in dieser Reserach and Opinion Branch beim OPA an[161].

Das OPA bildet einen wichtigen Faktor auf dem Weg zur Vorbereitung der USA für die Mobilisierung zum Eintritt in den zweiten Weltkrieg[162]. Denn aus dem ersten Weltkrieg hatte man die ökonomischen Erfahrungen gewonnen, dass das Medium der Preiskontrolle und -festschreibung eine notwendige Voraussetzung darstellt, um den Krieg finanzierbar zu gestalten und den Lebensstandard im Inland für jedermann über dem Existenzminimum zu sichern[163]. Mit dem Ausbruch eines Krieges werden in den betroffenen Ländern die inneren Wirtschaftsverhältnisse nachhaltig gestört. Die Rohmaterialien werden ihrem normalen Gebrauch zu einem erheblichen Anteil entzogen und in andere Industriezweige geleitet, die für eine kurzfristige, hochkonjunkturelle Nachfrage nicht entsprechend entwickelt sind. Das Gesetz von Angebot und Nachfrage offenbart in solchen Momenten seine Schwächen und Nachteile, und weitere Investitionsplanungen werden zu hochrisikoreichen Unternehmungen, da die Dauer des Krieges nicht vorhersehbar ist und dementsprechend auch nicht die Zeitspanne dieser hohen Nachfrage nach für Friedenszeiten ungewöhnlichen Materialen und Produkten[164]. Die Folge ist eine galoppierende Inflation, die erst die unmittelbar für den Krieg benötigten Materialien betrifft, wie Stahl[165],

---

158 Siehe US Office of Temporary Controls, The Beginnings of OPA, S. 56.

159 Dies ist einem Brief von *Nathanson* zu entnehmen, der in diesem Brief auf das Telefongespräch Bezug nimmt. (Enthalten in den persönlichen Unterlagen Robert Hess').

160 Zur Organisationstruktur des OPA im Zeitpunkt von Derenbergs Amtsantritt siehe die Graphik bei, *Hirsch*, Price Control in the War Economy, S. 171.

161 Entnommen aus den persönlichen Unterlagen Robert Hess'.

162 Nicht nur die USA hatten die Notwendigkeit von Preisstabilisierungen erkannt. Zur Vorbereitung auf den Krieg hatten Deutschland, 1936, und Italien, 1935, und aus Angst vor dem Krieg zahlreiche andere Länder die Preisentwicklung spätestens 1939 eingefroren. Siehe hierzu: US Office of Temporary Controls, The Beginnings of OPA, S. 2 f.

163 Siehe hierzu US Office of Temporary Controls, The Beginnings of OPA, S. 5 f.

164 US Office of Temporary Controls, The Beginnings of OPA, S. 2.

165 Im Verlaufe des ersten Weltkriegs waren die Stahlpreise in den USA für Stahlstifte um

Kupfer, Brennstoffe, etc., sich aber mit kurzweiliger Verzögerung auf die Produkte des täglichen Bedarfs in nahezu gleicher Weise auswirkt[166]. Durch die Festsetzung von vertretbaren Preisen für die einzelnen Produkte wird die Möglichkeit der kriegsbedingten, überproportionalen Gewinnerzielung weitestgehend ausgeschlossen, gleichzeitig aber die wirtschaftliche Produktion beschleunigt, da die Preise so gestaltet werden, dass pro produziertem Stück noch ein fixer Betrag als Gewinn beim Unternehmer verbleibt[167]. Dies setzt natürlich eine Regulierungsmaschinerie ungeheuren Ausmaßes voraus, da ein solches Vorhaben sowohl auf rechtliche, vor allem verfassungsrechtliche, als auch praktische Probleme stößt[168].

Aus der Erfahrung des ersten Weltkriegs hatte man gelernt, dass es für Entscheidungen dieser kriegsspeziellen, rechtlichen Probleme einer zentralen Stelle bedarf, die aufgrund ihrer ausschließlichen Zuständigkeit für dieses Rechtsgebiet für nationale Einheitlichkeit Sorge tragen kann und auf diese Weise eine Fehlleitung der Warenströme in Gebiete liberalerer Rechtsprechungen vermieden wird. Mit der Einrichtung des Emergency Court of Appeals durch den Emergency Price Control Act von 1942 wurde dieses zentrale Sondergericht konstituiert, dessen Entscheidungen nur noch der Überprüfung durch das US Supreme Court unterworfen waren[169]. Die Urteile dieses Gerichts auszuwerten, zu kommentieren und auf diese Weise zu systematisieren und so den Mitarbeitern des OPA eine rechtliche Orientierungslinie für zukünftige von ihnen zu treffende Maßnahmen an die Hand zu geben, war *Derenbergs* Hauptaufgabe. Damit hat ihm *Nathanson* offensichtlich unter dem Eindruck seiner bisher erbrachten juristischen Leistungen genau die Aufgabe zugewiesen, bei der sich *Derenberg* bislang besonders profilieren konnte, nämlich der Systematisierung einzelner Gerichtsentscheidungen zu abstrakten Rechtsgrundsätzen. Zu dieser Aufgabe war *Derenberg* neben seiner großen didaktischen Befähigung insbesondere auch aufgrund seiner kontinentalrechtlichen Ausbildung besonders berufen, da eine solche Systematisierung eine Transformierung

---

390% gestiegen, für Panzerplatten sogar um 600 %. Siehe US Office of Price Administration, First Quarterly Report, S. 8.

[166] Die im 1. Weltkrieg erfolgte inflationäre Entwicklung und die zeitliche Verzögerung dieses Effektes auf Lebensmittel, Bekleidung und Haushaltsgegenstände (es dauerte sechs Monate bis diese Produkte von nahezu dem gleichen Preisanstieg erfasst wurden) lässt sich in einer Tabelle des OPA sehr gut nachvollziehen. Office of Price Administration, First Quarterly Report, S. 6.

[167] US Office of Temporary Controls, The Beginnings of OPA, S. 15f.

[168] April 1942 waren mit der Aufgabe der Preisfestsetzung und Rationierungsmaßnahmen insgesamt ca. 20.000 Personen beschäftigt. *Hirsch*, Price Control in the War Economy, S. 170.

[169] *Nathanson*, The Emergency Court of Appeals, in: Problems in Price Control: Legal Phases, S. 1.

der induktiven Rechtsfindung des Common Lawyers hin zu der aus der Abstraktion erfolgenden deduktiven Rechtsanwendung des Civil Lawyers bedeutet. Durch diese im Wege der Transformierung erfolgende Systematisierung nahm *Derenberg* über die gesamte Dauer seines juristischen Wirkens in den USA erfolgreich eine Scharnierwirkung zwischen den beiden Rechtssystemen ein[170].

Wie lange *Derenberg* diese Aufgabe beim OPA ausüben wird, lässt sich aus damaliger Sicht nicht in absoluter Zeit angeben. Denn die vorgesehene Anstellungsdauer *Derenbergs* soll die Dauer des Krieges und die darauf folgenden sechs Monate betragen. Das Kriegsende ist jedoch im November 1942 noch nicht absehbar.

Das Beschäftigungsverhältnis ist mit einer einjährigen Probezeit versehen sowie mit einer charakterlichen Prüfung *Derenbergs* verbunden. Allerdings vermag *Derenberg* seinen Dienstherrn schon im Verlaufe der nächsten fünf Monate von seinen Qualitäten und seiner Loyalität zu überzeugen, und er wird am 26. März 1943 zum Head Attorney befördert. In einem internen Bewertungsschreiben des OPA, ein sogenanntes "Employee's Notice of Efficiency Rating", wird die Effizienz seiner Leistungen als "excellent" und somit mit der höchsterreichbaren Qualitätsstufe bewertet[171].

Die Tätigkeit für das OPA nimmt die gesamte Arbeitskraft *Derenbergs* in Anspruch und ist so zeitaufwendig, dass er seinen Wohnsitz während dieser Zeit nach Washington verlegt[172]. Er gibt zugunsten dieser Tätigkeit die Arbeit bei der USTA und der AAA auf und lässt sich von der NYU School of Law von seiner Lehrtätigkeit beurlauben[173]. *Derenberg* gesteht, dass er seine jetzige Arbeit aus fachlicher Sicht nicht sonderlich mag und viel lieber in den Bereich des Copyright und Trademark Law zurückkehren möchte[174], aber die Beziehung

---

170 Diese Scharnierwirkung spiegelt sich auch in den Kritiken zu *Derenbers* Büchern wider, indem seine wissenschaftliche Heransgehensweise, die für US-amerikanische Verhältnisse als einzigartig empfunden wird und zu einer besonderen Verständlichkeit seiner Werke führe, besonders hervorgehoben wird. Siehe hierzu die Besprechungen Derenbergs Bücher unten im zweiten Kapitel auf S. 98 ff.

171 Das Bewertungsschreiben wurde von *Nathanson* vorgenommen und ist in den persönlichen Unterlagen Robert Hess' enthalten.

172 Derenberg wohnt dort 2800 Woodley Road, Washington, D. C. Enthalten in den persönlichen Unterlagen *Robert Hess'* (entnommen aus einem Brief Derenbergs vom 14.4.1943 an Mr. John F. Oberlin von der Law Firm Oberlin, Limbach & Day, Leader Building, Cleveland, Ohio).

173 *Derenberg*, Trade-Marks ante portas, Yale Law Journal, Vol. 52, 1942-1943, S. 829, Fußnote.

174 Entnommen aus einem Brief Derenbergs vom 14.4.1943 an Mr. John F. Oberlin von der Law Firm Oberlin, Limbach & Day, Leader Building, Cleveland, Ohio, enthalten in den persönlichen Unterlagen Robert Hess'.

zu seinen Kollegen beschreibt er als angenehm, herzlich und dauerhaft[175]. Trotz der juristischen Abneigung für seinen Aufgabenbereich bleibt *Derenberg* bis 1946 beim OPA und erreicht am Schluss sogar die Stellung des Assistant General Counsel, die dritthöchste Stufe in der dort vorhandenen Hierarchie[176].

Während dieser Zeit in Washington beim OPA schreitet die juristische Karriere *Derenbergs* zumindest hinsichtlich der formalen Voraussetzungen voran. 1943 erhält er die Zulassung zu dem höchsten Bundesgericht der Vereinigten Staaten, dem US Supreme Court[177], und ein Jahr später, am 17. Januar 1944, wird er zum US Court of Customs and Patent Appeals zugelassen, welches neben dem US Supreme Court das wichtigste Gericht für Warenzeichenrechtsstreitigkeiten ist[178].

Im September 1945 verlässt er das OPA, noch bevor sein Anstellungsverhältnis durch Auflösung dieser Kriegsbehörde beendet wird. Auf Wunsch des Chief Justice *Robert H. Jackson*, Hauptankläger der USA während des Nürnberger Hauptprozesses, wird er vom OPA in das Büro *Jacksons*, „The Office of the Chief of Counsel" (OCC), als dessen Special Assistant nach London überwiesen[179]. London wird damals noch als Zieladresse angegeben, da sich dort die vier Siegermächte seit dem 26. Juni 1945 zur Ausarbeitung eines „Abkommen[s] über die Verfolgung und Bestrafung der Hauptkriegsverbrecher der europäischen Achse" getroffen hatten und dieses Abkommen, später als „London Charter" oder „London Abkommen" bezeichnet, als Grundvoraussetzung für ein mögliches Internationales Militärtribunal erst am 8. August 1945 (also zwei Tage vor *Derenbergs* Rekrutierung) rechtsverbindlich formuliert wurde[180]. *Derenberg* wird aber an dem Ort eingesetzt, für den sich die Siegermächte als Gerichtsstand entschieden hatten, nämlich Nürnberg. Seine Rückkehr nach Deutschland bezeichnet er später als einen seiner größten Schocks seines Lebens[181]. Trotz der abstoßenden, erniedrigenden und feindlichen Behandlung, die er durch die Exekutive und Legislative seiner Heimat ab

---

175 Professor in Profile, Walter J. Derenberg, The Bulletin of New York University, School of Law, Vol. 8, 1961, 11, 12.

176 Zur Organisationstruktur des OPA im Zeitpunkt von *Derenbergs* Amtsantritt siehe die Graphik bei, *Hirsch*, Price Control in the War Economy, S. 171.

177 *Flint*, Prof. Walter J. Derenberg Dies; Lawyer Was Copyright Expert, The New York Times, 10.09.1975, S. 48.

178 Die Zulassungsurkunde ist in den persönlichen Unterlagen Robert Hess' enthalten.

179 Der Brief des War Departments, in dem dieser Wunsch Jacksons an Derenbergs Teilnahme in London geäußert wird, trägt das Datum des 10.08.1945 und ist in den persönlichen Unterlagen Robert Hess' enthalten.

180 Die Entwicklung des Londoner Abkommens ist beschrieben bei: *Taylor*, Die Nürnberger Prozesse, S. 21; ausführlichst bei: *Smith*, Der Jahrhundertprozeß, S. 60-72.

181 Professor in Profile, Walter J. Derenberg, The Bulletin of New York University, School of Law, Vol. 8, No. 3, Spring 1961, S. 11, 12.

1933 erfahren hatte, behielt *Derenberg* immer ein positives Bild von Deutschland und stets einen engen, freundschaftlichen, emotionalen Bezug. Die geliebte Heimat in Schutt und Asche entstellt wiederzufinden, lässt ihn verzweifeln, und die überwiegende Zeit vor Ort deprimiert ihn zutiefst, so dass er am Ende glücklich ist, in die USA zurückkehren zu können[182].

Nürnberg hatte sich in der Zeit nach dem Krieg zum Zentrum der juristischen Verfolgung der durch die Nationalsozialisten begangenen Kriegs- und Völkerrechtsverbrechen entwickelt. Die Anzahl des zu diesem Zweck von den Alliierten dort zusammengezogenen Personals wird auf 10.000 Personen geschätzt[183]. Da Nürnberg in der US-amerikanischen Zone lag, stellten die Vereinigten Staaten hierbei den überwiegenden Anteil an Personal und Hilfsmittel[184]. Aus diesem Grund gelangte eine große Zahl von in die USA geflohenen jüdischen Emigranten, unter ihnen viele Juristen, während dieser Zeit nach Deutschland zurück, um den Alliierten bei der Übersetzung und Auswertung der Flut an deutschsprachigen Dokumenten zu helfen und um bei den zahllosen Verhören im Vorfeld der Prozesse als Dolmetscher zu fungieren[185]. Aber nicht nur ihre mittlerweile erworbene Zweisprachigkeit war es, die sie für dieses Vorhaben der Siegermächte geeignet erscheinen ließ, sondern, in Abhängigkeit der vormals von ihnen in Deutschland bekleideten Posten, konnten sie auch wichtige Hinweise über Verflechtungen, Organisationsabläufe und sonstige zum Verständnis notwendigen Zusammenhänge und Interna beisteuern.

Bei dieser Materialsichtung und -auswertung und der Formulierung der darauf beruhenden Anklageschriften gegen die Hauptkriegsverbrecher im ersten Prozess, der von November 1945 bis Oktober 1946 stattfand, wirkte auch *Derenberg* intensiv mit. Er stellt mit 17 weiteren Personen, darunter die Juristenemigranten *Werner Peiser*, *Sidney Jacoby* und *Edgar Bodenheimer*, das zur Anklage notwendige Material auf den Gebieten der Zwangsarbeit, der Germanisierung und Vernichtung und den wirtschaftlichen Gesichtspunkten der nationalsozialistischen Verschwörung zusammen. Diese Dokumente und Klageschriften sind in den Kapiteln VIII, X und XIII der „roten Reihe" abgedruckt, eine achtbändige Ausgabe der US Anklagebehörde, die aufgrund ihres roten Einbands diesen Namen erhielt[186]. Neben dieser Aufgabe ist *Derenberg* während des Hauptprozesses auch als Bearbeiter von Dokumenten und Gutachten tätig[187] und hilft einmal als Dolmetscher aus, woraufhin ihn Justice *Jackson*

---

182 Professor in Profile, Walter J. Derenberg, The Bulletin of New York University, School of Law, Vol. 8, No. 3, Spring 1961, S. 11, 12.

183 *Stiefel/Mecklenburg*, Deutsche Juristen im Amerikanischen Exil, S. 181.

184 *Smith*, Der Jahrhundertprozeß, S. 14.

185 *Stiefel/Mecklenburg*, Deutsche Juristen im Amerikanischen Exil, S. 181.

186 U.S. Chief of Counsel for the Prosecution of Axis Criminality, Nazi Conspiracy and Aggression, Vol. I, S. XVI.

187 *Stiefel/Mecklenburg*, Deutsche Juristen im Amerikanischen Exil, S. 188 f., Fußnote 5.

rügt, er möge dies für die Zukunft unterlassen, da er für wichtigere Aufgaben benötigt würde[188].

Mit Abschluss des Hauptprozesses, Oktober 1946, verlässt *Derenberg* die ihn melancholisch stimmende Trümmerlandschaft und kehrt erleichtert in die Vereinigten Staaten nach Washington, D.C., zurück.

§ 5 Derenbergs „ungestörte" Zeit (1947-1975)

Überblick
- 15.01.1947 Zulassung zum District Court of the U. S. of the District of Columbia
- 03.02.1947 Derenberg wird Trademark Counsel of the Patent Office
- 12.04.1947 Zulassung zum US Court of Appeals of the District of Columbia
- August 1947 Assistant Professor NYU School of Law
- 06.09.1948 Derenberg beginnt seine Jahresberichte über den Lanham Trademark Act.
- 1949 Associate Professor NYU School of Law
- Herbst 1949 Hochzeit mit Emily Hess in Washington, D.C.
- 1950 Aufgabe seines Amts als Trade-Mark Counsel und Umzug nach New York.
- 1950-1967 Vorsitzender der Trademark Commission of the International Law Association
- 1951 bis zum Tod Partner der Anwaltskanzlei von Maltiz Derenberg Kunin & Janssen in New York
- 1952 Vorsitzender des International Committee of the USTA
- 1952-1969 Mitglied im Board of Editors of The American Journal for Comparative Law
- 1953 Mitgründer der The Copyright Society of the USA
- 1953 bis zum Tod Vizepräsident und Vorsitzender des Editorial Board of the Bulletin of The Copyright Society of the USA
- 1953-1955 Mitglied im Attorney General's Committee to Study the Antitrust Laws
- 1953 Mitglied im UNESCO Panel of Copyright Experts
- 1954 Professor NYU School of Law
- 1955 Vorsitzender des Editorial Board of the TMR
- 1955-1958 Mitglied im Board of Directors of USTA

188 *Merchant*, The Walter Derenberg I Knew, TMR, Vol. 68, 1978, S. 228, 234.

- 1955-1967 Mitglied zweier Panel of Consultants on General Revision of the Copyright Law appointed by the Librarian of Congress
- 1957-1960 Präsident der The Copyright Society of the USA
- 1958-1959 Editor-in-Chief des TMR
- 1958 Mitglied im National Committee for Effective Design Legislation
- 1961 bis zum Tod Executive Director of The Copyright Society of the USA
- Sommer 1961 Gastvorlesungen an der University of Utha
- 1963 Vizepräsident der International Association for the Protection of Industrial Property
- 19.04.1963 Ehrung anlässlich des 10jährigen Bestehens der The Copyright Society of the USA
- 16.05.1963 Auszeichnung mit der Jefferson Medaille der New Jersey Patent Law Association
- April-Juni 1966 Aufenthalt als Fullbrightprofessor in Japan, überwiegend Waseda University, Tokio. Gastvorlesungen über Trademarks and Unfair Competition.
- April 1967 Auszeichnung durch die NYU mit dem Great Teacher Award
- August 1970 Ehrung mit der Richard-Strauss-Medaille durch die GEMA
- 20.10.1971 Auszeichnung mit dem Charles F. Kettering Award durch die George Washington University, Washington, D. C.
- 1972 Mitglied im Board of Editors of the TMR
- 1973 Das erste Jahr, in dem Derenberg die Jahresberichte über die Anwendung des Lanham Trademark Acts nicht mehr selber schreibt, sondern den Bericht, erstellt von einem zehnköpfigen Autorenteam, nur noch Kontrolle liest und ergänzt.
- 1974 bis zum Tod Professor emeritus NYU School of Law
- 09.09.1975 Derenberg stirbt in New York
- 20.05.1976 Die NYU School of Law eröffnet die „Walter J. Derenberg Intellectual Property Library“
- 1984 Die NYU School of Law vergibt zum ersten Mal eine Walter J. Derenberg Professur für Copyright und Trademark Law

Als *Derenberg* in die USA zurückkehrt, wartet dort bereits eine neue Herausforderung auf ihn. Mitte 1946 war das neue Bundeswarenzeichenrecht der Vereinigten Staaten, der Lanham Trademark Act, vom US Congress verabschiedet und von Truman am 5. Juli 1946 unterzeichnet worden[189]. Dieses Gesetz, an dessen Entwurf *Derenberg* so maßgeblich mitgearbeitet hatte[190], bedeutete für das US-amerikanische Bundeswarenzeichenrecht den Anbruch einer neuen Epoche. Schließlich war es das erste Bundesgesetz auf diesem Rechtsgebiet, das sich nicht mehr rein subsidiär zum common law der Bundesstaaten verhielt und dadurch der Registrierung des Zeichens im Bundesregister zum ersten Mal rechtliche Bedeutsamkeit und Attraktivität verlieh[191]. Neben der erstmaligen, wirklichen Abwehrfunktion der Eintragung gegen nicht eingetragene common law Warenzeichen hatte das Gesetz auch die Modernisierung und Liberalisierung der Voraussetzung für die Eintragungsfähigkeit zum Gegenstand und sollte das US-amerikanische Warenzeichenrecht dem ausländischen Recht etwas annähern. Seine Veränderungen und Zielsetzungen hatten mindestens reformatorischen, wenn nicht sogar revolutionären Charakter im Vergleich zum vorherigen nationalen Rechtssystem und verlangten nach tiefgreifenden strukturellen Anpassungen auf administrativer Ebene und nach kompetenter Vermittlung des neuen Rechts an die hiervon betroffenen Personen[192]. Diese Vermittlung des neuen Warenzeichenrechts an die interessierten und betroffenen Kreise übertrug das US Patent Office *Derenberg*, und diese Personalentscheidung wurde infolge des Umfangs von *Derenbergs* Einflussnahme während des Gesetzgebungsverfahrens und seiner unbestrittenen Fachkompetenz allgemein als logische und zwangsläufige Konsequenz angesehen[193]. Am 3. Februar 1947 wurde offiziell bekanntgegeben, dass *Walter Julius Derenberg* das eigens für ihn und erstmalig in der Geschichte des US Patent Office eingerichtete Amt des Trade-Mark Counsel übernommen habe[194].

Dieses für *Derenberg* erstmals eingerichtete Amt entspricht von der Aufgabenumschreibung her genau seinen beruflichen Wünschen und Neigungen. Denn dadurch, dass er allein für die gesamten USA zuständig ist, bringt seine Arbeit erhebliche Reisetätigkeit mit sich, er ist immer im direkten Kontakt mit den unterschiedlichsten Menschen, darf diesen Personen etwas beibringen und ist in seinem besonders geschätzten Rechtsgebiet, dem Warenzeichenrecht, tätig. Reisen, Lehren und die Nähe zu Menschen gehören neben dem Schach-

---

[189] *Pattishall*, Two Hundred Years of American Trademark Law, TMR, Vol. 68, 1978, 121, 137.

[190] Siehe hierzu die Ausführungen unten im zweiten Kapitel auf S. 115 ff.

[191] Siehe hierzu die Ausführungen unten im zweiten Kapitel auf S. 134 ff.

[192] Zu den Auswirkungen und Änderungen, die der Lanham Trademark Act mit sich brachte, siehe im Einzelnen die Ausführungen unten im zweiten Teil auf S. 134 ff.

[193] Professor in Profile, Walter J. Derenberg, The Bulletin of New York University, School of Law, Vol. 8, No. 3, Spring 1961, S. 11, 12.

[194] Journal of the Patent Office Society, Vol. 29, 1947, S. 235.

spiel und der Musik (insbesondere dem Klavierspielen) zu den Passionen *Derenbergs*, denen er sein Leben lang nachgeht[195].

Seine Vorträge als Trade-Mark Counsel führen ihn quer durch die Vereinigten Staaten, sogar bis nach Ottawa, Kanada[196]. Entsprechend der weiten geographischen Fächerung seines Einsatzgebietes verhält sich auch der Adressatenkreis seiner Vorträge. Mitglieder der „Toilet Goods Association" und der „American Drug Manufacturer's Association"[197] zählen genauso zu seinen Zuhörern wie auf das Warenzeichenrecht spezialisierte Fachanwälte[198] oder die Mitarbeiter der neu eingerichteten Trade-Mark Division des US Patent Office[199]. Es wirkt auf den ersten Blick befremdlich, dass ausgerechnet beim Patent Office erhöhter Bedarf an *Derenbergs* dogmatischen Fähigkeiten und seiner Begabung zur Systematisierung von Einzelsachverhalten bestand. Aber aufgrund des veränderten Charakters des Bundeswarenzeichenrechts und des erwarteten Ansturms auf die jetzt wirkungsvolle Eintragung im Bundesregister war in dieser Behörde, die schon durch ihre Namensgebung eine einseitige Schwerpunktsetzung auf das Patentrecht erkennen lässt, die Einrichtung einer gänzlich von Patentsachverhalten losgelösten Abteilung und die Neueinstellung von 121 weiteren Angestellten erforderlich geworden. Allein dieser Personalanstieg bedeutete eine Stärkung der Trademark Sektion um mehr als 500 %, und der Grad der Neuausrichtung auf das Warenzeichenrecht war real sogar noch höher, da die zuvor dort für Markenrechtsangelegenheiten beschäftigten 23 Personen jegliche Zuständigkeit für Patentrechtssachverhalte verloren und sich von

---

195 Darüber hinaus bildet auch der Genuss von Schokolade eine Passion Derenbergs. Von Giordano auf seine Schokoladenleidenschaft angesprochen entgegnet Derenberg, dass er es in Kauf nehmen würde, eher zehn Jahre früher sterben als der Schokolade entsagen zu müssen.

196 Auszüge aus Derenbergs Referententätigkeit im Jahre 1947: 15. Mai 1947, Derenberg spricht in seiner Aufgabe als Trade-Mark Counsel, US Patent Office, vor der Toilet Goods Association, Inc., New York, "At The Threshold to The Lanham Trade-Mark Act", TMR, Vol. 37, 1947, S. 297-305 / 11. Juni 1947, Derenberg spricht in seiner Aufgabe als Trade-Mark Counsel, US Patent Office, vor der American Drug Manufacturers Association, Hot Springs, Virginia, The Lanham Trade-Mark Act and its Impact on The Drug Industry, TMR, Vol. 37, 1947, S. 392-40 / 25. September 1947, Derenberg spricht als Trade-Mark Counsel vor dem Patent Institute of Canada, Ottawa, Foreign Law Aspects of the New Trade-Mark Act of 1946, TMR, Vol. 37, 1947, S. 711-730.

197 May 15, 1947, Derenberg spricht in seiner Aufgabe als Trade-Mark Counsel, US Patent Office, vor der Toilet Goods Association, Inc., New York, "At The Threshold to The Lanham Trade-Mark Act", TMR, Vol. 37, 1947, S. 297-305; June 11, 1947, Derenberg spricht in seiner Aufabe als Trade-Mark Counsel, US Patent Office, vor der American Drug Manufacturers Association, Hot Springs , Virginia, The Lanham Trade-Mark Act and its Impact on The Drug Industry, TMR, Vol. 37, 1947, S. 392-40; September 25, 1947.

198 If it's anything about trade-marks, Dr. Derenberg has the right Answer, Printers' Ink, November 7, 1947, S. 16.

199 *Merchant*, Administration of the Lanham Act, TMR, Vol. 37, 1947, 287, 291.

da an ausschließlich Warenzeichenrechstvorgängen zu widmen hatten[200]. Um eine möglichst einheitliche und kompetente Anwendung des neuen Gesetzes durch diese Mitarbeiter zu gewährleisten, war deren sachverständige Schulung geboten, wofür sich niemand besser eignete als *Derenberg*. Darüber hinaus bestand seine Tätigkeit für das Patent Office in dem Verfassen der Verwaltungsvorschriften und Antragsformulare, die aufgrund der Neuerungen durch den Lanham Trademark Act notwendig geworden waren[201].

In seiner Aufgabe als Trade-Mark Counsel startet *Derenberg* auch seine Jahresberichte über die Entwicklung und Anwendung des Lanham Trademark Act, die er alljährlich im Spätsommer der Section of Patent, Trademark and Copyright Law of the American Bar Association auf deren Jahrestreffen vorträgt[202]. Diese Berichte, die *Derenberg* 25 Jahre lang ununterbrochen verfasst, werden jeweils im „US Patent Quarterly“ und „The Trademark Reporter“ veröffentlicht und entwickeln sich zum bedeutendsten Informationsmedium auf dem sich stetig und schnell verändernden Rechtsgebiet des Warenzeichenrechts[203]. Dieses Projekt *Derenbergs* hat sich im Laufe der Zeit so fest etabliert, dass es auch heute noch fortgeführt wird, allerdings regelmäßig von einem mehrköpfigen Autorenteam. Als spezielle Würdigung seines Verdienstes wurde die von *Derenberg* gewählte Überschrift beibehalten: „The „x“ Year of Administration of the Lanham Trade-Mark Act“[204].

Parallel zu seiner Tätigkeit für das Patent Office in Washington D. C. führt *Derenberg* die Lehrtätigkeit an der NYU School of Law weiter fort. Er ist seit August 1947 Assistant Professor dieser Law School[205] und weitet 1948 seinen Vorlesungsumfang um einen undergraduate Copyright Course aus, den ersten an einer US-amerikanischen Law School überhaupt[206]. Aufgrund seiner intensi-

---

200 *Merchant*, Administration of the Lanham Act, TMR, Vol. 37, 1947, 287, 288, 291.

201 If it's anything about trade-marks, Dr. Derenberg has the right answer, Printers' Ink, November 1, 1947, S. 16.

202 Am 06. September 1948 legt *Derenberg* der ABA auf ihrem Jahrestreffen in Seattle, Washington, seinen ersten Jahresbericht über die Auswirkungen des Lanham Acts von 1946 vor, The Lanham Trade-Mark Act of 1946 - Practical Effects and Experiences After One Year's Administration, The Trade-Mark Reporter, Vol. 38, 1948, S. 831-856; ebenfalls abgedruckt in Journal of the Patent Office Society, Vol. 30, 1948, S. 730-772.

203 Siehe hierzu die Ausführungen unten im zweiten Kapitel auf S. 143 ff.

204 *Charlotte Jones*, managing editor of the Trademark Reporter und schon seit 35 Jahren für die USTA/INTA tätig, berichtete dem Verfasser in einem Interview, dass der Titel bewusst beibehalten werde, um hierdurch Derenbergs Verdienste fortwährend zu würdigen. Sie war eine gute Freundin Derenbergs, hat mit ihm zusammen seine Jahresübersichten betreut und bedauert es, dass die von ihm gewählte Überschrift, nicht auch seinen Namen beinhaltet.

205 *Strauss/Röder* (Edit.), Biographisches Handbuch der deutschsprachigen Emigration nach 1933, Vol. II, Part 1, A-K, S. 210.

206 *Derenberg/Sargoy*, Foreword, Copyright Law Symposium, No. 22, Nathan Burkhan Memorial Competition, 1977, S. VI.

ven Reisetätigkeit als Trade-Mark Counsel bringt die Kombination mit der universitären Anstellung vermehrt Schwierigkeiten mit sich, doch nimmt es *Derenberg* in Kauf, tagsüber große Distanzen zurückzulegen, nur um abends bei seinen Studenten in New York sein zu können und dort zu unterrichten[207]. Dieses Verhalten spiegelt seine Hingabe wider, mit der er sich um seine Studenten kümmert und den Stellenwert, den sie in seiner persönlichen Prioritätenliste einnehmen.

Zur Ausweitung seines Lehrprogramms an der NYU School of Law tritt 1947 auch noch die Erweiterung seines Zulassungsgebiets im Hinblick auf eine spätere Tätigkeit als Anwalt hinzu, indem er zu dem US District Court und dem US Court of Appeals of the District of Columbia zugelassen wird[208].

Zusätzlich zu den beruflichen Erfolgen in der Vergangenheit nimmt während *Derenbergs* Zeit als Trade-Mark Counsel auch seine private Entwicklung einen erfreulichen Verlauf. 1946 trifft er in einem Photofachgeschäft in Washington, D. C. - das Photographieren ist eine weitere Leidenschaft und Begabung *Derenbergs - Emily Hess*[209], seine zukünftige Ehefrau. *Emily Hess* wurde am 12. Juli 1913 in Geislingen an der Steige geboren und war lutherischen Glaubens[210]. Ihre Eltern betrieben in Deutschland eine über viele Jahre florierende Bäckerei, die jedoch Mitte der zwanziger Jahre ein Opfer der Inflation wurde, die infolge der Kapitulationsbedingungen Deutschlands und der politischen Unruhen in den Anfängen der Weimarer Republik ausgelöst worden war. 1927 wanderte *Emily Hess* nach Abschluss der Volksschule mit ihren Eltern nach New York aus, wo ihr Vater in der Bronx eine Anstellung bei einem ebenfalls aus Deutschland stammenden Bäcker finden konnte. Schon früh begann sie zum Unterhalt der Familie beizutragen und nahm eine Anstellung als Haushaltshilfe an. Später besuchte sie erfolgreich eine Beautician School und fand Arbeit in einem Schönheitssalon in Manhattan. Ihre Beziehung zu ihren Eltern muss als problematisch eingeordnet werden, und insbesondere mit ihrem Vater ließen dauerhafte Streitigkeiten ein Zusammenleben nicht möglich erscheinen. So verließ sie New York in Richtung Washington, D. C., wo sie sich zur Managerin des

---

207 Professor in Profile, Walter J. Derenberg, The Bulletin of New York University, School of Law, Vol. 8, No. 3, Spring 1961, S. 11, 12.

208 Den beiden Urkunden, die in den persönlichen Unterlagen Robert Hess' enthalten sind, ist zu entnehmen, dass Derenberg am 15.Januar 1947 zum US District Court und am 12. April 1947 zum US Court of Appeals of the District of Columbia zugelassen worden ist.

209 Seit sie in den Vereinigten Staaten lebt, schreibt sie ihren deutschen Vornamen amerikanisiert, indem sie das letzte „i" durch ein „y" ersetzt.

210 Soweit nicht ein Anderes angegeben ist, wurden die Informationen über die familiäre Entwicklung Derenbergs und die Herkunft und den Werdegang Emily und Robert Hess' einem Interview mit *Robert W. Hess* entnommen, dem der Verfasser an dieser Stelle noch einmal für seine Zeit, Auskunftsbereitschaft, Freundlichkeit und Ausdauer und der Vielfalt an überlassenem persönlichen Material zutiefst danken möchte.

Shoreham Hotels hocharbeitete, eines der angesehensten Hotels im Washington der damaligen Zeit. Ihren Sohn, *Robert Walter Hess*, geboren 1932, ließ sie bei ihren Eltern, die bereits aus der Bronx nach Manhattan, 10 West 98th Street und 1940 in ein von europäischen Emigranten und Juden der unteren Mittelschicht geprägtes Viertel oberhalb Harlems in Höhe der 150th Street weiterzogen. Über *Robert Hess'* leiblichen Vater lässt sich nicht viel in Erfahrung bringen, außer dass er amerikanischer Staatsbürger war, sich nur sporadisch um die Familie kümmerte und ab 1946 gänzlich aus ihrem Leben verschwand. Laut *Robert Hess* bekam er erst mit *Derenberg* einen wirklichen Vater. Das klischeetypische Verhältnis von Stiefvater zu Stiefsohn wird zwischen *Robert Hess* und *Derenberg* in sein Gegenteil verkehrt, und *Robert Hess* lernt seinen neuen Vater schnell kennen und lieben und verehrt ihn auch heute noch in einer ergreifenden Weise und mit offenkundiger Dankbarkeit. Über *Derenberg* sagt er heute, dass er derjenige gewesen sei, dem er seine Erziehung und Ausbildung zu verdanken habe und zwar in jeglicher Hinsicht, denn sowohl die schulische Ausbildung wird durch *Derenberg* in neue Bahnen geleitet[211] als auch sein Blick auf für ihn ganz neue Gebiete der Allgemeinbildung gelenkt[212]. Nach drei gemeinsamen Jahren heiraten *Emily Hess* und *Walter Julius Derenberg* am 18. Juni 1949 in Washington, D. C.[213]. Von einer Adoption *Robert W. Hess'* sieht *Derenberg* ab, da er immer noch einen hohen Grad antisemitischer Tendenzen in den großen New Yorker Anwaltskanzleien an der Wall Street ausmacht und seinem Stiefsohn nicht durch die Annahme eines jüdisch klingenden Namens eine eventuelle, juristische Laufbahn erschweren möchte [214].

---

211 Bevor Derenberg die Organisation seiner Ausbildung übernahm, besuchte er die George Washington Highschool, eine public school im Norden Manhattans, die auch heute noch existiert. Seine schulischen Leistungen waren so schlecht, dass sein Lehrer in einem Brief an seine Mutter urteilte, es wäre nicht ratsam ihn irgendwann einmal auf ein College geschweige denn auf eine Universität zu schicken. Als Reaktion auf diesen Brief nahm Derenberg Robert Hess von dieser Schule und ließ ihn die restliche Zeit auf der Windsor Mountain School, Lenox, Massechusetts, einer private school, unterrichten. Daran schloss sich die erfolgreiche Collegezeit an und der Beginn eines Jurastudiums, das Robert Hess aber wegen des Gefühls, niemals mit den Leistungen Derenbergs konkurrieren zu können, nicht beendete.

212 So beschreibt er, dass Derenberg viel mit ihm unternommen und gespielt habe, unter anderem Schach. Heute empfindet er es als erschreckend und symbolisch für sein bis dahin erlangtes Wissen, dass ihm von diesem Spiel im Alter von 14 Jahren nicht nur die Regeln, sondern dessen Existenz als solche gänzlich unbekannt waren.

213 Das Datum wurde einem Brief Derenbergs Schwester, *Gabriele Derenberg-Schiff*, an die Research Foundation for Jewish Immigration entnommen, den sie am 19.11.1976 im Zusammenhang mit der Erstellung des „Biographisches Handbuch der deutschsprachigen Emigration nach 1933“ durch die Research Foundation verfasst hat.

214 Robert W. Hess hatte in der Zwischenzeit allerdings seinen Namen geändert, indem er den Mädchennamen seiner Mutter angenommen hatte (Der Name seines leiblichen Vaters

Nach der Hochzeit zieht die Familie *Derenberg* von Washington, D. C. nach New York City, 41 Fifth Ave. um, wobei *Emily Derenberg* ihre leitende Position beim Shoreham Hotel aufgibt und von nun an ohne berufliche Betätigung bleibt[215]. *Derenberg* behält trotz des Umzugs sein Amt als Trade-Mark Counsel noch über ein weiteres Jahr bei und reist wöchentlich mehrfach mit dem Zug von New York nach Washington D. C.. Er ist auf diese Weise aber näher bei seinen Studenten an der NYU School of Law, an der er 1949 zum Associate Professor ernannt wird[216]. Im Dezember 1950 beendet er seine Anstellung als Trade-Mark Counsel[217], für deren Art der Ausübung er während seiner Tätigkeit in der öffentlichen Presse Bestnoten erhalten hatte[218].

Das Jahr 1950 stellt einen markanten Einschnitt in der beruflichen und persönlichen Laufbahn *Derenbergs* dar. Es markiert den Zeitpunkt, in dem sich die von der Zwangsemigration, dem Kriegseintritt der USA und der Aburteilung der Hauptkriegsverbrecher verursachten, unbeherrschbaren Turbulenzen und Einflüsse auf *Derenbergs* Gegenwart und Zukunftsplanung endgültig gelegt haben und auch die Einführungsphase des reformierten US-amerikanischen Warenzeichenrechts nicht mehr den überwiegenden Teil seiner Arbeitskraft erfordert. Anstelle der stetigen, zumeist ungewollten Wechselhaftigkeit beginnt

---

wurde dem Verfasser nicht mitgeteilt und aus Achtung der Privatsphäre wurde von einer Recherche in dieser Angelegenheit abgesehen.). Das „W" als Initial ist die Abkürzung für „Walter" und ist ein Symbol der Verbundenheit mit seinem Stiefvater.

215 Anfangs stößt dies auch auf ihre Zustimmung, im Laufe der Zeit verlangt sie jedoch wieder nach einer beruflichen Herausforderung. Derenberg widersetzt sich diesem Verlangen seiner Frau, was zu einer unterschwelligen Belastung der jungen Ehe führt. Als Begründung führt Derenberg steuerliche Nachteile durch eine potentielle Berufsausübung Emilys an, aber *Robert Hess* mutmaßt, dass diese Ablehnung aus seiner traditionellen europäischen Erziehung und Ansicht der gehobenen Gesellschaftsschicht resultiere und er es nicht ziemlich fände, seine Frau arbeiten zu lassen. Zum Leidwesen Emilys behält Derenberg mit seiner Ansicht die Oberhand.

216 Ob diese Beförderung schon 1949 oder erst 1951 erfolgte, darüber gehen die Angaben auseinander: für 1949 vergleiche: The Bulletin of NYU School of Law, Vol. IV, No. 8, June 1949, S. 3 und certiorari writ 1953 (Class Book 1953) S. 19 / für 1951 siehe: *Flint*, Prof. Walter J. Derenberg Dies; Lawyer Was Copyright Expert, The New York Times, 10.09.1975, S. 48 und *Strauss/Röder* (Hrsgr.), Biographisches Handbuch der deutschsprachigen Emigration nach 1933, Band II, Teil 1, A-K, S. 210. Da beide NYU autorisierten Publikationen das frühere Datum nennen, ist von dessen Richtigkeit auszugehen.

217 Dieses Datum nennt *Derenberg* selber in einer Stellungnahme vor dem US Congress, Statement, Hearings before the Subcommittee on Commerce and Finance of the Committee on Interstate and Foreign Commerce, House of Representatives, 88th Congr., 2nd Session, on H.R. 4651, S. 44; der letzte Artikel, in dem Derenberg noch als Trade-Mark Counsel im Fußnotenbereich benannt wird, bezieht sich auf den 06.06.1950: Preview of the International Trade-Mark Conference (Lisbon, 1951), TMR, Vol. 40, 1950, S. 637.

218 Siehe hierzu die Ausführungen unten im zweiten Kapitel auf S.142 f.

Derenbergs berufliche Tätigkeit ab dem Jahr 1950 gleichmäßig zu verlaufen, angereichert durch seine Mitarbeit in nationalen und internationalen Komitees und vielfache Vorstandstätigkeiten für die unterschiedlichsten juristischen Vereinigungen.

In diesem Jahr tritt *Derenberg* als Partner in eine kleine, aber angesehene Downtown Anwaltskanzlei ein, die von da an unter *Alexander Maltitz Derenberg & Sullivan* firmiert[219]. Der Anwaltsberuf entwickelt sich von diesem Zeitpunkt an zum zweiten Standbein *Derenbergs* neben seiner Professorentätigkeit an der NYU School of Law, und beide Aufgaben füllt er bis zu seinem Tode mit außergewöhnlichem Engagement, Erfolg und Anerkennung aus. *Derenberg* hat im Alter von 47 Jahren letztendlich seine persönliche Wunschkombination der Berufe erreicht, er ist Professor und Anwalt.

Die Zeit der Beständigkeit bringt von nun an einen sich wiederholenden Rhythmus von *Derenbergs* Jahresablauf mit sich[220]. Von Januar bis Mai hält er neben seiner Tätigkeit in der Anwaltskanzlei regelmäßig dreimal die Woche Vorlesungen im Trade-Mark, Copyright und Unfair Competition Law an der NYU School of Law. An diesen Tagen verlässt er die Kanzlei eine Stunde früher als sonst um 17 Uhr und fährt mit der U-Bahn[221] zur NYU School of Law, um sich auf die um 18 Uhr beginnenden Vorlesungen vorbereiten zu können. Nach Abschluss des Spring Terms schließt sich ein von *Derenberg* ins Leben gerufenes Symposium für graduierte Austauschstudenten auf dem Gebiet des Copyright Law an. Dieses findet immer in den Monaten Juni / Juli statt und rekrutiert sich anfangs überwiegend aus europäischen Studenten und Gastdozenten, später partizipieren aber auch zu einem Großteil lateinamerikanische Juristen und Professoren hieran. Im Anschluss daran nimmt er sechs Wochen Urlaub, um seinem ausgeprägten Reisedrang und der Neugier an anderen Völkern und Lebensweisen nachzukommen. *Derenberg* bereist mit seiner Ehefrau alle Kontinente dieser Erde, vornehmlich aber Europa und den asiatischen

---

219 Professor in Profile, Walter J. Derenberg, The Bulletin of New York University, School of Law, Vol. 8, No. 3, Spring 1961, S. 11, 12; Die Adresse dieser Law Firm, die 1956 die Firma „Alexander, Maltiz, Derenberg & Daniels" führt, war: 156 Broadway, New York 6, N.Y.. Dies konnte einem Schreiben *William J. Navins* an *Derenberg* entnommen werden, welches in den persönlichen Unterlagen *Robert W. Hess'* enthalten ist. Wie der Korrespondenz zwischen *Derenberg* und *Eugen Ulmer* zu entnehmen ist, firmiert die Kanzlei seit 1962 unter „Alexander, Maltitz, Derenberg & Kunin". Die Korrespondenz ist archiviert beim Max-Planck-Institut für ausländisches- und internationales Patent-, Urheber- und Wettbewerbsrecht in München und wurde freundlicherweise dem Verfasser uneingeschränkt zur Verfügung gestellt.

220 Die Beschreibung eines typischen Jahres in Derenbergs Leben ab 1950 basiert auf der Schilderung *Robert W. Hess'* und *Vito Giordanos.*

221 Derenberg hatte die Angewohnheit stets die U-Bahn zu benutzen, niemals das Taxi oder zu Fuß zu gehen.

Raum[222]. Die asiatische Kunst und Architektur hatten es ihm ganz besonders angetan, eine Neigung, die sicherlich auch auf die Sammlerleidenschaft seines Vaters in dieser Kultursparte zurückzuführen ist[223]. Diese Reisen dienten neben der Erholung auch dem juristischen Austausch mit ausländischen Kollegen, und so kam es, dass *Derenberg* auf seinen Reisen zahlreichen Kolloquien beiwohnte und oft vor Ort als Gastdozent Vorlesungen hielt. Neben dem Besuch von alten Freunden war dies auch der Grund, warum er häufig seine alte Heimat Deutschland besuchte und am Max-Planck-Institut in München ein immer gern gesehener Gast bei den Tagungen des „grünen Vereins" war[224]. Anders als noch 1946 ließen diese Deutschlandbesuche bei *Derenberg* kein bedrückendes Bild mehr zurück, begann sich die alte Heimat doch von den katastrophalen Kriegsfolgen zu erholen. Auch nutzte er diese Urlaubszeit so oft wie irgend möglich für ein familiäres Wiedersehen mit seiner Schwester *Ruth Domela*, die verheiratet und als Mutter zweier Kinder in Paris lebte.

Mitte September traf *Derenberg* wieder in New York ein, wo er neben seiner Anwaltstätigkeit ab Oktober wieder mit seiner Vorlesungstätigkeit an der NYU School of Law begann. Nach Beendigung des Fall Terms schlossen sich Weihnachten und die vorlesungsfreie Zeit bis Ende Januar an. Es ist ein Ausweis seiner liberalen religiösen Erziehung, dass er trotz seines jüdischen Glaubens zusammen mit seiner lutherischen Ehefrau und seinem Stiefsohn ein typisch christliches Weihnachten begeht, mit Bescherung, Baum und vielen von ihm auf dem Klavier intonierten Weihnachtsliedern. *Robert W. Hess* erinnert sich, dass Weihnachten auch immer die Zeit war, in der *Derenberg* mit hunderten von Grußkarten aus aller Welt bedacht wurde und ein großes Paket vom Unternehmen Nestléé erhielt, das ihn jedes Jahr im Advent mit seiner Lieblingsschokolade beschenkte[225].

Dies war der Rhythmus, der fortan *Derenbergs* Leben bestimmte und von dem nur 1966[226] in merklicher Weise abgewichen wurde.

Zu seinen Nebentätigkeiten gehörte vor allem die Mitarbeit in den verschiedensten Boards of Editors für juristische Fachzeitschriften, die Teilnahme an zahlreichen Komitees, die Wahrnehmung von Vorstandsaufgaben in unterschiedlichen nationalen und internationalen, juristischen Vereinigungen, die

---

222 Emily Derenberg nahm später an diesen Reisen nicht mehr teil, da sie ihr zu anstrengend wurden und sie sich ihnen nicht mehr gewachsen fühlte.

223 Siehe die Ausführungen oben auf S. 30.

224 *Ulmer*, Walter J. Derenberg 70 Jahre, GRUR Int. 1973, 668.

225 Laut *Giordano* hatte Derenberg entgegen anderen Aussagen keinen retainer von der Firma Nestléé erhalten, beriet sie aber sehr häufig in Warenzeichenrechtsangelegenheiten und hatte auf diese Weise eine solch enge Verbindung zu dieser Firma, dass es von außen so schien, als sei er mit ihr über einen retainer verbunden.

226 1966 unterrichtet Derenberg als Fulbright Professor in Japan und verlässt deswegen die USA schon im April. Genauere Ausführungen unten auf S. 65.

Beratung des US Congress' bei legislativen Vorhaben und eine intensive Schreibtätigkeit. Als ein Mensch, der den Kontakt und Umgang mit anderen Menschen liebte und stets suchte, war er ein begeisterter Anhänger dieser Komiteemitarbeit und genoss es, redaktionell für Fachzeitschriften tätig zu sein[227]. Es erscheint unmöglich, alle Komitees, denen *Derenberg* beiwohnte, aufspüren zu können und somit eine abschließende Aufzählung zu erstellen. In dieser Bearbeitung wurden die Komitees der einzelnen Bar Associations der Bundesstaaten gänzlich außer Acht gelassen und das Augenmerk auf die nationalen und internationalen Komitees gelegt[228]. Eine unter diesen Gesichts-

---

[227] So urteilt *Charlotte Jones* über ihn. Sie arbeitete für lange Zeit mit Derenberg zusammen bei der Redaktion des Trademark Reporters, siehe oben Fußnote 204.

[228] Aus Gründen der Übersichtlichkeit der im Text nachfolgenden Aufzählung seien nachfolgend gesondert die auffindbaren Komitees der ABA genannt, an denen *Derenberg*, teils als Vorsitzender, teilnahm (die Quellen bilden die jeweiligen Jahresreporte der ABA ab 1950, wobei nicht mehr verlegte Jahrgänge extra angegeben werden):

1950	Report of the Subcommittee on Copyrights of Committee to cooperate with United Nations and U.N.E.S.C.O.
	Report of the Committee on Trade-Marks
1951-53	out of print
1954	(Trade-Mark Subsection) Report of the Committee on Amendments to the Lanham Act, S. 58, 61
1955	Report of the Committee on Trade-Mark Law Review (Chair.) S. 69, 72
	Report of the Committee on Protection of Industrial Design, S. 98, 99
1956	out of print
1957	Trademark Division, Report of Committee No. 7, Federal Trademark Law Revision (Chair.), S. 32, 35
1958	Trademark Division, Report of Committee No. 7, Federal Trademark Law Revision, S. 69, 71
1959	Report of Committee No. 305, Program for Protection of Industrial Designs, S. 135 f.
	Trademark Division (James F. Hoge Chair.) Report of Committee No. 201 Federal Trademark Law Revision, S. 98, 108
1960	Report of Committee No. 305, Program of Protection of Industrial Designs, S. 62, 65
	Report of Committee No. 304, Program for Revision of the Copyright Law, S. 57, 62
1961-62	Committee 304 - Program for Revision of the Copyright Law, S. 28
	Committee 201 - Federal Trademark Law Revision, S. 23
1962-63	Committee 306 - Related Rights, S. 26
	Committee 304 - Program for Revision of the Copyright Law, S. 25
1963-64	Committee 304 - Program for Revision of the Copyright Law, S. 21 f.
	Committee 301 - Copyright Law Revision, S. 20
1964-65	Committee 304 - Program for Revision of the Copyright Law, S. 22
	Committee 201 - Federal Trademark Law Revision, S. 17
1965-66	Committee 304 - Program for Revision of the Copyright Law, S. 29

punkten vorgenommene Aufzählung ergibt in chronologischer Ordnung folgendes Ergebnis:

Vom 23. Oktober - 4. November 1950 nimmt *Derenberg* als Repräsentant der International Law Association an dem „Third Committee of International Copyright Experts“ in Washington, D. C., teil[229].

Von 1950-1967 ist er „Chairman of the Trademark Commission of the International Law Association“[230].

1952 ist er „Chairman of the International Committee of the United States Trademark Association“[231].

Von 1953-1955 ist *Derenberg* Mitglied im „Attorney General's Committee to Study the Antitrust Laws“[232].

1953 ist er Mitglied des „UNESCO Panel of Copyright Experts“[233].

Im Jahre 1956 wird er Mitglied des „Panel of Consultants on General Revision of the Copyright Law appointed by the Librarian of Congress“[234].

1957 ist er Delegierter auf dem ersten „Intergovernmental Copyright Committee Meeting“ in Washington, D. C.[235]

Vom 7. - 11. Oktober desselben Jahres nimmt er als Repräsentant der Berner Union an dem zweiten Treffen dieses „Intergovernmental Copyright Committee Meeting“ ebenfalls in Washington, D. C., teil[236].

Im Jahre 1958 wird er Mitglied des „National Committee for Effective Design Legislation“[237].

1967	Committee 304 - Program for Revision of the Copyright Law, S. 29
1968	Committee 304 - Program for Revision of the Copyright Law, S.127, 129
1969	Committee 304 - Program for Revision of the Copyright Law, S.217, 219
	Committee 305 - Program for Protection of Industrial Designs (chair.), S. 220 f.
1970	Committee 305 - Program for Protection of Industrial Designs, S. 159 f.
	Committee 304 - Program for Revision of the Copyright Law, S. 144, 155
1971-73	-
1974	Committee 304 - Program for Revision of the Copyright Law, S.213, 215
1975	Committee 301 - Copyright Legislation, S. 123 f.

229 Unesco Copyright Bulletin, Vol. 3, 1950, S. 3 ff.

230 *Flint*, Prof. Walter J. Derenberg Dies; Lawyer Was Copyright Expert, The New York Times, 10.09.1975, S. 48; *Strauss/Röder* (Hrsgr.), Biographisches Handbuch der deutschsprachigen Emigration nach 1933, Band II, Teil 1, A-K, S. 210.

231 TMR, Vol. 42, 1952, S. 422.

232 *Derenberg*, Trade Regulation, Annual Survey, 1955, S.237.

233 certiorari writ 1953 (Class Book 1953) S. 19.

234 *Derenberg*, Copyright Law, Annual Survey, 1956, S. 228; *Strauss/Röder* (Hrsgr.), Biographisches Handbuch der deutschsprachigen Emigration nach 1933, Band II, Teil 1, A-K, S. 210.

235 *Derenberg*, Copyright Law, Annual Survey, 1957, S. 246.

236 Unesco Copyright Bulletin, Vol. 10, 1957, S. 234.

237 *Derenberg*, Copyright Law, Annual Survey, 1958, S. 237.

Als Vertreter der Copyright Society of the USA nimmt er vom 18. -23. August 1958 an dem dritten Treffen des „Intergovernmental Copyright Committee", diesmal in Genf, teil[238].

An deren fünften Treffen partizipiert er vom 31. Oktober - 4. November 1960 in London als Vertreter der Copyright Society of the USA und der International Law Association[239].

Dezember 1967 spricht er auf einem Treffen des „Legal and Legislative Committee of the International Confederation of Author's and Composor's Society" (CISAC) in Paris[240].

Vom 23. - 27. September 1968 ist er Teilnehmer auf einem „Committee of Experts on Translator's Rights" im Hauptsitz der UNESCO in Paris, wobei er die Copyright Society of the USA und die USA selbst vertritt[241].

Wie schon 1967 ist er vom 20. - 21. November 1969 Referent auf einem Treffen des „Legal and Legislative Committee of the International Confederation of Author's and Composor's" in Paris[242].

Zu dieser weltweiten Komiteearbeit *Derenbergs* trat sein Engagement im Redaktionsstab diverser fachspezifischer Zeitschriften. So ist er seit der Gründung des „American Journal for Comparative Law" im Jahr 1952 bis 1970 Mitglied in dessen Board of Editors[243]. Von 1953 an, und somit ebenfalls seit Beginn der Herausgabe, ist *Derenberg* Vorsitzender des Editorial Board des „Bulletin of The Copyright Society of the USA". Diese Position behält er als der maßgebliche Mitbegründer der „Copyright Society of the USA" bis zu seinem Tode 1975 bei[244]. Von 1955 bis 1959 ist er Editor-in-Chief des „Trademark Reporter" der USTA[245], für die er 1972 noch einmal im Board of Editors tätig wird[246]. Der „Trademark Reporter" ist die Zeitschrift, die das Hauptpublikationsorgan für *Derenbergs* Schreibtätigkeit darstellt, vor allem erscheinen hier seine „Annual

---

238 Unesco Copyright Bulletin, Vol. 11, 1958, S. 182.

239 Unesco Copyright Bulletin, Vol. 13, 1960, 244.

240 *Derenberg*, The Statuts of United States Copyright Law Revision, Bulletin of The Copyright Society, Vol. 15, S. 1967-68, S. 397.

241 Copyright Bulletin Quarterly Review, Vol. 2, No. 4, 1968, S. 16.

242 *Derenberg*, The Status of United States Copyright Law Revision, Interauteurs, No. 178, 1st Quarter 1970, S. 50.

243 Seine Tätigkeit über diesen Zeitraum kann den Rückseiten der Deckblätter dieser Zeitschrift entnommen werden.

244 Dies ist ebenfalls der jeweiligen Rückseite des Bulletins der entsprechenden Jahrgänge entnommen.

245 Eine Würdigung seiner Verdienste um diese Zeitschrift ist aus Anlass seiner turnusgemäßen Beendigung dieser Redakteurstätigkeit im Trademark Reporter abgedruckt. Dr. Walter J. Derenberg, TMR, Vol. 49, 1959, S. 595.

246 Siehe hierzu die erste Fußnote bei *Derenberg*, The Contribution of Edward S. Rogers to the Trademark Act of 1946 in Historical Perspective, TMR, Vol. 62, 1972, S. 189.

Reports“[247], und aus diesem Grund kann von einer faktischen lebenslangen Zugehörigkeit *Derenbergs* zu dessen Board of Editors gesprochen werden, auch wenn sie formell nur fünf Jahre währte.

Diese Aktivitäten *Derenbergs* wurden von seiner Mitgliedschaft in zahlreichen regionalen, nationalen und internationalen juristischen Vereinigungen flankiert. Aufgrund der Vielzahl dieser Mitgliedschaften, werden nur diejenigen aufgeführt, die von mindestens nationaler Bedeutung sind und bei denen *Derenberg* eine exponierte Position einnahm[248]. *Derenberg* ist seit Gründung der „Copyright Society of the USA“ 1953 sein Leben lang mit dieser Gesellschaft verbunden und bestimmt ihr Geschick von Anbeginn in maßgeblicher Weise[249]. Er ist von 1953 bis 1956 deren Vizepräsident, danach bis 1960 deren Präsident und ab 1961 bis zu seinem Tode nimmt er als Executive Director wesentlich Einfluss auf ihre erfolgreiche Entwicklung[250]. Von 1935 bis zu seinem Tode 1975 gehört *Derenberg* der United States Trademark Association an und ist von 1955-1958 ein Mitglied ihres Board of Directors[251]. Darüber hinaus repräsentiert *Derenberg* im Jahre 1963 die „International Association for the Protection of Industrial Property“ als deren Vizepräsident[252].

Des weiteren wurden, wie schon drei Titel der Komitees ausdrückten[253], *Derenbergs* Stellungnahmen und Vorschläge auch vom Bundesgesetzgeber mehrfach bei legislativen Revisionen in den Rechtsgebieten des Unfair Competition im weiteren Sinne, des Trademark Law und des Copyright Law angefordert. Dabei beschränkte sich seine Einflussnahme auf den US Congress nicht allein auf die Teilnahme an den vorbereitenden Komitees, sondern er wird als Sachverständiger auch direkt im US Congress vor dessen Mitgliedern bzw. An-

---

247 siehe *Derenbergs* Bibliographie unten auf S. 197 ff.

248 Aufzählungen weiterer Zugehörigkeiten Derenbergs zu hier nicht genannten Vereinigungen sind enthalten in: Professor in Profile, Walter J. Derenberg, The Bulletin of New York University, School of Law, Vol. 8, No. 3, Spring 1961, S. 11, 12 f.; *Strauss/Röder* (Hrsgr.), Biographisches Handbuch der deutschsprachigen Emigration nach 1933, Band II, Teil 1, A-K, S. 210.

249 Siehe die Ausführungen unten auf S. 68.

250 Diese Daten können den Rückseiten der Deckblätter der jeweiligen Jahrgänge des „Bulletin of The Copyright Society of the USA“ entnommen werden.

251 Siehe hierzu die erste Fußnote bei *Derenberg*, The Contribution of Edward S. Rogers to the Trademark Act of 1946 in Historical Perspective, TMR, Vol. 62, 1972, S. 189; Seine Tätigkeit als Assistant Secretary und Counsel für die USTA (1935-1942) wurde bereits oben auf S. 33 angesprochen.

252 Siehe Walter J. Derenberg Awarded 1963 Jefferson Medal, Journal of the Patent Office Society, Vol. 45, 1963, S. 498.

253 In diesem Zusammenhang seien das „Attorney General's Committee to Study the Antitrust Laws“, das „Penal of Consultants on General Revision of the Copyright Law appointed by the Librarian of Congress“ und das „National Committee for Effective Design Legislation“ genannt (Quellennachweis erfolgte in der obigen Aufzählung).

gehörigen eines Subcommittees zum jeweiligen Thema gehört. Hatte er sich schon bei der achtjährigen Legislativarbeit, die der Lanham Trademark Act erforderte, als Unterstützung für den US Congress erwiesen, so setzt er diese Hilfeleistung insbesondere im Copyright Law der USA fort[254]. Ferner spricht er sich 1964 stark befürwortend für die Einführung eines bundesweit einheitlichen Gesetzes gegen den unlauteren Wettbewerb aus, muss allerdings mit ansehen, dass der von ihm favorisierte Unfair Commercial Activities Act nicht die notwendige Zustimmung im US Congress findet[255]. Seine Inanspruchnahme durch den US Congress ist neben Gerichtsterminen und anderen Komiteeteilnahmen mitverantwortlich dafür, dass *Derenberg* in hoher Frequenz mit dem Flugzeug zwischen Washington, D. C., und New York City pendelt. Aber selbst wenn er tagsüber in Washington war, legte er alle Anstrengungen daran, so zeitig fertig zu werden, dass er abends noch seine Vorlesungen an der NYU School of Law halten konnte.

Zusätzlich zu oben beschrieben Tätigkeiten fand *Derenberg* noch die Zeit zu einer Vielzahl wissenschaftlicher Veröffentlichungen, wobei er sich nicht nur auf das Warenzeichen- und Urheberrecht der USA beschränkte, sondern seinen weltweiten Kenntnissen auf diesen Gebieten literarischen Ausdruck verlieh[256]. Informationen *Giordanos* zufolge führte *Derenberg* in dem Büro seiner Kanzlei über 100 Aktenordner, in denen er einem speziellen System folgend jeden Aufsatz, jedes Urteil und jede Mitteilung das Warenzeichen- und Urheberrecht betreffend aus den wichtigsten nationalen und internationalen Fachzeitschriften und Law Reviews ablegte (er riss die entsprechenden Seiten einfach aus den Publikationen heraus) und diesen noch die Informationen hinzufügte, die er durch die Korrespondenz in einem von ihm unterhaltenen weltweit verzweigten Nachrichtennetz[257], in das auch das Max-Planck-Institut in München einbezogen war[258], von ausländischen Kollegen und Instituten erhalten hatte. Auf diese Weise und unter Ausnutzung seines Gedächtnisses verfügte er am Jahresende über einen lückenlosen internationalen Überblick über beide Rechtsge-

---

254 Zu *Derenbergs* intensiver Einwirkung auf einen ersten Gesetzesentwurf durch das Copyright Office während der Zeit von 1956 bis 1962 wird unten im zweiten Teil auf S. 180 ff. eingegangen.

255 *Derenbergs* Schrift- und Wortbeitrag ist abgedruckt in: Hearings before the Subcommittee on Commerce and Finance of the Committee on Interstate and Foreign Commerce, House of Representatives, 88th Congr., 2nd Session, on H.R. 4651, June 16 and 17, 1964, S. 44-58.

256 Zu *Derenbergs* Veröffentlichungen siehe die Bibliographie *Derenbergs* unten auf S. 197 ff.

257 Diese Ordner und das Nachrichtennetz werden auch von *Reuter* erwähnt, The Life of Copyright Is Extended, Publishers Weekly, May 3, 1976, S. 31, 32.

258 Das umfangreiche Korrespondenzmaterial ist dort archiviert und dem Verfasser durch Prof. Karl Friedrich Beier zugänglich gemacht geworden.

biete, was ihn in die Lage versetzte, seine viel beachteten Annual Reports im Warenzeichenrecht zu verfassen und in geringfügig vermindertem Umfang entsprechende Übersichten für das Urheberrecht zu publizieren[259]. Die Methodik der Erstellung der Jahresübersichten im Trademark Law mit einer durchschnittlichen Seitenstärke von 80 Seiten legt dabei Zeugnis von der hohen Arbeitsgeschwindigkeit und Gedächtnisfunktion *Derenbergs* ab[260]. Sobald ein Jahr verstrichen war, bestellte *Derenberg*, der niemals einen Artikel oder Schriftsatz selber mit der Maschine schrieb, seine Sekretärin, *Marry Hunter*[261], für ein Wochenende in die Kanzlei und diktierte ihr dort seinen gesamten Jahresbericht an zwei Tagen ohne eigene Notizen aus dem Kopf mit sämtlichen Fußnoten in den Stenoblock. Diese diktierte Erstfassung seines Berichts war bereits weitestgehend abschließend, so dass bei der anschließenden Durchsicht des geschriebenen Entwurfs von ihm nur noch geringfügige Korrekturen vorgenommen werden mussten. Es ist ein Kennzeichen *Derenbergs*, das sich auf seine gesamte Schreibtätigkeit verallgemeinern lässt, dass er einen Artikel, unabhängig von dessen Länge, erst im Kopf von Anfang bis Ende durchdenkt und bearbeitet und das sich hierdurch ergebende Resultat nach dem Diktat allenfalls marginal überarbeiten muss.

Die Vielzahl vorbezeichneter Nebentätigkeiten *Derenbergs* ist umso bewundernswerter, je erfolgreicher er die Berufe des Professors und Anwalts auszufüllen vermag.

Im Jahre 1954 erlangt *Derenberg*, von der Sonderfunktion des Deans einmal abgesehen, die höchstmögliche Stufe in der Hierarchie der Dozentenschaft an der NYU School of Law, indem er zum Professor ernannt wird[262]. Seine Kurse über Trademarks, Unfair Competition, Copyright oder auch Trade Regulation sind mittlerweile diejenigen mit der höchsten Teilnehmerzahl an der NYU School of Law, was sich, verglichen mit den anfänglich acht erschienenen Studenten in *Derenbergs* erstem Kurs[263], als kaum möglich erachtete Entwicklung bezeichnen lässt. Den Grund für diesen Zustrom bildet zu einem gewissen Grad das von *Derenberg* bei den Studenten geweckte Interesse an diesen Rechtsgebieten als solche. In weit höherem Maße als das Themengebiet hat jedoch die Art und Weise der Stoffvermittlung durch den Professor *Derenberg* diese An-

---

259 siehe hierzu in Derenbergs Bibliographie die entsprechenden Artikel in „The Trademark Reporter" und „Annual Survey of American Law".

260 Ihre Schilderung beruht ebenfalls auf Informationen *Giordanos*.

261 Sie wird sowohl von *Giordano* als auch von *Jones* mit dem Wort „bright" qualifiziert und als die Person beschrieben, die Derenberg dieses hohe Arbeitstempo ermöglichte.

262 *Strauss/Röder* (Hrsgr.), Biographisches Handbuch der deutschsprachigen Emigration nach 1933, Band II, Teil 1, A-K, S. 210.

263 *Klein*, Out of the Woods, The Villager, 04.05.1967, S. 6; hierüber wurde auch schon oben auf S. 37 berichtet.

ziehungskraft begründet. Seine Form des Unterrichts wird als inspiring[264], entertaining, refreshing, stimulating und awe-inspiring[265] gepriesen und immer wieder der hohe Lerneffekt hervorgehoben, den *Derenberg* durch den Einsatz visueller Gegenstände des täglichen Gebrauchs, beispielsweise Coca-Cola Flaschen, Kunstblumen oder Kinderspielzeug, und seinen ausgeprägten trockenen Humor erreicht[266]. *Derenberg* hatte über die Jahre hinweg von diesen Gegenständen ein ganzes „Museum" angesammelt, schließlich stellten sie nach seinen eigenen Aussagen einen wesentlichen Teil seines Unterrichts dar. Denn neben den Voraussetzungen, dass man das Unterrichten lieben und einen gewissen Sinn für Humor haben müsse, sei als dritte unabdingbare Prämisse, um ein erfolgreicher und wirksam lehrender Professor zu werden, die Fähigkeit, den Studenten das Gefühl der Teilhabe am Unterricht geben zu können. Dieses Gefühl der Integration erreichte *Derenberg* bei seinen Zuhörern dadurch, dass er niemals mit vorformulierten Texten den Vorlesungsraum betrat, sondern einzig eine Vielzahl seiner Exponate auf dem Pult plazierte und mit ihrer Hilfe deskriptiv und lebhaft unterrichtete[267]. Die Bewunderung, welche *Derenbergs* didaktische Begabung erzeugt, wird in einem Brief *William J. Navins*, den dieser am 18. Oktober 1956 an *Derenberg* sendet, durch das Zitat eines Studenten wiedergegeben: „One of your pupils told me this morning, you had over one hundred in the Trademark and Unfair Competition Class, and I asked him why he thought there were so many in the class. „Well", he said, „You know, the word gets around that the class is exceptionally well taught, and that Dr. Derenberg is one of the greatest personalities at N. Y. U.". He spoke with ardor and fervor and I hope you catch a little of it in my clumsy recitation."[268]

Fast elf Jahre später wird dieses Urteil des Studenten in aller Förmlichkeit und Öffentlichkeit von der NYU Alumni Federation bestätigt, als sie *Derenberg* für die Exzellenz seiner Lehrtätigkeit am 20. April 1967 den NYU Great Teacher Award verleiht[269]. Bei diesem Great Teacher Award handelt es sich um ei-

---

264 *Reuter*, The Life of Copyright Is Extended, Publishers Weekly, 1976, 31.

265 *Wm.Peyton Marin,* President of the NYU Alumni Federation, in seiner Laudatio auf Derenberg anlässlich der Verleihung des Great Teacher Award of NYU am 20.04.1967. Sie ist in geschriebener Form in den persönlichen Unterlagen *Robert W. Hess'* enthalten.

266 *Reuter*, The Life of Copyright Is Extended, Publishers Weekly, 1976, 31, 32; *Klein*, Out of the Woods, The Villager, 04.05.1967, S. 6.

267 *Klein*, Out of the Woods, The Villager, 04.05.1967, S. 6.

268 Derenberg hat immerhin so viel von der Bewunderung und Hochachtung seitens des Studenten erfasst, dass er den Brief, obwohl dieser ansonsten von nicht außergewöhnlichem Inhalt war, bis zu seinem Tode aufbewahrt hat, so dass die Wiedergabe durch *Navin* nicht so ungeschickt war, wie er selbst es befürchtete. Der Brief ist heute in den persönlichen Unterlagen Robert W. Hess' enthalten.

269 Das genaue Datum konnte dem Programmheft entnommen werden, das zu der Veranstaltung der NYU ausgegeben wurde, in deren Verlauf die drei Preisträger des Jahres 1967 geehrt wurden. Auf S. 15 ist dort die Zielsetzung des Great Teacher Award beschrieben und

nen Preis, der seit 1959 durch die NYU Alumni Federation jährlich an drei Dozenten, unabhängig von ihrem hierarchischen Grad innerhalb der Universität, für herausragende Befähigung zur Ausbildung der Studenten oder College Schüler verliehen wird. Die Auswahl der jährlichen Preisträger wird durch eine Jury, bestehend aus Alumnis, Studenten, und Fakultätsmitgliedern, getroffen, wobei sich der Kreis der potentiellen Kandidaten für diesen Award auf die gesamte NYU erstreckt, nicht nur auf einzelne Fakultäten, und mit 1.000 $ dotiert ist[270]. Durch diese Auszeichnung soll die in der Öffentlichkeit zu Unrecht unterbewertete Leistung auf dem Gebiet des Lehrens einen Reputationsgewinn erfahren und bewirkt werden, dass zukünftig in den bislang allzu einseitig auf die Forschungstätigkeit und -fähigkeit der Gelehrten der Hochschule gerichteten externen Blick zur Bewertung einer Universität auch der Aspekt der didaktischen Kapazitäten mit einbezogen wird.

Für *Derenberg* scheint diese Auszeichnung unter all seinen anderen Ehrungen[271] subjektiv den höchsten Stellenwert einzunehmen[272], bedeutet sie schließlich die Verbriefung seiner Exzellenz bei der Interpretation und Ausführung seines Lebenstraums, dem Unterrichten. Denn, wie schon oben[273] kurz erwähnt, verspürt er einen ihm unerklärlichen inneren Drang, Lehren zu müssen, und diese Tätigkeit stellt für ihn den Sinn seines Lebens dar. In dieser Weise äußert er sich nicht nur seinem Freund und Partner, *Vito Giordano*, in der Anwaltskanzlei gegenüber, sondern er drückt diese Bedeutung des Lehrens für ihn auch während einer Festveranstaltung anlässlich des 20jährigen Bestehens der Copyright Society of the USA gegenüber den Gästen aus, als er sagt: „Law practice is O.K. for making money, but NYU is more important to me. When I can't talk to students, I can't function anymore."[274] Diese Lebenseinstellung erklärt auch,

---

als Gewinner werden neben Derenberg noch *Rita W. Cooley*, Professor of Government, und *John W. Knedler Jr.*, Professor of English and Dean of the University College of Arts and Science, aufgeführt. New York University, Founders Day Honors Convocation, The 136th Anniversary of the Founding of the University, Thursday, April 20, 1967, 8:00 P.M. (Dieses Programmheft ist nicht veröffentlicht, aber ein Exemplar befindet sich noch im Besitz *Robert W. Hess'*.); Eine Vorankündigung auf die Verleihung der Auszeichnungen ist mit Bild der drei Professoren in The New York Times vom 13.04.1967 unter der Überschrift „Three N.Y.U. Professors to Be Honored by Alumnis" erschienen.

270 Three N.Y.U. Professors to Be Honored by Alumnis, The New York Times, 13.04.1967, [keine Seitenangabe, Artikel enthalten in den persönlichen Unterlagen *Robert Hess'*]; *Klein*, Out of the Woods, The Villager, 04.05.1967, S. 6; The Bulletin of NYU School of Law, Vol. VI, No. 4, Fall 1958, S. 12.

271 Siehe die Ausführungen unten auf S. 68.

272 Nicht nur allein der Sachzusammenhang des Awards sondern auch die Tatsache, dass die Laudatio anlässlich dieser Preisverleihung die einzige ist, die Derenberg aufbewahrt hat, lassen diesen Schluss zu.

273 Siehe die Ausführungen oben auf S. 32.

274 The Commentator, November 20, 1973, S. 6; Auf die Frage Giordanos, wofür er sich

warum *Derenberg* immer sehr engen Kontakt zu seinen Studenten gesucht hat und sich für jeden einzelnen von ihnen, der ihn in seinem Büro in der Kanzlei mit Fragen zum Rechtsgebiet oder solchen zur persönlichen Karriereplanung aufsuchte, stets neben all der anderen Arbeit ausführlichst Zeit nahm[275]. Der Kontakt zu den Studenten und das später sichtbare Resultat der Ausbildung stellen für ihn Lebenselixier und Motivation zugleich dar, und die durch das Unterrichten erhaltene Befriedigung beschreibt er in einem Interview infolge seiner Ehrung mit dem Great Teacher Award mit den Worten: „You go all over the world and you see your former students. It keeps you young. It makes you feel you didn't live for nothing."[276] Das Gefühl, umsonst gelebt zu haben, konnte sich bei *Derenberg* aufgrund seiner Vielzahl von Gastvorträgen wahrlich nicht einstellen, wohl aber hielt ihm seine Frau des öfteren vor, Gefahr zu laufen, ausgenutzt zu werden, da er viele dieser Vorträge hielt, ohne ein Entgelt dafür zu fordern. Eine Bezahlung erschien ihm hierfür allerdings gar nicht notwendig, war ihm schließlich die Gelegenheit gegeben worden, Lehren und in der Nähe von Studenten sein zu dürfen, was ihm Belohnung genug war[277].

Neben solchen Gastvorträgen, die zumeist nur für die Länge eines Abends an der entsprechenden Universität terminiert waren, konnte *Derenberg* auch auf zwei längere Aufenthalte, sogenannte summer positions, an Universitäten außerhalb New Yorks verweisen. 1961 wurde er von der University of Utha zu einer Vorlesungsreihe zwischen dem Spring und Fall Term eingeladen und 1966 hält er sich, unterstützt durch ein Fulbright Professorship, in Japan vornehmlich an der Waseda University, Tokio, auf[278]. Dieser Aufenthalt in Japan

---

entscheiden würde, falls die Wahl zwischen Anwaltsberuf und Professor notwendig werden würde, antwortete Derenberg, dass er, so gut es ihm in der Kanzlei gefalle, unzweifelhaft den Anwaltsberuf aufgeben würde.

275 Von einer regen Studentenfrequenz in der Kanzlei berichtete *Giordano* dem Verfasser.

276 *Klein*, Out of the Woods, The Villager, 04.05.1967, S. 6; Unter Berücksichtigung der beschriebenen ausgiebigen Reisetätigkeit Derenbergs, die er immer mit einzelnen Gastvorlesungen garniert hatte, sind die Worte „all over the world" als zutreffend und nicht als Übertreibung zu bewerten.

277 Diese Einstellung seines Stiefvaters sprach *Robert W. Hess* in einem Interview mit dem Verfasser an.

Der Zuspruch unter der Studentenschaft der jeweiligen Gastuniversität konnte allerdings auch schon als besondere Auszeichnung und Lohn angesehen werden. Derenbergs Gastvorträge wurden immer als besonderes Highlight schon lange im Voraus angekündigt und waren regelmäßig überfüllt. So erinnert sich *Robert W. Hess* als Teilnehmer eines Vortrags Derenbergs an der University of Virginia, Law School, im Jahr 1962, dass dort ca. 250 Studenten den Saal vollständig ausfüllten und nach dem von Derenberg vorgesehenen Ende seiner Vorlesung nur zwei Studenten aufstanden und gingen. Der Rest sei wie gefesselt sitzen geblieben und habe Derenberg so lange zum Fortfahren angehalten, bis dieser nach einer weiteren Stunde aus Zeitgründen abbrechen musste.

278 *Strauss/Röder* (Hrsgr.), Biographisches Handbuch der deutschsprachigen Emigration

währte von April bis Juni des Jahres 1966 und war durch Vorträge *Derenbergs* über das Warenzeichen- und Wettbewerbsrecht vor den unterschiedlichsten Institutionen wie der „Graduate School of Law, Waseda University", der „Kyushu University", der „Japanese-American Society for Legal Studies", der „Matsumoto Memorial Foundation" der „Patent Association", dem „Copyright Research Institute" und dem „Institute of Legal Research and Training" geprägt[279]. Welch internationale Wertschätzung die Kompetenz *Derenbergs* in diesen Rechtsgebieten erfuhr, wird durch die Teilnehmerliste eines dreitägigen Seminars des „Japanese Institute of International Business Law" veranschaulicht, dass vor ca. 40 Personen stattfand - ausschließlich Professoren der Rechtswissenschaften, Fachanwälte, Richter oder Regierungsbeamte Japans[280].

So erstaunlich es erscheinen mag, dass zu den soeben beschriebenen Aufgaben *Derenbergs* die täglichen Herausforderungen des Anwaltsberufs überhaupt noch hinzutreten können, so systematisch logisch fügt es sich in das von ihm gewonnene Gesamtbild, dass er auch diese meisterhaft zu erfüllen weiß.

Die Anwaltskanzlei, der *Derenberg* seit 1950 als Partner angehört, spezialisiert sich sehr schnell auf Sachverhalte mit zeichenrechtlichem Einschlag und zieht Anfang der 60er Jahre vom Broadway nach Midtown Manhattans in das Lincoln Building, 60 West, 42nd Street, direkt gegenüber dem Grand Central Station[281]. Dort im 44. Stock, eingebettet in ein faszinierendes Panorama, nach Norden durch die Skyline Midtowns hinaus über den Central Park und nach Westen über den sich an die Public Library anschließenden Bryant Park, den Hudson River bis an die Ufer New Jersey's, verbringt *Derenberg* regelmäßig von 9.00 bis 18.00 Uhr seinen Arbeitstag[282]. Obwohl er auch im Gebäude der NYU School of Law, Vanderbilt Hall, ein Büro eingerichtet bekam[283], war dasjenige an der 42. Straße sein primärer Arbeitsplatz.

---

nach 1933, Band II, Teil 1, A-K, S. 210; *Derenberg*, Marcas Abandonadas ?"Campo Libre" Para Todos?, Revista Mexicana de la Propiedad Industrial y Artística, Vol. 21-22 (especial), 1973, S. 147.

279 Der Aussage *Robert W. Hess'* zufolge hatte Derenberg, bevor er im April nach Japan aufbrach alle seine Vorlesungen an der NYU School of Law abgeschlossen, indem er seit Februar Doppelkurse gehalten hatte und somit zwei Monate einsparen konnte. Auch dieses Verhalten ist ein Zeichen dafür, wie sehr ihm seine Studenten am Herzen lagen, denn er hätte sich nach seiner Abreise bis Semesterende auch vertreten lassen können.

280 Law Seminar on Trademarks and Unfair Competition, Pacific Bridge, June 1966, [ohne Seitenangabe].

281 Auch heute hat die ehemalige Kanzlei Derenbergs dort noch ihren Sitz und führt noch immer seinen Namen: von Maltitz, Derenberg, Kunin, Janssen & Giordano.

282 Der Freundlichkeit und Unterstützung Giordanos verdankt es der Verfasser, selbst im ehemaligen Büro Derenbergs gewesen zu sein.

283 Dieses Büro, mit der Raumnummer 348, wird erwähnt in: Professor in Profile, Walter J. Derenberg, The Bulletin of New York University, School of Law, Vol. 8, No. 3, Spring 1961, S. 11.

Seine Anwaltstätigkeit führt ihn in weit geringerem Maße vor die Gerichte, als vielmehr in großem Umfang in Kontakt mit bedeutenden, weltweit operierenden Unternehmen als deren juristischer Berater für Warenzeichenrechtsangelegenheiten. *Derenberg* war kein trial lawyer, sondern ein begabter und leidenschaftlicher offhouse-counsel, denn bei dieser Aufgabe konnte er seinen wissenschaftlichen Fähigkeiten am besten Geltung verleihen. Mit der rechtlichen Beurteilung des Sachverhaltes und seiner Besonderheiten war für ihn regelmäßig schon die eigentliche Aufgabe abgeschlossen, während das Argumentieren vor Gericht auf ihn von jeher nur eine sehr geringe Anziehungskraft ausübte[284]. Gestaltete sich die Streitfrage jedoch zu einem Rechtsproblem der besonders schwierigen Art, hatte auch das Auftreten vor dem Richtertisch für ihn einen starken Anreiz, konnte er schließlich in diesen Fällen seine Anwaltstätigkeit mit der des Lehrenden verbinden, indem er dem erkennenden Gericht die Problematik und Rechtslage verdeutlichen durfte. Dieses Bedürfnis der Aufklärung der Judikative war nicht nur einseitig bei *Derenberg* gegeben, sondern auch das erkennende Gericht war für *Derenbergs* kompetente Mitwirkung dankbar. Beispielhaft für das Verlangen nach *Derenbergs* Expertisen sei aus einer kurzen Laudatio *Walter R. Mansfields*, Richter am Court of Appeals for the second Circuit, zitiert: „The law of trademarks, copyright and unfair competition has developed over the years to such a high degree of complexity that most judges and practicing lawyers hesitate to give an opinion or to handle a case in that field without the guidance of one „skilled in the art". For many years Professor Derenberg has been recognized as the foremost authority in the philosophy and drafting of the law in this area. [...] Whenever I have been faced with problems in the field I have almost automatically thought of Professor Derenberg. [...] [A very distinguishing feature *Derenberg's*] is his ability to simplify the complicated and to translate learning of a sometimes esoteric nature into terms that are understandable to the average professional person. My appreciation for his skill in this regard did [...] arise [...] from my having had the good fortune to preside in several cases which he briefed and argued as counsel. Throughout tortuous litigation Professor Derenberg was of great help to the court."[285]

Aber nicht nur für die Gerichte war *Derenberg* durch seine Gutachten eine große Hilfe, sondern auch Weltfirmen, wie Esso Standard Oil Co.[286], Daimler-Benz AG[287], Carl Zeiss Stiftung[288], KODAK, Nestléé, Coca-Cola[289] und

---

[284] Siehe die Ausführungen oben auf S. 10.

[285] *Mansfield*, [Tribute to the] Dedication of the Annual Survey of the American Law, 1973/1974, nachgedruckt in Bulletin of The Copyright Society, Vol. 23, 1975-1976, S. 9-10.

[286] *Esso Standard Oil Co. v. Bazerman*, 90 USPQ, 52 f. (1951).

[287] *Daimler-Benz A. G. v. Consulting Engineers Council*, 147 USPQ, 528 ff. (1965).

[288] *Carl Zeiss Stiftung v. VEB Carl Zeiss Jena*, 160 USPQ 97 ff. (D.C., S.D. N.Y., 1968), 167 USPQ 641 ff. (C.C.A., 2nd Circuit, 1970).

weitere vertrauten auf seinen Sachverstand und Weltruf. Die Tatsache, dass diese Unternehmen, deren Warenzeichen zumeist deren kostbarstes Gut darstellt[290], *Derenberg* als Counsel zum Schutz ihrer Marke wählten, ist ein objektiver Ausdruck der Wertschätzung seiner besonderen Kenntnis des Warenzeichenrechts.

Darüber hinaus erhielt *Derenberg* für seine Verdienste um das US-amerikanische Warenzeichen- und Urheberrecht aber auch bedeutende Auszeichnungen formeller Art.

1963 wurde ihm für seine Leistungen auf dem Gebiet des Industrial and Literary Property von der New Jersey Patent Law Association die Jefferson Medaille verliehen[291]. Mit dieser Auszeichnung befand er sich in der erlesenen Gesellschaft eines *Charles F. Kettering* und Judge *Learned Hand* und knapp 10 Jahre später sollte neben *Derenberg* ein weiterer deutscher Emigrant jüdischen Glaubens, der das US-amerikanische Wettbewerbsrecht maßgeblich geprägt hatte, dieser Runde beitreten: *Rudolf Callmann*[292].

Ebenfalls im Jahre 1963 zeichnete ihn The Copyright Society of the USA anläßlich ihres zehnjährigen Bestehens mit einer Urkunde für seine Verdienste um diese Gesellschaft aus[293]. *Derenberg* war nicht nur treibende Kraft bei ihrer Gründung und über die zehn Jahre ihr Präsident, Vizepräsident oder Executive Director, sondern sein Engagement und seine Person waren zugleich ihr Motor und Reputation[294].

Die Gleichschaltung zu *Charles F. Kettering* wurde 1970 noch verstärkt, indem *Derenberg* mit dem Empfang des Charles F. Kettering Award ausgezeichnet wurde. The PTC Research Institute würdigte damit die Beiträge *Derenbergs* zu Forschung und Lehre und seine Verdienste um die Öffentlichkeit bezüglich des Industrial and Intellectual Property[295].

---

289 Für die letzten drei Unternehmen konnten keine Nachweise gefunden werden. Ihre Zusammenarbeit mit Derenberg wurde dem Verfasser von *Giordano* berichtet.

290 Im Jahre 2000 wurden beispielsweise die Marken Coca-Cola mit 84, Mercedes mit 18, Nescafé mit 18 und Kodak mit 15 Milliarden $ bewertet, siehe: Die Weltrangliste der wertvollsten Marken (Quelle: Interbrand), Frankfurter Allgemeine Zeitung, 27. Juni 2000, Verlagsbeilage Nr. 146, Markenartikel, S. B6.

291 Walter J. Derenberg Awarded 1963 Jefferson Medal, Journal of the Patent Office Society, Vol. 45, 1963, S. 498.

292 *Baums*, Rechtsnorm und richterliche Entscheidung im Wettbewerbsrecht, erschienen in *Lutter/Stiefel/Höflich*, Der Einfluß deutscher Emigranten auf die Rechtsentwicklung in den USA und in Deutschland, S. 63, 67.

293 Copyright Society 10th Anniversary, The Bulletin of New York University School of Law, Vol. 12, No. 1, Fall 1963, S. 9.

294 *Morton David Goldberg* beschrieb in einem persönlichen Gespräch mit dem Verfasser die Bedeutung Derenbergs für The Copyright Society of The USA mit den Worten, dass Derenberg in den ersten Dekaden das Synonym dieser Gesellschaft war.

295 Siehe Kurzeinleitung zu Derenbergs Beitrag, Consumerism and "Old-Fashioned

1971 erfuhr er auch aus seiner Heimat, Deutschland, formelle Anerkennung seiner Arbeiten, als die GEMA ihn mit der Richard-Strauss-Medaille für seine Verdienste um das Urheberrecht ehrte[296].

Kurz vor seinem Tode wurde ihm eine besondere Ehre zuteil, die die besondere Verbindung zwischen der Studentenschaft der NYU School of Law und *Derenberg* wiedergibt. Das Board of Students des Annual Survey of American Law widmet ihm die Jahresausgabe 1973/74 aus Dank für seine zahlreichen Beiträge[297], durch die die hohe wissenschaftliche Qualität dieser Zeitschrift erst ermöglicht wurde[298]. The Annual Survey of American Law ist eine seit 1942 erscheinende Publikation der NYU School of Law, die parallel zum NYU Law Review von ausgewählten Studenten herausgegeben wird und in der Professoren der Universität den jährlichen Fortgang des Rechtsgebiets, in dem sie lehren, detailliert beschreiben. *Derenberg* ist hierbei Autor der ersten Stunde und berichtet im ersten Jahr in vier Rechtsgebieten, Copyright Law, Trademark Law, Commercial Arbitration und The Antitrust Laws. In den dann folgenden vier Jahren erweitert er sein Spektrum sogar noch um die Rubrik Unfair Trade Practices[299]. Bis in das Jahr 1974 erscheinen Artikel aus seiner Feder, wobei er sich seit 1963 ausschließlich der Kommentierung des Copyright Law widmet. Insgesamt erreicht die Summe der Seitenstärke seiner Beiträge über die Dauer seiner Mitwirkung einen Anteil von knapp zehn Prozent am Gesamtvolumen der 30 Bände des Annual Survey of American Law[300].

Dieser besondere Ausdruck des Dankes durch seine Studenten war jedoch die letze Würdigung von *Derenbergs* Lebenswerk und seiner Person, die er persönlich noch miterleben durfte.

Schon 1972 hatte sich eine Herzschwäche *Derenbergs* offenbart, die seinen stationären Krankenhausaufenthalt und den Einsatz eines Herzschrittmachers hatte erforderlich werden lassen. Obwohl *Derenberg* sich hiervon relativ gut erholt und erneut ein hohes Maß an Aktivität erreicht, stellt dieser Eingriff den

---

Commercial Honesty", IDEA, The Patent, Trademark and Copyright Journal of Research and Education, Vol. 15, Conference Number 1971, S. 45-63, dort auf S. 44. Als kleine Kuriosität nebenbei sei erwähnt, dass das Festessen zu Ehren Derenbergs in Washington, D. C., im Shoreham Hotel stattfand, das Hotel, in dem seine Ehefrau bis 1949 in führender Position tätig war.

296 Ein kurzer, bebilderter Bericht hierüber ist erschienen in: GEMA-Nachrichten, Heft 90, 1971, S. 52. Weitere Empfänger sind Sidney M.Kaye und Harold Orenstein.

297 Siehe hierzu die Auflistung der Artikel *Dernbergs* in dessen Bibliographie unten auf S. 204 ff.

298 Dedication of The Annual Survey of American Law, 1973/74, Annual Survey of American Law, S. IX, New York, 1974.

299 Siehe hierzu die Auflistung der Artikel *Dernbergs* in dessen Bibliographie unten auf S. 204 ff.

300 *McKay*, Walter Derenberg: A Personal Recollection, TMR, Vol. 68, 1978, S. 216, 218.

unheilvollen Vorboten auf ein zu frühes Ende seiner Schaffenskraft dar. Unter dem Eindruck der konstanten Abnahme von *Derenbergs* Gesundheitszustand lässt sich auch die Entscheidung der NYU School of Law erklären, ihn 1974 zu emeritieren. Die Mitteilung dieses Entschlusses durch *Robert B. McKay*, damaliger Dean der Law School und ein sehr enger Freund *Derenbergs*, wird einer der dunkelsten Momonte in *Derenbergs* Leben gewesen sein, schien er schließlich zum zweiten Mal nach 1933 den Verlust seiner Arbeitsmöglichkeit zu bedeuten, diesmal allerdings aufgrund seines Alters endgültig[301]. Doch dachten die Verantwortlichen der NYU School of Law niemals wirklich daran, auf *Derenbergs* Fähigkeiten verzichten zu wollen, sondern sie begehrten nur, sich von den Verantwortungen freizustellen, die aus einem festen Arbeitsverhältnis resultieren können. Dementsprechend war eine uneingeschränkte Fortführung seiner Lehrtätigkeit auf freiberuflicher Basis vorgesehen. Diese Nachricht, die *Derenberg* erst später von *McKay* mitgeteilt wurde, da dieser davon ausging, dass auch *Derenberg* seinen weiteren Lehrauftrag an der NYU School of Law für selbstverständlich ansehen würde, wird in ihm nochmals Lebenskraft hervorgerufen haben. Aber bereits im Sommer 1975 war sein körperlicher Zustand so beeinträchtigt, dass *Derenberg* in ein New Yorker Krankenhaus zur Behandlung eingewiesen werden musste. Es ist bezeichnend, dass sein erster Gedanke selbst dort seinen Studenten des kommenden Fall Term galt, und er fragte seinen Freund und Partner, *Vito Giordano*, besorgt, was sie denn ohne ihn machen würden und ob nicht er im schlimmsten Fall seinen Warenzeichenrechtskurs fortführen könne[302]. Diese negative Vorahnung *Derenbergs* hinsichtlich seiner ihm verbleibenden Lebensdauer sollte sich alsbald realisieren. Sein Gesundheitszustand verschlechterte sich zusehends, so dass er schlussendlich nur noch seine geliebte Ehefrau, *Emily*, erkannte. Am 9. September 1975, exakt dem Tag, an dem der Vorlesungsbetrieb des damaligen Fall Term an der NYU School of Law wieder aufgenommen wurde[303], verstarb *Derenberg* im Alter von 71 Jahren in einem New Yorker Krankenhaus. Ein bewegtes, von Vielfalt, Energie und Optimismus geprägtes, dem Versuch der Zerstörung ausgesetztes und dennoch erfolgreiches, erfülltes und, ex post betrachtet, gar harmonisches Leben fand sein zu frühes aber verdient friedliches Ende.

Kein Ende fanden die Ehrerweisungen, die diesem „...master of law and [...] universally cultured man...“[304] auch postum noch zuteil wurden.

---

[301] *McKay* beschreibt diesen auch für ihn unglücklichen Augenblick mit den Worten: „I used the word „emeritus“ and saw that he [Derenberg] was destroyed.“, Walter Derenberg: A Personal Recollection, TMR, Vol. 68, 1978, S. 216, 219.

[302] Giordano lehnte jedoch, unter dem Hinweis im Gegenteil zu Derenberg nicht für die Lehrtätigkeit befähigt zu sein, ab.

[303] *McKay*, Walter Derenberg: A Personal Recollection, TMR, Vol. 68, 1978, S. 216, 219.

[304] *Ulmer*, Walter Derenberg's Contributions to the Comparative and International Law of Intellectual Property, TMR, Vol. 68, 1978, S. 239, 243.

Weltweit und in hoher Anzahl werden in Nachrufen die Anteilnahme am Tode *Derenbergs* und die hohe Anerkennung seiner Person und Tätigkeit ausgedrückt: Das „Bulletin of The Copyright Society of the USA“ widmet *Derenberg* elf Seiten[305], in „The New York Times“ wird in einem langen, zweispaltigen, mit Bild versehenen Artikel seiner Person gedacht[306], im „New York University Law Review“ ist ein zweiseitiger Nachruf durch *Alan Latman* enthalten[307], in der „Revista Mexicana de la Propiedad Industrial y Artística“ erscheint neben einem Bild auch noch eine Kurzwürdigung, die eine Seite umfasst[308], von gleicher Länge ist der Nachruf *Jules E. Yarnells* im „Instituto Interamericano de Direito de Autor“ (IIDA)[309], und *Eugen Ulmer* gedenkt *Derenberg* in „Gewerblicher Rechtsschutz und Urheberrecht, Internationaler Teil“ (GRUR Int.)[310] sowie im „International Review of Industrial Property and Copyright Law“ (IIC)[311]. Diese Aufzählung kann nicht den Anspruch erheben, abschließend zu sein, aber sie vermag durch die Auswahl eines länderübergreifenden Spektrums renommierter Zeitschriften zu verdeutlichen, welch internationale Anerkennung *Derenbergs* Person und Fachkompetenz zuteil geworden ist.

Acht Monate nach *Derenbergs* Tod drücken die NYU School of Law und seine ehemaligen Kollegen und Freunde ihren Dank und ihre Anerkennung in einer ganz besonderen Form aus, als am 20. Mai 1976 die „Walter J. Derenberg Intellectual Property Library“ eingeweiht wird[312]. Diese Bibliothek ist als Sek-

---

305 Bulletin of The Copyright Society of the USA, Vol. 23, Oct. 1975 - Aug. 1976, S. 1-10. Im Einzelnen: *Gitlin*, Walter J. Derenberg, a.a.O., S. 1; *McKay*, Walter J. Derenberg - A Tribute, a.a.O., S. 2-5 (dies ist der Abdruck der während der Beisetzung Derenbergs gehaltenen Trauerrede McKays); *Ringer*, Walter J. Derenberg, a.a.O., S. 6-7; Auf den S. 8-10, a.a.O., erscheint ein Abdruck der Würdigungen Derenbergs Person anlässlich der Widmung des 1973/74 Annual Survey of American Law durch, The Board of Student Editors, *Fortas* und *Mansfield.*

306 *Flint*, Prof. Walter J. Derenberg Dies; Lawyer Was Copyright Expert, The New York Times, September 10, 1975, S. 48.

307 *Latman*, Walter J. Derenberg, New York University Law Review, Vol. 50, 1975, S. 736 f.

308 In memoriam Walter J. Derenberg, Revista Mexicana de la Propiedad Industrial y Artística, Vol. 25-26, 1975, S. 9 f.

309 *Yarnell,* Professor Derenberg, Instituto Interamericano de Direito de Autor, IIDA, Vol. 3, Sao Paulo, December 31, 1975, (die gesamte Ausgabe enthält keine Seitenzahlen, der Nachruf befindet sich auf der Titelseite).

310 *Ulmer*, Nachruf Walter J. Derenberg, GRUR Int., 1975, S. 392.

311 *Ulmer*, In Memoriam Walter J. Derenberg 1903-1975, International Review of Industrial Property and Copyright Law (IIC), Vol. 6, 1975, 365 f.

312 Walter Derenberg Copyright Library Dedicated At NYU School of Law, Supplement to the Law School Bulletin, Summer 1976, S. 3; *Reuter*, Derenberg Copyright Library, The Life of Copyright Is Extended, Publishers Weekly, 1976, 31. In diesen Publikationen wird von der

tion für das Copyright, Trademark und Patent Law in die Gesamtbibliothek des Law Centers der NYU eingegliedert und wird zu dem damaligen Zeitpunkt als die wohl umfangreichste Materialsammlung in den USA auf dem Bereich des Copyrights gepriesen[313]. Neben der lückenlosen Zusammenstellung aller zur legislativen Geschichte des US-amerikanischen Copyright Law verfügbaren Dokumente rekrutiert sich ihr Bücherbestand in großem Umfang aus der Privatbibliothek *Derenbergs*, die er schon zu Lebzeiten 1962 der NYU School of Law für interessierte Studenten und allgemein zu Nachforschungszwecken gespendet hatte[314]. Dem internationalen Interesse ihres Begründers entsprechend reflektiert diese Copyright und Trademark Law Sammlung einen weltweiten, tiefgreifenden Überblick und verdeutlicht den durch *Derenberg* begründeten nationalen Führungsanspruch der NYU School of Law im Bereich des Intellectual Property[315]. Die Namensgebung dieser Bibliothek würdigt in treffender Weise *Derenbergs* Lebenswerk, und das Verlangen der Initiatoren, ihrer Wertschätzung und ihres Dankes Ausdruck verleihen zu können, war die treibende Kraft auf dem Weg zur Einrichtung dieser heute noch so benannten Forschungsstätte[316]. Ursprünglich war geplant, dass diese Ehrung noch zu Lebzeiten *Derenbergs* erfolgen sollte, denn von diesem Vorhaben berichteten die für die Planung Verantwortlichen *Derenberg* schon 1973 anlässlich des 20jährigen Bestehens der „The Copyright Society of the USA"[317]. Ebenfalls während dieses Festaktes wurde verlautbart, dass parallel dazu noch ein Lehrstuhl mit *Derenbergs* Namen als Erinnerung an seine Person und Schaffenskraft eingerichtet werden sollte. Auch dieses Vorhaben konnte realisiert werden, und so wurde

„Walter Derenberg Copyright Library" gesprochen, ihre heutige offizielle Bezeichnung in der NYU School of Law lautet aber auf „Walter J. Derenberg Intellectual Property Library".

313 Walter Derenberg Copyright Library Dedicated At NYU School of Law, Supplement to the Law School Bulletin, Summer 1976, S. 3 unter Berufung auf eine Aussage *Julius J. Marks*, Professor of Law und damaliger Librarian der NYU School of Law Library.

314 Professor Derenberg Donates Extensive Copyright Library to School of Law, The Bulletin of NYU School of Law, Vol. 10, No. 2, 1962, S. 16.

315 *Ulmer* weist darauf hin, dass es die NYU School of Law Derenberg zu verdanken habe, dass sie sich zum nationalen Zentrum für die Forschung und Lehre im Gebiet des gewerblichen Rechtsschutzes und Urheberrecht entwickelt hat, Walte J. Derenberg 70 Jahre, GRUR Int. 1973, S. 668.

316 Unmittelbar nach Derenbergs Tod wurde eine Spendenkampagne ins Leben gerufen, die die zur Einrichtung und fortlaufendem Unterhalt notwendigen finanziellen Mittel dieser Bibliothek sichern sollte. Es ist vor allem dem geschäftigen Einsatz des damaligen President of the Copyright Society of the USA, Paul Gitlin, zu verdanken, dass innerhalb von nur acht Monaten die hierfür erforderlichen 100.000,- $ beschafft werden konnten. Siehe hierzu: Walter Derenberg Copyright Library Dedicated At NYU School of Law, Supplement to the Law School Bulletin, Summer 1976, S. 3; *Reuter*, Derenberg Copyright Library, The Life of Copyright Is Extended, Publishers Weekly, 1976, 31.

317 The Commentator, November 20, 1973, S. 6.

1984 zum ersten Mal eine *Walter J. Derenberg* Professur für Copyright und Trademark Law an der NYU School of Law vergeben. Mit *Alan Latman* wurde eine der Personen mit diesem Lehrstuhl bedacht, die sich am meisten seine Errichtung in Erinnerung an *Derenberg* gewünscht hatten[318]. *Latman* war ein Schüler *Derenbergs*, enger Freund und zum Zeitpunkt seiner Ernennung in höchstem Maße respektierte Autorität auf dem Gebiet des Copyright Law, sowohl in seiner ehemaligen Eigenschaft als Anwalt als auch im Anschluss daran als Professor für Copyright Law an der NYU School of Law. Obwohl er nicht die NYU School of Law besuchte, sondern seine alma mater die Harvard Law School war, wo ihm Professor *Benjamin Kaplan* den ersten Kontakt zum Copyright Law vermittelte, ist er ein Schüler *Derenbergs*. Denn es war *Derenberg*, der in *Latman* das Interesse weckte, im Bereich des Copyright Law juristisch gestaltend tätig zu werden und ihn durch seine inspirierende Lehrmethode die eigene Vorliebe und Begabung für das Lehren entdecken ließ[319]. Darüber hinaus agierte *Derenberg* als sein Förderer bei der Aufnahme in den Dozentenkreis der NYU School of Law. So sehr *Latman Derenberg* als glorreiches Vorbild bewunderte, so stark hemmten ihn bei dem Entschluss, vom Anwaltsberuf zu dem des Professors zu wechseln, die außergewöhnlich hohen Maßstäbe, die die ewig präsente Erinnerung an *Derenbergs* Art und Persönlichkeit dessen Nachfolger abverlangen würde. Es ist eine ungewöhnliche aber zugleich aussagekräftige Dokumentation des besonderen Ansehens *Derenbergs*, dass eine juristische Kapazität wie *Latman*, der die Regierung von Thailand bei der Entwicklung eines nationalen Urheberrechtssystems beriet, in China Rechtsgelehrten das US-amerikanische Urheberrecht vermittelte und mithalf, zwischen Israel und verschiedenen arabischen Staaten Vereinbarungen über den Technologietransfer zwischen diesen Nationen zu entwerfen[320], sich vor seinem Wechsel vom Anwalt zum Professor mit erheblichen Bedenken trug, als Nach-

---

318 Bei der Beschaffung von ausreichenden Spendenmitteln war hierbei Arthur J. Greenbaum die treibende Kraft. Er war sowohl ein Freund Derenbergs als auch Latmans. Die ungeteilte Anerkennung Derenbergs und Latmans innerhalb der Anwaltschaft war laut *Greenbaum* dafür verantwortlich, dass er in dieser Klientel eine überragende Resonanz auf seine Spendenanfragen erhielt. Als Ergänzung zu den erbrachten Spenden wurde auch noch auf Mittel Derenbergs zurückgegriffen, die dieser der NYU School of Law testamentarisch hinterlassen hatte. (Diese Informationen entstammen einem Gespräch des Verfassers mit *Arthur J. Greenbaum.*).

319 *Allan J. Hartnick*, ein Freund Latmans und auch Derenbergs, schreibt in einem Nachruf auf Latman: „We shared the good fortune of meeting the fabled NYU School of Law Professor Walter Derenberg. Walter's friendship was influential to both of us. We both became active in the Copyright Society.", For Professor Alan Latman, Journal of The Copyright Society of the USA, Vol 32, 1984-85, S. 4.

320 *Greenbaum*, Remarks at the Funeral of Alan Latman on July 23, 1984, Journal of The Copyright Society, Vol. 32, 1984-85, S. 2.

folger *Derenbergs* die hohen Erwartungen nicht erfüllen zu können[321]. Und in gleichem Maße wird die *Derenberg* entgegengebrachte Hochachtung durch die Reaktionen ausgedrückt, die auf die Ernennung *Latmans* zum Walter Derenberg Professor 1984 erfolgten. Sie verdeutlichen, mit welch wertvollem Prädikat der Träger dieses Titels versehen wurde: „His [*Latmans*] achievements at NYU can perhaps best be summed up by his appointment as the first Derenberg Professor of Law - the ultimate recognition by his colleagues of their admiration and esteem.“[322] oder „It was a fitting and highly deserved recognition that he [*Latman*] was appointed the first Walter J. Derenberg Professor of Copyright and Trademark Law, named in honor of another great leader in that discipline.“[323]

Tragischerweise stand zum Zeitpunkt *Latmans* Auszeichnung schon fest, dass seine Inhaberschaft dieses Titels nur noch eine Dauer von Tagen sein durfte, hatte doch eine Krebserkrankung seine Karriere innerhalb von nur einem Jahr beendet und konnte eine Genesung bereits als sicher ausgeschlossen werden. Nur zwei Tage nach Erhalt seiner Auszeichnung starb der erste Walter J. Derenberg Professor[324]. Heute ist *Eleonor M. Fox* Trägerin dieses Titels.

Nach diesen durch die NYU School of Law und Freunden und Kollegen *Derenbergs* erfolgten Würdigungen, die seinen Namen und die Erinnerung an ihn auch bei den juristischen Folgegenerationen wach halten, soll zum Abschluss die 1978 erschienene *Walter J. Derenberg* Memorial Edition des Trademark Reporters genannt werden. Damit ist *Derenberg* in der langen Geschichte des Trademark Reporters der zweite, dem diese Ehre zuteil wird[325]. Es ist alles sagend, dass sein Vorgänger *Edward S. Rogers* war, die unangefochtene Autorität des US-amerikanischen Warenzeichenrechts der ersten Hälfte des 20. Jahrhunderts und *Derenbergs* juristisches Vorbild, geistiger Mentor, akzentuierter Protagonist und freundschaftlich verbundener Kollege und Gesprächspartner[326].

---

321 *Redlich/Weinfeld* schreiben in ihrem Nachruf auf Latman: „(...) he wanted to teach at the level he had experienced through exposure to Walter Derenberg.

But if the memory of Walter Derenberg was a source of inspiration, it also caused Alan to have doubts. Walter was a charismatic figure, a courtly scholar with delightful old-world warmth and charm, who had been the father figure of the intellectual property legal community. Alan would be joining our faculty, not merely as a new teacher, but as Walter Derenberg's successor.“, Alan Latman, Journal of The Copyright Society of the USA, Vol. 32, 1984-85 , S. 13.

322 *Greenbaum*, Remarks at the Funeral of Alan Latman on July 23, 1984, Journal of The Copyright Society, Vol. 32, 1984-85, S. 2.

323 *Weinfeld*, Alan Latman, Journal of The Copyright Society of the USA, Vol. 32, 1984-85, S. 16.

324 Latman starb am 20.07.1984 im Alter von nur 54 Jahren. *Dannay*, Alan Latman, Journal of The Copyright Society of the USA, Vol. 32, 1984-85, S. 1.

325 *Greenbaum*, Foreword, Walter J. Derenberg Memorial Edition, TMR, Vol. 68, 1978, S. IV.

326 *Derenberg* bringt seinen Respekt für und seine Verbundenheit mit Edward S. Rogers

Durch die Auswahl dieser beiden Juristen als Namensgeber der beiden einzigen Gedächtnisausgaben verdeutlicht die Redaktion des „The Trademark Reporter“ auf sensible und symbolische Art den Platz *Derenbergs* in der US-amerikanischen Zeichenrechtsgeschichte, nämlich als legitimen Nachfolger *Rogers* und Vollender des von ihm initiierten Werks: dem Lanham Trademark Act von 1946.

§ 6 Der Mensch Walter Julius Derenberg

In den vorstehenden Ausführungen wurde *Derenbergs* Leben vornehmlich aus juristischem Blickwinkel beleuchtet, und eine solche Betrachtung muss aufgrund der rechtswissenschaftlichen Ausrichtung der Arbeit auch den Schwerpunkt bilden. Allerdings wäre es eine schwere Unterlassung, die persönlichen Eigenschaften *Derenbergs* nicht zu würdigen. Denn es ist nicht nur der Jurist *Derenberg*, dem die ungeteilte Anerkennung und Bewunderung unter Kollegen, Studenten und Freunden zuteil wird, sondern es ist in mindestens gleichem Maße der Mensch *Derenberg*, der so hohe Achtung erfährt. In den vom Verfasser geführten Interviews mit Freunden und Kollegen *Derenbergs* wiederholte sich neben der Hochachtung vor seinem juristischen Lebenswerk hinsichtlich seiner Person die folgende Aussage, die den Gesamteindruck repräsentativ widerspigelt: „He was a marvelous man!“

Prägende Merkmale *Derenbergs* waren seine Menschlichkeit und Wärme, die er ausstrahlte, gepaart mit einem seine Handlungen und Ansichten stets leitenden Redlichkeitsempfinden. Nach außen traten seine angenehme Zurückhaltung, die elegante Erscheinung und ein eindeutig kontinentaler Stil hinzu, den er niemals zu verdecken suchte und der seinem Auftreten eine untypisch amerikanische, ganz spezielle Aura verlieh. Die vornehme Eleganz umgab ihn bei allem, was er unternahm[327], ohne dass er dabei in irgendeiner Form gekünstelt erschien. Dies ist auch der Grund, warum er trotz seiner Angewohnheit, niemals anders als mit Hemd, Krawatte und Anzug gekleidet zu erscheinen, zu keiner Zeit formell wirkte[328]. Es gehörte unzweifelhaft zu ihm und seinem Auftreten und war in gleicher Weise zu seinem Markenzeichen geworden, wie seine lie-

---

selbst in seinem Beitrag zu der Memorial Edition des Trademark Reporters für Rogers zum Ausdruck, The Contribution of Edward S. Rogers to the Trademark Act of 1946 in Historical Perspective, TMR, Vol. 62, 1972, S. 189, 196. Laut Auskunft *Giordanos* hatte Derenberg auch ein Photo dieses herausragenden Juristen in seinem Büro aufgehängt.

327 *Anita Warburg* sagte über ihn: „He left beauty in any form.“ (Persönliches Gespräch mit dem Verfasser).

328 Das „niemals“ ist in diesem Zusammenhang wörtlich zu verstehen. Derenberg erschien selbst im familiären Kreis immer so gekleidet, was seinen Stiefsohn beim gemeinsamen Schwimmen zur verblüfften Bemerkung verleitete, dass er in der Schwimmhalle sein weißes Hemd abgelegt habe.

benswürdige Hilflosigkeit gegenüber jeglichem technischen Funktionsablauf, mochte er auch von noch so simpler Natur gewesen sein[329].

Derenbergs zurückhaltende Art darf aber keineswegs so verstanden werden, als wäre er ein Mensch gewesen, der aus lauter Bescheidenheit auf die ihm mögliche Lebensqualität verzichtet hätte. Laut *Giordano* war *Derenberg* sich seiner Möglichkeiten bestens bewusst und dementsprechend reiste, logierte und aß er niemals zweitklassig, wobei insbesondere die Auswahl der Restaurants den Genussmenschen *Derenberg* erkennen ließ. Er lebte in exquisitem Stil, aber gänzlich ohne Protz, und in Übereinstimmung mit dieser Qualifizierung beschrieb *Jones* ihren Eindruck über ihn mit den Worten, dass er immer gewusst habe woher er stamme, es jedoch niemanden spüren ließ.

All diese Eigenschaften zusammengefasst ließen ihn zu einer sich aus der Menge deutlich abhebenden Erscheinung werden, an der man nicht, ohne sie zu registrieren, vorüber ging. So zum Beispiel, wenn *Derenberg* seinen Dackel, *Earnest*, im Washington Square Park spazieren führte oder er sich, wie fast jeden heiteren Sonntagmorgen, in der südwestlichen Ecke dieses Parks zum Schachspielen mit fremden Personen niedergelassen hatte, die sich dort für einen „Quarter" herausfordern ließen[330].

Im Zusammenhang mit der leidenschaftlichen Lehrtätigkeit *Derenbergs* wurde auch schon angesprochen, dass er jemand war, der den Kontakt mit anderen Menschen genoss und unablässlich suchte. Dementsprechend war auch seine Freizeitgestaltung immer auf die Gesellschaft mit anderen Personen ausgerichtet. Den obersten, unantastbaren Platz nahm hierbei die Nähe zu seiner Familie, *Emily* und *Robert*, ein. Sie waren die beiden Personen, die ihm im Leben am meisten bedeuteten und mit denen er, wann immer es möglich war, seine freie Zeit verbrachte. Daneben war es *Derenberg* aber auch immer eine Freude, in seinem Penthaus am Washington Square Gäste zu beherbergen und zu unterhalten[331], wobei er häufig auch etwas aus seinem Repertoire am Klavier zum besten gab. Das Klavierspielen ist eine seiner nicht juristischen Begabungen

329 Selbst das Autofahren stand ihm aus diesem Grund wie eine feindliche Materie gegenüber und schon zu seiner Studienzeit war bei Ausflügen Derenbergs und Halles die Rollenverteilung von Anfang an klar verteilt. Halle fuhr, Derenberg suchte den Weg mittels Karte. Auf einem dieser Ausflüge versagte die Mechanik des Fahrzeugs, doch wusste Halle diesen, wie er heute sagt, recht leicht erkennbaren Schaden unter Zuhilfenahme eines der weißen Hemden Derenbergs zu beheben. Derenberg sei durch diese Handlung Halles so beeindruckt gewesen, dass er ihm anriet, mit solch ausgeprägtem technischen Geschick den Beruf des patent attorney ergreifen zu sollen. Wie auch immer, Edward Halle wurde später ein erfolgreicher patent attorney (die Schilderung basiert auf einem Interview des Verfassers mit *Edward Halle*).

330 Noch heute stehen dort unmittelbar vor der NYU School of Law diese fest installierten Schachbretter in Washington Square Park, an denen ein reger Betrieb herrscht.

331 Diese Gastfreundschaft wird zum Beispiel von *Ulmer* gerühmt, Walter J. Derenberg 70 Jahre, GRUR Int. 1973, 668.

und Leidenschaften, die er, wie alles andere in seinem Leben, mit höchster Virtuosität ausfüllt[332]. Schon seit frühester Kindheit trainierte er sein Talent in diesem Metier am elterlichen Flügel und fand sein ganzes Leben durchweg immer wieder Zeit, seinem musikalischen Verlangen Befriedigung zu verschaffen. Auch in den USA erwarb er unverzüglich nach seiner Einreise ein Klavier und überführte dieses während seiner Zeit in Washington in die dortige Wohnung und danach wieder zurück nach New York[333]. Die Musik nimmt im Leben des sehr musisch und künstlerisch veranlagten *Derenberg* einen hohen Stellenwert ein, und es ist bezeichnend, dass er als einzige angenehme Erinnerung während seines ersten Aufenthalts im Nachkriegsdeutschland 1946 ein Klavierduett mit einem alten Freund in den Trümmern Frankfurts erwähnt, bei dem er so im Spielen versank, dass er den Zapfenstreich völlig vergaß und nur mit argumentativer Mühe später den Weg vorbei an den GI's in die Kaserne fand[334].

Sein Interesse ist aber nicht nur auf das eigene Spielen begrenzt, sondern es bezieht sich auf nahezu jede Art der musikalischen Darbietung. Dabei offenbart er solch hohe Kenntnisse der nationalen und internationalen Musikszene, dass sich der Chefmusikkritiker der „The New York Times" in wiederholtem Maße zu ihm an den Mittagstisch gesellt und seine auch hier vorhandene Expertenmeinung einholt[335].

In enger Verbindung hierzu stand auch *Derenbergs* Zuneigung und Aufgeschlossenheit zu weiteren Gebieten der Kultur. Er besuchte regelmäßig mit *Emily* in New York die verschiedensten Theateraufführungen, wobei er an solchen Abenden etwas länger in der Kanzlei arbeitete und *Emily* ihn gegen 19.00 Uhr Richtung Broadway oder Lincoln Center abholte. Einem dieser Abende verdankte auch der gemeinsame Dackel der Familie seinen Namen, denn Pate stand hierbei das Theaterstück „The Importance of Being Earnest"[336]. Neben der Bühnenkunst galt *Derenbergs* Interesse auch der Literatur. Hierbei kam ihm eine außergewöhnliche Lesegeschwindigkeit zugute, fand er schließlich die

---

332 In dieser Weise äußert sich *Ulmer* , Walter J. Derenberg 70 Jahre, GRUR Int. 1973, 668; Dem Verfasser wurde durch die Überlassung einer Kopie einer Amateuraufnahme von Derenbergs Klavierkünsten die Möglichkeit gegeben, sich dieser Meinung anschließen zu können. Es handelt sich um eine Aufnahme vom 24.12.1974, in der Derenberg, bereits gesundheitlich schwer beeinträchtigt, ein Medley von Weihnachtsliedern ohne Noten seiner Familie in New York, 29 Washington Square South, darbringt.

333 Über dieses umzugsfreudige Klavier berichtete *Robert W. Hess* dem Verfasser.

334 Professor in Profile, Walter J. Derenberg, The Bulletin of New York University, School of Law, Vol. 8, No. 3, Spring 1961, S. 11, 12.

335 Derenberg speiste regelmäßig einmal die Woche mit Vito Giordano im 27. Stock des Lincoln Buildings, in dem sich auch ihre Kanzlei befand, in der Longe zu Mittag. Hierbei gesellte sich, laut *Giordano,* des öfteren besagter Kritiker an ihren Tisch und fachsimpelte mit Derenberg.

336 Dies entstammt einer Information von *Robert W. Hess*.

Zeit, neben der morgendlichen Lektüre des „Wall Street Journal“ und der „The New York Times“ und anspruchsvollen Magazinen wie dem „Time“ und allen international erschienenen, für sein juristisches Tätigkeitsfeld relevanten Publikationen auch noch Werke der gehobenen, nicht juristischen Literatur zu konsumieren, die vielfach deutschen Ursprungs waren[337].

Eine weitere Leidenschaft und Begabung *Derenbergs* lag im Schachspiel, welches er ebenfalls wie das Musizieren am Klavier schon in frühester Kindheit erlernte und mit großem Können praktizierte. Seine oben schon angesprochenen sonntäglichen Partien im Washington Square Park sind ein fester Bestandteil seines Lebens und seine Anwesenheit dort wurde über die Dauer der Jahre zur Institution. Nur selten kam es vor, dass er sich in dieser Disziplin seinem Gegner geschlagen geben musste, meistens selbst dann nicht, wenn dieser von weit überdurchschnittlicher Spielqualität war. Auch bei den alljährlich veranstalteten Turnieren innerhalb der USTA gab es bis auf einen aus Italien stammenden Teilnehmer niemanden, der ihm gewachsen war[338].

Als letzte Passion *Derenbergs* sei noch die Photographie genannt. Die Handhabung von Linse und Belichtungseinstellung bedarf zwar eines gewissen technischen Verständnisses, weshalb dieses Hobby eigentlich für *Derenberg* als ungeeignet einzustufen wäre, aber es erfordert auch ein in hohem Maße sensibles und künstlerisches Auge und Gespür, und dies waren Eigenschaften, mit denen er reichhaltig bedacht worden war. Und in gleicher Weise, wie beim Klavierspielen, hat seine musische Veranlagung dazu geführt, dass er auch dieses Hobby perfektionieren konnte und seine Aufnahmen als herausragend gerühmt wurden.

Um die Aufzählung *Derenbergs* Begabungen über das juristische Feld hinaus nicht in extenso zu betreiben, soll sie hier ein Ende finden und seine weitreichende Vielfältigkeit abschließend mit den treffenden Worten *Eugen Ulmers*

---

337 *Edward Halle* äußerte sich dem Verfasser gegenüber noch heute verwundert über die Lesegeschwindigkeit Derenbergs. Ein Buch von normaler Stärke, auch im juristischen Bereich, sei eine Frage von drei bis vier Stunden gewesen, wobei er dessen Inhalt nahezu gänzlich gespeichert habe.

338 Über dieses Leistungsverhältnis berichtet *Jones* (Persönliches Gespräch mit dem Verfasser).

ausgedrückt werden: „We [...] honor the memory of [...] a universally cultured man.“ [339]

---

339 *Ulmer*, Walter Derenberg's Contributions to the Comparative and International Law of Intellectual Property, TMR, Vol. 68, 1978, S. 239, 243.

In eigener Angelegenheit erlaubt sich der Verfasser noch die Anmerkung, dass es trotz der auf den zurückliegenden 79 Seiten ausschließlich positiv erfolgten Äußerungen über Derenberg eine falsche und voreilige Interpretation dieser Arbeit wäre, dass sie die Auffassung bestätige, dass zwischen Biographen und Historikern durch den Himmel Zwietracht gesät worden sei. Neben der Auswertung zahlreicher juristischer und historischer Quellen basieren die Angaben in dieser Arbeit auf einer Vielzahl von durch den Verfasser geführten Interviews mit Zeitzeugen (vielfach zugleich Kollegen) und Verwandten Dernbergs. Bei der Würdigung der Zeugenaussagen hat der Verfasser sehr wohl berücksichtigt, dass die persönliche Wahrnehmung der Befragten aus unterschiedlichsten Gründen nicht in allen Fällen mit den objektiven Tatsachen übereinstimmen muss. Die in die Arbeit aufgenommenen Zeugeninformationen sind daher nur solche, die entweder unabhängig voneinander durch unterschiedliche Zeugen identisch mitgeteilt worden sind oder Einzelaussagen darstellen, bei denen eine Motivation für eine subjektive Trübung aufgrund des geschilderten Sachverhaltsgegenstandes als nahezu ausgeschlossen angesehen werden kann und der Inhalt der Aussage sich nahtlos in den gewonnen Eindruck einfügt. Dass trotz dieser kritischen Würdigung der Zeugenaussagen am Ende dennoch ein ausschließlich positiver Eindruck von Derenberg verbleibt, mag unter Umständen nicht jedermann glaubhaft erscheinen. Nach Auffassung des Verfassers muss jedoch auch der Historiker im Biographen den Mut aufbringen dürfen, ausschließlich positiv zu berichten, wenn ihm selbst ausschließlich positiv und zahlreich berichtet wurde und sich - über den Umstand der Pietät gegenüber dem Verstorbenen hinaus - kein begründeter Zweifel an der Richtigkeit des übereinstimmend mitgeteilten Gesamteindrucks bezüglich des Charakters der beschriebenen Person finden lässt.

So liegt es im vorliegenden Fall: Trotz der Vielzahl der interviewten Zeitzeugen ist dem Verfasser keine negative Bemerkung über Derenberg mitgeteilt worden, und es ergab sich kein sonstiger Anlass, der auf einen zweifelhaften Charakterzug Derenbergs hingewiesen hätte. Der Verfasser geht damit davon aus, eine außergewöhnlich angenehme Persönlichkeit leider erst nach deren Tod kennengelernt zu haben.

Zweites Kapitel: Das Werk Walter Julius Derenbergs

Das juristische Lebenswerk Walter Julius Derenbergs lässt sich grob in zwei Rechtsgebiete aufteilen. In besonderem Maße trat er auf den Gebieten des Warenzeichenrechts und des Urheberrechts hervor. Dies waren jedoch nur die Schwerpunkte seiner Tätigkeit. Neben diesen galt sein verstärktes Interesse noch dem Patentrecht und dem Recht gegen den unlauteren Wettbewerb im Allgemeinen, wobei er sich bei letzterem insbesondere um den Designschutz von Gebrauchsgegenständen und den Schutz von Marken vor Verwässerung (Dilution) verdiente[340]. Die folgende Bearbeitung widmet sich allein den Hauptbereichen Derenbergs Tätigkeit, also dem Warenzeichen- und Urheberrecht. Begonnen wird dabei mit dem Warenzeichenrecht. Dies rechtfertigt sich zum einen dadurch, dass die chronologische Abfolge Derenbergs juristischen Wirkens in gleicher Weise erfolgte. Zum anderen ist Derenbergs Einfluss im Bereich des Warenzeichenrechts von einer Bedeutung, die eine andere Reihenfolge der Darstellung ausschließt.

§ 1 Derenbergs Einfluss auf das Warenzeichenrecht der USA

I. Status quo zum Zeitpunkt Derenbergs Emigration

Das Warenzeichenrecht der Vereinigten Staaten von Amerika stellte sich Derenberg zum Zeitpunkt seiner Emigration im November 1934 als eine unübersichtliche, vom Bundesgesetzgeber vernachlässigte und wenig effektiv gestaltete Materie dar. Es fand seine Rechtsquellen zum einen im kodifizierten Bundes- und Bundesstaatenrecht und zum anderen in dem über die Jahre von den Bundes- und Bundesstaatengerichten entwickelten, ungeschriebenen common law. Die für die Praxis einzig maßgebliche Rechtsquelle war hierbei jedoch das common law (common law in diesem Sinne umfasst auch und vor allem das equity law[341]). Die daneben bestehenden Gesetze des Bundes und der einzelnen Bundesstaaten beschränkten sich ausschließlich auf die Regelung des formellen und prozessualen Rechts. Vorschriften zum materiellen Recht enthielten sie hingegen nicht. Diese alleinige Dominanz des ungeschriebenen common law auf dem Gebiet des materiellen Markenrechts hatte dazu geführt, dass eine Re-

---

340 Siehe hierzu: *Derenberg*, The Problem of Trademark Dilution and the Antidilution Statutes, California Law Review, Vol. 44, 1956, S. 439-488; *ders.*, Is Piracy of Dress Designs an Actionable Wrong?, Trademark Bulletin, Vol. 31, 1936, S. 57-63; *ders.*, Product Simulation: A Right or a Wrong?, Columbia Law Review, Vol. 64, 1964, S. 1192-1215.

341 Der Großteil des Warenzeichenrechts wurde von Equity Gerichten entschieden, da sie allein befugt sind, Unterlassungsurteile (injunctive relief) zu erlassen und die Verpflichtung des Gegners zur Unterlassung seiner Handlung in Fällen von Warenzeichenverstößen das vorrangige Interesse des Berechtigten darstellt. *Moore*, Legal Protection of Goodwill, S. 13.

gistrierung dem Inhaber des Zeichens keinerlei Rechtssicherheit bezüglich seiner dauerhaften Berechtigung zur Verwendung des Zeichens verschaffen konnte und selbst noch 1934, trotz bestehender Bundes- und Staatenwarenzeichenregister, über die Summe der in den USA und ihren Bundesstaaten gültig existierenden Marken keine Übersichtlichkeit zu erreichen war. Es bestanden sowohl unregistrierte als auch nach Bundestaatenrecht als auch nach Bundesrecht registrierte Warenzeichen parallel nebeneinander. Darüber hinaus fehlte es für die Beurteilung der Wirksamkeit der Zeichen im Kollisionsfall an Rechtsklarheit, da insbesondere die Frage über den räumlichen Geltungsbereich der jeweiligen Zeichen noch sehr kontrovers diskutiert wurde[342].

1. Herleitung der Gesetzgebungskompetenz des Bundes

Um die Ursache für die eher formale Dreiteilung der Rechtsquellen des Warenzeichenrechts und die in der Realität bestehende Dominanz des common law zu ergründen, ist es erforderlich, weit in die Geschichte der USA zurückzublicken. Denn es ist die Verfassung der Vereinigten Staaten und die aus ihr entwickelten Grundsätze, die ursächlich für diese Rechtsentwicklung sind.

Die Verfassung der Vereinigten Staaten datiert aus dem Jahre 1787[343]. Sie wurde somit zu einer Zeit erstellt, die noch maßgeblich von dem Unabhängigkeitskrieg der 13 Neu England Staaten gegen das Englische Königreich geprägt war[344]. Bei ihren beratenden Konferenzen über einen Verfassungsentwurf hatten die Vertreter der einzelnen Staaten der Konföderation die Gründe, die zu ihrer Revolution gegen das Mutterland geführt hatten, noch deutlich vor Augen. Es war vor allem die zentralistische Politik der Englischen Krone gewesen, die als verfassungswidrig empfunden worden war und die Abspaltung der nordamerikanischen Kolonien verursacht hatte[345]. Demzufolge war in dieser Zeit die Angst, die erst vor kurzem militärisch erkämpfte Unabhängigkeit durch die Übertragung von weitreichenden Gesetzgebungskompetenzen auf eine neu zu schaffende Bundeskörperschaft wieder verlieren zu können, ein steter Begleiter bei den gemeinsamen Verhandlungen[346].

---

[342] *Derenberg*, Trademark Protection and Unfair Competition, S. 450 ff.

[343] Art. 7, Sec. 2 der US-amerikanischen Verfassung.

[344] Tag des endgültigen Friedensschlusses zwischen der Konföderation und Großbitannien war der 3. September 1783 in Paris. (*Sloan*, Desk-Top Guide to the Constitution, S. 7).

[345] *Smith*, The American Constitution, S. 20; *Curry/Riley/Battistoni*, Constitutional Government, S. 43 f.; Auszug aus der Unabhängigkeitserklärung vom 4. Juli 1776: "... He [der König von Groß Britannien] has combined with others to subject us to a jurisdiction foreign to our constitution, and unacknowledged by our laws; giving his Assent to their acts of pretended Legislation:...".

[346] *Barron/Dienes*, Constitutional Law: Principles and Policy, S. 107.

Andererseits hatte sich in den vergangenen neun Jahren seit Inkrafttreten der Articles of Confederation[347] gezeigt, dass eine allzu kompetenzlose Bundeskörperschaft[348] auf Dauer nicht geeignet sein würde, die Föderation zusammenzuhalten[349]. Aber über den Umfang der Zuständigkeiten, die dem neuen Bundesgesetzgeber zustehen sollten, und somit über das Ausmaß der Einschränkung der Unabhängigkeit der Einzelstaaten bestand kein Konsens innerhalb der Union[350].

Am Ende wurde eine Verfassung verabschiedet, die eine Gewaltenteilung in Legislative, Exekutive und Judikative vorsieht[351]. Dem Bund steht dabei die Gesetzgebungskompetenz über die Staatsangehörigkeit, den gewerblichen Rechtsschutz und das Urheberrecht, das Konkursrecht, das Seerecht, die Regelung des Handelsverkehrs mit dem Ausland und zwischen den einzelnen Staaten und mit den Indianerstämmen, das Bank-,Währungs-, Geld- und Münzwesen, die Erhebung von Steuern und Zöllen und die Regelung der auswärtigen Angelegenheiten und der Landesverteidigung zu[352].

Für alle anderen Bereiche, die in der Verfassung nicht ausdrücklich dem Bund zugeschrieben sind oder deren gesetzliche Regelung den Einzelstaaten durch die Verfassung untersagt wird, verbleibt die Kompetenz gemäß dem 10th amendment bei den Einzelstaaten (Enumerationsprinzip)[353]. Auf dieser Verteilung der Regelungskompetenzen, resultierend aus der Furcht der Einzelstaaten um den Verlust ihrer Souveränität, basiert das komplizierte Nebeneinan-

---

347 Zwei Jahre nach der Unabhängigkeitserklärung der 13 Neu England Staaten von ihrem Mutterland Großbritannien verabschiedeten sie am 9. Juli 1778 die "Articles of Confederation", die das Verhältnis der Einzelstaaten zum US Congress regelten; abgedruckt bei *Kelly/Harbison/Belz*, The American Constitution, S. 740 ff.

348 Gemäß den Articles of Confederation hatte der Congress of the United States noch nicht einmal die Zuständigkeit, um Steuern zu erheben oder den zwischenstaatlichen Handel zu regulieren und für die Ergänzung dieser Artikel wurde Einstimmigkeit und für Gesetze mit erheblicher Bedeutung mindestens die Zustimmung von 9 Staaten verlangt. Siehe hierzu: *Currie*, Die Verfassung der Vereinigten Staaten von Amerika, S. 9.

349 *Mitchell/Mitchell*, The Constitution of the United States, S. 17-19; *Smith*, The American Constitution, S. 20.

350 *Smith*, The American Constitution, S. 20 ff.; *Sloan*, Desk-Top Guide to the Constitution, S. 9-26 (chronologische Zusammenfassung der einzelnen Anträge während der sogenannten Philadelphia Convention bis zur endgültigen Fassung der Constitution).

351 Art. 1-3 der US-amerikanischen Verfassung.

352 Art. 1, Sec. 8 der US-amerikanischen Verfassung. Daneben sind der Union noch wietere Kompetenzen zugeteilt, aber diese soeben aufgeführten sind als die wesentlichen Bereiche anzusehen.

353 Amendment 10: The powers not delegated to the United States by the Constitution, nor prohibited by it to the States, are reserved to the States respectively, or to the people. In Kraft getreten am 15. Dezember 1791.

der von Bundes- und Staatenrecht mit den jeweiligen vollständig ausgebildeten Gerichtszügen in den USA[354].

Das Enumerationsprinzip sowie die damit einhergehenden Souveränitätsbestrebungen der Einzelstaaten bildeten die Grundlage für die formale Dreiteilung der Rechtsquellen des US-amerikanischen Warenzeichenrechts. Denn die Regelung des Warenzeichenrechts ist in der Verfassung weder dem Bund ausdrücklich unterstellt, noch den Einzelstaaten ausdrücklich verboten. Wollte der US Congress die Gesetzgebungskompetenz für diese Materie an sich nehmen, so musste somit seine Legitimation hierfür durch Auslegung der einzelnen Artikel der Verfassung hergeleitet werden können. Ein solches Auslegungsergebnis schien lange Zeit nicht erzielbar. Demzufolge schien auch eine bundeseinheitliche Regelung materiellen Warenzeichenrechts nicht möglich.

a. Analogie zu Patents and Copyright

Einen ersten Versuch, das Warenzeichenrecht innerhalb der Vereinigten Staaten einheitlich zu regeln, unternahm der US Congress 1870 mit der Verabschiedung des Act to Revise, Consolidate and Amend the Statutes Relating to Patents and Copyright[355]. Dieses Gesetz sah die Möglichkeit der Registrierung aller innerhalb der USA benutzten Warenzeichen vor, unabhängig davon, ob sie im ausländischen oder zwischenbundesstaatlichen Handel oder nur innerhalb eines Bundesstaates verwendet wurden.

Der US Congress meinte, seine Gesetzgebungszuständigkeit für diese allumfassende Regelung aus Art. 1 Sec. 8 Cl. 8 der Verfassung herleiten zu können. Dieser Absatz bestimmt, dass der Bund die Kompetenz hat, "[t]o promote the Progress of Science and useful Arts, by securing for limited Times to Authors and Inventors the exclusive Right to their respective Writings and Discoveries". Die Fürsprecher dieses Argumentationsansatzes beriefen sich darauf, dass das Wort Trademarks zwar nicht ausdrücklich in dem zitierten Absatz genannt sei, dem Bund darin aber unstreitig die Gesetzgebungskompetenz für das Urheber- und Patentrecht zugewiesen werde. Der Rechtscharakter des im Bereich des Trademark Law geschützten Eigentums weise jedoch mit dem des im Bereich des Copyright und Patent Law geschützten Eigentums eine solch große Ähnlichkeit auf, dass sich Art. 1 Sec. 8, Cl. 8 auch auf den Eigentumsschutz an Warenzeichen erstrecke. Daher könne der US Congress die Gesetzgebungszuständigkeit für das Warenzeichenrecht aus derselben Quelle wie derjenigen für die Regelung von Patent- und Copyrightmaterien herleiten[356].

---

354 *Zweigert/Kötz*, Einführung in die Rechtsvergleichung, S. 244.

355 Act of July 8, 1870, 16 Stat. 198, Sec. 77-84; *McCarthy*, Trademarks and Unfair Competition, S. 135.

356 Siehe hierzu die Argumentation der USA in *United States v. Steffens*, (Trademark

Dieser Argumentation ist das US Supreme Court bei seiner Entscheidung der sogenannten *Trademark Cases* nicht gefolgt. Hierbei handelte es sich um drei Fälle, in denen Personen angeklagt waren, Markenrechtsverstöße begangen zu haben und diese Handlungen strafrechtlich verfolgt werden sollten. Es sollten dabei die zum Bundesmarkenrecht von 1870 durch den US Congress erlassenen strafrechtlichen Sondervorschriften von 1876[357] Anwendung finden. Die drei Fälle waren aufgrund von certificates in division in opinion der Richter des jeweiligen US Circuit Courts (zweimal im Southern District von New York und einmal im Southern District von Ohio) über die Verfassungsmäßigkeit des Bundesgesetzes von 1870 dem US Supreme Court zur Entscheidung vorgelegt worden[358].

Auf die Argumentation der Vertreter des US Congress eingehend stellte das Gericht fest, dass Trademarks nicht die behauptetete Beziehung zu Patents und Copyrights aufweisen würden, da sich ein Recht an einem Warenzeichen einzig auf dessen ersten Gebrauch stütze und keine Erfindung, Entdeckung oder originäre geistige Kreation voraussetze[359]. Daher gebe Art. 1, Sec. 8, Cl. 8 dem US Congress nicht die Gesetzgebungskompetenz für Warenzeichenrechtsmaterien[360].

Das US Supreme Court warf aber in demselben Verfahren die Frage auf, ob die Gesetzgebungskompetenz des US Congress für dieses Rechtsgebiet aus Art. 1, Sec. 8, Cl. 3 - der sogenannten "commerce clause" - hergeleitet werden könne. Diesem Absatz der Verfassung zufolge hat der US Congress die Zuständigkeit "(t)o regulate commerce with foreign nations, and among the several states, and with the indian tribes". Ob das Warenzeichenrecht ein Mittel zur Regulierung eines solchen Handels darstellt und somit in die Kompetenz des Bundesgesetzgebers fällt, wurde jedoch vom US Supreme Court in dieser Entscheidung ausdrücklich offengelassen[361]. Diese Frage bedurfte auch nicht der Beantwortung, da die Verfassungsmäßigkeit des Bundesgesetzes von 1870 selbst dann nicht gegeben gewesen wäre, wenn man diese Frage positiv entschieden hätte. Dem ausdrücklichen Wortlaut der commerce clause zufolge konnte sich nämlich eine hypotetische Gesetzgebungskompetenz des Bundes keinesfalls auf diejenigen Warenzeichen erstrecken, die ausschließlich innerhalb eines Bundesstaates benutzt wurden. Da das Gesetz von 1870 aber auch diese Zeichen er-

---

Cases) (1879), 100 US 82, 86.

357 „An Act to punish the counterfeiting of trade-marks and the sale or dealing in of counterfeit trade-mark goods", Act of August 14, 1876, 19 Stat. 141.

358 100 US 82, 82, 91f. (1879).

359 *Trademark Cases* (1879), 100 US 82, 93 f.; siehe auch bei *McCarthy*, Trademarks and Unfair Competition, S. 136.

360 *Trademark Cases* (1879), 100 US 82, 94; siehe auch bei *McCarthy*, Trademarks and Unfair Competition, S. 136.

361 *Trademark Cases*, 100 US 82, 95, (1879).

fasste, hatte der US Congress zumindest für diese Zeichen keine Gesetzgebungskompetenz und somit verfassungswidrig in die Kompetenz der Bundesstaaten eingegriffen[362].

Eine andere Gesetzgebungskompetenz der Union ließ sich aus der Verfassung für das Gesetz von 1870 nicht herleiten und so wurde es 1879 vom US Supreme Court für verfassungswidrig erklärt[363]. Der Antrag des Attorney-General for the United States, das Gesetz verfassungskonform auf den in der commerce clause abgesteckten Bereich zu reduzieren[364], wurde vom Gericht mit der Begründung abgelehnt, dass eine solche Auslegung nur möglich sei, wenn der verfassungsmäßige und verfassungswidrige Teil eines Gesetzes klar voneinander zu trennen seien und der verbleibende Rest noch eindeutig dem Willen des Gesetzgebers entspreche. Dies sei in diesem Fall nicht möglich. Somit würde das Gericht durch eine solche Reduzierung dem Gesetz eine engere Bedeutung geben - und damit eine andere - als vom Gesetzgeber gewollt, wodurch das Gericht legislative Aufgaben übernehmen würde, die ihm jedoch durch die Verfassung versagt seien[365].

Damit waren auch die strafrechtlichen Sondervorschriften des Gesetzes von 1876 hinfällig, da sie den Schutz derjenigen Rechte zum Gegenstand hatten, die durch die Registrierung des Warenzeichens aufgrund des verfassungswidrigen Gesetzes von 1870 verliehen werden sollten[366].

Der erste Versuch des US Congress, für die gesamten Vereinigten Staaten einheitliches Warenzeichenrecht zu schaffen, war gescheitert.

Jedoch war dem US Congress mit dieser Entscheidung der einzig mögliche Weg für die Zukunft gewiesen worden. Zwar hatte das US Supreme Court noch nicht positiv festgestellt, dass das Warenzeichenrecht wirklich einen Gegenstand des von Art. 1 Sec. 8 Cl. 3 umfassten commerce darstellt. Aber allein der Umstand, dass das Gericht diesen Absatz der Verfassung als mögliche, bundeskompetenzverschaffende Vorschrift angedacht und nicht verneint hatte, konnte als Andeutung verstanden werden, dass das US Supreme Court einer entsprechenden Argumentation des US Congress positiv zugeneigt sein könnte[367].

---

362 *Trademark Cases*, 100 US 82, 96-98, (1879); *McCarthy*, Trademarks and Unfair Competition, S. 136.

363 *Trademark Cases*, 100 US 82, 99, (1879); *McCarthy*, Trademarks and Unfair Competition, S. 136.

364 100 US 82, 91 (1879).

365 100 US 82, 98 ff.; hierzu auch: *Willoughby*, The Constitutional Law of the United States, S. 17 f.

366 "If that act (gemeint ist der von 1870) is unconstitutional, so that the registration under it confers no lawful right, then the criminal enactment intended to protect this right falls with it." 100 US 82, 99, (1879).

367 *Cox*, The Constitution of the United States and its Relation to the Subject of Trade-Marks, The Albany Law Journal, 1895, 118, 121; *Browne*, A Treatise on the Law of Trade-

Wollte der US Congress das Warenzeichenrecht bundesweit einheitlich regeln, so konnte ihm dafür die Gesetzgebungskompetenz allenfalls dann zukommen, solange er sich in den Grenzen der commerce clause bewegte.

Dieser Fingerzeig wurde vom US Congress damals jedoch nicht verstanden.

b. Treaty making power

Anstatt seinen nächsten Regelungsversuch auf die commerce clause zu stützen, empfand der US Congress die Rechtslage als so vage, dass sogar über eine Verfassungsänderung diskutiert wurde[368]. Da die Warenzeichen nicht notwendiger Bestandteil des Handels seien, könnte die commerce clause der Bundesgesetzgebung nicht die Regelungskompetenz verleihen: "...it [das Warenzeichen] is no more than the guaranty in writing, or by some words, sign, or device, attached to the thing to be sold, that it is what the seller represents it to be by such writing, etc. By themselves they are not merchandise. Their only use is to attach to merchandise for such identification. They are not necessary to commerce. On the countless things sold in this country, foreign and domestic, there are no trademarks but on about 8,000."[369]

Von einer Verfassungsänderung wurde jedoch abgesehen, da der US Congress zu der Überzeugung kam, seine Gesetzgebungszuständigkeit aus der sogenannten treaty-making power, Art. 2, Sec. 2 i.V.m. Art. 6, Sec. 2 i.V.m. Art. 1, Sec. 8, letzter Absatz[370], herleiten zu können[371].

Fast zwei Jahre blieben die USA ohne ein föderales Markenrecht, denn erst am 3. März 1881 erließ der US Congress ein Nachfolgegesetz für das für nichtig

---

Marks, (2nd Ed.), S. 287.

368 *Hopkins*, The Law of Trademarks, Tradenames and Unfair Competition, 4th Ed., S. 382-384.

369 *Hopkins*, The Law of Trademarks, Tradenames and Unfair Competition, 4th Ed., S. 383.

370 Diese Artikel sind in folgendem Zusammenhang zu lesen: The President has „power, by and with the advice and consent of the Senate, to make treaties, provided two-thirds of the Senators present concur.“ (Art. 2, Sec. 2.) „All treaties made, or which shall be made, under the authority of the United States,“ are laws of equal dignity with United States statutes. (Art. 6, Sec. 2.) If complete in themselves, they are self-operative. If they need legislative aid, Congress can give it under its power „to make all laws which shall be necessary and proper for carrying into execution the foregoing powers, and all other powers vested by the Constitution in the Government of the United States, or in any department or officer thereof.“ (Art. 1, Sec. 8, letzter Absatz.).

371 *Hopkins*, The Law of Trademarks, Tradenames and Unfair Competition, 4th Ed., S. 384; *Rogers* in seiner Aussage zum Gesetzesentwurf H. R. 9041 vor dem US Congress, Hearings before the Committee on Patents, Subcommittee on Trade-Marks, House of Representatives, 75th Congr., 3rd Session on H. R. 9041, S. 12; *Parkinson*, Concerning Federal Trade-Mark Legislation, Reports of the American Bar Association, Vol. 26, 1903, S. 598, 617.

erklärte von 1870[372]. Dieses Gesetz erfasste ausdrücklich nur die im Handel mit ausländischen Staaten oder mit den Indianerstämmen verwandten Warenzeichen. Es ließ die im zwischenbundesstaatlichen Handelsverkehr verwandten Marken gänzlich außerhalb seines Regelungsbereiches[373]. Die Verfassungsmäßigkeit dieses Gesetzes wurde vom US Supreme Court zu keiner Zeit positiv oder negativ festgestellt, aber auch nicht ernstlich in Zweifel gezogen[374]. Ob das US Supreme Court dabei mit der Auffassung des US Congress übereinstimmte, die Kompetenz für dieses Gesetz entstamme der treaty-making power und nicht vielmehr der commerce clause, wurde somit niemals gerichtlich geklärt. Dies darf aber schon aufgrund der in den *Trademark Cases* enthaltenen Ausführungen des Gerichts bezweifelt werden, da dort die commerce clause als einzige kompetenzverschaffende Möglichkeit angesprochen worden war. Auch der Einwand *Parkinsons*, dass sich der US Congress nicht durch Staatsverträge Kompetenzen zur Regelung solcher inländischen Rechtsmaterien verleihen könne, die ohne einen solchen Staatsvertrag außerhalb seiner Zuständigkeit lägen, ist als schlagkräftiges Argument anzusehen[375]. Wie dem auch sei, aufgrund der regiden Beschränkung seines Regelungsbereichs, die von *Derenberg* als übertriebene Zurückhaltung des US Congress bezeichnet wurde[376], hätte dieses Gesetz mit Sicherheit die Billigung des US Supreme Courts unter der commerce clause gefunden. Eine abschließende Beurteilung erübrigt sich jedoch, da das Gesetz von 1881 - unabhängig von seinen inhaltlichen Unzulänglichkeiten - schon allein wegen seines begrenzten Anwendungsbereichs kein Mittel zur übersichtlichen Gestaltung des Markenrechts der USA darstellen konnte. Dem Gesetz kam daher nur geringfügige Bedeutung zu[377].

---

372 21 Stat 502; kommentiert abgedruckt bei: *Hopkins*, The Law of Trademarks, Tradenames and Unfair Competition, 4th Ed., S. 532-535.

373 Sec. 1 dieses Gesetzes hatte zum Wortlaut: "That owners of trademarks used in commerce with foreign nations or with the Indian tribes, provided such owners shall be domiciled in the United States or located in any foreign country or tribe, which, by treaty, convention, or law, affords similar privileges to citizens of the United States, may obtain registration of such trademarks by complying with the following requirements:"; abgedruckt bei: *Hopkins*, The Law of Trademarks, Tradenames and Unfair Competition, 4th Ed., S. 532-535.

374 *South Carolina v. Seymour,* 153 US 353, 354, 360 (1894); *Elgin National Watch Company v. Illinois Watch Case Company*, 179 US 665, 670f., 677f. (1901); *Hopkins*, The Law of Trademarks, Tradenames and Unfair Competition, 4th Ed., S. 532, Fußnote 1.

375 *Parkinson*, Concerning Federal Trade-Mark Legislation, Reports of the American Bar Association, Vol. 26, 1903, S. 598, 619.

376 *Derenberg*, Warenzeichen und Wettbewerb in den Vereinigten Staaten von Amerika, S. 12; *Derenberg*, Trade-Mark Protection and Unfair Trading, S. 4f.

377 "Registration under the Act of 1881 is of but little, if any, value..." *Hawley*, J., in *Hennessy v. Braunschweiger*, 89 Fed. Rep. 664, 668; *Hopkins*, The Law of Trademarks, Tradenames and Unfair Competition, 4th Ed., S. 535, Fußnote 7; *Cox*, The Constitution of the United States and its Relation to the Subject of Trade-Marks, The Albany Law Journal, 1895,

c. Commerce Clause

Erst 1905 nahm der US Congress den in den *Trademark Cases* enthaltenen Hinweis des US Supreme Court auf und verabschiedete mit dem "Act to authorize the registration of trade-marks used in commerce with foreign nations or among the several states or with indian tribes, and to protect the same" ein Warenzeichengesetz, dessen Verfassungsmäßigkeit auf die commerce clause gestützt wurde und auch die im interstate commerce verwandten Marken in seinen Regelungsbereich einschloss[378].

Indem der US Congress die commerce clause als verfassungsmäßige Begründung seiner Gesetzgebungskompetenz heranzog, folgte er nicht nur der bereits 1879 durch den US Supreme Court angedeuteten Argumentation, sondern auch einer durch dieses Gericht seit ca. 30 Jahren praktizierten Tendenz. Denn beginnend mit dem letzten Viertel des 19. Jahrhunderts wandte das US Supreme Court die commerce clause überwiegend bundesfreundlich an[379], indem er dem Bund unter Berufung auf diesen Absatz der Verfassung für immer mehr Lebenssachverhalte die Gesetzgebungskompetenz zusprach[380]. Hierbei hob das Gericht besonders hervor, dass sich nicht die Zuständigkeit des Bundes als solche erweitern würde. Vielmehr werde nur das Anwendungsgebiet der commerce clause an die zeitliche Entwicklung des Handels und der sich ändernden Lebensumstände angepasst[381].

118, 123; U.S. Department of Commerce - Patent and Trademark Office, The Story of the U.S. Patent and Trademark Office, S. 16.

378 33 Stat. 724.

379 Eine umfassende, chronologische Auflistung aller US Supreme Court Entscheidungen die Anwendung der commerce clause betreffend findet sich bei: *Gavit*, The Commerce Clause, S. 387 - 529. Es sind dort für den Zeitraum von 1824-1932 insgesamt 839 US Supreme Court Entscheidungen aufgeführt, wobei bis 1870 nur 30 Entscheidungen die commerce clause betreffend zu verzeichnen sind. Ab 1871 gewinnt diese Regelung der Verfassung jedoch abrupt und weit überproportional zum vergangen Zeitraum an Bedeutung (bis 1900 ergingen insgesamt 215 Entscheidungen diesbezüglich).

380 Als Beispiele: 1886 wurde die Zuständigkeit für die Regelung des Eisenbahnverkehrs von den Einzelstaaten auf die Union übertragen *Wabash, St. Louis & Pacific Railway Co. v. Illinois*, 118 US 557, 577 (1886). Selbiges gilt für die Kompetenz bezüglich aller Einwanderungssachverhalte, *Henderson v. Mayor of the City of New York,Commissioners of Immigration v. The North German Lloyd* 92 US 259, 273f. (1876); *Chy Lung v. Freeman*, 92 US 275, 280 (1876). Siehe zu der jeweiligen Entwicklung der US Supreme Court Rechtsprechung: Congressional Quarterly's, Guide to the U. S. Supreme Court, S. 318f.

381 Justice *Brewer*, *in re Debs*, 158 US 564, 591 (1895): "Constitutional provisions do not change, but their operation extends to new matters as the modes of business and the habits of life vary with each succeeding generation. The law of the common carrier is the same to-day as when transportation on land was by coach and wagon, and on water by canal boat and sailing vessel, yet in its actual operation it touches and regulates transportation by modes then unknown, the railroad train and the steamship. Just so is it with the grant to the national go-

Allerdings hatte das US Supreme Court noch immer nicht entschieden, ob die Warenzeichen wirklich Bestandteil des in Art. 1, Sec. 8, Cl. 3 bezeichneten commerce seien und damit der Zuständigkeit des US Congress unterfielen[382]. Folglich wurde dies selbst Anfang des 20. Jahrhunderts teilweise noch bestritten: Trademarks als solche seien nicht Gegenstand des Handelsverkehrs, da sie nur an die Waren angeheftet seien, die gehandelt würden[383].

Die überwiegende Mehrheit hingegen war zu dieser Zeit aber bereits der Auffassung, dass das Warenzeichen, selbst wenn es nicht selber den Gegenstand des gehandelten Gutes bilden würde, doch zumindest so notwendig für den Markt und zudem aufgrund seiner Anbringung an der gehandelten Ware so eng mit dem Handelsverkehr verbunden sei, dass es von dem in Art. 1, Sec. 8, Cl. 3 erwähnten commerce umfasst sei[384].

Obwohl der Bundesgesetzgeber letztendlich 1905 die zutreffende verfassungsrechtliche Grundlage seiner Gesetzgebungskompetenz ermittelt hatte, schöpfte er seine Normierungsbefugnis dennoch nur unvollständig aus. Beim Erlass des neuen Warenzeichengesetzes fühlte sich der US Congress in seiner Regelungskompetenz ausschließlich auf das formelle Zeichenrecht beschränkt, und er wurde in dieser Ansicht durch das US Supreme Court bekräftigt[385].

Maßgebliche Ursache für die freiwillig auferlegte Selbstbeschränkung des US Congress war eine fehlerhafte Interpretation der Entscheidung des US Supreme Court in den *Trademark Cases* von 1879. Die Entscheidung des US Supreme Court wurde im Jahre 1905 dahingehend interpretiert, dass das oberste Gericht der USA der Auffassung sei, dem US Congress stünde eine verfassungsgemäße Gesetzgebungskompetenz nur hinsichtlich des formellen Warenzeichenrechts zu[386]. Eine ausdrückliche Aussage solchen Inhalts ist der Urteils-

---

vernment of power over interstate commerce. The Constitution has not changed. The power is the same. But it operates to-day upon modes of interstate commerce unknown to the fathers, and it will operate with equal force upon any new modes of such commerce which the future may develop.".

382 *Fenning*, Trade Mark Act Congressional Report, Journal of the Patent Office Society, Vol. 17, 1935, S. 120, 125.

383 *Hopkins*, The Law of Trademarks, Tradenames and Unfair Competition, 4th Ed., S. 380-384.

384 Siehe insbesondere *Barber*, The Constitution and Trade-Marks, Bulletin of the United States Trade-Mark Association, New Series, Vol. 8, 1912, 119, 127; *Browne*, A Treatise on The Law of Trade-Marks, (2nd Ed.), S. 290 f.

385 Noch 1932 konnte diese Auffassung aus Urteilen durch den US Supreme Court entnommen werden: *American Trading Co. v. Heacock*, 285 US 247, 256 (1932); *American Steel Foundries v. Robertson*, 269 US 372, 381 (1926); *United Drug v. Rectanus*, 248 US 90, 98 (1919).

386 Darauf, dass der Urteilsbegründung zu den *Trademark Cases* eine solche Aussage nicht

begründung jedoch nicht zu entnehmen. Als Anknüpfungspunkte für diese Interpretation können nur folgende Passagen in der Urteilsbegründung dienen, in welchen das US Supreme Court ausführt, dass das Entstehen eines Warenzeichenrechts allein auf common law Grundsätzen beruhe und gänzlich unabhängig von jeglicher gesetzlicher Regelung sei: "The right to adopt and use a symbol or a device to distinguish the goods or property made or sold by the person whose mark it is, to the exclusion of use by all other persons, has been long recognized by the common law and the chancery courts of England and of this country, and by the statutes of some of the States. It is a property right for the violation of which (...). This exclusiv right was not created by the act of Congress, and does not now depend on it for its enforcement. The whole system of trade-mark property and the civil remedies for its protection existed long anterior to that act, and have remained in full force since its passage.[387]"

An anderer Stelle heißt es ferner: "As the property in trade-marks and their rights to their exclusive use rest on the laws of the States, and, like the great body of the rights of person and property, depend on them for security and protection, the power of Congress to legislate on the subject, to establish the conditions on which these rights shall be enjoyed and exercised, the period of their duration, and the legal remedies for their enforcement, if such power exist at all, must be found in the Constitution of the United States, which is the source of all the powers that Congress can lawfully exercise."[388]

Ein weiterer Hinderungsgrund für die Regelung des materiellen Zeichenrechts durch den Bundesgesetzgeber bestand damals darin, dass im Bereich des Zeichenrechts der legislativen Autonomie der Einzelbundesstaaten gegenüber einer bundeseinheitlichen Regelung der Vorzug gegeben wurde. Dieser Konflikt hatte seinen Ursprung direkt in der commerce clause, denn unglücklicherweise weist die aus der commerce clause abgeleitete Regelungsbefugnis im Gegensatz zur Kompetenz für Patents und Copyrights (Art. 1, Sec. 8, Cl. 8) den Nachteil auf, dass ihr Regelungsbereich nicht unbeschränkt ist. Sie ist auf die Regulierung des Handelsverkehrs limitiert, der keinen intrastate commerce darstellt. Diese Beschränkung warf erhebliche Probleme auf. Denn es ist leicht möglich, die Grenze zwischen interstate und intrastate commerce durch Definition festzulegen. Aber es ist nur sehr schwer möglich, den interstate commerce zu regeln, ohne zugleich zumindest mittelbare Auswirkungen auf den intrastate commerce zu nehmen - und ebenso anders herum. Da beide Sachverhaltsgebiete unterschiedlichen Legislativen unterfallen, führt die Anwendung der commerce clause zwangsläufig immer zu einer Überlagerung von Bundes- und Staatenzuständigkeit und -interessen. Der Umfang der Bundeskompetenz

---

zu entnehmen ist, wurde während der Vorbereitung des Lahnham Trademark Acts durch *Derenberg* und *Schechter* hingewiesen, siehe hierzu die Ausführungen unten auf S.116.

387 100 US, 82, 92.

388 100 US, 82, 93.

nach Art. 1, Sec. 8, Cl. 3 ergibt sich somit im Wege der Abwägung, welcher Gesetzgebungskompetenz das größere Gewicht eingeräumt werden soll. Dies entscheidet sich danach, ob der Schwerpunkt auf das 10th Amendment oder die supremacy clause, Art. 6 der US-amerikanischen Verfassung, zu legen ist[389].

Das US Supreme Court hatte auch zur Frage der Gewichtung dieser Interessen im Laufe der Zeit einen Standpunkt der bundesfreundlicheren Interpretation der commerce clause eingenommen. Ausschlaggebend hierfür war der zunehmende, bundesstaatengrenzüberschreitende Handelsverkehr und die damit verbundene immer stärkere Verschmelzung von inter- und intrastate commerce. War das US Supreme Court 1888 noch der Meinung, dass jegliche Einwirkung auf den intrastate commerce verboten sei[390], so hatte das oberste Bundesgericht mit nur zeitweiligen Abweichungen[391] seine Auffassung bis 1895 dahingehend weiterentwickelt, dass eine indirekte Beeinträchtigung des Bundesstaatenrechts durch den US Congress zulässig sei[392]. Später gelangte es zu der Überzeugung, dass dem US Congress jede Einflussnahme erlaubt sei, die notwendig und angemessen sei, um den interstate commerce wirksam regeln zu können (1913)[393]. Demzufolge hätte eine indirekte Einwirkung auf das common law der Einzelstaaten während der Beratung zu dem Warenzeichengesetz von 1905 bei zeitgemäßer Anwendung der commerce clause durchaus schon erfolgen dürfen. Tatsächlich blieb die moderne Auslegung der Gesetzgebungskompetenz jedoch unberücksichtigt. Die Begründung hierfür war recht einseitig auf die Wahrung der Autonomie der Bundesstaaten gerichtet:

Nur die Verbindung mit dem gehandelten Produkt lasse das Warenzeichen zum Bestandteil des Handelsverkehrs werden. Deshalb könne auch die Bundeszuständigkeit zur Regelung des Warenzeichenrechts nicht weitreichender sein, als die Regelungskompetenz des Bundes hinsichtlich der gehandelten Güter selbst[394]. Da diese Waren Eigentum (property) darstellen, für dessen Regelung den Einzelstaaten die verfassungsmäßige Regelungsbefugnis zusteht, unterfielen sie der Regelungskompetenz des US Congress nur in dem Zeitraum, in welchem sie sich im zwischenbundesstaatlichen oder internationalen Handelsverkehr oder im Handelsverkehr mit den indianischen Stämmen befänden. Der

---

389 siehe auch *Lively/Haddon/Roberts/Weaver*, Constitutional Law, S. 354 f.

390 *Kidd v. Pearson*, 128 US 1,17 (1888).

391 Im *Schechter Case* hob der Supreme Court unter Berufung auf die damals bereits überkommene Trennung zwischen direkter und indirekter Einwirkung den im Zuge der New Deal Phase erlassenen NIRA als verfassungswidrig auf. *United States v. A. L. A. Schechter Poultry Corp.*, 295 US 495, 546 ff. (1935).

392 *United States v. E. C. Knight Co.*, 156 US 1, 12 f. (1895).

393 *Minessota Rate Cases,* 230 US 352, 399 (1913); *Railroad Commission of Wisconsin v. Chicago, Burlington & Quincy R. R. Co.*, 257 US 563, 588 (1922).

394 *Barber*, The Constitution and Trade-Marks, Bulletin of the United States Trade-Mark Association, New Series, Vol. 8, 1912, 119, 133.

US Congress könne daher nur den Warenverkehr als solchen regulieren, nicht das Recht an den Waren selbst.

Der Beginn des interstate commerce wurde erst dann bejaht, wenn die zu handelnden Produkte tatsächlich auf ihrem Weg in den anderen Bundesstaat waren[395]. Nachdem sich die so gehandelten Güter wieder mit den Waren im intrastate commerce des Zielbundesstaates vermischt hatten[396], endete die Regelungsgewalt des US Congress, da es sich nicht mehr länger um interstate commerce handelte. Die Produkte befanden sich dann wieder im Regelungsbereich der police power des entsprechenden Einzelstaates[397]. Dementsprechend war auch der Warenzeichenschutz durch Bundesrecht und die Kompetenz des Bundes auf diese Zeitspanne und dieses Sachgebiet begrenzt.

Zwar wurde bereits vereinzelt die Meinung vertreten, dass der US Congress in den intrastate commerce eingreifen dürfe, wenn es zur Regulierung des interstate commerce notwendig sei[398]. Dem wurde jedoch entgegen gehalten, dass die Befürworter einer solch weitreichenden Regelungskompetenz des US Congress den Umstand verkennen würden, dass es sich in solchen Fällen in keiner Weise mehr um die Regelung des Handelsverkehrs zwischen den Bundesstaaten, sondern nur um Maßnahmen bezüglich des Warenverkehrs innerhalb eines Bundesstaates handele, und diese Sachverhalte von den Einzelstaaten mittels ihrer police power befriedigend gelöst werden könnten[399]. Diese Gegenargumentation stellte demzufolge ausschließlich auf die Natur des dem einzelnen Rechtsgeschäftes zugrunde liegenden Sachverhalts ab. Die Auswirkungen, die der intrastate commerce auf den interstate commerce hatte, ließ sie gänzlich außer Acht. Sie räumte vielmehr dem 10th amendment uneingeschränkten Vorrang vor der supremacy clause ein.

Diese Rechtsauffassung im Bereich des Warenzeichenrechts fand zu der damaligen Zeit allerdings auch noch in gewissem Maße durch den tatsächlichen Verlauf der Warenströme im US amerikanischen Handelsverkehr ihre Bestätigung. Um 1900 war noch ein beträchtlicher Anteil dieses Warenverkehrs von rein lokaler Natur. Die weiten geographischen Dimensionen innerhalb der USA

---

395 *The Daniel Ball*, 77 US (10 Wallace), 557, 565 (1871); *Coe v. Errol*, 116 US, 517, 525 (1886); *Barber*, The Constitution and Trade-Marks, Bulletin of the United States Trade-Mark Association, New Series, Vol. 8, 1912, 119, 133.

396 Eine Vermischung wurde bejaht, nachdem die Waren entweder beim Importeur ihrem zum Transport bestimmten Originalbehältnis (Fass, Kiste, etc.) entnommen oder vom Importeur in solchem Originalbehältnis zum Konsumenten verschickt worden waren. *Austin v. Tennessee*, 179 US 343, 355 ff. (1901); *Schollenberger v. Pennsylvania*, 171 US 1, 21 ff. (1898).

397 *Barber*, The Constitution and Trade-Marks, Bulletin of the United States Trade-Mark Association, New Series, Vol. 8, 1912, 119, 133 + 135 f.

398 *Fuller*, C. J., in *Leisy v. Hardin*, 135 US, 100, 108 f. (1890).

399 *Barber*, The Constitution and Trade-Marks, Bulletin of the United States Trade-Mark Association, New Series, Vol. 8, 1912, 119, 136.

führten dazu, dass, obwohl die Transportmittel bereits durch Eisenbahn und Dampfschiffe wesentlich verbessert waren, viele Unternehmen noch immer rein intrabundesstaatlichen Handel betrieben. Die Tendenz ging zwar zur landesweiten oder gar internationalen Ausrichtung der Unternehmen, aber dies wurde bei der Interpretation der Gesetzgebungskompetenz des US Congress nicht ausschlaggebend berücksichtigt. Das Hauptaugenmerk wurde auf den noch immer großen Anteil des reinen intrastate commerce gelegt, den der US Congress nach soeben ausgeführter, damals herrschender Rechtsauffassung nicht beeinträchtigen durfte.

Zusammenfassend ist festzustellen, dass infolge der *Trademark Cases* und einer Bevorzugung des 10th amendment vor der supremacy clause zum Zeitpunkt des Erlasses des Gesetzes von 1905 die Meinung vorherrschte, dass der US Congress nur das formelle Warenzeichenrecht bezüglich des interstate und foreign commerce regeln durfte. Für eine auch das materielle Recht umfassende und in den intrastate commerce mittelbar eingreifende bundesstaatliche Regulierung erschien hingegen eine Verfassungsänderung erforderlich[400].

2. Das Bundeswarenzeichenrecht von 1905 im Überblick

Unter dem Eindruck seiner Kompetenzbeschränkung erließ der US Congress am 20. Februar 1905 ein neues Warenzeichengesetz.

Zwar schloss er diesmal auch den interstate commerce in den Anwendungsbereich dieses Gesetzes mit ein. Der Regelungsgegenstand war jedoch allein auf die Möglichkeit und das Verfahren einer bundesrechtlichen Registrierung von Warenzeichen begrenzt und somit ausschließlich auf formelles Recht. Die Registrierung verschaffte dem Inhaber des eingetragenen Zeichens keine materiellen Rechte, sondern nur geringe, prozessuale Vorteile. Des Gesetzgebers Sorge vor der erneuten Verfassungswidrigkeit drückt sich in seiner vielfach sehr vagen Formulierung[401] und besonders in § 23 aus. Dieser Paragraph bestimmte, "(t)hat nothing in this act shall prevent, lessen, impeach or avoid any remedy at law or in equity which any party aggrieved by any wrongful use of any trademark might have had if the provisions of this act had not been passed.". Hiermit war klar, dass sich dieses Bundesgesetz ausnahmslos subsidiär zum bereits bestehenden Warenzeichenrecht der Einzelstaaten und somit zu den bestehenden

---

400 einzig *Parkinson* war schon 1903 der Ansicht, dass das US Supreme Court mit seiner Entscheidung in den *Trademark Cases* dem US Congress nicht die Kompetenz zum Erlass materiellen Warenzeichenrechts abgesprochen habe und dass die commerce clause weit genug sei, um dem US Congress eine solche Kompetenz zu verschaffen. *Parkinson*, Concerning Federal Trade-Mark Legislation, Report of the 26th Annual Meeting of the American Bar Association, Vol. 26, 1903, S. 598-643.

401 *Rogers*, The Expensive Futility of the United States Trade-Mark Statute, Michigan Law Review, Vol. 12, 660, 665.

Grundsätzen des common law verhalten sollte[402]. Als originäre Rechtsquelle für das Entstehen und Untergehen eines Zeichenrechts sah man weiterhin einzig das common law an. Es galt daher der alte im common law entwickelte Grundsatz, dass ein Zeichenrecht allein durch die erste Annahme und den fortwährenden, ununterbrochenen Gebrauch in Verbindung mit speziellen Waren begründet wurde[403], nicht hingegen durch seine Registrierung. Die Folge dieser Auffassung war, dass jedes nach Bundesrecht registrierte Zeichen einem unregistrierten Zeichen weichen musste, sofern der Verwender des letzteren beweisen konnte, dass er der zeitlich frühere Nutzer dieser Marke für solche Güter in dem gleichen regionalen Gebiet war. Und da der Eintragung des Zeichens im Bundesregister sogar jeglicher das common law Zeichenrecht konstitutiv ergänzende Charakter abgesprochen wurde, kam einer aufgrund des Bundesgesetzes erfolgten Registrierung weitestgehend deklaratorische Bedeutung zu[404].

Jedoch vermochte eine erfolgte Eintragung dem Antragsteller wenigstens prozessuale Vorteile zu verschaffen. Die Eintragung diente als prima facie Beweis für die erste Annahme und den fortwährenden Gebrauch des Zeichens durch den im Register Eingetragenen und vermochte somit dessen common law Zeichenrecht im Prozess gegen andere Anspruchsteller bezüglich des gleichen Zeichens zu stärken[405]. Auch musste im Falle eines korrekt eingetragenen Zeichens bei einem Zeichenrechtsverstoß nicht, wie sonst notwendig, vom Kläger nachgewiesen werden, dass der Beklagte in rechtswidriger Absicht gehandelt habe[406]. Als weitere prozessuale Auswirkung ist hervorzuheben, dass die Registrierung zur Zuständigkeit der Bundesgerichte im Falle eines möglichen Rechtsstreits führte[407]. Darüber hinaus konnte sich die Eintragung dadurch be-

---

402 *McIlhenny v. Bulliard*, 265 Fed. 705, 709f.; 10 TMR 213, 220 (D. C. W. D. Louisiana, 1920); *Waldes v. International Manufacturers Agency*, 237 Fed 502, 506; 7 TMR 7, 11 (D. C. S. D. N. Y. 1916).

403 *McClean v. Flemming*, 96 US 245, 251 (1877); *Carroll v. McIlvaine*, 171 Fed 125, 128 (C. C. S. D. New York, 1909); *Callmann*, Unfair Competition, Trademarks and Monopolies, Vol. 3, 3rd Ed., § 76.2 (c); *Derenberg*, Trade-Mark Protection and Unfair Trading, S. 15f.; *Pattishal/Hilliard*, Trademarks, S. 31.

404 *In re Plymouth Motor Corp.*, 46 Fed 2nd 211, 212; 21 TMR 157, 158 (C. C. P. A. 1931); *May et al. v. Goodyear Tire & Ruber Co.* 10 Fed Supp 249, 256; 24 USPQ 447, 453f.; 25 TMR 363, 375 (D. C. D. Massachusetts, 1935); *Derenberg*, Trade-Mark Protection and Unfair Trading, S. 16.

405 § 16 TMA 1905; *Autoline Oil Co. v. Indian Refining Co.*, 3 Fed 2nd 457, 462 (D. C. D. Maryland 1924); *Nims*, Unfair Competition and Trade-Marks, Vol. 2, 4th Ed., S. 733f.; *Derenberg*, Trademark Protection and Unfair Competition, S. 24.

406 *Thaddeus Davids Co. v. Davids Mfg. Co.*, 233 US 461, 471 (1914); *Autoline Oil Co. v. Indian Refining Co.*, 3 Fed 2nd 457, 462 (D. C. D. Maryland 1924).

407 § 17 TMA 1905.

zahlt machen, dass die Gerichte dem Inhaber eines registrierten Warenzeichens treble damages zusprechen konnten[408].

Der Sinn bundesrechtlicher Trademark Statutes wurde dementsprechend in *Carroll v. McIlvaine* dahingehend zusammengefasst, dass sie nicht dazu gedacht seien, konkrete Zeichenrechte zu begründen, sondern nur die verfahrensrechtliche Regelung dieses Rechtsgebiets zum Ziel hätten, indem sie Rechtsmittel zur Durchsetzung einzelner Zeichenrechte zur Verfügung stellten[409].

Von dieser Regelung des Rechtsgebietes waren allerdings aufgrund der commerce clause auch noch die reinen intrastate commerce Sachverhalte ausgenommen, was dazu führte, dass die einzelnen Bundesstaaten eigene Registrierungsvorschriften erlassen konnten und bis auf Alabama, Alaska, Arizona, Kansas, Kentucky, Mississippi, North Dakota, Ohio und South Carolina auch alle davon Gebrauch gemacht hatten[410]. Da ihnen auch die verfassungsmäßige Zuständigkeit zukam, das materielle Recht zu ändern, konnten sie den Schutzumfang oder gar die Wirksamkeit des Warenzeichens von der innerstaatlichen Registrierung abhängig machen, was allerdings bis Anfang der 30iger Jahre nur einmal kurzfristig geschah[411].

Als Folge der materiellrechtlichen Bedeutungslosigkeit und der lokalen Begrenzung des Anwendungsbereichs des Bundeswarenzeichenrechts verlieh es nur einen geringen Anreiz zur Registrierung. Demzufolge ließ sich auch nur ein geringer Teil von Zeichenrechtsinhabern im Bundesregister eintragen[412]. Hierdurch verfehlte es seinen erwünschten Effekt eines nahezu abschließenden Katalogs über bereits bestehende Warenzeichen, mit welchem die Teilnehmer im Handelsverkehr die Gültigkeit eines neu zu wählenden Warenzeichens verbindlich überprüfen konnten[413].

---

408 § 16 TMA 1905.

409 *Carroll v. McIlvaine*, 171 Fed 125, 128 (C. C. S. D. New York, 1909); *Nims*, Unfair Competition and Trade-Marks, Vol. 2, 4th Ed., S. 730.

410 *Hopkins*, The Law of Trademarks, Tradenames and Unfair Competition, Apendix H, S. 515-728, (2. Edition, 1905).

411 Im Jahre 1909 hatte Kalifornien ein Warenzeichenrecht erlassen, was die Eintragung des verwendeten Zeichens im kalifornischen Register als Wirksamkeitsvorraussetzung ansah. Dieses Gesetz wurde jedoch noch in demselben Jahr wieder abgeschafft und der alte common law Zustand wurde wieder hergestellt. Siehe hierzu: *Derenberg*, Trade-Mark Protection and Unfair Trading, S. 22; *Barber*, The Constitution and Trade-Marks, Bulletin of the United States Trade-Mark Association, New Series, Vol. 8, 1912, 119, 120.

412 Obwohl 1934 über 300.000 Marken im Bundeswarenzeichenregister eingetragen waren, stellte diese Summe schätzungsweise nur 20 % der damals tatsächlich benutzten Warenzeichen dar, *Schechter*, Fog and Fiction in Trade-Mark Protection, Columbia Law Review, Vol. 36, 1936, S. 60, 69.

413 *Derenberg*, Trade-Mark Protection and Unfair Trading, S. 25; *Nims*, The Law of Unfair Competition and Trade-Marks, (3. Edition, 1929), Vorwort S. IV f.; *Diggins*, The Lanham Trade-Mark Act, TMR, Vol. 37, 1947, 305, 306 f.

Neben diese Aufspaltung der für das Markenrecht relevanten Rechtsquellen traten noch inhaltliche und dogmatische Unzulänglichkeiten des bis 1930 entwickelten common law sowie der Bundesgesetze, die den unstrukturierten Charakter des US-amerikanischen Warenzeichenrechts selbst für rechtskundige, inländische Rechtsanwender noch verstärkten.

So sorgte unter anderem für Konfusion, dass zwischen dem "right to use" und dem "right to register" unterschieden wurde und zur Entscheidung der rechtmäßigen Eintragung oder des rechtmäßigen Gebrauchs eines Zeichens unterschiedliche Entscheidungsstellen (Patent Office und Court of Customs and Patent Appeals im Gegensatz zu den Equity Gerichten) mit voneinander abweichenden Verfahrensgrundsätzen zuständig waren, die durchaus zu konträren Ergebnissen kamen[414].

Ebenfalls trug das Kriterium der "same descriptive properties" zur Verwirrung bei. Nur Güter, die die "same descriptive properties" aufwiesen, sollten zeichenrechtlich kollidieren können. Der Begriff der "same descriptive properties" erwies sich jedoch als undefinierbar und führte zu einer Vielzahl von gegensätzlichen Entscheidungen[415].

Auch die seit 1850 sich im Fluss befindliche Auffassung von der Funktion des Warenzeichens, brachte über die Dauer der Jahre miteinader unvereinbare Gerichtsurteile hervor, die für weitere Irritation sorgten[416].

Bei Streitigkeiten, die kein Warenzeichen im technischen Sinne, sondern solche Gegenstände wie Etiketten (Labels), Firmennamen oder Ausstattungsmerkmale betrafen, trat die unterentwickelte dogmatische Behandlung vom Verhältnis des Warenzeichenrechts zum Recht gegen den unlauteren Wettbewerb deutlich zutage und führte zu einer ungerechtfertigten Ungleichbehandlung dieser Fälle[417].

Ab dem 19. März 1920 wurde die Konfusion um die Bedeutung der Registrierung von Warenzeichen in den Vereinigten Staaten durch ein Ergänzungsgesetz[418] (Amendment) zu dem Warenzeichenrecht von 1905 noch vergrößert, indem § 1 dieses Ergänzungsgesetzes die Eintragung nahezu jeglichen Zeichens als Warenzeichen erlaubte. Eine Registrierung unter diesem Gesetz verlieh innerhalb der USA keinerlei Rechte, nicht einmal die begrenzten, die sonst durch die Registrierung unter dem Gesetz von 1905 erlangt wurden. Das Änderungsgesetz von 1920 war einzig aus dem Grund eingeführt, um den US-amerikanischen Zeichenverwendern in ausländischen Staaten, die den Schutz der

---

414 *Derenberg*, Trade-Mark Protection and Unfair Trading, S. 223 ff.

415 *Derenberg*, Trade-Mark Protection and Unfair Trading, S.397 ff.; *Nims*, The Law of Unfair Competition and Trade-Marks, (3. Edition, 1929), S. 579.

416 *Derenberg*, Trade-Mark Protection and Unfair Trading, S. 28 ff.

417 *Derenberg*, Trade-Mark Protection and Unfair Trading, S. 39 ff.

418 41 Stat. 533.

dort verwendeten Zeichen von einer im Heimatland erfolgten Registrierung abhängig machten, Rechtsschutz zu ermöglichen[419].

Dies war die Rechtslage, die *Derenberg* zu Beginn der 30iger Jahre vorfand. Gerade mit ihrer Unübersichtlichkeit bot sie für ihn die ideale Basis, aufgrund seiner analytischen und didaktischen Fähigkeiten in den USA von Beginn an als Autorität auf dem Gebiet des Warenzeichenrechts in Erscheinung zu treten.

II. Derenbergs Bücher als Mittel zur Systematisierung

Einen Nachweis seiner Fähigkeiten erbrachte *Derenberg* bereits in seinem ersten Buch, Warenzeichen und Wettbewerb in den Vereinigten Staaten von Amerika[420]. Es wurde von der US-amerikanischen Jurisprudenz als so exklusiv und herausragend empfunden, dass dessen Übersetzung in die englische Sprache lautstark gefordert wurde[421]. Besonders hervorgehoben wurde nicht nur, dass *Derenberg* mit diesem Buch die erste Abhandlung überhaupt über das US-amerikanische Warenzeichenrecht in deutscher Sprache geschrieben hatte[422], sondern vielmehr, dass sich seine Arbeit darüber hinaus auch noch im Vergleich zu den amerikanischen case- und textbooks als einzigartig erwies. Denn *Derenberg* führte nicht einfach eine Fülle von Gerichtsurteilen undifferenziert an, sondern nahm eine genaue Selektion hinsichtlich solcher Urteile vor, die bereits veraltet waren und keine Anwendung mehr fanden. Darüber hinaus systematisierte er das bestehende Recht und unterzog es einer kompetenten und kritischen Würdigung[423]. Auch die umfangreiche Aufnahme der in rechtswissenschaftlichen Zeitschriften und Law Reviews enthaltenen Literatur empfand man als Ausdruck seiner tiefgreifenden Forschungstätigkeit und begrüßte dies als

---

[419] *Spencer*, Some Administrative Difficulties Attending the Registration of Trade-Marks, Bulletin of The USTA, Vol. 35, 1940, S. 205, 215; *Derenberg* illustriert das Bedürfnis nach einem solchen Gesetz am Beispiel Henry Fords, dem es ohne das Gesetz vom 19. März 1920 unmöglich gewesen wäre, seinen Namen im Ausland schützen zu lassen, siehe: Trade-Mark Protection and Unfair Trading, S. 717.

[420] Warenzeichen und Wettbewerb in den Vereinigten Staaten von Amerika, Berlin, 1931.

[421] Siehe die Buchbesprechungen Derenbergs ersten Buches von: *Wolff*, Yale Law Yournal, Vol. 41, 1931-32, 481,483; *Schechter*, University of Pennsylvania Law Review, Vol. 80, 1931-32, 148, 149; *Deák*, Harvard Law Review, Vol. 45, 1931-32, 954, 955; *Schiller*, Columbia Law Review, Vol. 32, 1932, 160, 161.

[422] *Rogers*, Vorwort zu Derenbergs erstem Buch, Warenzeichen und Wettberwerb in den Vereinigten Staaten von Amerika, S. III; *Wolff*, Yale Law Journal, Vol. 41, 1931-32, 481.

[423] *Schiller*, Columbia Law Review, Vol. 32, 1932, 160, 161; *Wolff*, Yale Law Journal, Vol. 41, 1931-32, 481, 482; *Deák*, Harvard Law Review, Vol. 45, 1931-32, 954, 955; *Schechter*, University of Pennsylvania Law Review, Vol. 80, 1931-32, 148, 149.

Besonderheit zu den sonstigen textbooks[424]. Ebenfalls wurden die zahlreichen von *Derenberg* vorgenommen Verweise rechtsvergleichender Natur mit viel Lob und der Hoffnung auf stimulierende Wirkung auf die US-amerikanische Rechtswissenschaft begleitet[425]. Außer der rein fachlichen Würdigung wurde in den einzelnen Besprechungen auch die hohe didaktische Qualität *Derenbergs* positiv hervorgehoben[426]. Indem er es vertstanden hatte, die undurchsichtige Materie des US-amerikanischen Warenzeichenrechts erschöpfend, komplex und dennoch leicht verständlich darzustellen, legte er bereits mit seinem Erstwerk Zeugnis über seine Befähigung zur späteren Lehrtätigkeit an der New York University, School of Law, ab.

Der schon 1931 geäußerten Aufforderung zur Übersetzung seines Buches in die englische Sprache kam *Derenberg* nach seiner Immigration in die USA mit der Veröffentlichung seines zweiten Buches, Trade-Mark Protection and Unfair Trading, selber nach. Hierbei ging er jedoch durch die Erweiterung seines vorherigen 400 Seiten umfassenden Buches (davon 31 Seiten Anhang) auf eine 1162 Seiten zählende Abhandlung (davon 359 Seiten Anhang) deutlich über die rein technische Übersetzungstätigkeit hinaus. Abgesehen davon, dass er das Kapitel "Einführung in die Literatur"[427] ausließ, was ihm offenbar nur für die deutschen Leser von Nutzen erschien, haben sich in der Struktur seiner zweiten Arbeit keine Änderungen ergeben. Allerdings sind die einzelnen Abschnitte noch umfangreicher und aktualisierter gestaltet, und der Anhang ist durch die Aufnahme aller Einzelstaatenwarenzeichengesetze, Hinzufügung weiterer internationaler Abkommen sowie nationaler Gesetze und Regeln und die Zusammenstellung eines detaillierten Indexes perfektioniert worden. Wie bereits zu seinem ersten Buch erfolgen auch die Besprechungen seines zweiten Buches äußerst positiv, und *Derenbergs* Werk wird als einer der wichtigsten jemals in den USA erschienenen Beiträge zum Warenzeichenrecht und Recht des unlauteren Wettbewerbs angesehen[428]. Erneut wird seine kritische Betrachtung der bisherigen Rechtsentwicklung verbunden mit Anregungen für die aktuelle und wünschenswerte Rechtsprechung und Gesetzgebung als einzigartig aufgefasst[429]. In einer Buchbesprechung wird sogar angeregt, die Lehrmethode in den

---

424 *Schechter*, University of Pennsylvania Law Review, Vol. 80, 1931-32, 148, 149.

425 *Schiller*, Columbia Law Review, Vol. 32, 1932, 160, 161; *Katz*, Michigan Law Review, Vol. 30, 1931-32, 168,169; *Schechter*, University of Pennsylvania Law Review, Vol. 80, 1931-32, 148, 149.

426 *Katz*, Michigan Law Review, Vol. 30, 1931-32, 168; *Deák*, Harvard Law Review, Vol. 45, 1931-32, 954.

427 *Derenberg*, Warenzeichen und Wettbewerb in den Vereinigten Staaten von Amerika, S. 4-9.

428 *Ladas*, The Yale Law Journal, Vol. 47, 1937-1938, 1425; *Liddy*, New York University Law Quarterly Review, Vol. 14, 1936-37, 555.

429 *Oppenheim*, The George Washington Law Review, Vol. 5, 1936-37, 922; *Ruby*, Boston

USA von den casebooks hin zu solch kommentierenden Abhandlungen zu verlagern, um solch kritische und lehrreiche Beiträge in der Zukunft von dem eigenen juristischen Nachwuchs erhalten zu können[430]. Und wie schon bei seinem ersten Buch, darf *Derenberg* seinem Werk ein befürwortendes Vorwort von *Edward S. Rogers*, der damaligen unangefochtenen Autorität auf dem Gebiet des US Warenzeichenrechts und Recht vom unlauteren Wettbewerb, voranstellen. Auch *Rogers* sieht es diesmal als erforderlich an, neben der fachlichen Qualität des Buches auch zu dem für amerikanische Juristen ungewohnten, da von den konventionellen textbooks abweichenden, Stil *Derenbergs* positiv Stellung zu nehmen, indem er schreibt: "The logical arrangement of Dr. Derenberg's work and the method of treatment I believe will itself commend to the Bar. It certainly has to me."[431]

Der erneut überragende Tenor der bookreviews[432] wird durch die Akzeptanz dieses Werkes durch die Gerichte als "authority" auf dem Gebiet des Warenzeichenrechts bestätigt[433]. Hierbei ist zu erwähnen, dass die US-amerikanischen

---

University, Law Review, Vol. 17, 505; *Sayre*, The Law of Trademarks and Unfair Trading, Iowa Law Review, Vol. 23, 1937-38, 445.

430 *Sayre*, The Law of Trademarks and Unfair Trading, Iowa Law Review, Vol. 23, 1937-38, 445, 446 ff.

431 *Rogers*, Foreword, Derenberg, Trade-Mark Protection and Unfair Trading, S. V; Welches Gewicht einem Vorwort Rogers' zukommt, kann man daran ersehen, dass *Picket*, der phasenweise, wie er aber selbst anmerkt, aus Gründen des persönlichen Geschmacks, kritisch mit Derenbergs Werk umgeht, am Abschluss seiner Buchbesprechung schreibt: "The lavish praise in Mr. Rogers' foreword would be sufficient proof of the book's merits;", Brooklyn Law Review, Vol. 7, 1937-38, 543, 546.

432 Nur *Shulman* übt scharfe Kritik an Derenbergs Werk. Soweit es die Besprechung der juristischen Analyse des bestehenden Rechts angeht, muss jedoch auch er eine sorgfältige und fachmännische Arbeit Derenbergs eingestehen und empfindet, dass das Buch von einer Begeisterung für die Materie getragen und leicht zu lesen sei. Seine Kritik gründet sich darauf, dass Derenberg zu wenig die Reflexe zwischen dem einzelnen Gesetz und dem Wirtschaftsverhalten beleuchtet habe, also nicht rechtssoziologisch tätig geworden sei und bei der Entscheidung von Einzelfällen bezüglich Warenzeichenrechtsstreitigkeiten zu sehr an einer Auffassung vom privaten Vermögenswert eines Warenzeichens orientiert sei. Siehe The University of Chicago Law Review, Vol. 5, 1937-38, 695, 697.

Da diese Kritik mehr auf einem gesellschaftspolitischem Ansatz basiert und Shulman hinsichtlich der juristischen Arbeit Derenbergs mit dem positiven Echo der Allgemeinheit konform geht, sei diese Kritik nur der Vollständigkeit halber erwähnt.

433 Nur beispielhaft seien hier einige Urteile aufgeführt: *In re Union Oil Co. Of California*, 88 Fed. 2nd 492, 494 (C.C.P.A. 1937); *Gardella v. Log Cabin Products Co., Inc. et al.*, 89 Fed. 2nd 891, 894 (C.C.A. 2nd Circuit, 1937); *In re American Cyanamid & Chemical Corporation*, 99 Fed. 2nd 964, 967 f. (C.C.P.A., 1938); *H. N. Heuser & Son v. Federal Trade Commission*, 106 Fed. 2nd 596, 597 f. (C.C. A., 3rd Cir. 1939); *John H. Woodbury, Inc. v. Wm. A. Woodbury Corp., et al.*, TMR, Vol. 28, 1938, S. 65, 72+76 (2x zitiert); *Goldin v. R. J. Reynolds Tobacco Co.*, 22 Fed. Supp. 61, 65 (D. C., S. D. New York, 1938).

Gerichte mit der Bezugnahme auf juristische Abhandlungen einzelner Professoren äußerst zurückhaltend umgehen und ein solcher Eingang in die Rechtsprechung als höchste Anerkennung zu werten ist.

Darstellung ausgewählter Ansatzpunkte Derenbergs

Die nachfolgende kursorische Zusammenfassung ausgewählter Einzelprobleme und Themenbereiche, die *Derenberg* in seinem zweiten Buch juristisch aufarbeitet, soll einen Eindruck von *Derenbergs* Arbeits- und Herangehensweise vermitteln. Die Auswahl ist naturgemäß subjektiv und beschränkt sich ausschließlich auf die nach Auffassung des Verfassers bedeutendsten Ansatzpunkte aus dem Inhalt *Derenbergs* zweiten Buches.

a. Die historische Entwicklung der Funktion des Warenzeichens

Unter anderem hervorzuheben ist *Derenbergs* historische Aufarbeitung des Wechsels in der juristischen Auffassung über die Funktion von Warenzeichen in den USA im Zeitraum von 1850 bis 1936[434]. Auf diese Ausführungen *Derenbergs* wird selbst 42 Jahre später noch Bezug genommen[435].

Nach *Derenbergs* eigener Aussage sind *Schechter*[436] und er zu der damaligen Zeit die einzigen Autoren, die sich diesem Thema angenommen haben[437]. Zwar gibt es einige Artikel, die die Entwicklung des Warenzeichen historisch beleuchten[438], aber diese Arbeiten sind nur auf die geschichtliche Herkunft von Warenzeichen gerichtet. Sie lassen die sich ändernde rechtliche Auffassung über die Funktion und Bedeutung von Warenzeichen innerhalb der USA vollkommen außer Acht.

1850 war die Funktion des Warenzeichens von der Theorie von origin and ownership geprägt[439]: "A name can only be protected as a trade-mark when it is used merely as indicating the true origin and ownership of the articles offered for sale."[440] Nach damaligem Verständnis konnte demnach nur die Bezeichnung, die den wirklichen Namen des Herstellers und somit seine persönliche

---

[434] *Derenberg*, Trade-Mark Protection and Unfair Competition, S. 28-39.

[435] siehe *Pattishall*, Two Hundred Years of American Trademark Law, TMR, Vol. 68, 1978, 121, 128.

[436] *Schechter*, The Historical Foundations of Trade-Mark Law, New York, 1925.

[437] *Derenberg*, Trade-Mark Protection and Unfair Competition, S. 29.

[438] z.B. *Rogers*, Some historical matter concerning trade-marks, Michigan Law Review, Vol. 9, 1910, S. 29 ff.

[439] *Derenberg*, Trade-Mark Protection and Unfair Competition, S. 29.

[440] *Amoskeag v. Spear*, 2 Sandford N. Y. 599 (1849).

und geographische Produktionsquelle angab, als Warenzeichen verwendet werden.

Aus dem Umkehrschluss folgt, dass eine Warenzeichenrechtsverletzung nur vorliegen konnte, wenn ein Konkurrent seine Waren als die des anderen Produzenten ausgab, also die Quelle seines Gutes falsch bezeichnete (dies ist der typische Fall des passing off)[441]. Logische Folge dieses vom origin and ownership bestimmten Rechtsdenkens war es, dass frei erfundene Bezeichnungen oder gar Bilder nicht warenzeichenrechtsfähig waren. Denn solche gewillkürten Zeichen ließen den tatsächlichen örtlichen Ursprung und wahren Produzenten des Artikels nicht erkennen. Somit gaben sie auch nicht die Quelle des Produktes an. Aus diesem Grund durfte jeder Konkurrent gewillkürte Zeichen anderer Hersteller für seine Produkte beliebig verwenden, da er hierdurch keine falsche Quelle (i.S.v. origin and ownership) vorspiegeln konnte und die Öffentlichkeit darüber nicht getäuscht wurde.

Das Ansehen, welches sich ein bestimmtes Gut unter einer bestimmten Bezeichnung im Laufe der Zeit bei den Konsumenten verschaffen konnte, wurde vom Warenzeichenbegriff der damaligen Zeit allenfalls zufällig geschützt, nämlich nur dann, wenn diese Bezeichnung gleichzeitig origin and ownership korrekt auswies[442]. War dies nicht der Fall, konnte jeder Wettbewerber diese Bezeichnung für seine Waren annehmen und von der bereits erlangten Reputation des anderen Produktes zehren.

Das erste Urteil in den USA, was ein frei gewähltes Wort als Warenzeichen zuließ, wurde 1867 erlassen. Es erlaubte dem Kläger für Haarwasser das von ihm dafür erfundene Wort "Cocoaine" zu benutzen[443]. Dieses Urteil war seiner Zeit jedoch weit voraus, und es stieß noch für viele Jahre auf Ablehnung. Erst um die Jahrhundertwende begann sich bei den Gerichten die Auffassung durchzusetzen, dass es weniger der Name des Herstellers oder der Produktionsort als vielmehr die Marke selbst war, die sich bei der nachfragenden Öffentlichkeit einprägte. 1904 war zu lesen: "We may safely take it for granted that not one of a thousand knowing of or desiring to purchase 'Baker's Cocoa' know of Walter Baker & Co., Ltd."[444] Es setzte eine Wende bei der Interpretation der Theorie von origin and ownership ein, indem es nicht mehr für notwendig erachtet wurde, dass das Warenzeichen die wahre Identität der Person des Herstellers angeben musste[445]. *Derenberg* zufolge konnte erst dieses Umdenken zu der 1936 vorherrschenden modernen Auffassung von der Funktion des Warenzeichens

---

441 *Fetridge v. Wells*, 13 Howard N. Y. 385 (1857).

442 *Derenberg*, Trade-Mark Protection and Unfair Competition, S. 30.

443 *Burnett v. Phalon*, 3 Keyes N. Y. 594 (1867).

444 *Baker v. Slack*, 130 Fed. 514, 518 (C. C. A. 7th Circuit, 1904).

445 "The Use of a Trade-Mark with a Customer's Name", Bulletin of The United States Trade-Mark Association, Vol. 4, New Series, S. 118, 119, 121.

führen. Diese modernere Auffassung sah die Aufgabe der Marke nicht in der Kenntlichmachung von origin and ownership, sondern vielmehr in der Garantie, dass die mit einer bestimmten Marke versehenen Artikel stets aus derselben, vom Nachfrager gewohnten Quelle stammten[446]. "When the courts speak of the public's identifying the source of origin, they do not mean thereby that the purchasing public can identify the maker by his specific name or the place of manufacture by precise location. What they mean by such expression is that the purchaser of goods bearing a given label believes that what he buys emanate from the source, whatever its name or place, from which goods bearing that label have always been derived."[447]

Es ist verwunderlich, dass es vor *Derenbergs* Ausführungen noch keine Arbeit mit dem gleichen Schwerpunkt gegeben hatte. Verwunderlich deshalb, weil die Erkenntnis über den Wechsel der Funktion des Warenzeichens notwendig ist, um dem Widerspruch zwischen den modernen Gerichtsentscheidungen zu denjenigen von 1870 und 1900 ein juristisches Fundament zu verleihen und ihn nicht als willkürlich ansehen zu müssen. Die Notwendigkeit für solch eine Herleitung der veränderten Ansicht über die Funktion des Warenzeichens hätte auch allemal bestanden. Schließlich ist es nur aufgrund der modernen Ansicht von der Werbe- und Garantiefunktion des Zeichens möglich geworden, die Auswahlmöglichkeit für wirksame Warenzeichen liberaler zu gestalten, indem auch Bilder oder Buchstaben- oder Zahlenkombinationen unter bestimmten Voraussetzungen als Zeichen im technischen Sinne angesehen werden konnten.

b. Nachweis des fehlenden Unterschieds zwischen Trademark infringements und den cases analogous to trademark infringements

Ein weiterer Verdienst *Derenbergs* ist der dogmatische Nachweis dafür, dass es in Fällen der Nachahmung von Firmennamen (z.B. Unternehmenskennzeichen) oder Beschaffenheits- und Ausstattungsmerkmalen für den Kläger nicht mehr nötig sei, eine Täuschungs-/Schädigungsabsicht (fraudulent intent) des Nichtberechtigten nachzuweisen.

Zur Jahrhundertwende wurde zwischen trademark infringements (gemeint waren hiermit solche Warenzeichen, die nach common law wirksam waren) und "cases analogous to trade-mark infringements" unterschieden[448]. Die letztere

---

[446] *Derenberg*, Trade-Mark Protection and Unfair Trading, S. 35.

[447] *The Manhattan Shirt Co. v. Starnoff-Irving Hat Stores, Inc.*, TMR Vol. 23, 1933, 60, 70 (C. Ch. Del.).

[448] Siehe hierzu *Derenberg*, Warenzeichen und Wettbewerb in den Vereinigten Staaten von Amerika, S. 48-53, wo er sich mit den Werken von *Upton*, A Treatise on Law of Trade-Marks, Albany, 1860 und *Browne*, A Treatise on the Law of Trade-Marks, (2nd Ed.), auseinandersetzt.

Gruppe beinhaltete stets die Nachahmung von Ausstattung, Aufmachung oder arglistigem Gebrauch von untechnischen Warenzeichen (trade-names) oder Firmennamen (firm names) und firmierte später als das Recht vom Unlauteren Wettbewerb (unfair competition law). Im Gegensatz zum common law Warenzeichen, was seinem Eigentümer nach damaliger Auffassung ein property right verlieh, waren Ausstattung, Firmenname und ähnliches dazu nicht in der Lage. Da aber die missbräuchliche Verwendung dieser Merkmale in gleichem Maße wie diejenige von common law Warenzeichen einen irreführenden Effekt auf den Nachfrager nehmen konnte, wurde es als sachgerecht angesehen, auch in solchen Fällen, die Möglichkiet des Equity Rechtsschutzes zu eröffnen. Die Täuschung der Öffentlichkeit war der Ansatzpunkt für die analoge Behandlung zu common law Warenzeichenverstößen. Eine bloße Täuschung der Öffentlichkeit für sich allein genommen, berechtigte aber noch nicht zum Schutz durch die Equity Gerichte, denn für deren Zuständigkeit musste entweder ein subjektives Recht beeinträchtigt worden oder der Tatbestand einer unerlaubten Handlung gegeben sein. Und weil in diesen Fällen nach vorherrschender Auffassung kein property right verletzt sein konnte, war der Equity Rechtsschutz nur zu erreichen, wenn eine unerlaubte Handlung reklamiert werden konnte. Dementsprechend musste der hierfür erforderliche subjektive Tatbestand nachgewiesen werden können. Folglich musste neben der Irreführung auch noch die Täuschungsabsicht (fraudulent intent) des unberechtigten Verwenders vorliegen. Im Gegensatz dazu war bei Klagen, die die Verletzung von common law Warenzeichen zum Gegenstand hatten, schon allein durch die Beeinträchtigung des property Rechts die Zuständigkeit der Equity Gerichte gegeben, so dass eine Täuschungsabsicht für eine unerlaubte Handlung nicht nachgewiesen werden musste[449].

Durch eine dogmatische Betrachtung der geschichtlichen Entwicklung dieser "beiden" Rechtsgebiete legte *Derenberg* dar, dass dieser als fundamental erachtete Unterschied auf einem Fehler bei der Beurteilung der Entstehung des Rechts vom Unlauteren Wettbewerb beruhte.

Denn die vor 1900 als trademark infringement cases behandelten Fälle hatten bei genauer juristischer Betrachtung kein Warenzeichen im technischen Sinn zum Gegenstand, und zwar weder nach der Auffassung von origin and ownership noch nach dem bis 1936 geänderten moderneren Verständnis vom Warenzeichen[450]. Demzufolge hätten die Fälle der unberechtigten Verwendung von Firmennamen oder Ausstattungsmerkmalen nicht analog zu den trademarke

449 *Derenberg*, Trade-Mark Protection and Unfair Trading, S. 41.

450 *Derenberg*, Trade-Mark Protection and Unfair Trading, S. 42-45, bezieht sich hier insbesondere auf zwei Entscheidungen des C.C.A., N.Y.: *Yankee Soap case*, Williams v. Johnson, 2 Bosworth 1; *Clubhouse cases*, Corwin v. Daly, 7 Bosworth 222; unter Berufung auf die Ausführungen Derenbergs: *Pattishall*, Two Hundred Years of American Trademark Law, TMR, Vol. 68, 1978, 121, 128.

infringement cases behandelt werden dürfen, sondern wären einfach unter Anwendung des stare decisis Grundsatzes direkt nach den gleichen Maßstäben zu beurteilen gewesen[451]. Da es an substantiellen rechtlichen Unterschieden zwischen diesen beiden Gruppen fehlte, stand die Differenzierung auf einer nicht gerechtfertigten Basis. Demnach hätte das Erfordernis, in den als analog bezeichneten Sachverhalten einen Nachweis der Täuschungsabsicht zu verlangen, nach *Derenbergs* Ansicht besser nicht entwickelt werden sollen[452].

Derenberg ist der erste Verfasser in den USA, der für diese Fallgruppen dogmatisch begründet, dass der Nachweis einer Täuschungsabsicht keine notwendige Voraussetzung für die Gewährung von Rechtsschutz vor den Equity Gerichten darstellt.

Dass ein solcher Vorsatz selbst in Fällen, die nicht auf die Verletzung eines technical trademark gestützt waren, nicht mehr benötigt wurde, hatten schon *Handler* und *Pickett* 1930 tiefgreifend dargelegt[453]. Eine dogmatische Begründung, die die dauerhafte Akzeptanz dieser Meinung unterstützen würde, gaben sie jedoch nicht. Sie setzten sich in nur zwei Sätzen mit der Möglichkeit auseinander, von den früher ergangenen dicta in den Urteilen abzuweichen[454]. Ein solches Verfahren ist natürlich weniger überzeugend als eine gesicherte juristische Begründung, warum es zwischen diesen beiden Fällen keinen Unterschied gibt. Somit leistet *Derenberg* mit seiner dogmatischen Herleitung des Grundes der Gleichbehandlung einen grundlegenden, dieser Meinung letztlich zum Durchbruch verhelfenden Beitrag.

c. Die Unterscheidung zwischen dem right to use und dem right to register

Einen Schwerpunkt seiner Kritik richtet *Derenberg* gegen die Unterscheidung zwischen dem right to use und dem right to register. Diese Differenzierung wirkte sich in den unterschiedlichsten Bereichen des Warenzeichrechts negativ aus.

So ließen die Equity Gerichte Namen, die zwar eine geographische Bedeutung hatten, jedoch bei der konkreten Verwendung für die so bezeichneten

---

451 *Derenberg*, Trade-Mark Protection and Unfair Trading, S. 45.

452 *Derenberg*, Trade-Mark Protection and Unfair Trading, S. 46.

453 *Handler/Pickett*, Trade-Marks and Trade Names - An Analysis and Synthesis (part II), Columbia Law Review, Vol. 30, 1930, 759, 769-777.

454 "If dicta are given weight, the fraud rule would seem to be too firmly established ever to be overturned. But if it is found that the actual decisions on particular states of fact are the same irrespective of whether the action sounds in trade-mark infringement or unfair competition, such dicta can be dismissed with the barest obeisance." *Handler/Pickett*, Trade-Marks and Trade Names - An Analysis and Synthesis (part II), Columbia Law Review, Vol. 30, 1930, 759, 770.

Waren gänzlich willkürlich waren, also in keinem Zusammenhang mit dem wirklichen Produktionsort standen, als schutzfähiges Warenzeichen zu, solange über die fehlerhafte Ortsangabe hinaus eine weitere Irreführung der Öffentlichkeit nicht zu befürchten war[455]. Das Court of Customs and Patent Appeals und das Patent Office hingegen stützten sich auf die wörtliche Auslegung von § 5 TMA 1905, der grundsätzlich die Registrierung von Warenzeichen verbot, die "merely geographical" in der Bedeutung waren[456]. Darunter verstanden sie jeden Begriff, der eine geographische Bedeutung hatte, und zwar unabhängig davon, ob dieser Begriff im konkreten Fall auch so gebraucht wurde oder nicht[457].

Diese unterschiedliche Interpretation der Wirksamkeitsvoraussetzungen nach common law und Registrierungsgrundsätzen führte dazu, dass manche geographischen Warenzeichen von den Equity Gerichten nach common law als wirksame Warenzeichen geschützt wurden, aber ihnen vom Patent Office oder C.C.P.A. das Recht zur Eintragung im Bundesregister versagt wurde. Ein solches Ergebnis war nicht nur für den konkreten Warenzeichenverwender in höchstem Maße unbefriedigend, sondern es führte auch zur Unvollständigkeit des Bundesregisters, da dieses wirksame Warenzeichen zwar verwendet wurde, aber nicht registriert war. Noch dazu konnte ein von diesem Auslegungsstreit betroffener Warenzeichenverwender sein Zeichen in denjenigen ausländischen Staaten nicht schützen lassen, die eine Registrierung im Heimatland voraussetzten (unter anderem für diese Fälle wurde später die Registrierungsmöglichkeit unter dem Gesetz von 1920 geschaffen, die im Inland keinerlei Rechte verlieh[458]).

Die Problematik der Unterscheidung zwischen dem right to register und dem right to use wurde durch eine ebenfalls in § 5 TMA 1905 enthaltene Ausnahmevorschrift noch verstärkt. Als Warenzeichen verwandte Bezeichnungen mit geographischer oder rein deskriptiver Bedeutung waren nämlich gemäß § 5 TMA 1905 doch eintragungsfähig, sofern sie der sogenannten „ten year provisio"

---

455 *Derenberg* führt hier neben vielen weiteren den berühmten Fall des "Philadelphia Cheese" an, der ursprünglich in New York produziert wurde. Trade-Mark Protection and Unfair Trading, S. 240.

456 Die entsprechende Passage von § 5 TMA 1905 hatte folgenden Wortlaut: „Be it enacted [...], That no mark by which the goods of the owner of the mark may be distinguished from other goods of the same class shall be refused registration as a trade-mark on account of the nature of such mark unless such mark –

[...]: Provided, That no mark which consists [...] merely in words or devices which are [...] merely a geographical name or term, shall be registered under the terms of this Act. [...]".

457 *Derenberg*, Trade-Mark Protection and Unfair Trading, S. 238-242, 247 f.

458 zu dieser Funktion des Ergänzungsgesetzes von 1920 siehe, *Pattishall*, Two Hundred Years of American Trademark Law, TMR, Vol. 68, 1978, 121, 136.

unterfielen[459]. Voraussetzung für eine Registrierung unter dieser Ausnahmevorschrift war allerdings, dass das Zeichen eine sogenannte secondary meaning erlangt hatte.

Secondary meaning bedeutet, dass der Name, den die Ware trägt, zwar ursprünglich einmal geographische oder deskriptive Bedeutung hatte oder nur einen Nachnamen darstellte und somit nach common law Grundsätzen eigentlich nicht warenzeichenfähig war, der Name jedoch im Laufe der Zeit eine solche Berühmtheit erlangt hatte, dass die Öffentlichkeit mit ihm vor allem das Produkt und weniger seine ursprüngliche Bedeutung assoziierte[460].

Bei der Auffassung, unter welchen Voraussetzungen einem Zeichen eine secondary meaning zuzusprechen sei, wurden vom Patent Office sowie dem C.C.P.A. einerseits und den Equity Gerichten andererseits wiederum unterschiedliche Standpunkte vertreten.

Dem Gesetzeswortlaut zufolge musste das Zeichen seit zehn Jahren vor dem Erlass des Warenzeichengesetzes von 1905 in ununterbrochenem, exklusiven Gebrauch des Antragstellers gewesen sein, um eine secondary meaning erlangen zu können.

Das Patent Office und das C.C.P.A. legten auch diesen Paragraphen wörtlich aus und versagten daher eine Registrierung selbst für solche Zeichen, die ab 1896 kontinuierlich und exklusiv und sogar länger als 10 Jahre gebraucht wurden. Die Feststellung der secondary meaning machten sie ausschließlich davon abhängig, ob das Zeichen tatsächlich bereits 10 Jahre lang vor 1905 exklusiv und ununterbrochen von dem Antragsteller gebraucht worden war, egal wie bekannt die Marke in der Zwischenzeit geworden war[461].

Die Equity Gerichte vertraten im Gegensatz dazu die Auffassung, dass es einzig auf die Erlangung einer tatsächlichen secondary meaning des bestimmten Begriffs für das entsprechende Produkt ankomme. Dabei gab es keinen festen Maßstab für die Feststellung der Erlangung einer secondary meaning, sondern es war immer auf die Besonderheiten des entsprechenden Einzelfalls abzu-

---

459 Die in § 5 TMA 1905 enthaltene „ten year provisio“ lautete: „[...]: And provided further, That nothing herein shall prevent the registration of any mark used by the applicant or his predecessors [...] in commerce with foreign nations or among the several States or with Indian tribes which was in actual and exclusive use as a trade-mark of the applicant, or his predecessors from whom he derived title, for ten years next preceding February twentieth, nineteen hundred and five.[...]”. Diese Ausnahmevorschrift bezog sich auf alle an sich nicht warenzeichenfähigen Bezeichnungen, sofern sie keinen sittenwidrigen oder sonst verbotenen Inhalt hatten.

460 *Derenberg* kritisiert diese Terminologie als irreführend, da eine solche Verbindung mit dem Produkt keine sekundäre Bedeutung darstelle, sondern vielmehr die primäre und die alte Bedeutung die zweitrangige sei, Trade-Mark Protection and Unfair Trading, S. 326 f.

461 *Derenberg*, bezeichnet diese Formulierung als eine gravierende Lücke des Gesetzes von 1905, Warenzeichen und Wettbewerb in den Vereinigten Staaten von Amerika, S. 152.

stellen[462]. Ein fixer Zeitraum für die Feststellung der Erlangung einer secondary meaning wurde jedoch von den Equity Gerichten nicht vorausgesetzt[463].

Diese verschiedenen Auffassungen von der Wirksamkeit und Eintragungsfähigkeit von Warenzeichen führte erneut dazu, dass unter Umständen ein nach common law wirksames Warenzeichen nicht eintragungsfähig war und die Unvollständigkeit des Registers weiter vergrößert wurde.

Des weiteren kamen die Equity Gerichte und das Patent Office und C.C.P.A. zu unterschiedlichen Ergebnissen, wenn es sich um Warenzeichen des gleichen oder sehr ähnlichen Namens für ebenfalls ähnliche Waren handelte, die zeitgleich, jedoch gutgläubig und in räumlich voneinander getrennten Gebieten verwendet wurden[464]. Das US Supreme Court hatte entschieden, dass zwei solche Warenzeichen, die jeweils im intrastate commerce aber in voneinander räumlich abgegrenzten Märkten benutzt wurden, beides wirksame common law Warenzeichen seien[465]. Als Begründung führte das Gericht folgendes an: Werden in zwei unabhängig voneinander entwickelten, räumlich getrennten Märkten die gleichen Marken für die gleichen Artikel von jeweils unterschiedlichen Herstellern benutzt, so assoziieren die Käufer mit der gleichen Marke in den verschiedenen Märkten jeweils unterschiedliche Fabrikanten. Würde man dem originären Verwender auch in dem Markt, wo er bislang nicht tätig geworden und dementsprechend nicht bekannt ist, das Recht zusprechen, dem dortigen Anbieter die Benutzung des streitigen Warenzeichens zu verbieten, so würde der Zweck des Zeichens auf diesem Markt verfehlt. Denn auf diesem Markt wird nicht er, sondern der zeitlich spätere Verwender der Marke als Hersteller der damit bezeichneten Waren von den Käufern angesehen. Somit würde dort durch die gerichtlich ausgesprochene Verpflichtung zur Unterlassung der Benutzung genau die Konfusion erzeugt, vor der die rechtmäßige Benutzung des Warenzeichens gerade schützen sollte[466].

---

462 *Derenberg*, Trade-Mark Protection and Unfair Trading, S. 337.

463 *W. D. Barton et al. v. Rex Oil Co.*, 2 Fed 2nd 402, 405 (C.C.A. 3rd Circuit, 1924).

464 *Derenberg*, Trade-Mark Protection and Unfair Trading, S. 484 ff. Unter Berufung auf *Letts v. H. Kuhn & Sons (Inc.)*, TMR Vol. 9, 1919, 314, 315 (Diese Entscheidung des Commisioners of Patents wurde zwar vom Court of Appeals, District of Columbia, aufgehoben, aber nur aufgrund dessen, dass das Recht des ersten Nutzers sich nicht auf den interstate commerce bezog, TMR, Vol. 10, 1920, 381, 382. Nachdem der Antragsteller seinen interstate commerce beweisen konnte, wurde die Entscheidung des Comissioners bestätigt.).

465 *Hanover Star Milling Company v. Metcalf* und *Allen & Wheeler Company v. Hanover Star Milling Company*, 240 U. S., 403. Die konkurrierenden Warenzeichen in diesem Prozess waren beide nicht eingetragen und es existierten auch für keines der beiden irgendwelche prozessualen Besonderheiten aufgrund Bundes- oder Bundesstaatenrechts, so dass ausschließlich allgemeine common law Prinzipien anzuwenden waren (S. 410 f.).

466 240 U. S., 403, 415 f.

Nach der Meinung des Patent Offices konnte der spätere Benutzer des gleichen Zeichens für gleiche Waren dieses Zeichen nicht für den Gebrauch im interstate commerce registrieren lassen, da § 5 des Warenzeichengesetzes von 1905 vorschrieb, dass kein Zeichen registriert werden dürfe, das bereits registriert und von einem anderen besessen und gebraucht wird ("... owned and in use by another..."). Dieses owned and in use wurde als "owned anywhere in the United States" ausgelegt und damit war eine parallele Registrierung selbst bei Einverständnis des zeitlich früheren Verwenders nicht möglich[467]. Dies führt dazu, dass das Register wiederum ein wirksames common law Zeichen nicht auswies.

Als weiteren Faktor, der die Trennung zwischen dem right to use und dem right to register für *Derenberg* als höchst kritikwürdig gestaltete, führte er an, dass das C.C.P.A. bei Löschungsverfahren unter Umständen Einwendungen nicht zuließ, die bei einer Klage vor den Equity Gerichten auf Unterlassung der Verwendung Anwendung fanden[468]. Dies konnte zur Folge haben, dass die angegriffene Marke aus dem Register gelöscht wurde, sich deren Verwender in einem Equity Verfahren aber auf die Einrede der unclean hands berufen konnte. Demzufolge verlor er die Eintragung der Marke aber die obsiegende Partei konnte ihm nicht die Verwendung seines Zeichens durch ein Equity Gericht verbieten lassen[469].

---

467 *Derenberg*, Trade-Mark Protection and Unfair Trading, S. 484 ff. Unter Berufung auf *Letts v. H. Kuhn & Sons (Inc.)* TMR Vol. 9, 1919, 314, 315.

468 *Derenberg*, Trade-Mark Protection and Unfair Trading, S. 539 ff.

469 so zum Beispiel im Fall *Proctor & Gamble Co. v. J. L. Prescott Co.*, 77 Fed 2nd 98; TMR, Vol. 25, 1935, 342 (C.C.P.A.), Dies war einer der berühmtesten Fälle, der die unglückliche Differenzierung zwischen dem right to register und dem right to use deutlich werden ließ. Die seit 12 Jahren benutzte, registrierte und äußerst populäre Marke "Chipso" wurde aufgrund eines älteren Rechts der J. L. Prescott Co. an der Marke "Chase-O" gelöscht, durfte aber weiterhin von Procter & Gamble als Zeichen verwendet werden.

Das C.C.P.A. war sich auch bewusst, dass es andere Maßstäbe an die Registrierungsvoraussetzungen legte, als die Equity Gerichte an die Rechtmäßigkeit der Verwendung von Warenzeichen. So führt es in *Proctor & Gamble Co. v. J. L. Prescott Co.* aus: „This Patent Office cancellation proceeding is governed by the terms of the statute, and its terms are not indefinite. It is intended to afford a means of canceling certain registrations, among them registrations which should not have been allowed. Registration is based upon the right of the regsitrant to the exclusive use of the mark sought to be registered. Equity frequently permits more than one person to use the same mark, since the conduct of the parties may effect the exclusive right to use. We have frequently pointed out this difference between our jurisdiction and that of the court of equity.", 77 Fed 2nd 98, 103. Ebenso schon früher in *B. F. Goodrich Co. v. Hockmeyer*, 40 Fed 2nd 99, 103, (1930); *Van Camp Sea Food Co., Inc., v. A. B. Stewart Organisations*, 50 Fed 2nd 976, 978 (1931); Zur Unterscheidung zwischen dem right to use und dem right to register siehe auch die Kritik und Analyse von *Pemberton*, The "Chipso" Trade-Mark, Bulletin of The USTA Vol. 28, 1933, 320-323.

Die oben ausgeführten unterschiedlichen Auffassungen zwischen C.C.P.A. und Pattent Office einerseits und den Equity Gerichten andererseits führten im Laufe der Jahre dazu, dass die bundesrechtlichen Registrierungsvorschriften und das ungeschriebene common law (i.e.S.) zunehmend voneinander abwichen. Da die Registrierungsvorschriften vielfach ausschließlich wörtlich angewandt wurden, befanden sie sich nicht mehr im Einklang mit der progressiveren, richterlichen Rechtsfortbildung durch die Equity Gerichte. Genau dieser fehlende Einklang war es, den *Derenberg* scharf kritisierte und es als ein dringliches Ziel eines neuen föderalen Warenzeichenrechts ansah, diese Widersprüche zu beseitigen[470].

d. Der Begriff der "same descriptive properties"

Nur kurz soll noch die Kritik *Derenbergs* an der Verwendung des Begriffes von den same descriptive properties Erwähnung finden. Das Merkmal der same descriptive properties fand bei der Feststellung der Eintragungsfähigkeit oder des Vorliegens einer Warenzeichenrechtsverletzung Anwendung. Denn hierzu war zuerst festzustellen, ob die Waren, für welche die kollidierenden Warenzeichen verwendet wurden, die same descriptive properties aufwiesen. Bejahendenfalls musste weiter geprüft werden, ob durch die Ähnlichkeit der Zeichen zueinander unter den Nachfragern hinsichtlich der Quelle, der sie entstammten, Konfusion erzeugt wurde. Wurden die Waren als unterschiedlich, also nicht die same descriptive properties aufweisend, angesehen, so kam es auf eine Ähnlichkeit der für sie verwendeten Warenzeichen nicht mehr an, da aufgrund ihrer Unterschiedlichkeit schon keine Täuschung des Nachfragers bewirkt werden konnte[471]. Die Grundidee, die dieser Ansicht zugrunde lag, führt *Derenberg* auf einen 1866 in England entschiedenen Fall zurück, in dem ausgeführt wird: "If he does not carry on a trade in iron but carries on a trade in linen and stamps a lion on his linen, another person may stamp a lion on iron."[472] *Derenberg* geht bei seiner Kritik mit der einhelligen Meinung konform, dass dieses Unterscheidungsmerkmal abschaffungswürdig sei, da es zu unvorstellbaren Widersprüchen geführt habe. *Rogers* nennt die Einbringung dieses Unterscheidungs-

---

[470] *Derenberg*, Trade-Mark Protection and Unfair Trading, S. 221.

[471] *Derenberg* zufolge setzte von 1915 an eine Aufweichung dieses starren Grundsatzes ein, indem zunehmend die Individualität und Popularität der Marke der bestimmende Faktor für die Feststellung der same descriptive properties wurde. Je bekannter und kreativer die Marke war, desto eher waren die Gerichte geneigt, den Rahmen der mit ihr als ähnlich empfundenen Waren immer weiter auszudehnen. Trade-Mark Protection and Unfair Trading, S. 409, 418.

[472] *Aimsworth v. Walmsley*, L. R. 1. Eq. Cas. 518, 524 f.

kriteriums in das Gesetz einen "practical joke" und meint, dass dieser Begriff durch einen Meister der Unbestimmtheit kreiert worden sein müsse[473].

Derenberg betont, dass die vage Bedeutung dieses Begriffs nicht allein für das vorhandene Chaos verantwortlich war, sondern auch noch der Umstand hinzukam, dass sich mangels Bindung der einzelnen Entscheidungsträger zueinander keine Rechtssicherheit bilden konnte. Denn weder war der jeweilige Commissioner of Patents an die Entscheidungen seiner Vorgänger gebunden, noch hatten seine Entscheidungen bindende Wirkung innerhalb des Patent Office selbst. Auch die Equity Gerichte mussten nicht an den Kategorisierungen und Einzelfallentscheidungen, die im Patent Office getroffen wurden, festhalten[474]. Es ist leicht nachvollziehbar, dass einem offenen Begriff, wie dem der same descriptive properties, durch eine solche Verfahrensweise keine einheitliche Bedeutung gegeben werden konnte[475].

Diese Kurzdarstellung von exemplarisch ausgewählten Inhalten aus *Derenbergs* zweitem Buch soll verdeutlichen, dass das US-amerikanische Warenzeichenrecht zum Zeitpunkt *Derenbergs* Emigration weder dogmatisch durchdrungen noch inhaltlich dazu konzipiert war, den sich immer globaler ausrichtenden Handelsverkehr der USA einheitlich zu regeln. *Derenberg* bereitet sowohl die dogmatischen wie auch die inhaltlichen Probleme in einer Weise auf, wie dies in ihrer Schematik und Komplexität zu keiner Zeit zuvor in den USA erfolgt war. Insbesondere *Derenbergs* zweites Buch bildet die umfangreichtse Analyse des damaligen Rechts, und es zeigt in seiner dogmatischen Vorgehensweise nicht nur bestehende Kritikpunkte auf, sondern auch mögliche Lösungsansätze. Auf diese Weise tritt *Derenberg* aktiv in die langjährigen Revisionsbemühungen um ein effektives und modernes Bundeswarenzeichenrecht ein. Zehn Jahre später erlässt der US Congress als Ergebnis dieser zwei Jahrzehnte überdauernden Revisionstätigkeit den Lanham Trademark Act - das Gesetz, welches den Kern von *Derenbergs* Lebenswerk bildet.

---

473 "The phrase "descriptive properties" has been the trouble maker. A virtuoso in vagueness must have conceived it. [...] Possibly the whole thing was intended as a practical joke. Everybody has heard of jokers in statutes.[...]", *Rogers*, The Expensive Futility of the United States Trade-Mark Statute, Michigan Law Review, Vol. 12, 1914, 660, 668 f.

474 *Derenberg*, Trade-Mark Protection and Unfair Trading, S. 399.

475 *Shoemaker* stellt eine Auflistung der Entscheidungen zur Verfügung, die sich mit verschiedenen Produkten hinsichtlich des Vorliegens von same descriptive properties befasst haben, Trade-Marks, Vol. I, S. 362-381. Als Beispiel für die Konfusion sei hier genannt, dass Zigarren zu Kautabback und normalem Tabback keine same descriptive properties aufweisen, während hingegen Zigarretten und normaler Tabback als gleich angesehen werden. Mangels Bindungswirkung der getroffenen Entscheidungen hat diese Tabelle allerdings keinen wirklichen juristischen Wert, sondern dient mehr der Illustration des Problems.

III. Der Lanham Trademark Act

Die Entwicklung des Lanham Trademark Act ist eng mit dem Wirken *Derenbergs* verbunden. Dabei ist unter der Entwicklung in diesem Sinne sowohl die Phase der Vorbereitung bis hin zum Erlass des Gesetzes als auch seine spätere Betreuung, Interpretation und Weiterentwicklung bis zum Tode *Derenbergs* zu verstehen. *Derenberg* wird später als einer der Väter dieses Gesetzes bezeichnet[476]. Auf die Frage des Verfassers an *Edward E. Halle*, ehemaliger Kommilitone *Derenbergs* während seines Studiums an der New York University, School of Law, und ein enger Freund, was er denn als das größte juristische Werk *Derenbergs* in den USA einschätzen würde, erwiderte dieser: "Do you know the Lanham Trademark Act?"

1. Ursprung des Gesetzes

Derenberg selbst sieht die Wurzeln der Entwicklung, die 1946 zur Verabschiedung des Lanham Trademark Act führten, bereits 1920 gelegt, als *Edward S. Rogers* in einer sehr kritikvollen Rede auf der alljährlichen Versammlung der ABA eindringlich darauf hinwies, dass die Vorschriften des US-amerikanischen Warenzeichenrechts in keiner Weise den Anforderungen des modernen Warenverkehrs gerecht würden[477]. Das geltende Recht weise unerträgliche Mängel beim Schutz von inländischen Warenzeichenverwendern auf, ganz zu schweigen von den Unzulänglichkeiten, die sich bei der Umsetzung internationaler Warenzeichenrechtsabkommen auftäten, denen die USA beigetreten waren[478]. Nach eigener Aussage fand sich *Rogers* durch diese Ansprache gänzlich unbeabsichtigt nur kurze Zeit später als Vorsitzender eines Komitees der ABA zur Unterbreitung von Verbesserungsvorschlägen für das Warenzeichenrecht wieder[479]. Er bereitete für das nächste Jahrestreffen der ABA einen Gesetzesentwurf vor, der nach seinen Vorstellungen geeignet war, den USA zu einem den Anforderungen der damaligen Zeit gerecht werdenden Zeichenrecht zu verhelfen[480]. Dieser als Rogers Draft bekannt gewordene Entwurf wurde von der ABA diskutiert, vielfach ergänzt und abgeändert[481]. In diesem Entwurf oder

---

476 *Lunsford*, Jr., Reflections of a Retired Trademark Attorney, TMR, Vol. 86, 1996, 456.

477 *Derenberg*, The Contribution of Edward S. Rogers to the Trademark Act of 1946 in Historical Perspective, TMR Vol. 62, 1972, 189.

478 *Rogers*, Some Suggestions Concerning a Trade-Mark Registration Act, Bulletin of The United States Trade-Mark Association Vol. 16 (1921), S. 45.

479 *Rogers*, Hearing Before the Committee on Patents, Subcommittee on Trade-Marks, House of Representatives, 75th Congr., 3rd Session, on H.R. 9041 (March 1938) , S. 11.

480 *Rogers*, Preliminary Draft of a Trade-Mark Act, Bulletin of The USTA, Vol. 16, (1921), 195ff.

481 *Rogers*, Revised Draft of a Trade-Mark Act, Bulletin of The USTA, Vol. 17, (1922), 225.

den darauf basierenden Änderungsvorschlägen wurden erstmalig die Gedanken von der "likelihood of confusion"[482], der Wirkung der Eintragung als "constructive notice"[483], der Abschaffung eines willkürlich festgesetzten Zeitraums zur Feststellung einer "secondary meaning"[484] und die Zulässigkeit der "concurrent registration"[485] ausformuliert.

Diese Gedanken *Rogers* fanden 1925 mit der Anhörung des sogenannten Ernst Bill im Senat zum ersten Mal Eingang in den Bereich der zuständigen Legislative und wurden auch von dem späteren im House of Representatives eingebrachten Vestal Bill im Grundsatz fortgeführt[486]. Allerdings wurden diese Gesetzesinitiativen von beiden Legislativorganen (House of Representatives und Senat) ohne jegliche Verwirklichungsbereitschaft diskutiert, und so lange hin und her verwiesen, bis die zweijährige Legislaturperiode des entsprechenden Kongresses ablief, und damit auch alle schwebenden Gesetzesinitiativen ihr Ende fanden. Zwar können nach Ablauf einer Legislaturperiode bereits erörterte Gesetzesvorhaben im folgenden Kongress wieder eingebracht werden, was mit dem Vestal Bill in der Zeit von 1926-1932 und somit über die Dauer von vier Kongresslegislaturperioden auch geschah (69th -72nd Congr.). Aber vor erneuter, die Dauer des Kongresses übersteigender Diskussion sind auch diese Entwürfe naturgemäß nicht sicher, und genau dieses Schicksal war dem Vestal Bill beschieden[487]. *Rogers* bezeichnet diese Behandlung seiner Reformvorschläge später zutreffend als Verschleppungstaktik[488]. Der Grund für diese Verfahrensweise lag darin, dass unter den Mitgliedern des Abgeordnetenhauses der Erneuerung des Warenzeichenrechts keine große Notwendigkeit beigemessen wurde. Anstelle dessen genossen die Revision des Urheberrechts und die Einführung der Designregistrierung Priorität[489]. So kommt es,

---

482 *Rogers*, Preliminary Draft of a Trade-Mark Act, Bulletin of The USTA, Vol. 16, (1921), 195, 197.

483 *Rogers*, Preliminary Draft of a Trade-Mark Act, Bulletin of The USTA, Vol. 16, (1921), 195, 198.

484 *Rogers*, Progress in the Revision of the Trade-Mark Law, Bulletin of The USTA, Vol. 17, (1922), 46, 47f.

485 *Rogers*, Revised Draft of a Trade-Mark Act, Bulletin of The USTA, Vol. 17, (1922), 230.

486 *Derenberg*, The Contribution of Edward S. Rogers to the Trademark Act of 1946 in Historical Perspective, TMR Vol. 62, 1972, 189, 192.

487 Eine ausführliche Zusammenstellung aller Gesetzesinitiativen bis zur Verabschiedung des Lanham Act findet sich bei *Carter*, Legislative History of the New Trade-Mark Act, TMR, Vol. 36, 1946, 121-123.

488 *Rogers* (chair.), Report of the Committee on Federal and State Trade-Mark Legislation, American Bar Association, Section of Patent, Trade-Mark and Copyright Law, Committee Reports to be Presented at the Annual Meeting to be held August, 25-26, 1936, S.17.

489 *Fawcett*, Trade-Mark Legislation in the 1934 Congress, Bulletin of The USTA, Vol. 28, New Series, 1933, 304, 305; Dass dabei die Revision des Copyright Law ebenfalls nur

dass die Bemühungen um ein neues Bundeswarenzeichenrecht ersatzlos aufgegeben werden, als diese Initiative 1932 mit dem Tode *A. H. Vestals* ihren Förderer im US Congress verliert[490].

Bis einschließlich 1937 wurde dem US Congress keine weitere Gesetzesinitiative zur gänzlichen Erneuerung des Warenzeichenrechts vorgelegt. Außerhalb der gesetzgebenden Körperschaften herrschte auf diesem Rechtsgebiet jedoch erhöhte Aktivität, denn es waren zahlreiche juristische Vereinigungen mit dem Entwurf neuer Gesetzesvorlagen befasst. Insbesondere hervorzuheben ist dabei die Arbeit der ABA. Sie hatte in der Fortsetzung ihrer bisherigen Bemühungen – meist unter Vorsitz *Rogers* – ein Komitee eingerichtet mit dem Ziel, einen allgemein annehmbaren Vorschlag zur Revision des Warenzeichenrechts zu entwerfen. Aufgrund der negativen Erfahrungen mit der legislativen Behandlung des Vestal Bills unterbreitete dieses Komitee im Jahre 1935 scheinbar desillusioniert den Vorschlag, die bestehenden Warenzeichengesetze nur zu ergänzen und auf diese Weise die wesentlichen im ehemaligen Vestal Bill enthaltenen Gedanken zu kodifizieren, da eine Ersetzung der bestehenden Warenzeichengesetze für politisch aussichtslos gehalten wurde[491]. Ein solches Vorgehen stieß allerdings unter den Mitgliedern der ABA auf erhebliche Kritik[492], so dass seit 1937 von dieser Ansicht durch das Komitee wieder schrittweise Abstand genommen wurde[493].

Schon 1938 wurde erneut ein Gesetzesentwurf formuliert, der die bis dahin existierenden Warenzeichengesetze vollständig ersetzen sollte. Dieser Ge-

---

sehr zeitaufwendig aber wenig ernsthaft betrieben wurde, wird unten auf S. 171 ff. ausgeführt.

490 Neben dem Tod Vestals sind allerdings noch die Auswirkungen der Weltwirtschaftskrise dafür verantwortlich, dass das Hauptaugenmerk des US Congress auf andere Themen als auf die Revision des Bundeswarenzeichenrechts gerichtet ist. Zu den Maßnahmen im Zusammenhang mit dem NIRA siehe die Ausführungen oben im ersten Kapitel S. 24 ff.

491 *Rogers* (chair.), Report of the Committee on Federal and State Trade-Mark Legislation, American Bar Association, Section of Patent, Trade-Mark and Copyright Law, Committee Reports to be Presented at the Annual Meeting to be held July 15-16, 1935, S. 9-17.

492 *Rogers* (chair.), Report of the Committee on Federal and State Trade-Mark Legislation, American Bar Association, Section of Patent, Trade-Mark and Copyright Law, Committee Reports to be Presented at the Annual Meeting to be held August, 25-26, 1936, S.17.

493 Eine generelle Ersetzung der bestehenden Warenzeichenstatuten wurde zwar noch als politisch unklug angesehen, aber das vorgeschlagene Amendment war bereits so umfassend, daß es einer Ersetzung praktisch gleich gekommen wäre. Siehe hierzu: *Rogers* (chair.), Report of the Committee on Federal and State Trade-Mark Legislation, American Bar Association, Section of Patent, Trade-Mark and Copyright Law, Committee Reports to be Presented at the Annual Meeting to be held September 27-28, 1937, Kansas City, Missouri, S. 23; *Rogers/Fathchild*, Report of the Sub-Committee to the Joint Meeting of the Committees on Trade-Mark Law, American Bar Association, Section of Patent, Trade-Mark and Copyright Law, Committee Reports to be Presented at the Annual Meeting to be held September 27-28, 1937, Kansas City, Missouri, S. 26-35.

setzesentwurf wurde durch *Fritz G. Lanham* als H. R. 9041 in den US Congress eingebracht[494].

2. Derenbergs erster Einfluss auf den Lanham Trademark Act

An dem 1937 erfolgten Meinungsumschwung unter den Teilnehmern des ABA Komitees hin zu einer energischen, offensiven Gangart[495] lässt sich der erste beweisbare Einfluss *Derenbergs* auf den zukünftigen Lanham Trademark Act feststellen.

Denn dieser Stimmungswechsel erfolgte vor allem aufgrund eines geänderten verfassungsrechtlichen Verständnisses bezüglich der Regelungskompetenz des US Congress für die Warenzeichenrechtsmaterie. Die juristische Akzeptanz dieses neuen Verständnisses fußte insbesondere auf den diesbezüglichen Ausführungen in *Derenbergs* zweitem Buch.

Die Verfasser des Reports des ABA Subcommittee für das Joint Meeting of the Committees on Trade-Mark Law sprachen sich 1937 nachdrücklich dafür aus, dass der US Congress die Zuständigkeit inne habe, im Rahmen der commerce clause auch materielles Warenzeichenrecht zu regeln, und dass er von diesem Recht auch umgehend Gebrauch machen sollte[496]. Bei der Argumentation für diese neue Auffassung stützten sich die Verfasser des Committee-Reports auf drei moderne Abhandlungen: zwei in Law Reviews erschienene Artikel und das zweite Buch *Derenbergs*, Trade-Mark Protection and Unfair Trading[497].

---

494 *Rogers* (chair.), Report of the Committee on Federal and State Trade-Mark Legislation, American Bar Association, Section of Patent, Trade-Mark and Copyright Law, Committee Reports to be Presented at the Annual Meeting to be held July 25-27, 1938, Cleveland, Ohio, S. 66 f.

495 Der Entwurf des Subcommittees endet mit den Worten, daß die Vorschriften so auszulegen seien, daß der US Congress hierdurch seine verfassungsmäßige Kompetenz vollständig erschöpfen wollte. Siehe: *Rogers/Fathchild*, Report of the Sub-Committee to the Joint Meeting of the Committees on Trade-Mark Law, American Bar Association, Section of Patent, Trade-Mark and Copyright Law, Committee Reports to be Presented at the Annual Meeting to be held September 27-28, 1937, Kansas City, Missouri, S. 35.

496 *Rogers/Fathchild*, Report of the Sub-Committee to the Joint Meeting of the Committees on Trade-Mark Law, American Bar Association, Section of Patent, Trade-Mark and Copyright Law, Committee Reports to be Presented at the Annual Meeting to be held September 27-28, 1937, Kansas City, Missouri, S. 26-29.

497 *Rogers/Fathchild*, Report of the Sub-Committee to the Joint Meeting of the Committees on Trade-Mark Law, American Bar Association, Section of Patent, Trade-Mark and Copyright Law, Committee Reports to be Presented at the Annual Meeting to be held September 27-28, 1937, Kansas City, Missouri, S. 26. Neben *Derenbergs* Buch werden noch zitiert: *Schechter*, Fog and Fiction in Trade-Mark Protection, Columbia Law Review, Vol. 36,

Zwar kann *Derenberg* nicht als Urheber der Herleitung einer solch weitreichenden Regelungskompetenz des US Congress bezüglich der Zeichenrechtsmaterie angesehen werden. Dieses Lob muss *Frank I. Schechter* zuteil werden, der die Möglichkeit dieser Ansicht aus verfassungsrechtlicher Sicht unter Einschluss der bis 1935 höchstrichterlich ergangenen Urteile nachgewiesen hat[498]. Aber *Derenberg* ist durch die Annahme dieser Ansicht in seinem Buch einer der ersten Juristen, die sich dieser Meinung offiziell anschließen. Somit ist er ein Mitbegründer der daraufhin einsetzenden Meinungsänderung innerhalb der US-amerikanischen Jurisprudenz, die eine weitreichende, bundeseinheitliche Regelung des US-amerikanischen Warenzeichenreichts auch in materieller Hinsicht als verfassungsmäßig erlaubt ansah und befürwortete[499].

a. Herleitung der Bundeskompetenz für das materielle Warenzeichenrecht

Wie *Schechter* und im Anschluss an ihn *Derenberg* ausführten, beruhte die bis 1937 vorherrschende Auffassung von der Kompetenzlosigkeit des Bundes für das materielle Warenzeichenrecht auf der Missachtung von drei entscheidenden Faktoren[500]:

Die Bundeskompetenz für die Zeichenrechtsgesetzgebung ist zwar nicht ausdrücklich in der Verfassung und vor allem nicht in der patent und copyright clause aufgeführt. Sie ist aber implizit in der commerce clause enthalten. Die Gesetzgebungskompetenz für das Warenzeichenrecht fällt daher nicht mangels Aufzählung automatisch in den Machtbereich der Einzelstaaten (Enumerationsprinzip der US-amerikanischen Verfassung).

Darüber hinaus war in den *Trademark Cases* dem Bund nicht das Recht zum Erlass von materiellem Warenzeichenrecht abgesprochen worden[501].

1936, S. 60-87; *Fathchild*, Territoriality of Registered Trade-Marks, Idaho Law Journal, Vol. 3, 1933, S. 193-205.

498 *Schechter*, Fog and Fiction in Trade-Mark Protection, Columbia Law Review, Vol. 36, 1936, S. 60-87.

499 Interessant ist es, auch den bei *Derenberg* selbst vollzogenen Wandel zu verfolgen. In seinem ersten Buch, Warenzeichen und Wettbewerb in den Vereinigten Staaten von Amerika, sieht er selbst noch eine Verfassungsänderung als notwendig an, S. 16, wobei er fünf Jahre später unter Berufung auf *Schechter* die Auslegung der commerce clause als Kompetenzgrundlage ausreichen läßt, Trade-Mark Protection and Unfair Trading, S. 12 f.

500 *Derenberg*, Trade-Mark Protection and Unfair Trading, S. 12 ff.; *Schechter*, Fog and Fiction in Trade-Mark Protection, Columbia Law Review, Vol. 36, 1936, S. 60 ff.

501 siehe *Trademark Cases*, 100 US 82, 95: "The question, therefore, whether the trademark bears such a relation to commerce in general terms as to bring it within congressional control, when used or applied to the classes of commerce which fall within that control, is one which, in the present case, we propose to leave undecided.".

Ferner gestaltete sich der Warenverkehr 1936 nicht mehr wie vor 50 Jahren zu einem Großteil als intrastate commerce, sondern fast ausschließlich als nationaler Handelsverkehr[502].

Schechter und im Anschluss an ihn auch *Derenberg* sehen insbesondere letzteres Argument als wesentlich für die verfassungsmäßige Begründung der Bundeskompetenz für das Warenzeichenrecht an. Da es sich beim damaligen Warenverkehr fast ausschließlich um interstate commerce handele und dieser in den Regelungsbereich des US Congress falle, würde eine ausschließliche Regulierung des materiellen Rechts durch die Einzelstaaten eine Behinderung des freien Flusses des interstate commerce darstellen. Auf diese Weise werde durch die Bundesstaaten in die Kompetenz des Bundes eingegriffen. Ein solches Vorgehen sei jedoch verboten, wie das US Supreme Court schon 1919 festgestellt habe[503].

An der zitierten Entscheidung des US Supreme Court ist besonders bemerkenswert, dass das Gericht in seiner Begründung nicht mehr entscheidend auf die rechtliche Beurteilung des jeweiligen Rechtsgeschäftes abstellt, sondern vielmehr die jeweiligen Auswirkungen des einzelnen Bundesstaatenrechts auf den interstate commerce als maßgeblich ansieht[504]. In seiner Urteilsbegründung führt das Gericht aus: "But this mistakenly assumes that the power of Congress is to be neccessarily tested by the intrinsic existence of commerce in the particular subject dealt with, instead of by the relation of that subject to commerce and its effect upon it. We say mistakenly assumes, because we think it clear that if the proposition were sustained it would destroy the power of Congress to re-

---

502 *Schechter*, Fog and Fiction in Trade-Mark Protection, Columbia Law Review, Vol. 36, 1936, S. 68 f.; Bemerkenswert ist, daß *Derenberg* das erste und letzte Argument *Schechters* bereits in seinem ersten Buch, Warenzeichen und Wettbewerb, S. 14 f., zur Kritisierung der Fortführung der Doktrin der Kompentenzlosigkeit des US Congress aufführt, und ebenso wie *Schechter* auch den Wechsel der tatsächlichen Verhältnisse als Argument gegen diese Auffassung besonders betont, sich allerdings noch nicht dazu durchringen kann, die commerce clause als ausreichende Kompetenzgrundlage des US Congress zur Regelung materiellen Warenzeichenrechts zu propagieren. Anstelle dessen spricht er sich noch für die Notwendigkeit einer Verfassungsänderung als Vorraussetzung für ein solches Vorhaben des US Congress aus, S. 16. Er erwähnt zwar den Aufsatz *Parkinsons*, Concerning Federal Trade-Mark Legislation, Report of the American Bar Association, 1903, S. 598ff., in dem sich der Autor schon 1903 für eine liberale Interpretation der commerce clause ausgesprochen hatte, entscheidet sich aber ihm nicht zu folgen, sondern diese Meinung als noch "vereinzelt geblieben" zu bezeichnen, *Derenberg*, Warenzeichen und Wettbewerb, S. 15.

503 *Schechter*, Fog and Fiction in Trade-Mark Protection, Columbia Law Review, Vol. 36, 1936, S. 77 unter Berufung auf *United States v. Ferger,* 250 US 199, 202 f. (1919).

504 Wie oben auf S. 91 ff. ausgeführt, war die Fokussierung auf den Charakter des einzelnen Rechtsgeschäfts noch 1905 dafür mitverantwortlich, daß dem US Congress eine Regelungskompetenz für Sachverhalte, die auch den intrastate commerce betrafen, abgesprochen wurde.

gulate, as obviously that power, if it is to exist, must include the authority to deal with obstructions to interstate commerce (*In re Debs*, 158 U. S. 564) and with a host of other acts which, because of their relation to and influence upon interstate commerce, come within the power of Congress to regulate, although they are not interstate commerce in and of themselves."[505] Und dass der US Congress die Sachverhalte, die in seinen Kompetenzbereich fallen, umfassend und erschöpfend regeln kann, auch wenn es hierbei zu unumgänglichen Überschneidungen mit einer Materie bundesstaatlicher Zuständigkeit kommt, war bereits 1913 in den *Minessota Rate Cases* ausgesprochen worden[506].

Die moderne Auffassung von der Gesetzgebungskompetenz des US Congress unterstützte *Schechter* des weiteren mit dem Argument, dass es doch sehr merkwürdig anmuten würde, wenn der US Congress die commerce clause einerseits zur Regelung des Zeichenrechts (labelling and misbranding) in Bezug auf Esswaren und Drogerieartikel unter dem Pure Food Act[507] oder zur Überwachung von unlauteren Wettbewerbshandlungen mittels falschen oder irreführenden Etiketten (labels) durch eine vom US Congress selbst geschaffene Behörde gebrauchen dürfe (gemeint ist die Federeal Trade Comission)[508]. Andererseits aber solle ihm unter derselben Vorschrift der Verfassung die Befugnis versagt sein, ein System zum Schutz von Warenzeichen im allgemeinen aufzubauen[509]. Dieses Argument wird durch den Report des Sub-Committee to

---

[505] *United States v. Ferger,* 250 US 199, 203 (1919). Dieses Urteil befaßt sich zwar nicht direkt mit dem Verhältnis von interstate zu intrastate commerce, sondern damit, ob a fraudulent and fictitious bill of lading Gegenstand der Regelungsgewalt des US Congress aufgrund der commerce clause sein kann, obwohl diese Frachtscheine nicht selber die gehandelte Ware darstellen. Aber es zeigt sich, dass die Frage der Regelungskompetenz nicht mehr unter isolierter Betrachtung des einzelnen Rechtsdgeschäfts und seines Gegenstandes beantwortet wird, sondern die Perspektive zur Beurteilung vielmehr auf die tasächlichen Auswirkungen des Sachverhalts auf den interstate commerce gerichtet ist.

[506] *Minessota Rate Cases*, 230 US 352, 399 (1913): "There is no room in our scheme of government for the assertion of state power in hostility to the authorized exercise of Federal power. The authority of Congress extends to every part of interstate commerce, (…). This is not to say that the Nation may deal with the internal concerns of the State, as such, but that the execution by Congress of its constitutional power to regulate interstate commerce is not limited by the fact that intrastate transactions may have become so interwoven therewith that the effective government of the former incidentally controls the later. This conclusion necessarily results from the supremacy of the national power within its appointed sphere.".

[507] *Hippolite Egg Co. v. United States*, 220 US 45, 55 ff. (1911); *Weigle v. Curtice Bros. Co.*, 248 US 285, 287 ff. (1919).

[508] Zu dieser Funktion der FTC siehe beispielsweise *Federal Trade Commission v. Winsted Hosiery Co.*, 258 US 483 (1922); *Federal Trade Commission v. Keppel & Bro. Inc.*, 291 US 304 (1934).

[509] *Schechter*, Fog and Fiction in Trade-Mark Protection, Columbia Law Review, Vol. 36, 1936, S. 77 f.

the Joint Meeting of the Committees on Trade-Mark Law noch mit der Begründung ergänzt, dass das US Supreme Court schon festgestellt habe, dass das Warenzeichenrecht nur ein Teil des Rechts gegen den unlauteren Wettbewerb darstelle[510] und der US Congress in diesem Rechtsgebiet mit dem Erlass des Sherman Acts, Clayton Acts und Robinson-Patman Acts schon Gesetze verabschiedet habe, die das materielle Recht abänderten[511].

b. Überwindung der bisherigen höchstrichterlichen Rechtsprechung

Die obige Argumentation *Schechters* und *Derenbergs* zeigt, dass der US Congress infolge der zunehmend globaleren Ausrichtung des Warenverkehrs befugt gewesen wäre, materielles Warenzeichenrecht zu erlassen.

Jedoch reichte eine alleinige Interpretation der Verfassung nicht mehr aus, da bereits seit 1879[512] bis 1936 mehrere höchstrichterliche Urteile ergangen waren, die sich auch zur Kompetenzverteilung im Warenzeichenrecht verhielten und somit als precedence bindende Wirkung entfalten konnten. Die ergangenen US Supreme Court Entscheidungen mussten demzufolge so ausgelegt werden, dass ihr Tenor (ruling) nicht so zu verstehen war, dass sie dem US Congress das Recht zum Erlass materiellen Zeichenrechts absprachen. Angesichts solcher Formulierungen wie, "While the Congress, by virtue of the commerce clause, has no power to legislate upon the substantive law of trade-marks, ..."[513], kann die Schwierigkeit eines solchen Vorhabens eindrucksvoll verdeutlicht werden.

Mit dieser Aufgabe befasste sich *Irvin H. Fathchild*. Er nahm den nach 1879 ergangenen Urteilen ihre Grundlage, indem er ausführte, dass die *Trademark Cases* keinerlei feststellende Wirkung bezüglich der Zuständigkeit des Bundes für materielles Warenzeichenrecht hatten[514]. Ferner gehörten bei den überwie-

---

[510] *Rogers/Fathchild*, Report of the Sub-Committee to the Joint Meeting of the Committees on Trade-Mark Law, American Bar Association, Section of Patent, Trade-Mark and Copyright Law, Committee Reports to be Presented at the Annual Meeting to be held September 27-28, 1937, Kansas City, Missouri, S. 27 mit Verweis auf *United Drug Co. v. Rectanus Co.*, 248 US 90, 97.

[511] *Rogers/Fathchild*, Report of the Sub-Committee to the Joint Meeting of the Committees on Trade-Mark Law, American Bar Association, Section of Patent, Trade-Mark and Copyright Law, Committee Reports to be Presented at the Annual Meeting to be held September 27-28, 1937, Kansas City, Missouri, S. 27.

[512] *Trademark Cases*, 100 US 82 ff.

[513] *American Trading Co. v. Heacock Co.*, 285 US 247, 256 (1932).

[514] *Trademark Cases*, 100 US 82, 95: "The question, therefore, whether the trade-mark bears such a relation to commerce in general terms as to bring it within congressional control, when used or applied to the classes of commerce which fall within that control, is one which, in the present case, we propose to leave undecided.".

genden Urteilen, die solche Formulierungen, wie die oben erwähnte, enthielten, diese Aussagen nicht notwendig zum Streitentscheid. Sie stellten somit jeweils nur ein obiter dictum dar, und waren daher nicht bindendes Recht im Sinne der stare decisis[515].

c. Siegeszug der modernen Auffassung

Die Auffassung, dass der US Congress zum Erlass einer auch das materielle Warenzeichenrecht umfassenden Regelung befugt sei und davon auch dringend Gebrauch machen solle, entwickelte sich im Laufe der Jahre zur herrschenden Meinung.

Als endgültige Bestätigung dieser Interpretation der commerce clause erklärte im Jahre 1943 der Circuit Court of Appeals, Seventh Circuit, die seit 1879 existierende Doktrin, dass der US Congress keine Kompetenz habe, materielles Warenzeichenrecht zu erlassen, für beendet[516]. In seinem Urteil attestiert das Gericht den besonderen Einfluss *Derenbergs* auf den erfolgten Meinungsumschwung, indem es sich bei der Begründung seiner Entscheidung ausdrücklich auf die Arbeiten *Derenbergs* und *Schechters* als Autoritäten bezieht[517].

d. Gründe für den späten Meinungsumschwung

Bei genauer Betrachtung der Daten fällt auf, dass die zur Begründung der Bundeskompetenz maßgeblichen Gerichtsurteile schon sehr früh (1913-1919)[518] ergangen waren. Es stellt sich somit die Frage nach dem Grund, warum die auf der Fehlinterpretation der *Trademark Cases* basierende Doktrin noch so lange Zeit überdauern konnte, und warum sie sich erst seit 1936 immer größerer Kritik ausgesetzt sah.

Derenberg und *Schechter* weisen in diesem Zusammenhang darauf hin, dass der Begriff des interstate commerce nicht nur juristisch ausgelegt, sondern auch

---

515 *Fathchild*, Territoriality of Registered Trade-Marks, Idaho Law Journal, Vol. 3, 1933, 193, 200 ff. Mit Ausnahme der Etscheidung, *American Steel Foundries v. Robertson,* 269 US 372, 381 (1926), kann *Fathchild* die in Frage kommenden Gerichtsentscheidungen auf diese Weise als unverbindlich darstellen. *American Steel Foundries v. Robertson* möchte er so verstanden wissen, dass darin nur erklärt werde, dass die Kompetenz des Bundes für das materielle Warenzeichenrecht nicht ausdrücklich in der Verfassung aufgeführt sei, aber daraus abgeleitet werden könne.

516 *Philco Corp. v. Phillips Mfg. Co.*, 133 Fed 2nd 663, 668: "Although the question has never been squarely decided by the Supreme Court, we believe it is clear that Congress has the power to legislate upon the substantive law of trade-marks.".

517 *Philco Corp. v. Phillips Mfg. Co.*, 133 Fed 2nd 663, 667.

518 Siehe die zitierten Urteile oben in den Fußnoten 505 und 506.

politisch missbraucht wurde, nämlich zur Bewahrung größtmöglicher Souveränität bei den einzelnen Bundesstaaten[519]. Und die Bundesstaaten fanden in ihrem Besitzstandsdenken über lange Zeit Unterstützung durch das US Department of Justice, welches in einem umfangreichen Bundeswarenzeichenrecht einen Verstoß gegen die Wirtschaftsphilosophie der USA zu entdecken glaubte[520].

In den USA nahm seit jeher die Auffassung vom "laissez faire", nach der der Staat nicht maßregelnd in die Gesetzmäßigkeiten des freien Marktes eingreifen darf, einen starken Einfluss auf die Wirtschaftspolitik[521]. Die wichtigsten Inhalte des Modells vom „laissez faire" oder der reinen Marktwirtschaft stammen von dem schottischen Nationalökonomen Adam Smith, die er in seinem 1776 erschienen Werk „An Inquiry into the Nature and Causes of the Wealth of Nations" niedergelegt hat[522]. Diese Theorie basiert auf der These, dass die Marktkräfte allein zu einer für die Gesellschaft optimalen Verteilung der Resourcen führen[523]. Maßgebliches Planungsprinzip ist das der Individualplanung, wobei sich die einzelnen Wirtschaftssubjekte (Produzenten und Nachfrager von Gütern) vom Erwerbsprinzip leiten lassen[524].

Aus dem Vertrauen in die Selbstregulierungsfähigkeiten des Marktes wurde auch der Grundsatz der freien Kopierbarkeit von Geschäftsideen und geistigen Kreationen abgeleitet[525]. Denn der exklusive Schutz von Geschäftsideen und geistigen Kreationen für einzelne Personen, sei er nun selbst angemaßt oder staatlich gewährleistet und die damit verbundene Entziehung solcher Errungenschaften aus der freien Verfügungsgewalt des einzelnen Bürgers, wurde als eine Variation des verhassten Begriffs des Monopols aufgefasst[526]. Auch

---

519 *Derenberg*, Warenzeichen und Wettbewerb, S. 16; *Schechter*, Fog and Fiction in Trade-Mark Protection, Columbia Law Review, Vol. 36, 1936, S. 69 Fußnote 26 (Der Text erstreckt sich über zwei Seiten. Der hierfür erhebliche Teil steht auf S. 70).

520 beispielhaft für diese Auffassung siehe: *Moyer*, Statement als Special Assistant to the Attorney General, Antitrust Division, Department of Justice, Washington, D. C., Hearings before a Subcommittee of the Committee on Patents, United States Senate, 78th Congr., 2nd Session, on H. R. 82, November 15 and 16, 1944, S. 71ff.

521 Siehe Justice *Frank* in seiner concurring opinion in *Standard Brands, Inc. v. Smidler*, 151 Fed 2nd 34, 38 f. (C.C.A., 2nd Circuit., 1945); *McCarthy*, McCarthy on Trademarks and Unfair Competition, Vol. 1, § 1:4, (Stand 12/96).

522 *Sloman*, Economics, S. 22; *Wagenblaß*, Volkswirtschaftslehre, öffentliche Finanzen und Wirtschaftspolitik, S. 35.

523 *Kuhbier*, Grundlagen der quantitativen Wirtschaftspolitik, S. 11; *Sloman*, Economics, S. 22; *Wagenblaß*, Volkswirtschaftslehre, öffentliche Finanzen und Wirtschaftspolitik, S. 35 ff.

524 *Wagenblaß*, Volkswirtschaftslehre, öffentliche Finanzen und Wirtschaftspolitik, S.35 f.

525 *McCarthy*, McCarthy on Trademarks and Unfair Competition, Vol. 1, § 1:2, (Stand 12/96).

526 *McCarthy*, McCarthy on Trademarks and Unfair Competition, Vol. 1, § 1:4, (Stand

dem staatlichen Schutz von Warenzeichen wurde ein solch monopolistischer Charakter beigemessen. Ein staatlich gewährter Schutz von Warenzeichenrechten wurde als Widerspruch zu der Ansicht empfunden, dem Wirtschaftsverkehr größtmögliche Freiheit zu gewähren und auf seine Fähigkeit der Selbstregulierung zu vertrauen. Insbesondere die Vertreter des US Departments of Justice schienen von einer Monopolphobie befallen zu sein. Sie waren gegen jegliche staatliche Rechtsgewährung, die über den Umfang des Warenzeichenrechts nach common law (i.e.S.) hinausging. Ihre Furcht gründete sich vor allem darauf, dass Warenzeichen durch Absprachen oder Machtstellungen einzelner Wettbewerber zu neuen Monopolen führen könnten und die allgemeine Sprache Stück für Stück ihrer Vokabeln beraubt werde, indem allgemeine Sprachbegriffe als Warenzeichen verwendet werden würden.[527]

Versuche, ein bundesstaatliches Warenzeichenrecht zu schaffen, welches nicht ausschließlich dazu dienen sollte, durch erhöhte Transparenz über die verwendeten Warenzeichen den Handelsverkehr zu erleichtern, sondern dem Warenfluss Vorschriften aufzwingen und einzelnen Personen exklusive Rechte gewähren sollte, stießen folglich auf eine einflussreiche, ablehnende, politische Lobby.

Mit dieser Lobby im Rücken ließ sich die von den Staaten erstrebte größtmögliche Unabhängigkeit mittels der restriktiven Interpretation der commerce clause hinsichtlich der Warenzeichenkompetenz bis 1936 nahezu problemlos

---

12/96); Die Wurzeln für diese Auffassung lassen sich ebenfalls auf *Smith* zurückführen, wo es heißt: „A monopoly granted either to an individual or to a trading company has the same effect as a secret in trade or manufactures. The monopolists, by keeping the market constantly under-stocked, by never fully supplying the effectual demand, sell their commodities much above the natural price, and raise their emoluments, whether they consist in wages or profit, greatly above their natural rate. [...] The exclusive privileges of corporations, statutes of apprenticeship, and all those laws which restrain, in particular employments, the competition to a smaller number than might otherwise go into them, have the same tendency, though in a less degree. They are a sort of enlarged monopolies, and may frequently, for ages together and in whole classes of employments, keep up the market price of particular commodities above the natural price, and maintain both the wages of the labour and the profits of the stock empolyed about them somewhat about their natural rate.

Such enhancements of the market price may last as long as the regulations of police which give occasion to them.“, An Inquiry into the Nature and Causes of the Wealth of Nations, book I, chapter VII.

527 Beispielhaft siehe hierzu: *Moyer*, Statement als Special Assistant to the Attorney General, Antitrust Division, Department of Justice, Washington, D. C., Hearings before a Subcommittee of the Committee on Patents, United States Senate, 78th Congr., 2nd Session, on H. R. 82, November 15 and 16, 1944, S. 71ff.; auch *Derenberg* verweist auf diese Monopolphobie der Vertreter des Department of Justice in: The Law of Trade-Marks, 1943 Annual Survey of American Law, S. 655 f.; *ders.*, Lanham Bill, H.R. 82, Reported by Senate Committee on Patents, The Trademark Reporter, Vol. 34, 1944, S. 177 f.; ferner *Pattishall*, Two Hundred Years of American Trademark Law, TMR, Vol. 68, 1978, 121, 138.

aufrecht erhalten[528]. Sie begann jedoch unter den Auswirkungen der Weltwirtschaftskrise und dem darauf folgenden New Deal Programm von President Theodore Roosevelt abzunehmen[529].

Das Ende der politischen Unterstützung wurde aber unbeabsichtigter Weise durch die Bundesstaaten selbst eingeleitet. Ab 1936 verfielen sie nämlich zunehmend[530] auf die Idee, zur Finanzierung der bedürftigen Haushaltskassen die gebührenpflichtige Registrierung der Warenzeichen als zwingend für den Schutz durch das entsprechende state common law vorauszusetzen[531]. Durch diese Regeln wären den Unternehmen zusätzliche Kosten entstanden, welche wirtschaftliche Nachteile zur Folge gehabt hätten. Somit hatten sich die Bundesstaaten genau auf das Terrain vorgewagt, in dem man in den USA schon unter normalen Bedingungen jeglicher Lobby verlustig geht. Dies galt erst recht zu einer Zeit, in der sich die Wirtschaft ganz zögerlich zu erholen und keinerlei Behinderung zu verkraften schien.

Zwar war schon 1911 von *Barber* angeführt worden, dass es aufgrund der verschiedenen common law Vorschriften der Bundesstaaten für einen Hersteller fast unmöglich sei, ein Warenzeichen zu begründen, welches in jedem der 48 Bundesstaaten gültig sei[532]. Da es sich jedoch um ein ausschließlich rechtliches Problem zu handeln schien, hatte dieser Umstand das Gegenargument der Souveränität der Bundesstaaten nicht zu überwiegen vermocht. Als die Einzelstaaten jedoch die Registrierung als zwingend und gebührenpflichtig gestalten

---

528 Sie führte unter anderem zum Scheitern des Vestal Bills.

529 Angesichts der am Boden liegenden Wirtschaft in den USA, wurde während der New Deal Periode das System des reinen Wettbewerbs als eine Fehlvorstellung angesehen und weitreichende regulatorische Maßnahmen für erforderlich gehalten, um den Mittelweg zwischen reinem Wettbewerb und Sozialismus beschreiten zu können. *Sullivan*, Handbook of the Law of Antitrust, § 239 c, S. 750.

530 Im Report des ABA Committee wird die Zunahme dieser Gesetzesvorhaben sogar als epidemisch bezeichnet, *Rogers* (chair.), Report of the Committee on Federal and State Trade-Mark Legislation, American Bar Association, Section of Patent, Trade-Mark and Copyright Law, Committee Reports to be Presented at the Annual Meeting to be held September 27-28, 1937, S. 23.

531 Im Jahre 1936 beabsichtigte zum Beispiel New Jersey, ein neues Warenzeichengesetz zu erlassen, in dem die Registrierung zwingend vorgeschrieben war. Es wurde angenommen, daß der Bundesstaat dadurch bei einer Registrierungsgebühr von 10 $ eine Gesamteinnahme in Höhe von 10 Mio. $ erzielen würde. Patent and Trade Mark Review, Vol. 36, 1937-1938, 137, 138

Als weitere Beispiele seien genannt: Kentucky, wo die Gesetzesinitiative allerdings schnell abgelehnt wurde, Patent and Trade Mark Review, Vol. 35, 1936-1937, 103; Nevada, Patent and Trade Mark Review, Vol. 35, 1936-1937, 129; New York, Patent and Trade Mark Review, Vol. 35, 1936-1937, 198; Utah, wo für bestimmte Waren (combustile oils) dieses Gesetz auch erlassen wurde, Patent and Trade Mark Review, Vol. 35, 1936-1937, 262.

532 *Barber*, The Constitution and Trade-Marks, Bulletin of The USTA, Vol. 8, New Series, 1912, 119, 123.

wollten, änderte sich die Sachlage urplötzlich. Von da an handelte es sich nicht mehr um ein scheinbar rein juristisches, sondern um ein in offenkundiger Weise wirtschaftliches, nahezu existenzielles Problem und um eine Beschränkung des freien Handelsverkehrs durch die Bundesstaatenlegislativen.

Denn zum einen war es eine erhebliche finanzielle Belastung der einzelnen Unternehmen, wollten sie tatsächlich in allen 48 Bundesstaaten ein geschütztes Warenzeichen erlangen[533].

Zum anderen war die Gefahr des Missbrauchs gegeben. Unlautere aber zugleich geschäftstüchtige Personen hätten sich in verschiedenen Bundesstaaten mit dem Zeichen bereits bekannter Namen eintragen lassen können, weil nicht mehr nur der zeitlich erste Gebrauch, sondern der Gebrauch zusammen mit der Eintragung entscheidender Faktor zur rechtmäßigen Verwendung des Warenzeichens sein sollten. Wollte später das unter diesem Zeichen bereits bekannte Unternehmen in diesem Staat mit dieser Marke am Markt operieren und hatte es das Unternehmen entweder vergessen oder es sich nicht leisten können, in allen Staaten zugleich die Marke registrieren zu lassen, so hätte es die Rechte am „eigenen" Zeichen erst von der dort eingetragenen Person erwerben müssen[534].

Die Angst vor solchen Konsequenzen ließ die Waagschale letztendlich auch unter den politischen Lobbyisten zugunsten eines umfassenden Bundeswarenzeichenrechts ausschlagen. Der Erlass eines solchen Gesetzes wurde als einzige Möglichkeit angesehen, der drohenden Behinderung des Handelsverkehrs durch die Einzelstaaten entgegenzuwirken[535]. Dieser Sympathiewechsel hin zur föderalen Regelung war verantwortlich dafür, dass die Impulse *Schechters* und *Derenbergs* bezüglich der Gesetzgebungskompetenz des US Congress für materielles Warenzeichenrecht letztlich 1943 sowohl juristische als auch politische Akzeptanz erlangten.

3. Eingang von Derenbergs Gedanken in den Gesetzesentwurf

Nachdem *Derenberg* maßgeblich dazu beigetragen hatte, die verfassungsrechtliche Basis darzustellen, aufgrund derer ein neues Bundeswarenzeichen-

533 *Rogers* rechnet dem Subcommittee on Trade-Marks im Repräsentantenhaus am Beispiel eines großen pharmazeutischen Unternehmens vor, dass bei 100 benutzten Warenzeichen und einer Einheitsregistrierungsgebühr von 10 $ pro Stück, dieses Unternehmen mit einer Gesamtbelastung in Höhe von 48.000 $ zu rechnen hätte, Hearings Before the Committee on Patents, Subcommittee on Trade-Marks, House of Representatives, 75th Congr., 3rd Session, on H. R. 9041, S. 12.

534 siehe hierzu: Compulsory State Registration Bill Killed in Kentucky, Patent and Trade Mark Review, Vol. 36, 1937-1938, 103; *Nims/Whitman*, Trade-Mark Menace, Bulletin of The USTA, Vol. 30, 1935, 157-161.

535 *Rogers*, Hearings Before the Committee on Patents, Subcommittee on Trade-Marks, House of Representatives, 75th Congr., 3rd Session, on H. R. 9041, S. 12.

recht mit materiellem Regelungsgehalt erlassen werden konnte, lässt sich sein nächster beweisbarer Einfluss auf den Lanham Trademark Act im Jahre 1938 finden.

Am zweiten Tag des ersten Hearings zum Lanham Trade-Mark Bill (H. R. 9041), bringt die USTA eine ausführliche Stellungnahme im Namen ihrer Mitglieder ein. In dieser werden die besonderen Vorzüge des aktuellen Gesetzesvorhabens hervorgehoben, detailliert Kritik geübt und die Umsetzung der Initiative in geltendes Recht eindringlich befürwortet. Als Verfasser dieses Schriftstückes unterzeichnen *Daniels*, damaliger secretary of USTA, und *Derenberg*, als assistant secretary[536]. Die Stellungnahme liest sich zweigeteilt. Einem allgemeinen Teil, der die Vorteile schildert, die durch die Verabschiedung dieses Gesetzesentwurfs erlangt werden würden, folgt ein besonderer Teil. In ihm wird ausführlich auf einzelne Vorschriften eingegangen und konstruktive Kritik geäußert[537]. Besonders bemerkenswert ist dabei, dass alle im ersten Teil angeführten erreichbaren Verbesserungen solche Punkte betreffen, die *Derenberg* in seinem Buch, Trade-Mark Protection and Unfair Trading, als wesentliche Unzulänglichkeiten des US-amerikanischen Warenzeichenrechts anprangert. Der erste Teil liest sich somit wie eine Essenz seines Buches.

In der Stellungnahme der USTA werden folgende Punkte als die wesentlichen Verbesserungen hervorgehoben, die der Erlass des Gesetzes zur Folge haben würde[538]:

- dass die Unterscheidung zwischen dem "right to use" und dem "right to register" hinsichtlich von Warenzeichen aufgehoben werden würde[539]
- dass das Gesetz unter Berufung auf die commerce clause wesentlich weiter ginge als alle bisherigen föderalen Legislativakte auf diesem Rechtsgebiet[540]
- dass der Versuch einer Definition der Fälle, in denen eine Irreführung des Publikums gegeben erscheint, aufgegeben und dem Patent Office oder dem entscheidenden Gericht zur Feststellung im jeweiligen Einzelfall überwiesen werden würde[541]

---

[536] Hearing before the Committee on Patents, Subcommittee on Trade-Marks, House of Representatives, 75th Congr., 3rd Session, on H. R. 9041, March 15, 16, 17, 18, 1938, S.62-66.

[537] siehe hierzu zusammenfassend die Ausführungen unten auf S. 127.

[538] Hearing before the Committee on Patents, Subcommittee on Trade-Marks, House of Representatives, 75th Congr., 3rd Session, on H. R. 9041, March 15, 16, 17, 18, 1938, S. 62 f.

[539] zum Vergleich: *Derenberg*, Trade-Mark Protection and Unfair Trading, fordert dies auf den S. 223-225.

[540] zum Vergleich: *Derenberg*, Trade-Mark Protection and Unfair Trading, hat die Möglichkeit dazu explizit auf den S. 12 f. dargestellt.

[541] zum Vergleich: *Derenberg*, Trade-Mark Protection and Unfair Trading, hatte sich dafür ausgesprochen, die likelihood of confusion als Maßstab anzuwenden und nicht den amorphen Begriff der "same descriptive properties" weiterzuverfolgen, S. 408.

- dass die Feststellung einer secondary meaning von Warenzeichen nicht mehr von der willkürlich gewählten zehnjährigen Benutzungsdauer abhängig wäre[542]
- dass die concurrent registration von gutgläubig benutzten, gleichlautenden Warenzeichen in räumlich vollständig getrennten Gebieten zulässig sein würde[543]
- und dass dieses Gesetz die Bestrebungen der Bundestaaten zur Registrierungspflicht von Warenzeichen augenblicklich beenden würde[544]

Die im Jahre 1875 gegründete USTA war die älteste Vereinigung der USA, die sich ausschließlich Zeichenrechtsangelegenheiten widmete (protection of trademarks and tradenames) und zu der damaligen Zeit über 200 der größten Konzerne der USA unter ihren Mitgliedern verzeichnen konnte[545]. Als assistant secretary der USTA war *Derenberg* bei der Formulierung dieser Stellungnahme pflichtgemäß darauf begrenzt, die Interessen dieser Vereinigung und ihrer Mitglieder zu beachten und zu wahren. Dass er selbst aber schon zwei Jahre zuvor mit den in seinem Buch geäußerten Gedanken und Anregungen die Bedürfnisse eines solch bedeutenden Kreises von Warenzeichenverwendern getroffen hat und seine Anregungen Eingang in den Gesetzesentwurf gefunden haben, legt Zeugnis über seinen herausragenden Sachverstand vom US-amerikanischen Zeichenrecht ab. Selbstverständlich waren diese Gedanken nicht alle neu, sondern schon zuvor vereinzelt von verschiedenen Fachjuristen oder Gerichten geäußert worden[546]. Aber die gelungene Selektion der vorzugswürdigen Auffassungen aus der Vielzahl von vertretenen Meinungen und erlassenen Gerichtsurteilen demonstriert *Derenbergs* besondere, oft auch durch

---

542 zum Vergleich: *Derenberg*, Trade-Mark Protection and Unfair Trading, stellt es als selbstverständlich dar, dass die Dauer der Benutzung nicht der exklusive Faktor zur Annahme einer secondary meaning von Zeichen sein kann, S. 337.

543 zum Vergleich: *Derenberg*, Trade-Mark Protection and Unfair Trading, stellt auf den S. 484-487 das Problem, daß eine solche Registrierung bis dato unter Berufung auf den Wortlaut des Bundeswarenzeichengesetzes von 1905 als unzulässig erachtet wurde, ohne ausdrückliche Forderung nach der Zulässigkeit einer solchen Registrierung dar. Da diese Unzulässigkeit allerdings auf der vom Patent Office durchgeführten Unterscheidung zwischen dem “right to use” und dem “right to register” beruht und *Derenberg* sich bereits für deren Aufhebung ausgesprochen hatte, war eine ausdrückliche Äußerung auch gar nicht mehr notwendig.

544 zum Vergleich: *Derenberg*, Trade-Mark Protection and Unfair Trading, hatte sich hierfür auf den S. 483, 23 f. ausgesprochen.

545 Hearing before the Committee on Patents, Subcommittee on Trade-Marks, House of Representatives, 75th Congr., 3rd Session, on H. R. 9041, March 15, 16, 17, 18, 1938, S. 62.

546 Hierbei ist insbesondere *Rogers* als der Verfasser der Grundzüge des ursprünglichen Vestal Bills zu nennen.

Rechtsvergleichung begleitete Fähigkeit, Strukturen und ihre Schwachstellen zu erkennen und hierfür Lösungsmöglichkeiten zu entwickeln.

Im zweiten Teil ihrer Stellungnahme wandten sich *Derenberg* und *Daniels* im Namen der USTA gegen die Einführung eines im Gesetzesentwurf vorgesehenen search files, das als drittes Register neben dem principal und suplemental register alle Warenzeichen, die sich im aktuellen Gebrauch befanden, aufführen und daneben noch Verpackungen, Werbesprüche und dergleichen enthalten sollte. Ferner sprachen sie sich gegen die Aufnahme einer Klausel aus, nach welcher bestehende common law Rechte Dritter durch die Registrierung nicht beeinträchtigt werden sollten. Eine solche Vorschrift hebe den Vorteil der Unanfechtbarkeit eines eingetragenen Zeichens auf. Ebenfalls regten sie an, dass, wie in Großbritannien, eine Eintragung des Warenzeichens auch bereits bei glaubhafter Darlegung einer Gebrauchsabsicht innerhalb eines bestimmten zukünftigen Zeitraums möglich sein soll und nicht erst bei tatsächlicher Verwendung. Des weiteren bezogen sich die Kritikpunkte noch auf verschiedene Definitionsmängel, die überkommene Problematisierung der Übertragbarkeit von Warenzeichen und darauf, ob die Registrierung des Zeichens an der Ware vermerkt werden müsse oder eine Benachrichtigung des jeweiligen Verletzers im Einzelfall durch den Berechtigten ausreichend sei[547].

Wie sich in dem darauffolgenden korrigierten Gesetzesentwurf zeigte, konnten sich mehrere dieser Kritikpunkte durchsetzen[548]. So waren die Vorschriften zur Einrichtung eines search files nicht mehr existent[549]. Zur öffentlichen Kenntlichmachung der Registrierung an dem Produkt reichte die Anbringung des ® Zeichens aus, sofern die Beschaffenheit des Produktes einleuchtende Gründe für die Notwendigkeit dieser abgekürzten Kenntlichmachung aufwies[550]. Ferner wurde die Definition des Begriffs "trade-mark" verbessert und eine Definition der "related companies" erstmalig eingefügt[551].

---

547 Hearing before the Committee on Patents, Subcommittee on Trade-Marks, House of Representatives, 75th Congr., 3rd Session, on H. R. 9041, March 15, 16, 17, 18, 1938, S. 64-65 mit jeweiligen Verweisen auf die entsprechenden Paragraphen des auf S. 1-9 desselben Hearings abgedruckten Gesetzesentwurfs.

548 siehe hierzu den abgedruckten Gesetzesentwurf in: Hearings before the Committee on Patents, Subcommittee on Trade-Marks, House of Representatives, 76th Congr., 1st Session, on H. R. 4744, March 28, 29, 30, 1939, S. 1-11.

549 Title III des Gesetzesentwurfs, der ehemals die Vorschriften zum search file beinhaltete, lautet nun „Notice of Registration", Hearings before the Committee on Patents, Subcommittee on Trade-Marks, House of Representatives, 76th Congr., 1st Session, on H. R. 4744, March 28, 29, 30, 1939, S.5.

550 siehe Title III des Gesetzesentwurfs, § 29, Hearings before the Committee on Patents, Subcommittee on Trade-Marks, House of Representatives, 76th Congr., 1st Session, on H. R. 4744, March 28, 29, 30, 1939, S. 5.

551 siehe Title X des Gesetzesentwurfs, § 46, Hearings before the Committee on Patents,

Allerdings war schon 1939 die Zahl derer, die Beiträge zur weiteren Gestaltung des Gesetzestextes mündlich und schriftlich geleistet hatten, zu groß, als dass sich eine exakte Auswirkung der eingebrachten Stellungnahme der USTA auf die weitere Entwicklung des Lanham Bills im Wege einer unmittelbaren Kausalität feststellen ließe. Daher kann vielmehr nur von einer Mitursächlichkeit gesprochen werden.

Die Vielzahl der Beiträge zu den einzelnen Hearings und das dadurch bedingte Divergieren der Meinungen nahm im weiteren Verlauf rapide zu[552]. Sie führte dazu, dass schon 1940 die vorherrschenden Bedingungen als chaotisch bezeichnet werden konnten[553]. Da es bei einer ungeordneten Vielzahl von Meinungen unmöglich ist, einen konsensfähigen Gesetzesentwurf zu verfassen, bestand die Notwendigkeit, die verschiedenen Ansichten zu kanalisieren. Zu diesem Zweck wurden im Herbst 1940 zwei bedeutende Komitees eingerichtet, eines von der National Association of Manufacturers (NAM) und ein anderes von der USTA, welches als das Lanham Trade-Mark Bill Committee bekannt wurde[554]. *Derenberg*, damals Counsel der USTA, war Mitglied des zuletzt genannten Komitees und zugleich dessen secretary[555]. Das Komitee der USTA hielt bis zum 1. Dezember 1940 noch 12 Treffen ab, bei denen der Gesetzesentwurf des H. R. 6618 (dies war die dritte gescheiterte Gesetzesinitiative durch *Lanham*[556]) unter Einbeziehung der bereits durch das NAM Committee unterbreiteten Vorschläge überarbeitet und ergänzt wurde[557]. Am 4. Dezember

Subcommittee on Trade-Marks, House of Representatives, 76th Congr., 1st Session, on H. R. 4744, March 28, 29, 30, 1939, S. 9.

552 So nahmen den Indizes der entsprechenden Protokolle der Hearings zufolge an dem ersten Hearing (H. R. 9041) 23 Personen als Sachverständige teil, und es wurden 13 Schriftstücke eingereicht (die Schriftstücke sind nicht im Index enthalten). Am zweiten (H. R. 4744) gaben 19 Personen mündliche und 12 Personen schriftliche Stellungnahmen ab. 1941 partizipierten an den Hearings on H. R. 102 und 5461 und S. 895 36 Personen, und es wurden 38 schriftliche Stellungnahmen eingereicht.

553 *Savage*, Hearings before a Subcommittee of the Committee on Patents, United States Senate, 78th Congr., 2nd Session, on H. R. 82, November 15, 16, 1944, S. 118.

554 siehe die zu Protokoll gegebene Stellungnahme der National Association of Manufacturers, Hearings before the Subcommittee on Trade-Marks, Committee on Patents, House of Representatives, 77th Congr., 1st Session, on H. R. 102, H. R. 5461, and S. 895, November 4, 12-14, 1941, S. 134.

555 The United States Trade-Mark Association and the Lanham Trade-Mark Bill, TMR, Vol. 35, 1945, 8, 9, dort werden auch die restlichen 14 Mitglieder des Komitees und die von ihnen vertretenen Unternehmen aufgeführt.

556 Hearing before the Subcommittee on Trade-Marks, Committee on Patents, House of Representatives, 76th Congr., 1st Session, on H. R. 6618, 1939.

557 The United States Trade-Mark Association and the Lanham Trade-Mark Bill, TMR, Vol. 35, 1945, 8, 9; Stellungnahme der National Association of Manufacturers, Hearings before the Subcommittee on Trade-Marks, Committee on Patents, House of Representatives,

desselben Jahres richtete die USTA parallel zum Lanham Trade-Mark Bill Committee ein weiteres ein, das sogenannte Lawyers' Advisory Committee[558]. Dieses bestand paritätisch aus Fachjuristen und Vertretern der Herstellenden Industrie. Neben *Rogers* und *Liddy* war auch *Derenberg* Mitglied dieses Komitees und er hatte auch hierbei das Amt des secretary übernommen[559]. Das Lawyers' Advisory Committee beriet bis Ende Februar 1944 in zwölf Treffen über die vom Lanham Trade-Mark Bill Committee vorgeschlagenen Änderungen und zog auch das (vorläufige) Ergebnis eines zwischenzeitlich einberufenen Komitees der ABA in seine Überlegungen ein. Es ist zu beobachten, dass die Perspektive der verschiedenen Komitees immer umfassender wurde, denn das Lawyers' Advisory Committee beinhaltet schließlich die Auffassungen von USTA, NAM und ABA. Diesem Trend entsprechend wurde am 17. Januar 1941 auf Vorschlag der USTA unter der Schirmherrschaft der NAM das wohl wichtigste Komitee auf dem Weg zum Erlass des Lanham Trademark Acts eingerichtet, das sogenannte Coordinating Committee[560]. Es bestand aus elf Repräsentanten der neun wichtigsten Vereinigungen der USA, von denen bekannt war, dass sie alle auf den unverzüglichen Erlass eines einheitlichen Warenzeichengesetzes drängten[561]. Auch an diesem Komitee nahm *Derenberg* teil, und erneut war ihm der Posten des secretary übertragen worden[562]. *Derenberg* war

---

77th Congr., 1st Session, on H. R. 102, H. R. 5461, and S. 895, November 4, 12-14, 1941, S. 134.

558 The United States Trade-Mark Association and the Lanham Trade-Mark Bill, TMR, Vol. 35, 1945, 8, 9; Stellungnahme der National Association of Manufacturers, Hearings before the Subcommittee on Trade-Marks, Committee on Patents, House of Representatives, 77th Congr., 1st Session, on H. R. 102, H. R. 5461, and S. 895, November 4, 12-14, 1941, S. 134.

559 *Derenberg* als Repräsentant der USTA, Hearings before the Subcommittee on Trade-Marks, Committee on Patents, House of Representatives, 77th Congr., 1st Session, on H. R. 102, H. R. 5461, and S. 895, November 4, 12-14, 1941, S. 124-126; Stellungnahme der National Association of Manufacturers, Hearings before the Subcommittee on Trade-Marks, Committee on Patents, House of Representatives, 77th Congr., 1st Session, on H. R. 102, H. R. 5461, and S. 895, November 4, 12-14, 1941, S. 134.

560 Stellungnahme der National Association of Manufacturers, Hearings before the Subcommittee on Trade-Marks, Committee on Patents, House of Representatives, 77th Congr., 1st Session, on H. R. 102, H. R. 5461, and S. 895, November 4, 12-14, 1941, S. 134.

561 Hier waren neben USTA, NAM und ABA noch die Association of National Advertisers, die Label Manufacturers National Association, die National Manufacturing Trade Group of National Industrial Council, die Association of American Soap & Glycerine Producers, die New York Patent Law Association und die New York Merchants' Association vertreten. Siehe: Stellungnahme der National Association of Manufacturers, Hearings before the Subcommittee on Trade-Marks, Committee on Patents, House of Representatives, 77th Congr., 1st Session, on H. R. 102, H. R. 5461, and S. 895, November 4, 12-14, 1941, S. 135 f.

562 Stellungnahme der National Association of Manufacturers, Hearings before the Sub-

demnach zeitgleich Teilnehmer und secretary dreier verschiedener Komitees, deren Zusammensetzung insbesondere bezüglich des Coordinating Committees von bundesweiter Repräsentanz war.

Das Coordinating Committee rechtfertigte seinen Namen nicht nur durch die Selektion der Teilnehmer, sondern auch durch das zur Beratung eingebrachte Material. Es behandelte die Gesetzesentwürfe des ABA Committees (diesmal deren endgültiger Beschluss) und des Lawyers' Advisory Committees[563]. Am 28. April 1941 beendete dieses Komitee mit der Verabschiedung eines Gesetzesentwurfs seine Tätigkeit. Dieser Entwurf bildete mit geringfügigen Änderungen als H. R. 5461 die Grundlage für die weiteren Beratungen auf dem Weg zu einem neuen Warenzeichenrecht[564]. Zwar wurde auch diese Gesetzesinitiative noch nicht in geltendes Recht umgesetzt - sie gewann zwar die Zustimmung des Repräsentantenhauses, scheiterte jedoch im Senat - aber die entscheidende Wirkung des Coordinating Committee war, dass die Vertreter aus Industrie und Anwaltschaft auf eine gemeinsame Linie einschwenkten. Von nun an standen sich nur noch zwei Gruppen bei den weiteren Verhandlungen gegenüber - nämlich die Teilnehmer des Coordinating Committees gegen die Vertreter der Antitrust Division of the Department of Justice, der Federal Trade Commisson und der Federal Food and Drug Administration[565].

Die letztgenannte Gruppe kritisierte an dem Gesetzesentwurf des Coordinating Committees, dass er den Missbrauch des Warenzeichens zur Errichtung von Monopolen, Beschränkungen des Handelsverkehrs und Irreführung der Öffentlichkeit ermögliche[566]. Ihre Hauptkritikpunkte richteten sich gegen die Unanfechtbarkeitsbestimmung (incontestability clause)[567], da sie zu monopolistischen Praktiken verleiten und der Öffentlichkeit den Gebrauch von allgemeinen Vokabeln verbieten könne. Ebenfalls wurde die Zulässigkeit der con-

---

committee on Trade-Marks, Committee on Patents, House of Representatives, 77th Congr., 1st Session, on H. R. 102, H. R. 5461, and S. 895, November 4, 12-14, 1941, S. 135 f.

563 Stellungnahme der National Association of Manufacturers, Hearings before the Subcommittee on Trade-Marks, Committee on Patents, House of Representatives, 77th Congr., 1st Session, on H. R. 102, H. R. 5461, and S. 895, November 4, 12-14, 1941, S. 134.

564 *Derenberg* als Repräsentant der USTA, Hearings before the Subcommittee on Trade-Marks, Committee on Patents, House of Representatives, 77th Congr., 1st Session, on H. R. 102, H. R. 5461, and S. 895, November 4, 12-14, 1941, S. 125.

565 *Woodard*, The Lanham Act - Before and After, TMR, Vol. 86, 1996, 449, 450.

566 *Moyer*, Statement als Special Assistant to the Attorney General, Antitrust Division, Department of Justice, Washington, D. C., Hearings before a Subcommittee of the Committee on Patents, United States Senate, 78th Congr., 2nd Session, on H. R. 82, November 15 and 16, 1944, S. 71.

567 Durch diese Unanfechtbarkeitsbestimmung sollte ein eingetragenes Zeichen nach Ablauf einer bestimten Dauer nicht mehr durch den Inhaber eines älteren Rechts angegriffen werden können, sofern dessen älteres Recht nur auf dem ungeschrieben common law Zeichenrecht basierte. Siehe hierzu die Aufführungen zum späteren § 14 LTA unten S. 136.

current registration[568] angegriffen, denn mit ihr sei die Gefahr der Gebietsaufteilung gegeben. In der Erlaubnis von Kollektivmarken (collective marks) und Garantiemarken (certifikation marks)[569] wurde die Gefahr der Legalisierung von Preisabsprachen gesehen, und die Möglichkeit zur teilweisen Übertragung von Zeichen für bestimmte Gebiete oder Güter könne von ausländischen Kartellen missbraucht werden[570].

1943 wurde der Entwurf des Coordinating Committees erneut von *Lanham* in den US Congress eingebracht, als H. R. 82[571]. Trotz über 400 zwischenzeitlich vorgeschlagener Ergänzungen entspricht diese Gesetzesvorlage im Kern derjenigen, die 1941 vom Coordinating Committee vorgeschlagen worden war. Die Ergänzungen waren fast ausschließlich verfahrensrechtlicher oder erläuternder Art[572]. Diese Initiative passierte erneut das Repräsentantenhaus und wurde dem Senat trotz der Einwendungen durch die Vertreter der Antitrust Division of the Department of Justice nach der Anhörung im Committee on Patents durch Senator *Pepper* am 4. Dezember 1944 mit nur fünf wesentlichen Änderungen befürwortend vorgelegt[573]. Die Kritik der Opposition fand deshalb keine Beachtung, weil dieser Entwurf im Wesentlichen identisch mit dem vom Coordinating Committee vorgeschlagenen Gesetzesentwurf war und dem Sachverstand der daran beteiligten Personen rückhaltlos vertraut wurde[574].

Derenberg wirkte in dieser Zeit auf das Fortkommen des Lanham Bills in der Weise ein, dass er die aktuelle Entwicklung detailliert zusammenfasste und die vorgeschlagenen wesentlichen Veränderungen kritisch kommentierte[575]. Als ganz besonders kritikwürdig stellte er dabei die vom Department of Justice, der

---

568 Dies betraf die Probleme der Registrierung von identischen oder zumindest verwechselbaren Zeichen, die in zwei unabhängig voneinander entwickelten, räumlich getrennten Märkten für die gleichen Artikel von jeweils unterschiedlichen Herstellern benutzt wurden; siehe hierzu die Ausführungen oben auf S. 108 ff.

569 Der Begriff der Kollektivmarke (Verbandszeichen) ist hier im Sinne des derzeitigen § 97 MarkenG zu verstehen und nicht im Sinne einer Sammelmarke. Zu Bedeutung und Schutzgegenstand von Kollektiv- und Garantiemarken siehe *Fezer*, Markenrecht, § 97 Rn. 1-9, zum Begriff der Sammelmarke, *ders.*, a.a.O, § 3 Rn. 43-45.

570 zusammenfassend: *Derenberg*, Lanham Bill, H. R. 82, Reported by Senate Committee on Patents, TMR Vol. 34, 1944, 177 f.; *Woodard*, The Lanham Act - Before and After, TMR, Vol. 86, 1996, 449, 451.

571 *Woodard*, The Lanham Act - Before and After, TMR, Vol. 86, 1996, 449, 450.

572 *Woodard*, The Lanham Act - Before and After, TMR, Vol. 86, 1996, 449, 450.

573 *Derenberg*, Lanham Bill, H. R. 82, Reported by Senate Committee on Patents, TMR Vol. 34, 1944, 177, 178.

574 *Derenberg*, Lanham Bill, H. R. 82, Reported by Senate Committee on Patents, TMR Vol. 34, 1944, 177, 178 mit Verweis auf die entsprechende Passage im Report des Senate Committee on Patents.

575 Siehe: *Derenberg*, Lanham Bill, H. R. 82, Reported by Senate Committee on Patents, TMR Vol. 34, 1944, 177 ff.

Federal Trade Commission und der Food and Drug Administration eingebrachte Ergänzung der §§ 13 und 14 dar. Diese Ergänzung sah vor, dass die Regierungsbehörden befugt sein sollten, ein Widerspruchs- oder Löschungsverfahren einzuleiten in den Fällen, in denen ihrer Meinung nach das Warenzeichen nicht im Einklang mit dem öffentlichen Interesse gebraucht wurde. *Derenberg* zufolge ergäbe sich daraus neben der nachteiligen Wirkung auf die Warenzeichenverwender als solche auch noch eine Problematik für das Verfahren der Registrierung. Denn die vorgeschlagenen Formulierungen erlaubten Einwendungen vorzubringen, die auf Verletzungen der äußerst komplizierten kartellrechtlichen (restraint of trade) Vorschriften oder solchen des food and drug law basierten. Da das Registrierungsverfahren jedoch vor dem Commisioner of Patents oder vor dem Court of Customs and Patent Appeals durchgeführt werde, würden diese Stellen mit Rechtsfragen konfrontiert, für deren Entscheidung sie naturgemäß keine fachliche Kompetenz aufwiesen[576].

In der ersten Anhörung zu dieser Ergänzung waren keine Einwände vorgebracht worden[577]. Nach *Derenbergs* Kritik fanden hierzu jedoch noch Diskussionen im Senat statt, mit der Folge, dass nur noch die Federal Trade Commission zur Einleitung solcher Verfahren ermächtigt wurde. Allerdings musste dem Wunsch des Senators *O'Mahoney* nachgegeben werden, ausdrücklich noch in das Gesetz mit aufzunehmen, dass der Warenzeichenverwender verschiedener Rechte verlustig gehe, wenn er das Zeichen in Verletzung des Antitrust Law verwende[578].

Allerdings wurde auch H.R. 82 als Versuch, ein föderales Warenzeichenrecht zu erlassen, erneut dadurch zum Scheitern gebracht, dass die Entscheidung im Senat ohne wirkliche Begründung bis zur Auflösung des Kongresses hinausgezögert wurde[579]. Ursächlich hierfür war, dass 1942 mit dem Kriegseintritt der USA in den Zweiten Weltkrieg ein weiterer verzögernder Faktor auf dem Weg zum Erlass eines Bundeswarenzeichenrechts hinzugekommen war. Der US

---

576 *Derenberg*, Lanham Bill, H. R. 82, Reported by Senate Committee on Patents, TMR Vol. 34, 1944, 177, 178 f.

577 *Derenberg*, Lanham Bill, H. R. 82, Reported by Senate Committee on Patents, TMR Vol. 34, 1944, 177, 179.

578 *Rogers*, The Lanham Act and the Social Function of Trade-Marks, TMR, Vol. 62, 1972, 255, 260; Es kann erneut als Ausdruck von Derenbergs Kompetenz gewertet werden, daß diese Vorschriften sofort nach Erlass des Lanham Acts zum Hauptgegenstand der Kritik wurden und schon 1947 der erste Antrag auf ihre Eliminierung in den Senat eingebracht wurde. Zum Inhalt der 1947 geäußerten Kritik siehe: *Rogers*, The Lanham Act and the Social Function of Trade-Marks, TMR, Vol. 62, 1972, 255, 260, mit Verweis auf S. 1919, 80th Congr., 1st Session, 1947.

579 Dazu reichte in diesem Fall die Stellungnahme eines einzigen Senators aus, dass ernsthafte Einwendungen gegen verschiedene Bereiche des vorliegenden Entwurfs gemacht worden seien. Siehe *Derenberg*, Lanham Bill, H. R. 82, Reported by Senate Committee on Patents, TMR Vol. 34, 1944, 177, 181.

Congress sah sich von dem Zeitpunkt an zunehmend mit Fragen betraut, die seines Erachtens wichtiger waren als die Verabschiedung eines Warenzeichengesetzes[580].

Am 22. Januar 1945 kann *Fritz G. Lanham* mit H. R. 1654 endlich die Gesetzesinitiative einbringen, die sowohl die Zustimmung des Repräsentantenhauses als auch die des Senats findet und von Präsident *Truman* am 5. Juli 1946 unterzeichnet wird[581]. Auch der letzte Entwurf basiert immer noch substantiell auf dem 1941 erarbeiteten Vorschlag des Coordinating Committees[582] bei welchem *Derenberg* Teilnehmer und secretary war, ergänzt durch Zugeständnisse an die Vertreter, die dem Warenzeichen eine monopolistische Tendenz nachsagten[583].

Als Mitbegründer der Auffassung von der Verfassungsmäßigkeit des Erlasses föderalen, materiellen Warenzeichenrechts gestützt auf die commerce clause, als Kritiker des bestehenden Rechts und Ideengeber für ein neues, als Teilnehmer an den maßgeblichen gestaltenden Komitees und als kommentierender Begleiter der weiteren Entwicklung des Gesetzgebungsverfahrens ist der Aussage *Lunsford, Jr.* zuzustimmen, dass *Derenberg* einer der Väter des US-amerikanischen Warenzeichenrechts ist.

Dies gilt um so mehr als mit seiner maßgeblichen Beteiligung am Entwurf dieses Gesetzes *Derenbergs* Anteilnahme hieran noch lange nicht beendet ist. Seine weitreichende Einflussnahme auf das US-amerikanische Warenzeichenrecht als Kommentator und Professor setzt sich vielmehr bis zu seinem Tode 1975 ununterbrochen fort.

---

580 *Pattishall*, Two Hundred Years of American Trademark Law, TMR, Vol. 68, 1978, 121, 137.

581 The United States Trade-Mark Association and the Lanham Trade-Mark Bill, TMR, Vol. 35, 1945, 8, 10; *Pattishall*, Two Hundred Years of American Trademark Law, TMR, Vol. 68, 1978, 121, 137.

582 siehe die Zusammenfassung zum Fortgang dieses Gesetzesentwurfs des Coordinating Committees bei: The United States Trade-Mark Association and the Lanham Trade-Mark Bill, TMR, Vol. 35, 1945, 8, 10.

583 *Pattishall* nennt diese Zugeständnisse später "eleventh hour amendments", Two Hundred Years of American Trademark Law, TMR, Vol. 68, 1978, 121, 139; *Derenberg* läßt deutlich werden, dass ohne diese Zugeständnisse ein Gesetz wohl niemals zustande gekommen wäre: "But the sponsors of the new legislation had to swallow the bitter with the sweet.", The Lanham Trade-Mark Act and its Impact on the Drug Industry, Journal of the Patent Office Society, Vol. 29, 1947, 469, 473.

4. Derenbergs Einfluss auf die Anwendung und Weiterentwicklung des Lanham Trademark Acts

Die enge Verbindung *Derenbergs* mit dem Lanham Trademark Act gestaltet sich unmittelbar nach 1946 in zwei Erscheinungsformen.

Zum einen wird ihm vom Patent Office of the United States, Washington, D. C., das zum ersten Mal eingerichtete Amt des Trade-Mark Counsel angeboten, welches er am 3. Februar 1947 antritt[584]. Zum anderen beginnen mit dem Erlass des neuen Warenzeichenrechts seine jährlich im Patent Law Quarterly und The Trademark Reporter erscheinenden „Annual Reports", in denen er die das Warenzeichenrecht der USA beeinflussenden Ereignisse kommentierend zusammenfasst[585].

Doch bevor auf die einzelnen Tätigkeiten *Derenbergs* eingegangen wird, sollen vorab die grundlegenden Veränderungen des US-amerikanischen Warenzeichenrechts skizziert werden, die der Lanham Trademark Act bewirkt hatte.

a. Der Lanham Trademark Act im Überblick

Durch den Lanham Trademark Act wurden all diejenigen warenzeichenrechtlichen Regelungen, die zuvor in verschiedensten Bundesgesetzen verstreut waren, aufgehoben und in einem Gesetz vereint. Die bislang ergangenen Registrierungen unter den Gesetzen von 1881, 1905 und 1920 blieben jedoch unangetastet. Für diese Registrierungen und alle zukünftigen sah das Gesetz insgesamt zwei Register vor, das Principal und Supplemental Register. Im Principal Register wurden die unter den Gesetzen von 1881 und 1905 eingetragenen Zeichen fortgeführt. Das Suplemental Register war als Nachfolger des Registers von 1920 vorgesehen, übernahm alle darin eingetragenen Zeichen und war zusätzlich das Register, in welchem diejenigen Zeichen eingetragen werden konnten, die nicht eintragungsfähig im Principal Register waren[586].

Ebenso wie die Eintragung im Register von 1920 verlieh auch diejenige im Supplemental Register dem Zeichen keine unmittelbaren Rechte im Inland, hielt aber die Möglichkeit bereit, dass die dort registrierten Zeichen in das Principal Register aufsteigen konnten, sobald der für die frühere Versagung der Eintragung verantwortliche Grund entfallen war[587].

---

584 United States, Trade Marks. Derenberg Appointed Counsel, Patent and Trade Mark Review, Vol. 45, S. 138 (Derenberg wird hierin als "internationally known authority on trade mark law, lecturer, and author" beschrieben). Zu dieser Tätigkeit Derenbergs siehe die Ausführungen unten S. 139.

585 Siehe hierzu die Ausführungen unten S. 143.

586 §§ 23, 46 LTA.

587 § 27 LTA.

Im Pricipal Register waren von nun an alle Zeichen eintragungsfähig, die geeignet waren, die Waren und Dienstleistungen des Antragstellers von denen anderer Personen zu unterscheiden und nicht bloß beschreibende oder überwiegend geographische Bedeutung hatten oder nur einen Nachnamen darstellten[588]. Das Unterscheidungskriterium der same descriptive properties spielte keine Rolle mehr. Ebenfalls abgeschafft war die ten year proviso. Für die Feststellung einer secondary meaning kam es nur noch darauf an, ob das Zeichen Unterscheidungskraft gewonnen hatte - sei es durch exzessive Werbung, über die Dauer der Zeit oder andere Faktoren.

Es waren zum ersten Mal auch sogenannte service marks eintragungsfähig, also Zeichen, die kein Produkt, sondern eine spezielle Dienstleistung eines Unternehmens symbolisierten[589]. Dies war möglich geworden, da das neue Gesetz auf eine physikalische Anbringung der Marke an dem gehandelten Produkt verzichtete[590].

Die Eintragungsfähigkeit von Garantie- und Kollektivmarken (certification and collective marks), die schon kurze Zeit zuvor durch eine Ergänzung zum Gesetz von 1905 möglich geworden war[591], wurde durch die genaue Definition dieser Art von Marken erleichtert[592].

Des weiteren war es von nun an auch erlaubt, gleiche Marken für gleiche Produkte, die jedoch von den verschiedenen Herstellern in räumlich gänzlich voneinander getrennten Märkten gutgläubig verwendet wurden, parallel im Register einzutragen (concurrent registration)[593].

Auch wurde von dem vorher die Registrierungsvorschriften bestimmenden Grundsatz abgewichen, dass der Antragsteller auch Nutzer der Marke sein musste, und so wurden erstmals Zeichen zur Eintragung zugelassen, welche nicht vom Antragsteller selber, sondern von einer zu ihm in wirtschaftlichem Bezug stehenden Gesellschaft, sogenannte related company, verwendet wurden[594].

---

588 Dies stellt eine grob vereinfachte Widergabe der §§ 2, 3 LTA dar. In § 2 LTA ist noch eine Vielzahl von Einschränkungen enthalten, die die Eintragungsfähigkeit von Zeichen verhindern, selbst wenn die Zeichen die soeben dargestellten Kriterien erfüllen.

589 § 3 LTA.

590 § 1 (a) LTA. Zuvor war eine Anerkennung solcher service marks als technical trademark mangels Möglichkeit der physischen Befestigung abgelehnt worden, siehe z.B. *Oakes v. St. Louis Candy Co.*, 48 S. W. 467, 469 (1898).

591 Act of June 10, 1938, 52 Stat. 638, 639.

592 § 4 i.V.m. § 45 LTA. Allerdings bereiteten diese Definitionen in der praktischen Umsetzung anfangs noch Schwierigkeiten. Ihre Konkretisierung war Gegenstand von Derenbergs ersten Annual Reports, siehe unten S. 147.

593 § 2 (d) LTA.

594 § 5 LTA; Der Begriff der related company wurde in § 45 LTA definiert.

Dies waren die wesentlichen Veränderungen in Bezug auf die Registrierungsfähigkeit von Warenzeichen als solche. Sie allein waren schon als erhebliche Fortschritte bei der Neugestaltung der gesetzlichen Regelung des Bundeswarenzeichenrechts anzusehen, schließlich brachten sie die gesetzlichen Regelungen mit den aktuellen Auffassungen der Gerichte - und somit mit dem common law - in Einklang und sollten auf diese Weise die von *Derenberg* so stark kritisierte Unterscheidung vom right to register und dem right to use zu verringern helfen.

Von allerdings noch größerer Bedeutung für das bundesrechtliche Zeichenrecht war der Effekt der Registrierung, den die Eintragung in das Principal Register verleihen sollte, da hierbei der US Congress zum ersten Mal legislativ auf das materielle Warenzeichenrecht eingewirkt hatte.

Zwar wurde zur Erlangung eines Zeichenrechts noch immer das common law als maßgeblich angesehen, also die erstmalige Annahme und der Gebrauch des entsprechenden Symbols für bestimmte Waren oder Dienstleistungen[595]. Aber dieser Grundsatz konnte durch die Eintragung der Marke im Principal Register beeinträchtigt werden. Denn das neue Gesetz sah in der sogenannten incontestability clause vor, dass ein Warenzeichen fünf Jahre nach seiner Eintragung, von zahlreichen Ausnahmeregelungen abgesehen, unanfechtbar wurde[596]. Nach dieser Zeit konnte sich niemand mehr auf ein älteres existierendes common law Recht an dem gleichen Zeichen mit dem Ziel berufen, die Eintragung des späteren Verwenders löschen zu lassen[597].

Eine weitere wesentliche Stärkung des eingetragenen Zeichens wurde dadurch erreicht, dass den im Principal Register enthaltenen Marken der Effekt einer constructive notice zukam und die territoriale Reichweite der Eintragung auf das gesamte Gebiet des interstate commerce ausgedehnt wurde. Dies hatte den Ausschluss solcher Sachverhalte zur Folge, dass sich ein nachfolgender Verwender des gleichen Zeichens in einem räumlich getrennten Markt auf seine Gutgläubigkeit bei der Annahme des Zeichens berufen konnte. Das common law wurde insoweit beeinflusst, als von dem Grundsatz abgewichen wurde, dass das Zeichenrecht der Benutzung der Ware in den entsprechenden Märkten folgen würde und nicht dieser Verwendung räumlich vorhergehen könne [598].

---

595 *Callmann*, The New Trade-Mark Act of July 5, 1946, TMR, Vol. 37, 1947, 3, 11

596 § 14 LTA.

597 Hier sei auf den bereits oben auf S. 109, Fußnote 469 erwähnten "Chipso" Case als berühmtestes Beispiel verwiesen, *Proctor & Gamble Co. v. J. L. Prescott Co.*, 77 Fed 2nd 98; TMR, Vol. 25, 1935, 342 (C.C.P.A.).

598 Diesen Grundsatz bezüglich des territorialen Geltungsbereichs von nicht eingetragenen common law Warenzeichen hatte das US Supreme Court im Zusammenhang mit dem Problem der concurrent registration 1915 im "Tea Rose" case aufgestellt (*Hanover Star Milling Company v. Metcalf* und *Allen & Wheeler Company v. Hanover Star Milling Company* 240 U. S., 403). Es hatte dort die Frage zu klären, ob der Erstverwender eines Warenzeichens in-

Bezüglich des Verlusts eines Zeichenrechts durch Aufgabe, das sogenannte abandonment, führte der Lanham Trademark Act eine klarstellende Vorschrift ein, indem ein ununterbrochener zweijähriger Nichtgebrauch des Zeichens als prima facie Beweis für den Willen der Aufgabe dieses Zeichens angesehen wurde, den der Betroffene allerdings durch Anführung von plausiblen Gründen widerlegen konnte[599]. Damit war der Nachweis des erforderlichen Willenselements für das Tatbestandsmerkmal der Aufgabe des Zeichenrechts erleichtert worden.

Auch der von *Derenberg* kritisierte Umstand, dass den Parteien bei Verfahren vor dem Patent Office und den Equity Gerichten jeweils unterschiedliche Verteidigungsmöglichkeiten (defenses) zur Verfügung standen, wurde beseitigt, indem auch in Patent Office Verfahren sämtliche Einreden ausdrücklich zugelassen wurden[600].

Eine weitere wesentliche Neuerung für die Praxis war die Zulassung der Übertragung des Rechts am Warenzeichen ohne die gleichzeitige Übertragung des gesamten Goodwills des Unternehmens[601]. Zuvor war anerkannt, dass ein Zeichenrecht nur zusammen mit dem Unternehmen übertragen werden konnte, von dem es verwendet wurde, da alles andere aufgrund der Funktion des Wa-

---

nerhalb eines Bundesstaates in den USA einen anderen davon abhalten könne, dieses Warenzeichen gutgläubig bezüglich seines bisherigen Nichtgebrauchs in einem anderen Bundesstaat, in den der Erstverwender noch nicht vorgedrungen war, für die gleichen oder ähnlichen Waren zu benutzten.

In seiner major decision führte das Gericht aus, dass sich der Schutz des Warenzeichens grundsätzlich nach seiner ersten Annahme und ununterbrochenem und gegenwärtigem Gebrauch richte (240 U. S., 403, 415). Dieser Grundsatz finde zumindest immer dann Anwendung, wenn es sich um zwei Marken handelt, die auf demselben Markt konkurrieren. Bei räumlich weit auseinader liegenden Märkten hingegen komme der Erstmaligkeit der Verwendung keine juristische Bedeutung zu, sondern der Schutz des Warenzeichens richte sich nur nach dem aktuellen Gebrauch innerhalb des jeweiligen Marktes, jedenfalls solange, wie der zeitlich gesehen nachfolgende Verwender das Zeichen auf dem anderen Markt bona fide verwende (240 U. S., 403, 415). Dementsprechend sei für den territorialen Geltungsbereich des unregistrierten common law Warenzeichens allein das Gebiet seines tatsächlichen Gebrauchs maßgebend, der Verlauf der Staatsgrenzen (und somit der Geltungsbereich des anzuwendenen Bundesstaatenrechts) hierfür folglich gänzlich belanglos (240 U. S., 403, 416 ; Anderer Ansicht ist Justice Holmes in seiner sog. concurring opinion zu diesem Urteil ("concurring" in diesem Zusammenhang bedeutet, daß der entsprechende Richter zwar mit dem gefundenen Ergebnis der major decision übereinstimmt, jedoch seine Begründung zu diesem Resultat eine andere ist.). Er meint, dass ein Warenzeichen, das in einem Teil eines Bundesstaates als wirksam angesehen würde, für alle Gebiete dieses Staates als gültiges Warenzeichen anerkannt werden müsse, und kein anderer Hersteller dürfe sich darauf berufen, die Existenz dieses Zeichens nicht gekannt zu haben. 240 U. S., 403, 426).

[599] § 45 LTA.

[600] § 19 LTA.

[601] § 10 LTA.

renzeichens als Anzeige von origin und ownership eine Täuschung der Öffentlichkeit darstellen würde[602]. Selbiges galt für die Vergabe von Lizenzen, was vom Grundsatz her als eine Übertragung des Warenzeichenrechts angesehen und mit der Begründung für nichtig erklärt wurde, dass der Lizenzgeber der Öffentlichkeit vorspiegele, alle mit diesem Namen versehenen Produkte entstammten einer Quelle[603]. Für die Lizenzvergabe hinsichtlich patentierter Artikel oder solcher, die unter geheimgehaltener Formel hergestellt wurden, waren von diesen Grundsätzen allerdings Ausnahmen gewährt worden[604]. Mit der geänderten Auffassung von der Funktion des Warenzeichens als Anzeige von origin and ownership hin zur Garantie- und Werbefunktion setzte sich auch die Meinung durch, dass Warenzeichen bereits mit dem Teil des Unternehmens verkauft werden konnten, auf den sie sich bezogen[605].

Weitere erhebliche Veränderungen beinhaltete der Lanham Trademark Act dadurch, dass er neue Rechtsmittel bereitstellte. Von nun an war es für jedermann möglich, in Fällen der falschen Bezeichnung des Ursprungs oder fälschlichen Beschreibung der Ware gegen den Handelnden gerichtlich vorzugehen, solange es möglich erschien, dass der Kläger durch eben diese Handlung in Rechten verletzt sein konnte[606]. Vor Erlass des Lanham Trademark Act stand dem Wettbewerber noch nicht einmal ein Klagemittel zur Verfügung, um gegen irreführende Werbung vorzugehen, sondern die Verfolgung solcher Wettbewerbsmaßnahmen war in die ausschließliche Zuständigkeit der Federal Trade Commission gestellt. Die Einführung dieses Rechtsmittels konnte somit als Meilenstein zur Förderung des lauteren Wettbewerbs in den USA angesehen werden[607]. Eine weitere Maßnahme gegen den unlauteren Wettbewerb wurde dadurch erreicht, dass der im Register eingetragene Warenzeichenrechtsinhaber nicht nur gegen den unberechtigten Verwender seines Zeichens, sondern auch gegen den Hersteller von Werbematerial, Etiketten, Verpackungen u.s.w. eine Unterlassungsklage erheben konnte, auch wenn dieser Hersteller von dem wettbewerbswidrigen Zweck, zu dem seine Produkte bestimmt waren, nichts ge-

---

602 *Eisenmann v. Schiffer,* 157 Fed 473 (C.C. N.Y., 1907).

603 *Everett D. Fisk & Co. v. Fisk Teachers' Agency*, 3 Fed 2nd 7, 8 m.w.N. (C. C. A. 8th Circuit, 1924).

604 *Adam v. Folger*, 120 Fed 260, 264 (C. C. A. 7th Circuit, 1903); *Coca Cola Bottling Co. v. Coca Cola Co.*,
269 Fed 796, 806 (D. C. Del. 1920).

605 *Rogers*, Some Suggestions Concerning the Assignment of Trade-Marks, Bulletin of The USTA, Vol. 25, 1930, 231, 232.

606 § 43 (a) (B) LTA „... shall be liable in a civil action by any person who believes that he or she is or is likely to be damaged by such act.".

607 *Callmann*, The New Trade-Mark Act of July 5, 1946, TMR, Vol. 37, 1947, 3, 5.

wusst hatte. Jedoch wurde bei fehlender Kenntnis die Gewährung von Schadensersatz oder die Herausgabe des Gewinns ausgeschlossen[608].

Die Freiheit der Equity Gerichte bei der Urteilsgestaltung wurde erweitert, indem sie dem Warenzeichenrechtsverletzer auferlegen konnten, nach einer gewissen Zeit, vorgesehen waren 30 Tage, dem Gericht und dem Zeichenrechtsinhaber schriftlich und unter Eid detailliert mitzuteilen, wie er der Unterlassungsverfügung nachgekommen sei[609]. Bei der Gewährung von treble damages konnten die Gerichte erstmals die Höhe der Zahlung variabel zwischen dem ein- bis dreifachen Schadenswert festsetzen und waren nicht mehr an die feste Regelung, nur entweder den einfachen oder dreifachen Wert zusagen zu können, gebunden[610].

Darüber hinaus sah der Lanham Trademark Act in den §§ 44 (a)-(i) verschiedene Regelungen vor, die das US-amerikanische Warenzeichenrecht mit den Regelungen der internationalen Abkommen in Einklang bringen sollten, denen die Vereinigten Staaten beigetreten waren[611].

Mit dieser kursorischen Übersicht kann nur ein grober Eindruck von den Veränderungen, die der Lanham Trademark Act mit sich führte, vermittelt werden. Diese Betrachtung reicht aber bereits aus, um zu erkennen, dass dieses Gesetz eine neue Epoche hinsichtlich der bundesrechtlichen Registrierung einleitete, indem es die Registrierungsvorschriften mit dem ungeschriebenen common law in Einklang brachte und endlich von dem der Realität entsprechenden Grundgedanken geprägt war, dass sich der Großteil des Warenstroms national und international gestaltete. Der Lanham Trademark Act löste sich somit von dem antiquierten Konzept seiner Vorgänger, die den intrastate commerce als vorherrschende Grundlage angesehen hatten.

b. Derenbergs Tätigkeit als Trade-Mark Counsel des Patent Office

Das Amt des Trade-Mark Counsel war erstmalig in der Geschichte der USA eingerichtet worden[612]. Sein Zweck lag darin, diejenigen Personen, die von dem neuen Warenzeichenrecht betroffen waren, sei es als Anwender der Registrierungsvorschriften oder als Verwender von Warenzeichen, mit den

---

[608] § 32 (2) (a) LTA.

[609] § 34 LTA.

[610] § 35 LTA.

[611] In § 44 (b) LTA werden ausdrücklich die International Convention for the Protection of Industrial Property, Paris, 20. März 1883 und die General Inter-American Convention for Trade-Mark and Commercial Protection, Washington, 20. Februar 1929, genannt. Des weiteren sollen diese Vorschriften für alle anderen schon existierenden und zukünftigen Abkommen gelten.

[612] *Reuter*, The Walter Derenberg Copyright Library, The Life of Copyright is Extended, Publishers Weekly, May 3, 1976, S. 31.

neuen Vorschriften vertraut zu machen und ihnen die Auslegung und Anwendung des Gesetzes zu erläutern. Aufgrund seiner besonderen dogmatischen und pädagogischen Fähigkeiten und seinem maßgeblichen Anteil beim Entwurf des Lanham Trademark Acts[613] wurde es für selbstverständlich gehalten, dass dieses Amt mit *Derenberg* zu besetzen war. Als ebenso selbstverständlich wurde erachtet, dass er dieses Amt auch annahm[614]. Auf diese Weise setzte sich *Derenbergs* ohnehin schon starker Einfluss auf den Lanham Trademark Act fort und gewann sogar noch an Intensität, indem *Derenberg* nicht nur legislativ gestaltend und fördernd tätig geworden war, sondern auch noch die Exekutive hinsichtlich der Anwendung und Interpretation des neuen Gesetzes unterstützte und prägte.

aa. Interne Aufgabe im Patent Office

Der Lanham Trademark Act beinhaltete als neues Gesetz und Kompromissergebnis einer 25 Jahre dauernden Verhandlung noch zahlreiche Unklarheiten. Seine Umsetzung erschien daher nicht ganz unproblematisch[615]. Es bedurfte noch in vielen Bereichen der Konkretisierung einzelner Begriffsdefinitionen und der Aufstellung allgemeiner Verfahrensregeln. Ferner waren für das Registrierungsverfahren noch die Entwürfe zahlreicher Formulare erforderlich[616]. Einer Zusammenstellung *Chauncey P. Carters* lassen sich 32 Punkte entnehmen, die noch als dringend regelungsbedürftig empfunden wurden, worunter sich zum Beispiel die Einrichtung des Supplemental Registers, der Entwurf von Anträgen auf concurring registration oder das Löschungsverfahren durch die Federal Trade Comission befanden[617].

Diese Problematik war von den Verfassern des Gesetzes schon im Voraus erkannt worden, und so hatten sie in § 46 (a) für das Inkrafttreten des Lanham Tradmark Acts eine einjährige Übergangszeit vorgesehen, beginnend ab dessen Erlass. Aber nicht nur der noch ausstehende Konkretisierungsbedarf, sondern auch die damalige Organisationstruktur des US Patent Office in Washington erforderten eine einjährige Übergangszeit. Noch bevor der Lanham Trademark Act in Kraft trat, war abzusehen gewesen, dass seine Umsetzung zu administrativen Problemen führen würde, die das Patent Office mit seiner damaligen personellen Besetzung nicht würde meistern können. Denn es wurde eine große Zahl neuer Anträge auf die Registrierung von Warenzeichen unter dem neuen

---

613 Siehe die Ausführungen oben auf S. 115 ff.

614 Professor in Profile, Walter J. Derenberg, The Bulletin of New York University, School of Law, Vol. 8, No. 3, Spring 1961, S. 11 f.

615 *Derenberg*, At the Threshold of the Lanham Trade- Mark Act, TMR, Vol. 37, 1947, 97.

616 *Carter*, A New Day for Trade-Marks?, TMR Vol. 36, 1946, 141.

617 *Carter*, A New Day for Trade-Marks?, TMR Vol. 36, 1946, 141, 142 f.

Gesetz erwartet[618], die *Derenberg* als das "race for incontestability" bezeichnete[619], und diese Registrierungsanträge waren gemäß § 47 (a) des Lanham Trademark Acts schon vor Inkrafttreten des Gesetzes am 5. Juli 1947 zulässig.

Um dieser erwarteten Flut von Anträgen Herr werden zu können, war ein grundlegender, zeitaufwendiger personeller Aus- und Umbau des US Patent Office erforderlich. Denn die Organisationsstruktur und Personaldecke im Patent Office waren kaum auf den Umgang mit Warenzeichenrechtsangelegenheiten ausgerichtet, sondern primär auf das für wichtiger erachtete Patentrecht konzentriert. Bis 1946 hatte es noch keinen "presidential appointee" im Patent Office gegeben, der sich ausschließlich der Administration von Warenzeichenrechtsvorgängen widmen konnte, sondern diese Sachverhalte waren immer einem der assistant commissioners des Patent Office unterstellt worden, der nebenbei weiterhin noch für Patentsachverhalte zuständig blieb. Dieser oder einer seiner Kollegen war gleichzeitig auch noch für die Berufungsverfahren in Registrierungsanträgen zuständig[620].

Diese Struktur änderte sich im Jahre 1947. Die Trademark Division im Patent Office wurde von den Patentverfahren gänzlich abgetrennt und in drei Gruppen aufgeteilt: eine Examining Group, eine Interference Division und eine Classification Division[621]. Gleichzeitig war ein Anstieg der Mitarbeiterzahl von 23 auf 119 Personen zu verzeichnen und mit dem Inkrafttreten des Gesetzes wurden im Juli 1947 noch weitere 25 Prüfer (examiners) eingestellt[622].

Bei einem bloßen quantitativen Zuwachs allein konnte man es jedoch nicht belassen. Vielmehr war man sich bewusst, dass der Erfolg des Lanham Trademark Acts nicht nur von dem im Patent Office neu zu gestaltenden Verwaltungsverfahren, sondern auch wesentlich von der juristischen Kompetenz der Personen abhängig war, die diese Vorschriften anzuwenden hatten. Daher wurden alle neu angestellten Prüfer in einem zeitaufwendigen Schulungsprogramm über die Vorgehensweise bei der Beurteilung von Warenzeichen durch einen erfahrenen Prüfer ausgebildet und in regelmäßigen Vorlesungen

---

618 Es wurde erwartet, dass für ¼ der bisher unter den Gesetzen von 1881 und 1905 eingetragenen Warenzeichen sofort die Neuregistrierung nach § 12 (c) beantragt würde, was allein 100.000 zu bearbeitende Anträge bedeutet hätte. *Derenberg*, The Lanham Act of 1946 in Operation, TMR, Vol. 38, 1948, 628, 629; *Merchant*, Chief of The Trade-Mark Divisison, US Patent Office, spricht sogar von 150.000 erwarteten Anträgen innerhalb der ersten Monate allein unter dieser Vorschrift, Administration of the Lanham Act, TMR, Vol. 37, 1947, 287, 288 f.

619 *Derenberg*, The Lanham Act of 1946 in Operation, TMR, Vol. 38, 1948, 628, 630.

620 *Carter*, A New Day for Trade-Marks?, TMR Vol. 36, 1946, 141, 143.

621 *Merchant*, Administration of the Lanham Act, TMR, Vol. 37, 1947, 287, 288; siehe auch in demselben Artikel, S. 292, die tabellarisch dargestellte Organisationsstruktur des gesamten Patent Office, Stand 20. März 1947.

622 *Merchant*, Administration of the Lanham Act, TMR, Vol. 37, 1947, 287,288, 291.

durch *Derenberg* als neuen Trade-Mark Counsel des Patent Office in den Vorschriften des Registrierungsverfahrens nach altem und neuem Recht unterwiesen[623].

Zur internen Einflussnahme *Derenbergs* auf das Patent Office gehörte nicht nur die Schulung der Prüfer, darüber wie das neue Gesetz zu interpretieren sei, sondern er war auch mit dem Entwurf und der Formulierung der Regularien über die Durchführung des Registrierungsverfahrens befasst[624].

bb. Externe Tätigkeit

Darüber hinaus war *Derenbergs* Aufgabe darin definiert, außerhalb des Patent Office den verschiedenen Vereinigungen von Warenzeichenverwendern und anderen interessierten Personen die Auswirkungen des Lanham Trademark Acts darzulegen und die Art der Anwendung durch das Patent Office mitzuteilen. Zu diesem Zweck referierte *Derenberg* auf einer Vielzahl von Versammlungen über die allgemeinen und speziellen Auswirkungen des Gesetzes für die jeweilige Interessengruppe[625]. Wie alle seine Aufgaben, erfüllte er auch diese mit größtmöglichem Einsatz, Disziplin und Sachverstand, und seine ausgezeichnete Interpretation dieses Amtes wird ihm in der Öffentlichkeit mit allerhöchster Annerkennung gedankt. So ist eine Beschreibung *Derenbergs* als Trade-Mark Counsel mit der Überschrift "Splendid Official" versehen und in dem darunter folgenden Text als abschließender, zusammenfassender Absatz zu lesen: "If all government officials were as competent and as willing to advise business with respect to its proplems as is Dr. Derenberg, the gulf between government and business would be filled in over night."[626] Und ein anderer Artikel mit dem gleichen inhaltlichen Gegenstand titelt:" If it's anything about trade-marks, Dr. Derenberg has the right answer"[627].

---

623 *Merchant*, Administration of the Lanham Act, TMR, Vol. 37, 1947, 287, 291.

624 *Derenberg* wird als der "good right arm" von den Commissioners Ooms und Kingsland (jeweils Leiter des Patent Office) bei der Formulierung der Regeln und Vorschriften hinsichtlich des neuen Verwaltungsverfahrens bezeichnet, If it's anything about trade-marks, Dr. Derenberg has the right answer, Printers' Ink, November 1, 1947, S. 16.

625 Als exemplarische Aufzählung: May 15, 1947, Derenberg spricht in seiner Aufgabe als Trade-Mark Counsel, US Patent Office, vor der Toilet Goods Association, Inc., New York, "At The Threshold to The Lanham Trade-Mark Act", TMR, Vol. 37, 1947, S. 297-305; June 11, 1947, Derenberg spricht in seiner Aufgabe als Trade-Mark Counsel, US Patent Office, vor der American Drug Manufacturers Association, Hot Springs , Virginia, The Lanham Trade-Mark Act and its Impact on The Drug Industry, TMR, Vol. 37, 1947, S. 392-40; September 25, 1947, Derenberg spricht als Trade-Mark Counsel vor dem Patent Institute of Canada,Ottawa, Foreign Law Aspects of the New Trade-Mark Act of 1946, TMR, Vol. 37, 1947, S. 711-730.

626 Drug Trade News, June 13, 1949, S. 34.

627 Printers' Ink, November 7, 1947, S. 16.

Darüber hinaus hielt *Derenberg* auch Vorlesungen für Anwälte, die sich auf das Warenzeichenrecht spezialisiert hatten. Insgesamt 12 solcher wöchentlich gehaltenen, jeweils zweistündigen Seminare organisierte er zusammen mit *William J. Navin*, patent attorney für Western Electric, unter der Schirmherrschaft des Law Practising Institute, wobei er die ersten drei und das Abschlussseminar selber hielt[628]. Ziel dieser Seminarreihe war es, Praktiker mit den durch den Lanham Trademark Act bewirkten Veränderungen ihres Rechtsgebiets vertraut zu machen[629]. Die Anerkennung *Derenbergs* unter Fachkollegen als Autorität auf dem Gebiet des Warenzeichenrechts spiegelt sich in der überwältigenden Resonanz wider, die diese Veranstaltungen gefunden haben. Es wird berichtet, dass seine Vorträge von über 200 fleißig mitschreibenden, auf das Warenzeichenrecht spezialisierten Anwälten besucht wurden[630].

Das Amt des Trade-Mark Counsel bekleidete *Derenberg* für mehr als drei Jahre[631]. Danach schienen die größten Probleme bei der Umstellung auf den Lanham Trademark Act bewältigt zu sein. Die Struktur im Patent Office hatte sich bewährt, die notwendigen Verwaltungsvorschriften waren entworfen, angewendet und überarbeitet worden, und nach drei Jahren der Anwendung und intensivster Erläuterung konnte von einem allgemeinen Grundverständnis des Lanham Trademark Acts in Industrie und Jurisprudenz ausgegangen werden. *Derenbergs* Aufgabe in Washington beim US Patent Office war erfolgreich beendet.

c. "Derenberg's Annual Reports"

Die andere enge Verbindung, die *Derenberg* über die Jahre hinweg kontinuierlich zum Lanham Trademark Act aufrechterhielt, war seine kommentierende Tätigkeit mittels seiner "Annual Reports"[632]. Er übernahm auf diese Weise die

---

628 Eine komplette Übersicht über die Seminarthemen, -zeiten, und Dozenten ist im Trade-Mark Reporter abgedruckt: Practising Law Institute Offers Course on Trade-Marks, Vol. 37, 1947, S. 548-550. Neben *Derenberg* konnten als Referenten solche Autoritäten wie Edward S. *Rogers*, Harry D. *Nims*, Milton *Handler* und Sylvester J. *Liddy* gewonnen werden.

629 Practising Law Institute Offers Course on Trade-Marks, TMR, Vol. 37, 1947, S. 548.

630 If it's anything about trade-marks, Dr. Derenberg has the right Answer, Printers' Ink, November 7, 1947, S. 16.

631 *Derenberg* tritt seinen Dienst am 3. Februar 1947 an, Journal of the Patent Office Society, Vol. 29, 1947, S. 235, und hat dieses Amt bis Dezember 1950 inne. Dieses Datum nennt *Derenberg* selbst in einer Stellungnahme vor dem US Congress, Statement, Hearings before the Subcommittee on Commerce and Finance of the Committee on Interstate and Foreign Commerce, House of Representatives, 88th Congr., 2nd Session, on H.R. 4651, S. 44. Leider konnte das US Patent Office, Washington, D. C., dem Verfasser keine konkrete Auskunft über die Beendigung von *Derenbergs* Amtszeit geben, da die Personalakten über die gesetzlich vorgeschriebenen fünf Jahre hinaus nicht aufbewahrt wurden.

632 The Lanham Trade-Mark Act of 1946 - Practical Effects and Experiences after One

allumfassende Betreuung dieses Gesetzes und führte sie bis zu seinem Tode ununterbrochen fort. Dadurch setzte er seinen Namen endgültig neben den von *Rogers* als Synonym für das US-amerikanische Warenzeichenrecht. Schon 1947 wurde über ihn geschrieben, "...he has probably spent more hours thinking, talking, lecturing, and writing about trade-marks - particularly with relation to the Lanham Act - than any man in America."[633], und *Lunsford Jr.* bezeichnet *Derenberg* 1958 als den "Dean of the commentators on trademarks and unfair competition law."[634]

Derenbergs „Annual Reports" sind so umfassend und wissenschaftlich fundiert, dass sie von ihm auf den alljährlichen Zusammenkünften der ABA als offizieller Bericht zur Information der US-amerikanischen Anwaltschaft über die Entwicklung und den derzeitigen Stand ihres Warenzeichenrechts vorgetragen werden[635]. Sie sind die unverzichtbaren Publikationen, die jeder im US-amerikanischen Warenzeichenrecht involvierte Jurist lesen muss, wenn er mit der schnellebigen Entwicklung in diesem Rechtsgebiet Schritt halten will. Von *Goldstein* werden sie als "excelent means for keeping current" bezeichnet[636],

---

Year's Administration, The Trade-Mark Reporter (TMR), Vol. 38, 1948, S. 831-856; The Second Year of Administration of the Lanham Trade-Mark Act of 1946, TMR, Vol. 39, 1949, S. 651-667; The Third Year of ..., TMR , Vol. 40, 1950, S. 914-947; The Fourth Year of ..., TMR, Vol. 41, 1951, S. 893-922; The Fifth Year of ..., TMR, Vol. 42, 1952, S. 712-742; The Sixth Year of ..., TMR, Vol. 43, 1953, S. 779-832; The Seventh Year of ..., TMR, Vol. 44, 1954, S. 991-1054; The Eighth Year of ..., TMR, Vol. 45, 1955, S. 987-1051; The Ninth Year of ..., TMR, Vol. 46, 1956, 1017-1098; The TenthYear of ..., TMR, Vol. 47, 1957, 879-957; The Eleventh Year of ..., TMR, Vol. 48, 1958, S. 1037-1112; The Twelfth Year of ..., TMR, Vol. 49, 1959, S. 1019-1090; The Thirteenth Year of ..., TMR, Vol. 50, 1960, S. 773-876; The Fourteenth Year of ..., TMR, Vol. 51, 1961, S. 777-852; The Fifteenth Year of ..., TMR, Vol. 52, 1962, S. 877-950; The Sixteenth Year of ..., TMR, Vol. 53, 1963, S. 785-864; The Seventeenth Year of ..., TMR, Vol. 54, 1964, S. 655-729; The Eighteenth Year of ..., TMR, Vol. 55, 1965, S. 609-688; The Nineteenth Year of ..., TMR, Vol. 56, 1966, S. 691-791; The Twentieth Year of ..., TMR, Vol. 57, 1967, S. 643-741; The Twenty-first Year of ..., TMR, Vol. 58, 1968, S. 609-712; The Twenty-second Year of ..., TMR, Vol. 59, 1969, S. 625-733; The Twenty-third Year of ..., TMR, Vol. 60, 1970, S. 387-480; The Twenty-fourth Year of ..., TMR, Vol. 61, 1971, S. 257-337; The Twenty-fifth Year of ..., TMR, Vol. 62, 1972, S. 393-502; The Twenty-sixth Year of ..., TMR, Vol. 63, 1973, S. 333-418; The Twenty-seventh Year of ..., TMR, Vol. 64, 1974, S. 339-449.

633 If it's anything about trade-marks, Dr. Derenberg has the right Answer, Printers' Ink, November 7, 1947, S. 16.

634 *Lunsford*, Jr., Unfair Competition: Uniform State Act Needed, Virginia Law Review, Vol. 44, 1958, 583, 585.

635 Dies kann jeweils der ersten Anmerkung (gekennzeichnet mit „ * ") zu den jeweiligen Berichten entnommen werden. Zu den Fundstellen siehe oben Fußnote 632.

636 *Goldstein*, Copyright, Patent, Trademark and related State Doctrines, (1st Edition), S. 260, 1973 (In seiner heutigen dritten Auflage bezieht sich Goldstein auf den gesamten Trademark Reporter als solches Medium, um mit der aktuellen Rechtslage vertraut zu bleiben,

und sie sind so eng mit *Derenbergs* Namen verbunden, dass sie selbst noch 18 Jahre nach seinem Tod als "Derenberg's Annual Reports" bezeichnet werden, obwohl die Übersichten mittlerweile von verschiedenen Autoren verfasst werden[637].

Als erste Ausgabe dieser Serie von Kommentaren wird allgemein "The Lanham Trade-Mark Act of 1946 (-) Practical Effects and Experiences after One Year's Administration" zitiert[638]. Dies ist aufgrund der Tatsache, dass dies der erste Bericht war, der vor der ABA vortragen wurde und er sich von seinem Umfang in die nachfolgenden Reporte nahtlos einpasst, auch gerechtfertigt.

Allerdings ist zu erwähnen, dass dieser Bericht einen Vorläufer hatte, wenn auch nur einen sehr kurzen. Denn bereits 1946 hatte *Derenberg* die am 7. August 1946 getroffene Gerichtsentscheidung *La Touraine Coffee Co., Inc. v. Lorraine Coffee Company, Inc., and Eric Eben* zum Anlass genommen, auf § 2 des Lanham Trademark Act kurz kommentierend einzugehen[639]. Darin stellte er zuerst die Liberalisierung der Eintragungsfähigkeit durch § 2 des Lanham Trademark Act im Vergleich zum Gesetz von 1905 hinsichtlich solcher Zeichen dar, die ursprünglich nur geographische Bedeutung und im Laufe der Zeit jedoch eine secondary meaning erhalten hatten. Im Anschluss daran wies er darauf hin, dass es besonders bemerkenswert sei, dass das Gericht sich bereits zum damaligen Zeitpunkt auf den Lanham Act berufen habe. Bemerkenswert sei dies aus dem Grund, da im Lanham Trademark Act selber in § 46(a) vorgesehen war, dass dieses Gesetz erst ein Jahr nach seinem Erlass, also am 5. Juli 1947, in Kraft treten sollte, das Gericht somit seiner Zeit eigentlich um neun Monate voraus war. *Derenberg* begrüßt dieses Vorgehen des Gerichts insbesondere aus dem Grund, weil es erkannt habe, dass die Vorschriften des Lanham Trademark Act die secondary meaning betreffend, weniger neues Recht schaffen als vielmehr die gesetzliche Regelung mit dem bereits existierenden ungeschriebenen common law in Einklang bringen würden und daher deren Regelungsgehalt schon jetzt gänzlich berücksichtigt werden sollte[640]. Dieser nur geringfügig zwei Seiten überschreitende Report *Derenbergs* spiegelt die Aufmerksamkeit wider, die *Derenberg* dem Lanham Trademark Act zuteil werden

---

Goldstein, Copyright, Patent, Trademark and related State Doctrines, (3rd Edition), S. 203, 1990)

637 siehe: *McKenney/Long, III*, Federal Unfair Competition: Lanham Act § 43(a), (Stand 4.93), § 1.01, Fußnote 2.

638 *McKenney/Long, III*, Federal Unfair Competition: Lanham Act § 43(a), (Stand 4.93), § 1.01, Fußnote 2; der Report ist abgedruckt in: Trade-Mark Reporter, Vol. 38, 1948, S. 831-856 und Journal of the Patent Office Society, Vol. 30, 1948, S. 730-772.

639 *Derenberg*, The New Trade-Mark Law Casts Its Shadow, TMR, Vol. 36, 1946, 175 ff.

640 *Derenberg*, The New Trade-Mark Law Casts Its Shadow, TMR, Vol. 36, 1946, 175, 176.

lässt, und zeigt, dass ihm bei der Betreuung dieses Gesetzes nichts entgeht - nicht einmal vor dessen Inkrafttreten[641].

Diese Bearbeitung vermag es nicht, eine Zusammenfassung aller oder auch nur eines größeren Teils der Anregungen und Einflüsse darzustellen, die *Derenberg* über die 25 Jahre seiner Begleitung[642] des Lanham Trademark Act mit seinen Annual Reports bewirkt hat. Es können hier vielmehr nur die beiden sich im Laufe der Jahre entwickelnden Intentionen dieser Jahresberichte dargestellt werden[643].

Zu Beginn seiner kommentierenden Tätigkeit 1948 stimmt der Hauptzweck seiner Berichte mit seiner damaligen Tätigkeit als Trade-Mark Counsel überein, nämlich die Umsetzung des Lanham Trademark Act in größtmöglichem Maße zu fördern. Daher haben seine ersten Berichte überwiegend definierenden Charakter und sind darum bemüht, bei Jurisprudenz und Zeichenverwendern größeres Vertrauen für den Lanham Act zu gewinnen. *Derenberg* berichtet über die Annahme des Gesetzes durch die Warenzeichenverwender, die sich in den gestellten Anträgen auf Registrierung widerspiegelt und über die ersten Anwendungen und Interpretationen des Gesetzes durch die Gerichte und die Verwaltung[644]. Der erwartet große Ansturm der Neuregistrierungen war ausgeblieben,

---

641 Eine petition for writ of certiorari gegen diese von Derenberg befürtwortete Entscheidung wurde vom US Supreme Court abgelehnt, 329 US 771.

642 seit 1973 wurden diese Reports nicht mehr von Derenberg selbst geschrieben, sondern ein zehnköpfiges Team von mit dem Rechtsgebiet vertrauten Juristen unter der Leitung von *Arthur J. Greenbaum* nahm sich dieser Aufgabe an. Deren Jahresbericht wird Derenberg im Entwurf übermittelt und er nimmt noch weitere Ergänzungen vor. The Twenty-sixth Year of Administration of the Lanham Act of 1946, TMR, Vol. 63, 1973, 333, erste Ausführung im Fußnotenbereich.

643 Eine Zusammenstellung ausgewählter Einzelthemen der Jahresberichte Derenbergs findet sich bei *Beran*, Derenberg Over-The-Shoulder, TMR, Vol. 68, 1978, S. 282-344; Allerdings merkt auch *Beran* an, dass es sich dabei nicht um eine abschließende Zusammenfassung handelt. Eine solche sei aufgrund des Inhaltsreichtums der Reports kaum in angemessenem Umfang erreichbar, *ders.*, a.a.O., S. 282, 283.

644 siehe *Derenberg*, The Lanham Trade-Mark Act of 1946 - Practical Effects and Experiences After One Year's Administration, TMR, Vol. 38. 1948, 831 ff.

Nicht im Zusammenhang mit den Annual Reports stehend aber der Vollständigkeit halber sei erwähnt, dass *Derenberg*, noch bevor er sein Amt als Trade-Mark Counsel beim Patent Office angetreten hatte, bereits im Dezember 1946 erläuternd um den Lanham Trademark Act bemüht war. Da er mit der Entwicklung und Bedeutung des Gesetzes bestens vertraut war, hatte er eine Abhandlung über dieses neue Gesetz verfasst, die vom American Research Institute veröffentlicht wurde und dort für 1 $ zu erstehen war. Auf diese Abhandlung wird von *Galston*, Richter am US District Court, Eastern District of New York, in dessen Kurzzusammenfassung des Lanham Trademark Acts als "(a) very excellent detailed exposition..." verwiesen, siehe: *Galston*, Some Aspects of the Lanham Trade-Mark Act - Effective July 5, TMR, Vol. 37, 1947, 412, 417, dort Fußnote 16.

da sich zum einen herausgestellt hatte, dass sich das alte Register, dessen Anzahl die Grundlage für die geschätzte Zahl der Anträge auf Neuregistrierung gebildet hatte, zu fast einem Drittel aus nicht mehr verwendeten Zeichen zusammensetzte[645]. Zum anderen beinhaltete das neue Gesetz neben seinen Vorteilen auch höhere Anforderungen an den Nachweis des tatsächlichen Gebrauchs des jeweiligen Warenzeichens, und so konnte eine Registrierung durchaus die spätere Löschung des Zeichens aus dem Register mit sich bringen, wenn ein solcher Gebrauchsnachweis später nicht mehr erbracht werden konnte[646]. Noch dazu waren viele Begrifflichkeiten im Gesetz neu und bislang weder von den Gerichten noch vom Patent Office angewendet und daher ihr Inhalt trotz zahlreicher in § 45 des Lanham Trademark Act enthaltener Definitionen noch nicht eindeutig bestimmt. Als die unklarsten Punkte stellten sich insbesondere heraus: die Begriffe der “destinctiveness”, § 2(f), “service mark”, § 3, “collective and certification marks”, § 4, “concurrent regsitration”, § 2(d), die Aufteilung in Principal und Suplemental Register und verfahrensrechtliche Probleme im Widerspruchsverfahren und Berufungsverfahren (die Möglichkeit der Gerichtswahl, C. C. P. A. oder Equity Gerichte), § 21[647]. *Derenberg* stellt alle den Lanham Trademark Act betreffenden Equity Urteile und Entscheidungen durch das Patent Office und C. C. P. A. zusammen, systematisiert und abstrahiert sie, und es gelingt ihm so, erste Definitionsansätze zu geben und Tendenzen der Haltung der Rechtsprechung und Verwaltung zu den jeweiligen juristischen Begriffen aufzuzeigen[648].

---

645 *Derenberg*, The Lanham Act of 1946 in Operation, TMR, Vol. 38, 1948, 628, 630. Dies ist zwar nicht der vor der ABA vorgetragene Jahresbericht Derenbergs, aber in seinem Vortrag vor der ABA verweist er zur Erläuterung der unerwartet geringen Nachfrage explizit auf diesen Bericht. The Lanham Trade-Mark Act of 1946 - Practical Effects and Experiences After One Year’s Administration, TMR, Vol. 38. 1948, 831.

646 § 8 LTA verlangte sechs Jahre nach der Eintragung vom Zeichenrechtsinhaber die Einreichung einer eidestattlichen Versicherung (affidavits), durch die der aktuelle Gebrauch des Zeichens bestätigt wurde. Bei Unterlassung oder Unterschreitung der Anforderungen an die Intensität des nachzuweisenden Gebrauchs, diese war übrigens noch nicht definiert, war das Zeichen zu löschen.

647 Siehe hierzu exemplarisch: *Derenberg*, The Lanham Trade-Mark Act of 1946 - Practical Effects and Experiences after One Year’s Administration, TMR, Vol. 38, 1948, S. 831-856; The Second Year of Administration of the Lanham Trade-Mark Act of 1946, TMR, Vol. 39, 1949, S. 651-667; The fifth Year of ..., TMR, Vol. 42, 1952, S. 712, 721-732.

Dass die Definitionen in § 45 LTA die erforderliche juristische Klarheit vermissen ließen, führt *Derenberg* auf die Vielzahl der am Gesetzesentwurf beteiligten Personen- und Interessengruppen zurück. Er rezitiert in diesem Zusammenhang das Sprichwort „Viele Köche verderben den Brei.“, siehe: The Lanham Trade-Mark Act of 1946 - Practical Effects and Experiences after One Year’s Administration, TMR, Vol. 38, 1948, S. 831.

648 Dieser kommentierende Charakter von Derenbergs Reports lässt sich auch der Gliederung der Reports entnehemen, die ab dem neunten Jahr im Groben fortwährend gleich bleibt

Ab dem vierten Jahr übernimmt *Derenberg* in seinen Annual Reports neben der erläuternden und formenden Kommentierung auch die Aufgabe der Weiterentwicklung des Lanham Trademark Act[649]. Als Folge hiervon ist vor allem die Verbreitung der juristischen Erkenntnis, dass der Lanham Trademark Act auch die Vorschrift für ein umfangreiches Bundesrecht gegen den unlauteren Wettbewerb bereithält, als *Derenbergs* persönlicher Verdienst anzusehen.

September 1950 hatte das Court of Appeals 9th Circuit in *Stauffer et al. v. Exley* den Bundesgerichten selbst in den Fällen die Zuständigkeit für eine Klage nach den Vorschriften des Lanham Trademark Act wegen unlauteren Wettbewerbs zugesprochen, in denen die Voraussetzung der diversity of citizenship nicht vorlag oder ein nicht registrierter trade name nachgeahmt wurde[650]. Das Gericht hatte § 44 (i) des Lanham Trademark Act dahingehend ausgelegt, dass er einen neuen Klagegrund zur Abwehr von Maßnahmen unlauteren Wettbewerbs vor den Bundesgerichten darstelle. Um dieses Ergebnis erreichen zu können, wurde § 44 (i) im Zusammenhang mit §§ 44 (g) und (h) gelesen. §§ 44 (g) und (h) waren für ausländische trade name Verwender eingefügt worden, die aufgrund internationaler Abkommen, denen die USA beigetreten waren, gemäß § 44 (b) vom Schutz durch den Lanham Trademark Act erfasst wurden. Nach diesen beiden Vorschriften fanden die Rechtsmittel des Lanham Trademark Act bei Maßnahmen unlauteren Wettbewerbs gegenüber solchen ausländischen trade names auch ohne deren Registrierung Anwendung. Da § 44 (i) die Rechte der Inländer mit denen von nach § 44 (b) geschützten Ausländern gleich setzte, hatte das Gericht im *Stauffer case* daraus geschlossen, dass die Zuständigkeit der Bundesgerichte zum Schutz von inländischen trade names gegen unlauteren Wettbewerb schon gegeben sei, wenn die intrastate Handlung des Beklagten eine Beeinträchtigung des nichtregistrierten trade names im interstate commerce bewirkte[651]. Diesem Urteil hielt noch im selben Jahr das US District Court, S. D., New York, entgegen, dass diese Auslegung die jüngere Vorschrift des 28 U.S.C.A. 1338 (b) aufheben würde[652], der in seinem Wortlaut besagte: "The district courts shall have original jurisdiction of any civil action asserting a claim of unfair competition when joined with a substantial and related claim under the copyright, patent or trade-mark laws.". Aufgrund dieser konträren Meinungen zueinander mahnt *Derenberg*, dass man nicht sicher vom Beginn eines neuen Bundesrechts gegen den unlauteren Wettbewerb ausgehen könne.

---

und sich aufteilt in: Part I. Interpretation of the Lanham Act by the Patent Office in ex parte proceedings; Part II. Interpretation of the Lanham Act in Inter Parte Proceedings; Part III. Trademark Infringement and Unfair Competition.

649 *Derenberg*, The Fourth Year of Administration of the Lanham Trade-Mark Act of 1946, TMR, Vol. 41, 1951, 893, 908 f.

650 184 Fed 2nd 962, 966 f.; 87 USPQ 40, 43 f.

651 184 Fed 2nd 962, 966 f.; 87 USPQ 40, 43 f.

652 *Ross Products, Inc. et al. V. Newman et al.*, 94 Fed. Sup. 566, 567.

Der *Stauffer case* bildete aber den Beginn von *Derenbergs* Untersuchungen, inwieweit der Lanham Trademark Act einem solchen Recht als juristische Basis dienen könnte[653]. Zwei Jahre später muss *Derenberg* davon berichten, dass die Unsicherheit noch vergrößert wurde, indem das 2nd Circuit Court of Appeals im *American Automobil Association (Incorporated) et al. v. Spiegel*[654] zu dem Ergebnis gelangte, dass § 44 (i) kein neues Bundesrecht gegen den unlauteren Wettbewerb begründet habe und sich somit gegen die *Stauffer* Doktrin des 9th Circuit stellte. Wegen dieses Konfliktes zwischen den beiden Circuit Courts forderte *Derenberg* die endgültige Entscheidung durch das US Supreme Court.[655]. Diese blieb jedoch auch im nächsten Jahr aus, und die *Stauffer* Doktrin erschien *Derenberg* mehr und mehr allenfalls die Zuständigkeit für die Bundesgerichte verleihen, nicht aber auch materielles Recht gegen den unlauteren Wettbewerb schaffen zu können.

Andererseits wird im gleichen Jahr zum ersten Mal überhaupt von einem Bundesgericht § 43 (a) des Lanham Trademark Acts als Grundlage für eine vom US Congress neu begründete Klage zur Unterdrückung von unlauteren Wettbewerbsmaßnahmen angewandt[656]. Nach Auffassung des Gerichts würde diese Vorschrift das common law erweitern, da sie auf das Vorliegen eines "palming off" verzichte. Diese Entscheidung wird von *Derenberg* mit größtem Optimismus aufgenommen, und er schließt seinen Bericht in dem Jahr mit dem Ausblick, dass selbst, wenn die *Stauffer* Doktrin nicht angenommen werde, ein Bundesrecht gegen den unlauteren Wettbewerb jetzt entwickelt werden könne. Es könnte auf den privaten Klagegrund gestützt werden, der durch § 43 (a) des Lanham Trademark Act gegen irreführende Werbung, Täuschung (misrepresentation) und ähnliche Methoden von unlauterem Wettbewerb geschaffen worden sei[657].

Drei Jahre später, 1957, bezeichnet *Derenberg* seine Vorhersage als juritisch gesichert. Es könne nicht länger bezweifelt werden, dass mit § 43 (a) materielles Bundesrecht gegen den unlauteren Wettbewerb für alle Fälle von falschen Ursprungs-, Qualitäts- oder Beschaffenheitsangaben von Waren oder Dienstleistungen geschaffen worden sei[658]. Er stellt allerdings, ebenso wie Judge *Clark*

---

653 *Derenberg*, The Fourth Year of Administration of the Lanham Trade-Mark Act of 1946, TMR, Vol. 41, 1951, 893, 909.

654 205 Fed 2nd 771, 775.

655 *Derenberg*, The Sixth Year of Administration of the Lanham Trade-Mark Act of 1946, TMR, Vol. 43, 1953, 779, 828 ff.

656 *L' Aiglon Apparel, Inc. v. Lana Lobel, Inc.*, 214 Fed. 2nd 649, 651 (C. C. A. 3rd , 1954).

657 *Derenberg*, The Seventh Year of Administration of the Lanham Trade-Mark Act of 1946, TMR, Vol. 44, 1954, 991, 1054.

658 *Derenberg*, The Tenth Year of Adminstration of the Lanham Act of 1946, TMR, Vol. 47, 1957, 879, 954.

in dessen concurring opinion im *Maternally Yours Case*[659], fest, dass die Anwaltschaft noch überhaupt nicht realisiert habe, welch mächtige Vorschrift der Lanham Trademark Act hier für sie bereithielt. Aufgrund dieser Auslegung des § 43 (a) des Lanham Trademark Acts war es unerheblich, dass im gleichen Jahr auch die *Stauffer* Doktrin praktisch aufgegeben worden war, indem sich auch noch der fifth Circuit gegen ihre Anwendung ausgesprochen hatte[660].

Es zeigt sich allerdings schon früh, dass § 43 (a) nicht vermag, alle Erscheinungsformen des unlauteren Wettbewerbs zu bekämpfen und vor allem die so wichtige Gruppe der Plagiate (slavish immitation) außer Acht lässt[661]. *Derenberg* spricht sich daher für den Erlass eines Bundesgesetzes gegen unlauteren Wettbewerb durch den US Congress aus, das auch weiter reichende Fälle von unlauteren Wettbewerbspraktiken erfassen müsse.

Im Zusammenhang mit diesem Jahresbericht verfasst *Derenberg* einen seiner bedeutendsten Artikel, "Federal Unfair Competition Law at the End of the First Decade of the Lanham Act: Prologue or Epilogue?"[662]. Er basiert auf einer Ansprache, die *Derenberg* als Beitrag zu einem Symposium mit dem Titel "Trade-Marks in Action" der John Marshall Law School, Chicago, Februar, 1957, gehalten hat, und dieser Artikel wird selbst noch 1995 als Ausdruck seiner bemerkenswerten Weitsicht gepriesen[663]. Darin stellt *Derenberg* seine Auffassung dar, dass der eigentlich für die Errichtung eines föderalen Gesetzes gegen den unlauteren Wettbewerb gedachte § 44 (i) wohl am Ende seiner Akzeptanz sei, dafür aber § 43 (a) in seinen Grenzen als neue Grundlage für die Formung solchen Bundesrechts dienen kann und wird[664]. Nur sei diese Vorschrift eben noch nicht von Anwaltschaft und Gerichten erkannt worden (von Judge *Clark* abgesehen), und die Fähigkeit und Reichweite dieser Vorschrift sollte Gegenstand dieses Artikels sein[665]. *Derenberg* führt aus, dass der US Congress mit

---

659 *Maternally Yours, Inc. v. Your Maternity Shop, Inc.*, 234 Fed. 2nd 538, 546 (C.C.A., 2nd Circuit, 1956).

660 *Royal Lace Paper Works, Inc. et al. v. Pest-Guard Products, Inc.*, 240 Fed 2nd 814, 816 ff. (C.C.A., 5th Circuit, 1957).

661 Zum Problem der Slavish Imitation nach der *Mazer v. Stein* Entscheidung siehe *Derenberg*, Product Simulation: A Right or a Wrong?, Columbia Law Review, Vol. 64, 1964, S. 1192-1215; auf deutsch abgedruckt: Sklavische Nachahmung - Recht oder Unrecht?, GRUR Int., 1965, S. 341-352.

662 New York University Law Review, Vol. 32, 1957, S. 1029-1065.

663 *McCarthy*, McCarthy on Trademarks and Unfair Competition, Vol. 3, § 27.02(1), 27-14.

664 *Derenberg*, Federal Unfair Competition Law at the End of the First Decade of the Lanham Act: Prologue or Epilogue?, New York University Law Review, Vol. 32, 1957, 1029, 1031.

665 *Derenberg*, Federal Unfair Competition Law at the End of the First Decade of the Lanham Act: Prologue or Epilogue?, New York University Law Review, Vol. 32, 1957, 1029, 1032.

§ 43 (a) die Möglichkeit zur Zivilklage geschaffen und auf diese Weise alle von dieser Vorschrift erfassten Fälle der *Erie* Doktrin vorenthalten habe[666]. Allerdings sei § 43 (a) wesentlich weiter eingeschränkt als der Wortlaut des § 44 (i) in Verbindung mit § 44 (h), der den Schutz gegen "...unfair competition,..." als solchen zugelassen hätte. § 43 (a) sei keinesfalles ein Auffangtatbestand für alle Arten des unlauteren Wettbewerbs, sondern greife nur dann ein, wenn sich die wettbewerbswidrige Maßnahme in direktem Zusammenhang mit dem dort beschriebenen Verkauf von Waren oder Dienstleistungen befinde. Dadurch würden solche Handlungen wie Verunglimpfung (trade disperagement), Bestechung zu Wettbewerbszwecken (commercial bribery) und Verrat von Firmengeheimnissen (betrayel of trade secrets) außerhalb der Reichweite von § 43 (a) verbleiben[667].

---

666 *Derenberg*, Federal Unfair Competition Law at the End of the First Decade of the Lanham Act: Prologue or Epilogue?, New York University Law Review, Vol. 32, 1957, 1029, 1031;

Die Erie Doktrin hatte folgenden Inhalt: Da die USA über kein Bundesgesetz gegen den unlauteren Wettbewerb verfügten, hatten bis 1938, basierend auf der *Swift v. Tyson* Doktrin (16 US (Peters) 1, 18 ff.; 10 L. Ed. 865, 871 ff. (1842)), die Bundesgerichte einen reichhaltigen Rechtsprechungskörper (body of law) entwickelt, der als das federal common law angesehen wurde. Diese Rechtsprechungssammlung der Bundesgerichte basierte auf der dauerhaften Anwendung und Auslegung des jeweiligen state common laws, an welches die Federal Courts nicht gebunden waren, sondern ihre eigenen, abweichenden Urteile treffen konnten (*Swift v. Tyson*, 16 US (Peters) 1, 18 f.; 10 L. Ed. 865, 871 f. (1842)). Sie diente als Grundlage für die Entscheidung des jeweils im Streit stehenden Sachverhalts. Das so entwickelte federal common law wich in vielen Bereichen von den verschiedenen state laws ab und war als das progressivere Gesetz anzusehen (*Callmann*, The Law of Unfair Competition and Trade-Marks and Monopolies, 4th Edition, Vol. 4, Stand 08.1997, § 23.16). Dieses federal common law wurde 1938 mit Erlass der *Erie v. Tompkins* Doktrin für nicht existent erklärt (*Erie Railroad Co. v. Tompkins*, 304 US 64, 78). Um den Klägern anderer Bundesstaatszugehörigkeit die Möglichkeit zu nehmen, zwischen materiellem Bundes- oder Staatenrecht auswählen zu können, wurden die Bundesgerichte dazu verpflichtet, sofern sich ihre Zuständigkeit nur auf die diversity of citizenship gründete, das jeweilige state common law anzuwenden (*Erie Railroad Co. v. Tompkins*, 304 US 64, 74, 78). Dies galt für alle Rechtsbereiche, außer verfassungsrechtlichen Charakters (matters governed by the Federal Constitution) oder solche, die bundesgesetzlich geregelt waren (*Erie Railroad Co. v. Tompkins*, 304 US 64, 78). Da es aber kein geschriebenes Bundesrecht gegen den unlauteren Wettbewerb gab, mussten von nun an die Bundesgerichte ihr bisher entwickeltes Recht aufgeben und ausschließlich das jeweilige state common law anwenden. Damit verloren die USA ihr einheitliches federal common law gegen den unlauteren Wettbewerb. Wollte der Gesetzgeber wieder für Einheitlichkeit Sorge tragen, so musste er ein Bundesrecht gegen den unlauteren Wettbewerb erlassen. Denn dann wäre die Klage vor dem federal court nicht mehr ausschließlich auf die diversity of citizenship gegründet, sondern der cause of action würde auf federal law beruhen.

667 *Derenberg*, Federal Unfair Competition Law at the End of the First Decade of the Lan-

Eine solche genaue Feststellung von Funktion und Reichweite des § 43 (a) war der US-amerikanischen Jurisprudenz bis zu diesem Zeitpunkt noch nicht dargebracht worden, und *Derenberg* leistete erneut im Bereich der Systematisierung Pionierarbeit. Auf seine Feststellung des limitierten Charakters dieser Vorschrift wird sogar noch in der heutigen Ausgabe eines der umfangreichsten US-amerikanischen Kommentare über das Warenzeichenrecht und den Unlauteren Wettbewerb wörtlich verwiesen[668].

Derenbergs Bedeutung für die Entwicklung des § 43 (a) war hiermit allerdings noch nicht abgeschlossen, denn Anwaltschaft und Gerichte realisierten das Potential dieser Vorschrift noch immer nicht und ihre Lethargie sollte noch bis in die 70iger Jahre andauern[669]. So bestand für *Derenberg* weiterhin die Notwendigkeit, für die Anwendung des § 43 (a) mittels seiner Jahresreporte propagierend tätig zu werden. Seine Bemühungen sollten Früchte tragen, denn im Gegensatz zu den 25 Jahren der Vernachlässigung hat sich die Anwedung des § 43 (a) seit Beginn der 70iger Jahre in einem solchen Maße entwickelt, dass er 1984 als eine vielverwendete und potente Vorschrift bezeichnet wird[670]. *McCarthy* beschreibt als Resultat von *Derenbergs* Darstellungen: "Plaintiff's attorneys got the message (...)"[671] Und in einem Vorwort *Lunsford Jr.* zum Kommentar über "Federal Unfair Competition: Lanham Act § 43(a)" ist zu lesen: "Though only thirty-five cases involving this section were reported within the first fifteen years after its enactment, the urging by Judge Learned Hand, Judge Clark and Dr. Derenberg have borne fruit."[672]

Die vielfache Anwendung des § 43 (a) hatte allerdings auch dazu geführt, dass versucht wurde, den Anwendungsbereich der Vorschrift zu erweitern. Es hatte sich in der Anwaltschaft die Tendenz gezeigt, den Wortlaut des § 43 (a) wörtlich auszulegen und demzufolge hierin eine allgemeine Zivilklage für "any person" anzunehmen[673]. Hiergegen wendete sich *Derenberg* unter Berufung auf

---

ham Act: Prologue or Epilogue?, New York University Law Review, Vol. 32, 1957, 1029, 1039.

668 *McCarthy*, McCarthy on Trademarks and Unfair Competition, Vol. 3, § 27.02(1), 27-14, Fußnote 13.

669 *Keller*, How Do You Spell Relieve? Private Regulation of Advertising under Section 43(a) of the Lanham Act, TMR, Vol. 75, 1985, 227, 230 f.; *McCarthy*, McCarthy on Trademarks and Unfair Competition, Vol. 3, § 27.02(2), 27-16.

670 *Bauer*, A federal Law of Unfair Competition: What Should be the Reach of Sec. 43(a) of the Lanham Act ?, UCLA Law Review, Vol. 31, 1984, 671 f.

671 *McCarthy*, McCarthy on Trademarks and Unfair Competition, Vol. 3, § 27.02(2), 27-16.

672 *Lunsford*, Jr., Foreword, S. VIII zu *McKenney/Long III*, Federal Unfair Competition: Lanham Act § 43(a).

673 So zum Beispiel im Fall *Colligan et al. v. Activities Club of New York, Ltd.* 442 Fed 2nd 686 ff. (C. C. A., 2nd, 1971). Dort hatten die Mitglieder einer Reisegruppe ihr Reisebüro

die Gesetzgebungsgeschichte des § 43 (a) Lanham Trademark Act entschieden, denn er sah den Adressatenkreis des § 43 (a) auf kommerziell tätige Personen zum Schutz vor unlauterem Wettbewerb beschränkt[674]. Wie seine Aussage vor dem US Congress schon 1964 deutlich gezeigt hatte, hielt er es für notwendig, endlich ein allgemeines Bundesgesetz gegen den unlauteren Wettbewerb zu erlassen[675]. Eine Überdehnung des § 43 (a) erschien ihm eher schädlich[676].

Dies sind jedoch zwei Forderungen, mit denen er nicht gehört wurde, denn die USA haben bis heute noch kein solches Bundeswettbewerbsgesetz. Statt dessen wurde § 43 (a) sukzessive weiter ausgedehnt, und umfasst seit dem Amendment des Lanham Acts von 1989 auch "trade libel" und "product disperagement"[677].

---

wegen unwahrer Anpreisungen in Bezug auf eine Skireise unter Berufung auf § 43 (a) verklagt.

674 *Derenberg*, The Twenty-Fifth Year of Administration of the Lanham Trademark Act of 1946, TMR, Vol. 62, 1972, S. 393, 493; *ders.*, Consumerism and "Old-Fashioned Commercial Honesty", IDEA, Vol. 15, 1971, S. 45, 53 f.

675 *Derenberg*, Statement, Hearings before the Subcommittee on Commerce and Finance of the Committee on Interstate and Foreign Commerce, House of Representatives, 88th Congr., 2nd Session, on H.R. 4651, S. 44, 45, 48 f.; auch 1971 äußert er sich dahingehend, siehe: Consumerism and "Old-Fashioned Commercial Honesty", IDEA, Vol. 15, 1971, S. 45, 59 f.

676 *Derenberg*, The Twenty-Fifth Year of Administration of the Lanham Trademark Act of 1946, TMR, Vol. 62, 1972, S. 393, 493; *ders.*, Consumerism and "Old-Fashioned Commercial Honesty", IDEA, Vol. 15, 1971, S. 45, 53 f., jeweils unter Verweis auf *Colligan et al. v. Activities Club of New York, Ltd.* 442 Fed 2nd 686 (C. C. A., 2nd , 1971).

677 *McCarthy*, McCarthy on Trademarks and Unfair Competition, Vol. 3, § 27.09(3), 27-160.

§ 2 Derenbergs Einfluss auf das Urheberrecht der USA

Das zweite Hauptgebiet von *Derenbergs* juristischer Tätigkeit bildet das US-amerikanische Copyright Law. *Derenbergs* Wirkungsweise auf diesem Rechtsgebiet unterscheidet sich aber von derjenigen, die er im Bereich des Warenzeichenrechts eingenommen hatte. Anders als im Warenzeichenrecht verfügten die USA zur Zeit seiner Immigration auf dem Gebiet des Copyright Law bereits über ein Bundesrecht, welches nicht nur einen verfahrensrechtlichen sondern auch einen materiellrechtlichen Regelungsgehalt hinsichtlich des Copyrightschutzes beinhaltete. Dieses Bundesrecht, der Copyright Act of 1909 (CA 1909)[678], bot aber mannigfaltig Anlass zur berechtigten Kritik, da es sich in seiner konzeptionellen Einzigartigkeit überhaupt nicht in die Rechtssysteme aller anderen industriell und kulturell entwickelten Staaten fügen wollte und seine auf formellen Anforderungen beharrenden Rechtsgrundsätze antiquarisch, autoren- und ausländerfeindlich waren und sich selbst im Inland nicht anwenden ließen, ohne Ungerechtigkeiten hervorzurufen. *Derenberg* verfolgte daher mit seiner Tätigkeit im Bereich des Copyright Law die Ziele, das nationale Recht der USA zu modernisieren und einen Wechsel in der nationalen Auffassung von der Bedeutung des Copyrights herbeizuführen. Seine Arbeit war motiviert von der Vision, das Copyright Law der USA gerecht und autorenfreundlich zu gestalten und der weltweit vorherrschenden Philosophie vom Urheberrecht anzugleichen, um am Ende die USA in einen internationalen Urheberrechtsschutz einbinden zu können, der auf weltweit einheitlichen Grundsätzen beruhte. Es sei an dieser Stelle bereits vorweggenommen, dass *Derenbergs* Reformbestrebungen weitgehend Anklang fanden und kodifiziert wurden und er den USA auch auf dem Gebiet des Copyright Law ein erfolgreiches, juristisches Lebenswerk hinterlassen hat.

I. Status quo um 1936

Es würde den Umfang dieser Arbeit sprengen, wollte man an dieser Stelle das Ausmaß der damals vorherrschenden Unzulänglichkeiten des US-amerikanischen Copyright Law detailliert wiedergeben. Die Bearbeitung beschränkt sich daher auf die Kernpunkte, die das US-amerikanische Copyright Law im Vergleich zum internationalen Urheberrecht als einen altertümlichen und rückständigen Fremdkörper erscheinen ließen.

---

[678] 17 U.S.C. (1909).

1. Utilitaristisches Verständnis vom und Zweiteilung des Copyright Law

Als einer dieser Kernpunkte ist das weltweit einzigartige Verständnis der USA vom Zweck und der Funktion des Copyright Law zu nennen, die zwangsläufig die Aufspaltung der Rechtsquellen für den Copyrightschutz zur Folge hatte.

In den Vereinigten Staaten herrschte in Rechtsprechung und Gesetzgebung die Auffassung vor, dass das Copyright einen utilitaristischen, dem Allgemeinwohl dienenden Zweck habe. Dieses Verständnis sah nicht den auf naturrechtlichen Grundsätzen basierenden Schutz des Urhebers als Zentrum dieses Rechtsgebietes an, sondern fasste das Vervielfältigungsrecht (Copyright im wörtlichen Sinne) an veröffentlichten Werken als ein gesetzlich gewährtes Monopol auf, was erforderlich war, um gelehrte Personen anzuspornen, Werke zu erschaffen und zu veröffentlichen, die der Allgemeinheit von Nutzen sein konnten.

Um den Ansatz dieses Verständnisses und die sich daraus ergebenden Konsequenzen nachvollziehen zu können, ist es erforderlich, die geschichtliche Entwicklung des US-amerikanischen Copyright Law kurz zu skizzieren.

2. Historische Entwicklung des US-amerikanischen Copyright Law

Die Rechtsentwicklung des US-amerikanischen Copyright Law wurde maßgeblich vom common law des Mutterlandes England beeinflusst.

Ähnlich wie in Kontinentaleuropa finden sich auch in England die Ursprünge des Copyright Law im Privilegienrecht des 16. Jahrhunderts[679]. Durch die Erfindung der Gutenbergschen Druckpresse, welche durch William Caxton 1476 nach England importiert worden war, entstand erstmals die Möglichkeit, Schriftstücke in kurzer Zeit und großer Anzahl zu vervielfältigen. Als Reaktion auf diese Erfindung wurde die Notwendigkeit erkannt, diese Drucktätigkeit zu reglementieren. 1557 wurde der Stationer's Company, dies war ein Zusammenschluss etablierter und monarchiegetreuer Druckereien und Buchhändler Londons, per königliches Dekret das Druck- und Verlagsmonopol im gesamten Vereinigten Englischen Königreich übertragen[680]. Hierbei stand als Normzweck jedoch keineswegs der Schutz der Urheber vor dem Entzug der finanziellen Früchte ihrer geistigen Leistung Pate, sondern einzig die Angst vor einer unbeherrschbaren Presse, die religions- und staatsorganisationskritische Pamphlete

---

679 Zum Privilegienrecht siehe *Ulmer*, Urheber- und Verlagsrecht, S. 51 ff.; *Kohler*, Urheberrecht an Schriftwerken und Verlagsrecht, S. 32 ff.

680 *Boytha*, Die historischen Wurzeln der Vielfältigkeit des Schutzes von Rechten an Urheberwerken, S. 69, 76; *Gorman/Ginsburg*, Copyright for the Nineties, S. 1 nennt das Jahr 1556.

verbreiten und entsprechende gesellschaftliche Tendenzen hervorrufen könnte[681].

Mit dem auslaufenden 17. Jahrhundert geriet das Privileg der Stationers' Company zunehmend unter Druck. Ursächlich hierfür waren nicht die erkannten Nachteile, die den Autoren daraus erwuchsen, dass nicht sie selbst, sondern allein die Stationers' Company darüber entscheiden konnte, ob ein Werk gedruckt und verbreitet wird oder nicht. Ausschlaggebend für das Ende des Druckmonopols waren vielmehr zum einen die Abschaffung der Zensur und zum anderen der Missbrauch des Privilegs durch die Mitglieder der Stationers' Company. Um ihre wirtschaftlichen Pfründe abzusichern, verweigerten sie vielen neu gegründeten Druckereien die Aufnahme in ihre Druckzunft, mit der Folge, dass diese Druckereien nur illegal tätig werden konnten[682]. Mit steigender Anzahl jener Verleger, denen die Company den Beitritt verweigerte, entwickelte sich immer mehr das Verlangen nach einem freien Wettbewerb auf dem Büchermarkt. Diesem Bedürfnis kam die protestantische Königin Anne Stuart nach, indem sie im Jahre 1709 durch die Statute of Anne[683] das Verlagsmonopol der Stationers' Company beendete. Der pragmatische Ansatz zur dauerhaften Abschaffung dieses Monopols lag darin, dass nicht mehr dem Verleger, sondern dem Autor des Werkes für eine auf maximal 28 Jahre befristete Schutzdauer das Vervielfältigungsrecht an dem Werk zugestanden wurde. Dabei war die Zielsetzung der Statute of Anne jedoch nicht die urheberzentrierte Anerkennung eines natürlichen Rechts des Urhebers an seinem Werk, sondern die allgemeinwohlbezogene Förderung der Produktion von Bildungsgut[684]. Dieser Zweck der Statute of Anne zeigt sich sowohl in ihrem Titel[685] und ihrer Präambel[686], als auch besonders an der Regelung des Beginns der Schutzdauer des Copyrights. So begann die urheberrechtliche Schutzfrist nicht mit dem Zeit-

---

681 *Cornish*, Das "Statute of Anne" (8 Anne c. 19), S. 57, 58; *Kohler*, Urheberrecht an Schriftwerken und Verlagsrecht, S. 49; *Boytha*, Die historischen Wurzeln der Vielfältigkeit des Schutzes von Rechten an Urheberwerken, S. 69, 76; *Leaffer*, Understanding Copyright Law, S. 3 f.

682 *Boytha*, Die historischen Wurzeln der Vielfältigkeit des Schutzes von Rechten an Urheberwerken, S. 69, 76 f.; *Cornish*, Das "Statute of Anne" (8 Anne c. 19), S. 57, 64.

683 8 Anne c. 19, verkündet am 10. April 1710; abgedruckt bei *Kohler*, Urheberrecht an Schriftwerken und Verlagsrecht, S. 487-492.

684 *Dieselhorst*, Was bringt das Urheberpersönlichkeitsrecht ?, S. 7 f.; *Boytha*, Die historischen Wurzeln der Vielfältigkeit des Schutzes von Rechten an Urheberwerken, S. 69, 77; *Cornish*, Das "Statute of Anne" (8 Anne c. 19), S. 57, 64 f.; *Ulmer*, Urheber- und Verlagsrecht, S. 73.

685 Dieser lautet: "An Act for the Encouragement of Learning, by vesting the Copies of printed Books to the Authors or Purchasers of such a Copy, during the Times therein mentioned".

686 Sie drückt den Zweck des Statuts wie folgt aus: "… for the Encouragement of Learned Men to compose and write useful books; ...".

punkt der Werkschöpfung, wie es unter naturrechtlichen Theorien der Fall ist, sondern erst zu dem später liegenden Zeitpunkt der Werkveröffentlichung. Denn erst mit der Werkveröffentlichung war das Werk für die Allgemeinheit zugänglich und das Ziel des Gesetzes, die Förderung der Volksbildung, erreicht[687]. Die Gewährung eines eigentumsgleichen Rechts an den Autor diente somit nur als Mittel zum Zweck, nämlich das Verlagsmonopol der Stationers' Company zu sprengen und die Autoren zum Wohle der Allgemeinheit zur Produktion nützlicher Werke anzuspornen[688].

Die Statute of Anne bezog sich – ihrem utilitaristischen Ansatz folgend – allein auf veröffentlichte Werke. An Werken, die noch nicht veröffentlicht waren, stand dem Autor nach naturrechtlichen Grundsätzen ein Schutzrecht zu, welches sich aus dem ungeschriebenen common law (i.e.S.) herleitete. Die Existenz dieses naturrechtlichen common law Rechts wurde 1769 in der Entscheidung *Millar v. Taylor*[689] von der Kings Bench unter Vorsitz von Lord Mansfield erstmals anerkannt[690]. Fünf Jahre später wurde diese Auffassung in dem Parallelfall *Donaldson v. Becket*[691] höchstrichterlich durch das House of Lords bestätigt. Mit gleichem Urteil legten die obersten Richter jedoch auch das Verhältnis zwischen dem common law Schutzrecht und demjenigen, welches die Statute of Anne verlieh, fest. Sie erkannten darauf, dass das auf dem common law beruhende Recht mit Veröffentlichung des Werkes erlischt. An seine Stelle tritt der zeitlich befristete, gesetzliche Schutz[692]. Durch diese wegweisende Entscheidung wurde festgelegt, dass der Copyrightschutz von veröffentlichten Werken befristet ist und der Veröffentlichung als solcher maßgebliche Bedeutung für den Schutz geistiger Werke zukommt.

Dieses utilitaristische Verständnis vom Copyright und die daraus resultierende Zweiteilung des Copyrightschutzes (vor und nach der Veröffentlichung) wurden in die Verfassung der Vereinigten Staaten überschrieben und bestimmten fortan Rechtsprechung und Gesetzgebung. Die sogenannte Patent and Copyright Clause, Art. I, Sec. 8, Cl. 8 der US-amerikanischen Verfassung, schreibt dem US Congress mit folgendem Wortlaut die Gesetzgebungskompetenz für das Copyright Law zu: „Congress shall have Power [...] To *promote* the *Progress* of Science and *useful* Arts, by securing for limited Times to Authors and Inventors the exclusive Right to their respective Writings and Discoveries;"[693]. Ohne das Wort Copyright ausdrücklich zu erwähnen, geht es

---

687 siehe zum Ganzen *Dieselhorst*, Was bringt das Urheberpersönlichkeitsrecht ?, S. 8.

688 *Leaffer*, Understanding Copyright Law, S. 12; *Dieselhorst*, Was bringt das Urheberpersönlichkeitsrecht ?, S. 8.

689 98 Eng. Rep. 201, 4 Burr. 2303 (K.B. 1769).

690 *Ulmer*, Urheber- und Verlagsrecht, S. 55.

691 98 Engl. Rep. 257, 4 Burr. 2408 (H.L. 1774).

692 98 Engl. Rep. 257, 262, 4 Burr. 2408, 2417 (H.L. 1774).

693 Hervorhebungen durch den Verfasser.

aus der Formulierung „...by securing for limited Times to **Authors** [...] the exclusive Right to their respective **Writings** ...“[694] deutlich hervor, dass hierunter die Copyright Gesetzgebung zu verstehen ist, und die oben kursiv gedruckten Wörter legen den Zweck dieser Gesetzgebung als allgemeinwohlbezogen fest.

Neben der konstitutionellen Festlegung auf ein utilitaristisches Verständnis wurde 1834 höchstrichterlich die Entscheidung des House of Lords in *Donaldson v. Becket* durch den Supreme Court für das US-amerikanische Recht bestätigt. In *Wheaton v. Peters*[695] schloss sich das US Supreme Court der Auffassung an, dass das common law Schutzrecht mit Erstveröffentlichung des Werkes erlischt und der befristete, gesetzliche Copyrightschutz gilt.

Damit hatten sich die USA auf ein Copyrightkonzept festgelegt, welches ausschließlich allgemeinwohlorientiert ausgerichtet war und hierbei den Schutz des Werkschöpfers nur als Mittel zum Zweck betrachtete. Die Rechtsentwicklung zu einer naturrechtlichen Urheberrechtsphilosophie, wie sie in Kontinentaleuropa im 19. Jahrhundert erfolgte und in der RBÜ enthalten ist, ist an den Vereinigten Staaten bis zum Erlass des CA 1909 spurlos vorbeigegangen[696].

Damit stand das wirtschaftlich orientierte und auf das Volkswohl gerichtete Konzept der USA vom Copyright als reinem Vervielfältigungsrecht in krassem Gegensatz zu dem in Europa und den restlichen bedeutenden westlichen Industrienationen vorherrschenden Rechtsgedanken über dieses Rechtsgebiet. Dort wurde das Copyright nämlich urheberbezogen als naturrechtliches Persönlichkeits- und Eigentumsrecht des Autors/Werkschöpfers verstanden[697].

Dieser unterschiedliche Ansatz zeigte sich auch in der Namensgebung dieses Rechtsgebiets, indem es als Urheberrecht, droit d'auteur oder derecho de autor bezeichnet wurde. *Leaffer* weist zutreffend darauf hin, dass dieser terminologische Unterschied zwischen der common law und der civil law Bezeichnung auf mehr als nur einer sprachlichen Zufälligkeit beruhe. Er spiegele die grundlegend verschiedenen Ansätze der beiden Rechtssysteme bei der Behandlung geistiger Kreationen wider[698].

Die gravierendsten Mängel des CA 1909, die teilweise unmittelbare Konsequenzen dieses utilitaristischen Verständnisses waren, teilweise aber auch auf einer isolationistischen, ausschließlich auf den Vorteil der US-amerikanischen

---

694 Hervorhebungen durch den Verfasser.

695 33 US (8 Pet.) 591 (1834).

696 Siehe hierzu den Verweis auf den Legislativreport zum Copyright Act of 1909, enthalten bei *Gorman/Ginsburg*, Copyright for the Nineties, S. 15.

697 *Patry*, Latman's The Copyright Law, 6th Edition, S. 1; dieser Gedanke war dem US-amerikanischen zwar nicht völlig fremd, fand jedoch nur im ungeschriebenen common law (i.e.S.) für noch nicht veröffentlichte Werke seinen Ausdruck. Siehe die Ausführungen oben S. 158; siehe ferner *Föhr*, Der Copyright-Vermerk, S. 14.

698 *Leaffer*, Understanding Copyright Law, S. 2.

Wirtschaft bedachten Einstellung beruhten, werden im folgenden Abschnitt kursorisch dargestellt.

3. Formalismus

Die Entstehung des Copyrightschutzes, den der CA 1909 gewährte, war an die strikte Befolgung gewisser Formalia geknüpft. Wurden diese nicht eingehalten, so konnte der Veröffentlichende einerseits den Schutz des CA 1909 gegen Vervielfältigungen durch Dritte für sein Werk nicht in Anspruch nehmen, da das gesetzliche Copyright erst gar nicht zur Entstehung gelangte. Andererseits war der Copyrightschutz, den das ungeschriebene common law (i.e.S.) gewährte, infolge der Veröffentlichung jedoch erloschen. Solche Werke fielen dann unweigerlich der Allgemeinheit zur freien Verfügung anheim. Die Einhaltung der Förmlichkeiten bei der erstmaligen Veröffentlichung eines Werkes war somit von überragend wichtiger Bedeutung.

a. Copyright notice

Das wichtigste Formerfordernis für die Entstehung des bundesgesetzlichen Copyrightschutzes war, dass an jedem veröffentlichten Werk ein entsprechender Copyrightvermerk angebracht werden musste[699]. Maßgebliche Vorschrift hierfür war § 10 des CA 1909 mit folgendem Wortlaut: „Any person entitled thereto by this title may secure copyright for his work by publication thereof with the notice of copyright required by this title; and such notice shall be affixed to each copy thereof published or offered for sale in the United States by authority of the copyright proprietor, [...].“

Dieser Copyrightvermerk musste durch den Verwender mit besonderer Sorgfalt plaziert werden. Schon kleinste Verstöße technischer Natur führten dazu, dass § 10 CA 1909 als nicht erfüllt angesehen wurde und der Copyrightschutz für das Werk nicht entstanden war[700]. Selbst geringfügige Schreibfehler bei der Bezeichnung des Copyrightinhabers reichten aus, um den Schutz durch das Bundesgesetz zu versagen. § 19 CA 1909 schrieb auch die genaue Form vor, in der dieser Copyrightvermerk zu erfolgen hatte. Die dort aufgeführten Varianten waren abschließender Natur. Erforderlich war, der Öffentlichkeit exakt mitzuteilen, wer sich an dem Werk das Copyright vorbehielt und seit wann es existierte. Der typische Copyright Vermerk lautete daher: „Copyright, <Name des Autors>, <Jahr der ersten Veröffentlichung>“[701]

---

699 *Ringer/Gitlin*, Copyrights, S. 34.

700 *Ringer/Gitlin*, Copyrights, S. 35-43.

701 *Ringer/Gitlin*, Copyrights, S. 36.

So einfach dies klingt, so vielfältig waren hierbei die Gefahren, den Anforderungen an den Copyright Vermerk nicht zu genügen. Eine falsche Abkürzung des Begriffs Copyright[702], die Auslassung eines Copyrightmitinhabers, die Verwendung von Künstler- oder Firmenname, Schreibfehler oder auch nur die Platzierung des Vermerks an der in § 20 CA 1909 dafür nicht vorgesehenen Stelle[703] waren geeignet, den Copyrightschutz nicht entstehen zu lassen[704]. Dabei variierten allerdings die Auffassungen der Gerichte darüber, wie streng sich am Wortlaut der §§ 10, 19 CA 1909 zu orientieren sei. Bei liberaleren Gerichten wurde eine „substantial compliance" als ausreichend angesehen, andere nahmen die einschlägigen Paragraphen streng wörtlich, da sie der Auffassung waren, dass das Copyright ein speziell durch Gesetz gewährtes Privileg sei, und der Erwerb dieses Rechts erfordere, sich genau an die förmlichen Voraussetzungen zu halten[705].

b. Deposit and registration

Um sich wirksam auf den Copyrightschutz des CA 1909 berufen zu können, musste derjenige, der sich als Copyrightberechtigter verstanden wissen wollte, unverzüglich nach der Veröffentlichung beim Register of Copyrights zwei Kopien der besten Ausgabe hinterlegen und beantragen, ihn dort als Copyrightberechtigten zu registrieren, §§ 13, 11 CA 1909.

Anders als die Anbringung des Copyrightvermerks waren die Formerfordernisse des deposit and registration jedoch nicht Voraussetzung für die Entstehung des Copyrights unter dem CA 1909. Das Copyright entstand auch ohne die sofortige Registrierung und Hinterlegung. Solange der Copyrightinhaber diesen beiden Anforderungen nicht nachkam, fehlte ihm jedoch die Klagebefugnis, um sein Recht gerichtlich geltend zu machen, § 13 letzter Satz CA 1909. Erst wenn er die Zeit verstreichen ließ, die als ausreichend für eine

---

702 Falsch i.d.S. war jede Abkürzung, die nicht in § 19 CA 1909 aufgeführt war.

703 § 20 CA 1909 lautete: "The notice of copyright shall be applied, in the case of a book or other printed publication, upon its title page or the page immediately following, or if a periodical either upon the title page or upon the first page of text of each seperate number or under the title heading, or if a musical work either upon its title page or the first page of music, [...]." Später wurden noch Bestimmungen für Tonaufnahmen hinzugefügt. Für Werkgattungen, die nicht in § 20 CA 1909 aufgeführt waren bestanden keine Plazierungsbestimmungen, denn die Aufzählung war sowohl nach Art als auch Weise abschließend. Sie führte jedoch nicht zu größerer Rechtsklarheit, sondern hatte vielmehr eine verwirrende Kasuistik zum Titelseitenbegriff zur Folge, siehe: *Föhr*, Der Copyright-Vermerk, S. 96.

704 *Ringer/Gitlin*, Copyrights, S. 35-43.

705 *Gorman/Ginsburg*, Copyrights for the Nineties, S. 363 f.; zu weiteren Einzelfällen, die im Zuge einer liberaleren Rechtsprechung ab 1950 zugelassen worden waren siehe: *Föhr*, Der Copyright-Vermerk, S. 74-84.

unverzügliche Hinterlegung und Registrierung anzusehen war, und er auch nach erneuter Aufforderung durch den Register of Copyright keine Exemplare hinterlegt und den Registrierungsantrag nicht gestellt hatte, so war sein Copyright nichtig, § 14 CA 1909[706].

4. Duration and renewal

Eine weitere Besonderheit und Rückständigkeit des US-amerikanischen Bundescopyrights war seine kurze Schutzdauer und der Umstand, dass der Lauf dieser Schutzfrist an den Zeitpunkt der Erstveröffentlichung geknüpft war[707]. Die Schutzdauer betrug maximal 56 Jahre und war in zwei Abschnitte à 28 Jahre aufgeteilt. Sofern alle Voraussetzungen bei der Veröffentlichung des Werkes beachtet waren und das bundesgesetzliche Copyright entstanden war, währte der erste Abschnitt 28 Jahre. An diesen Zeitraum konnte ein weiterer 28 Jahre dauernder Copyrightschutz angeschlossen werden, sofern der Copyrightinhaber während des letzten Jahres der ersten 28 Jahre dauernden Periode beim Copyright Office wirksam und alle Förmlichkeiten beachtend, einen Antrag auf Erneuerung (renewal) des Copyrights stellte[708]. Nach diesem zweiten Zeitabschnitt - also spätestens nach 56 Jahren – wurde das Werk unwiederbringlich gemeinfrei. Der Grund für diesen kurzen, zweigeteilten Copyrightschutz lag zum einen darin, dass man dem Autor ursprünglich nur ein solches Monopol zugestehen wollte, wie es irgend notwendig erschien, um einen Anreiz zur kreativen Tätigkeit zu schaffen und so den Nutzen für die Allgemeinheit zu erhöhen[709]. Zum anderen war die Zweiteilung aber auch zum Schutz des Autors oder dessen nächsten Anverwandten gedacht. Es sollte nämlich dem Autor die Möglichkeit verschafft werden, ein veräußertes Copyright nach einem gewissen Zeitablauf zurück erlangen zu können[710]. Der Rückerwerb beim Autor war als Korrektiv für die Fälle gedacht, in denen der Autor sein Copyright zu einem

---

706 Zur geschichtlichen Herleitung und Lesart von §§ 13, 11, 14 CA 1909 siehe: *Kaplan*, The Registration of Copyright, A. Fisher Memorial Edition, Study No. 17, S. 325, 342 f.

707 § 24 i.V.m. § 10 CA 1909; Für unveröffentlichte Arbeiten war das Datum ihrer Registrierung ausschlaggebend, § 12 CA 1909. § 12 CA 1909 erklärt sich daraus, dass manche Werke registrierbar waren, obwohl sie nicht veröffentlicht worden waren. Diese genossen dann ab Registrierung den Schutz des CA 1909. Anlässlich dieser Werke sprach *Derenberg* auch nicht von einer Zweiteilung des US-amerikanischen Copyright Laws, sondern von einer Dreiteilung, siehe *Derenberg,* Comment, Copyright Law Revision, Part 2, Discussion and Comments on the Report of the register of Copyrights on the General Revision of the U.S. Copyright Law, S. 273, 275.

708 § 24 CA 1909.

709 *Gorman/Ginsburg*, Copyright for the Nineties, S. 307 f.

710 *Ringer*, Renewal of Copyrights, A. Fisher Memorial Edition, Study No. 31, S. 503, 521; *Ringer/Gitlin*, Copyrights, S. 57 f.

Preis veräußert hatte, der den tatsächlichen Wert nicht wiedergab und auf diese Weise die Früchte seiner Arbeit nicht ihm, sondern dem Erwerber zuflossen. Ein solches als unbillig empfundenes Ergebnis sollte mit dem Ablauf des 28. Jahres nach Entstehung des Copyrights durch den Autor berichtigt werden können[711].

Diese Regelung über die Dauer des bundesgesetzlichen Copyrightschutzes wirkte sich jedoch in nur wenigen Einzelfällen positiv für die Autoren aus. Überwiegend war sie für sie von nachteiliger Bedeutung.

So führte die nur kurz bemessene Schutzdauer von 56 Jahren dazu, dass mit zunehmender durchschnittlicher Lebenserwartung immer mehr Autoren hilflos mit ansehen mussten, wie ihr Werk der Allgemeinheit zur freien Verfügbarkeit anheim fiel. Und die ursprünglich als autorenschützende Vorschrift über die Erneuerung des Copyrights entwickelte sich vielfach zur Falle für die Urheber. Wenn der Verlängerungsantrag nicht gestellt wurde, so endete der Copyrightschutz mit Ablauf des 28. Jahres. Der Verlust des Schutzes trat aber auch ein, wenn der Antrag unter Missachtung der hierbei zu beachtenden Formvorschriften gestellt wurde. Zwingende Voraussetzungen waren z.B. die Verwendung des speziellen Formulars „R" und die Einzahlung der Registrierungsgebühr i.H.v. 2 $[712]. Ferner durfte der Antrag nur während des letzten Schutzjahres gestellt werden[713]. Ging er zu früh beim Copyright Office ein, so war er unwirksam, konnte aber während der Frist im 28. Jahr neu gestellt werden. War er jedoch verspätet, so war der Copyrightschutz des betroffenen Werkes unwiederbringlich erloschen[714]. Bestanden Zweifel darüber, wer zur Antragstellung als berechtigt anzusehen sei, wurde angeraten, dass alle Personen, die in Frage kamen, einen eigenen Antrag stellen sollten, um den Verlust des Copyrightschutzes zu vermeiden[715].

5. Manufacturing clause

Eine ebenfalls einzigartige, international inkompatibele Vorschrift stellte die sogenannte „manufacturing clause" dar, §§ 16-18 CA 1909. Ihr Regelungsgehalt wies keinerlei Bezug zum Urheberschutz als solchem auf, sondern war ein reines Schutzinstitut zugunsten der US-amerikanischen Druckereien auf Kosten der Autoren[716]. Gemäß § 16 CA 1909 mussten alle Bücher und Zeit-

---

711 *Ringer*, Renewal of Copyrights, A. Fisher Memorial Edition, Study No. 31, S. 503, 521.

712 *Ringer/Gitlin*, Copyrights, S. 56 f.

713 § 24 CA 1909.

714 *Ringer/Gitlin*, Copyrights, S. 57; *Leaffer*, Understanding Copyright Law, S. 179.

715 *Ringer/Gitlin*, Copyrights, S. 59.

716 *Leaffer*, Understanding Copyright Law, S. 138; *Ulmer* bezeichnet die manufacturing clause als Ausdruck "merkantilistischer Gewerbepolitik", Urheber- und Verlagsrecht, S. 75.

schriften, die in englischer Sprache erschienen, in den USA gedruckt und gebunden werden. Für US-amerikanische Autoren galt diese Vorschrift selbst dann, wenn das Werk nicht auf englisch verfasst war. Nach § 17 CA 1909 mussten die Autoren oder Verleger des Werkes ein Affidavit (eidesstattliche Versicherung) abgeben, dass sie die Anordnungen des § 16 CA 1909 befolgen würden. Wurde ein solches Affidavit wissentlich falsch erklärt, so verloren sie sämtliche Rechte an ihrem Werk und konnten mit einem Bußgeld von bis zu 1.000 $ belegt werden, § 18 CA 1909. Das Werk fiel der Öffentlichkeit zur freien Verfügung anheim.

Die Autoren englischsprachiger Bücher und Zeitschriften, die im Ausland gedruckt wurden, konnten innerhalb der ersten sechs Monate nach Veröffentlichung ihres Werkes eine ad interim Registrierung beantragen. Während dieser sechs Monate durften sie 1.500 Exemplare in die USA importieren, um den Erfolg ihrer Arbeit auf dem dortigen Markt einschätzen zu können. Der Copyrightschutz dieser ad interim Registrierung endete nach fünf Jahren. Wenn die Autoren nach Ablauf dieser Zeit den Anforderungen der manufacturing clause nicht entsprachen, durfte das Werk in den USA sanktionslos von jedermann vervielfältigt werden[717].

6. Indivisibility of copyright

Ebenfalls anachronistisch und unpraktikabel war die in den USA vorherrschende Ansicht, dass das Copyright unteilbar sei. Es war zwar schon ca. 1900 erkannt worden, dass das Copyright aus einem Bündel von Rechten bestand[718]. Diese Rechte konnten aber nicht isoliert übertragen werden. Wollte der Autor das Copyright nicht im Ganzen übertragen, sondern auf bestimmte Rechte beschränken, so konnte er dies nur in Form eines Lizenzvertrages vornehmen[719].

Ob eine Übertragung des Copyrights oder nur ein Lizenzvertrag vorlag, war aber für beide Parteien von erheblicher rechtlicher Konsequenz.

Beim Lizenzvertrag blieb der Autor Copyrightinhaber. Dies hatte zur Folge, dass der Lizenznehmer gegen Dritte, die seine Interessen an der übertragenen Lizenz beeinträchtigten, nur zusammen mit dem Copyrightinhaber, dem Urheber, gerichtlich geltend machen konnte. Dem Lizenznehmer fehlte die alleinige Legitimation, das Recht im eigenen Namen durchzusetzen. Der Autor war notwendiger Streitgenosse (indispensable party)[720]. Dieser Umstand gestaltete sich

---

[717] Streitig war, ob das Werk der Öffentlichkeit zur freien Verfügung anheim fiel oder die Schutzrechte des Urhebers nur ruhten, siehe *Leaffer*, Understanding Copyright Law, S. 141.

[718] *Kaminstein*, Divisibility of Copyrights, A. Fisher Memorial Edition, Study No. 11, S. 623, 627.

[719] *Kaminstein*, Divisibility of Copyrights, A. Fisher Memorial Edition, Study No. 11, S. 623, 635 ff.

[720] *Leaffer*, Understanding Copyright Law, S. 164.

für den Lizenznehmer insbesondere dann als äußerst hinderlich, wenn der Copyrightinhaber nicht in den USA wohnhaft war.

Für den Urheber stellte die rechtliche Differenzierung eine besondere Gefährdung seines Copyrights dar. Als Beispiel hierfür sei der *Dam-Case* angeführt[721]. Dam hatte eine von ihm verfasste, noch nicht veröffentlichte Erzählung an die Zeitschrift „Smart Set" verkauft. Als schriftlicher Vertrag diente nur eine Quittung über die Bezahlung eines bestimmten Betrages für die Geschichte. Der Artikel wurde in einer Ausgabe des „Smart Set" abgedruckt und somit veröffentlicht. Die Ausgabe der Zeitschrift war mit dem Copyrightvermerk der Zeitschrift selbst versehen. Damit bestand die Gefahr, dass Dam sein Copyright an der Erzählung verloren hatte. Denn wenn zwischen den Parteien nur ein Lizenzvertrag geschlossen war, so war Dam im Zeitpunkt der Veröffentlichung noch Inhaber des Copyrights. Der Copyrightvermerk enthielt aber nicht seinen Namen, sondern den der Zeitschrift „Smart Set". Sie war somit falsch und ein Verstoß gegen §§ 19, 10 CA 1909. Mit der Veröffentlichung wäre Dams common law Copyright erloschen und ein gesetzliches Copyright unter dem CA 1909 mangels korrektem Copyrightvermerks nicht entstanden. Das Werk wäre somit gemeinfrei geworden.

Dieses Ergebnis konnte nur vermieden werden, indem man den Vertrag zwischen Dam und der Zeitschrift „Smart Set" als Veräußerung des Copyrights auslegte. Dam hatte dann zwar sein common law Copyright verloren, es war aber ein gesetzliches Copyright bei der Zeitschrift „Smart Set" entstanden, da sie dann bei der Veröffentlichung Copyrightinhaberin war und somit der Copyrightvermerk inhaltlich richtig war. Um der Gefahr des Copyrightverlustes zu entgehen, wählten viele Parteien die künstliche Konstruktion einer kurzfristigen Copyrightübertragung auf das entsprechende Veröffentlichungsorgan verbunden mit der Verpflichtung zur Rückübertragung nach der Veröffentlichung[722]. In Anbetracht der unterschiedlichsten im Copyright enthaltenen Rechte (Filmrechte, Aufführungsrechte, Übersetzungsrechte etc.) war diese Lösung aber nur wenig praktikabel. Die Auffassung von der Unteilbarkeit des Copyrights bedeutete somit eine große Gefahr und ein Hindernis für den Copyrightinhaber bei der wirtschaftlichen Verwertung seines Werkes.

7. Jukebox exemption

Eine weitere Besonderheit des US-amerikanischen Copyright Law, die nicht mehr zeitgemäß war (sofern sie es je gewesen ist), enthielt § 1 (e) CA 1909. Im letzten Absatz dieser Vorschrift war eine Regelung enthalten, die 1909 als

---

721 *Dam v. Kirke La Shelle Co.*, 166 Fed. 589 (C.C.N.Y., 1908), siehe hierzu *Kaminstein*, Divisibility of Copyrights, A. Fisher Memorial Edition, Study No. 11, S. 623, 628 ff.

722 *Leaffer*, Understanding Copyright Law, S. 165.

Kompromiss in letzter Minute Eingang in das Gesetz gefunden hatte und zu damals nicht vorhersehbaren Folgen führte[723]. Danach sollte die Musikwiedergabe durch münzbetriebene Automaten nicht als kommerzielle, öffentliche Darbietung angesehen werden, so lange für den Ort, an dem die Wiedergabe erfolgte, kein Eintritt verlangt wurde. Folglich durften durch solche Maschinen auch Musikstücke, für die ein wirksames Copyright bestand, abgespielt werden, ohne dass eine Copyrightverletzung gegeben war. Gedacht war diese Ausnahmevorschrift ursprünglich für den Zweck, ökonomisch weitestgehend irrelevante Copyrightsachverhalte – z.B Leierkästen auf Kirmesveranstaltungen – aus dem Anwendungsbereich des Copyright Law herauszunehmen[724].

Sie entwickelte sich jedoch zu einer Wohltat für die Betreiber und Hersteller von Jukeboxautomaten. Denn Jukeboxen fielen in den Anwendungsbereich dieser Vorschrift und ihre Betreiber waren somit kategorisch von der Beachtung des Copyrightschutzes der abgespielten Tonträger ausgenommen (jukebox exemption). Die Ungerechtigkeit und der Anachronismus dieser jukebox exemption verstärkte sich im Laufe der Jahre um so mehr, als die Betreiber der Jukeboxen sich mehr und mehr zu der bedeutendsten Gruppe kommerzieller Nutzer von copyright-rechtlich geschützten Musikstücken entwickelten[725].

8. Internationale Inkompatibilität

Die soeben exemplarisch aufgeführten Unzulänglichkeiten des US-amerikanischen Copyright Law waren nicht nur von nationaler Bedeutung. Die Mehrzahl von ihnen wiesen einen Regelungsgehalt auf, der mit den ansonsten weltweit vorherrschenden Urheberrechtsgrundsätzen nicht vereinbar war. Insbesondere, dass das Copyright nach der Veröffentlichung nur entstand, wenn bestimmte Förmlichkeiten exakt eingehalten waren, ebenso die kurze, zweigeteilte Schutzdauer des Copyrights, die nicht an die Lebensdauer des Autors geknüpft war[726], standen im krassen Widerspruch zu dem ansonsten international herrschenden naturrechtlichen Verständnis vom Urheberrecht[727]. Aber auch solche Vorschriften, wie die manufacturing clause und die jukebox exemption, waren international einzigartig und mit anderweitig geltendem Recht nicht in Einklang zu bringen.

Diese Differenzen und Widersprüche führten dazu, dass den USA als einziger, bedeutender, westlicher Industrienation der Beitritt zur RBÜ verschlossen

723 *Ringer/Gitlin*, Copyrights, S. 28.

724 *Gorman/Ginsburg*, Copyright for the Nineties, S. 543.

725 *Ringer/Gitlin*, Copyrights, S. 28.

726 Siehe oben S. 162 f.

727 *Boorstyn*, Boorstyn on Copyright, 2nd Ed., Vol. 1, § 1.02; siehe auch die Ausführungen oben S. 159.

war. Und da die RBÜ schon zur damaligen Zeit das bedeutendste multilaterale Urheberrechtsabkommen darstellte, war die fehlende Mitgliedschaft für US-amerikanische Autoren von erheblichem Nachteil, da ihre Werke in den Mitgliedsstaaten der RBÜ, mit denen die USA keine bilateralen Vereinbarungen getroffen hatten, grundsätzlich keinen Urheberrechtsschutz genossen. Zwar war den US-amerikanischen Autoren eine Möglichkeit gegeben, durch dic „Hintertür" doch noch in den Schutzbereich der RBÜ zu gelangen, aber dieser Weg war für die meisten Autoren zu teuer. Unter den Schutz der RBÜ fielen nämlich auch Werke, die von Bürgern aus Nichtmitgliedsstaaten zumindest zeitgleich auch in einem Mitgliedsstaat der RBÜ veröffentlicht wurden. Veröffentlicht in diesem Sinne bedeutete jedoch, dass eine solche Anzahl von Kopien in dem Staat bereit gehalten werden musste, die ausreichend war, um die öffentliche Nachfrage dort zu befriedigen[728]. Dies war den meisten Autoren aus finanziellen Gründen jedoch nicht möglich.

Die einzige erwähnenswerte, multilaterale Vereinbarung, der die USA beigetreten waren, war eine panamerikanische Copyrightvereinbarung[729]. Sie galt zwischen den USA und einer Vielzahl südamerikanischer Staaten. Diese waren jedoch nicht die Hauptexportländer von US-amerikanischem urheberrechtsfähigen Material und somit für die Vereinigten Staaten von nur untergeordneter Bedeutung.

II. Derenbergs Einflussnahme

Derenberg nahm in dreifacher Weise Einfluss auf das US-amerikanische Copyright Law.

Erstens trug er unmittelbar zur Weiterentwicklung des materiellen Regelungsgehalts dieses Gesetzes bei. Den Schwerpunkt seiner Einflussnahme erbrachte er hierbei als Mitglied des „Panel of Consultants on General Revision of the Copyright Law"[730] und des „Panel of Consultants on General Revision of the Copyright Law appointed by the Librarian of Congress"[731]. Kraft dieser Mitgliedschaften wirkte er maßgeblich bei dem Entwurf eines neuen Copyright-

---

728 *Leaffer*, Understanding Copyright Law, S. 377. Art. 4 Abs. 4 RBÜ Brüsseler Fassung 1948, abgedruckt bei *Möhring/Schulze/Ulmer/Zweigert*, Quellen des Urheberrechts, Band 6, Anhang, Multilaterale Abkommen, I, S. 39 ff.

729 Am 13. Juli 1914 hatten die USA die Copyrightvereinbarung von Buenos Aires vom 11. August 1910 ratifiziert (siehe *Ringer/Gitlin*, Copyrights, S.105 f.). Die USA waren zwar auch Mitgliedsstaat der Übereinkunft von Mexiko vom 27. Januar 1902. Da jedoch kein einziger Signastaat dieser Übereinkunft die zur Regelung der Formalitäten zuständige Amtsstelle bezeichnete, blieb diese Konvention gänzlich wirkungslos (*Uchtenhagen*, Zur Geschichte der amerikanischen Urheberrechts-Konventionen, S. 252, 267 f.).

730 Siehe hierzu S. 178.

731 Siehe hierzu S. 189.

gesetzes durch das Copyright Office / Register of Copyrights mit. Aber schon vor, während und auch noch nach seiner Mitgliedschaft im „Panel of Consultants on General Revision of the Copyright Law" nahm Derenberg alljährlich durch seine im „Annual Survey of American Law" veröffentlichten Jahreszusammenfassungen über Stand und Entwicklung des US-amerikanischen Copyright Law kommentierend Stellung[732].

Zweitens nahm Derenberg Einfluss auf das US-amerikanische Copyright Law durch seine Tätigkeit als Professor an der NYU, School of Law. Indem er Kurse anbot, in denen ausschließlich das Copyright Law gelehrt wurde, isolierte er (ebenso wie das Warenzeichenrecht durch seine Trademark Law Kurse) das Copyright Law aus dem Sammelbegriff des intellectual property. Hierdurch dokumentierte er nach außen, dass das Copyright Law ein eigenständiges Rechtsgebiet darstellt und förderte das studentische Interesse an dieser Materie sowie die universitäre Forschung und Lehre in diesem Bereich[733].

---

[732] Seine Jahresübersichten erschienen von 1942-1974 (ab 1972 erstellte Derenberg sie in Zusammenarbeit mit Latman, der sie nach 1974 fortführte), siehe Copyright Law, 1942 Annual Survey of American Law, S. 702-711, 1943 Annual Survey of American Law, S. 650-654, 1944 Annual Survey of American Law, S. 909-920, 1945 Annual Survey of American Law, S. 1067-1083, 1946 Annual Survey of American Law, S. 980-987, 1947 Annual Survey of American Law, S. 954-966, 1948 Annual Survey of American Law, S. 774-785, 1949 Annual Survey of American Law, S. 855-866, 1950 Annual Survey of American Law, S. 701-713, 1951 Annual Survey of American Law, S. 712-728, 1952 Annual Survey of American Law, S. 618-632, 1953 Annual Survey of American Law, S. 367-381, 1954 Annual Survey of American Law, S. 407-419, 1955 Annual Survey of American Law, S. 278-287, 1956 Annual Survey of American Law, S. 228-237, 1957 Annual Survey of American Law, S. 246-262, 1958 Annual Survey of American Law, S. 237-255, 1959 Annual Survey of American Law, S. 242-260, 1960 Annual Survey of American Law, S. 210-225, 1961 Annual Survey of American Law, S. 555-570, 1962 Annual Survey of American Law, S. 577-602, 1963 Annual Survey of American Law, S. 437-456, 1964 Annual Survey of American Law, S. 603-616, 1966 Annual Survey of American Law, S. 337-350, 1967 Annual Survey of American Law, S. 581-596, 1968/69 Annual Survey of American Law, S. 431-448, 1969/70 Annual Survey of American Law, S. 711-724, 1970/71 Annual Survey of American Law, S. 515-526, 1971/72 Annual Survey of American Law, S. 645-656, *Derenberg/Latman,* 1972/73 Annual Survey of American Law, S. 615-628, 1973/74 Annual Survey of American Law, S. 577-595. Ähnlich seiner „Derenberg´s Reports" auf dem Gebiet des Warenzeichenrechts fasste er darin die wichtigsten nationalen Gerichtsentscheidungen und legislativen Tätigkeiten zusammen. Zusätzlich berichtete er auch über internationale Entwicklungen, insbesondere über solche, die für die USA auf dem Weg zum Beitritt zur RBÜ von Bedeutung waren.

[733] Das Copyright Law wurde bis Mitte des 20. Jahrhunderts an den US-amerikanischen Universitäten gröblich vernachlässigt. Im Jahre 1948 bot Derenberg an der NYU School of Law erstmalig eine Copyrightvorlesung für undergraduate students an, die das gesamte Semester über dauerte und bundesweit als die erste dieser Art bezeichnet werden konnte (*Derenberg/Sargoy*, Foreword, S. V, VI; *Finkelstein*, Preface, S. XXIII). Einzig Kaplan, Harvard Law School, und Brown, Yale Law School, führten zu dieser Zeit bereits einzelne Seminare für undergraduate students zu verschiedenen Problemen des Copyright Laws durch (*Deren-*

Drittens hat Derenberg auch durch die Gründung der Copyright Society of the U.S.A. auf das US-amerikanische Copyright Law eingewirkt. Mit der Gründung dieser Gesellschaft im Jahre 1953[734] leistete Derenberg weitere Pionierarbeit für das US-amerikanische Copyright Law[735]. Denn sie war die erste Institution in den USA, die ihre Forschung bundesweit ausschließlich auf das US-amerikanischen Copyright Law fokussierte[736]. Die Copyright Society of the U.S.A. nahm auf diese Weise den Platz einer Koordinierungsstelle für alle copyrightbezogenen Belange der einzelnen Interessengruppen ein. Durch sie wurde ein Zentrum der Forschung und des nationalen und internationalen Informationsaustausches auf dem Gebiet des US-amerikanischen Copyright Law geschaffen[737]. Diese erstmalige Koordinierung ermöglichte es, die Probleme des Copyright Law der USA zu fokussieren und dadurch den Stellenwert dieses Rechtsgebiets vor allem im politischen Bereich deutlich zu erhöhen.

Die weitere Bearbeitung hat ausschließlich Derenbergs juristische Arbeitsweise der ersten Gruppe zum Gegenstand, mit der er unmittelbar auf die Wieterentwicklung des US-amerikanischen Copyright Law Einfluss nahm, da sich dort seine Kritikansätze und deren Auswirkungen am deutlichsten nachzeichnen lassen.

---

berg, The Place of Literary and Artistic Property in Legal Education, Journal of Legal Education, Vol. 6, 1953-1954, S. 108). Die mangelhafte, universitäre Bedeutung, die diesem Fachgebiet bis dato zukam, lässt sich daran erkennen, dass alle Verlage es ablehnten, für den von Derenberg ins Leben gerufenen Kurs ein Case Book aufzulegen, da sie keine ausreichende studentische Nachfrage nach solchem Material vermuteten (*Derenberg/Sargoy*, Foreword, S. V, VII). Dies erwies sich jedoch als Fehleinschätzung, denn die Initiative Derenbergs fand zunehmende und bundesweite Folgschaft. Im Jahr 1972 hatten bereits 15 US-amerikanische Universitäten dauerhaft einsemestrige Vorlesungen etabliert, die sich ausschließlich dem Copyright Law widmeten (Eine Aufzählung der einzelnen Universitäten findet sich bei *Derenberg/Sargoy*, Foreword, S. V, IX, dort Fußnote 4). Die NYU, School of Law, als Zentrum der universitären Lehre auf dem Gebiet des Copyright Laws, hatte sich 1971 sogar entschlossen, den Copyright Kurs auf zwei Semester auszudehnen. Das erste Semester unterrichtete Derenberg, das zweite Latman (*Derenberg/Sargoy*, Foreword, S. V, IX, dort Fußnote 5). Derenberg, der seinen Copyright Kurs von 1948 bis zu seinem Lebensende ununterbrochen unterrichtete, wird als einzigartig für die universitäre Ausbildung in den Vereinigten Staaten und als Lehrer einer ganzen Generation von Juristen bezeichnet (*Finkelstein*, Preface, S. XXIII).

734 Siehe *Derenberg*, Statement, Hearings before the Subcommittee on Commerce and Finance of the Committee on Interstate and Foreign Commerce, House of Representatives, 88th Congr., 2nd Session, on H.R. 4651, S. 44, 45.

735 *Ulmer*, Walter J. Derenberg 70 Jahre, GRUR Int. 1973, 668.

736 Zu der Aufgabenstellung und Funktion der Copyright Society of the U.S.A. siehe *Derenberg*, Copyright Law, Annual Survey, 1953, 367.

737 Das von der Copyright Society of the U.S.A. herausgegebene Bulletin wird von *Ulmer* als die maßgebliche Fachzeitschrift für das US-amerikansiche Copyright Law angesehen, Urheber- und Verlagsrecht, S. 73.

Derenberg verfolgte bei seiner Kritik am Copyrightsystem der USA zwei Hauptziele. Zum einen wollte er es modernisieren und somit seinen Anwendungsbereich auf Medien erstrecken, die erst nach Erlass des CA 1909 durch die fortschreitende Technik hervorgebracht worden waren. Zum anderen strebte er nach einer Anpassung des gesamten Copyrightsystems der USA an die weltweit vorherrschende Auffassung vom Urheberrecht, um auf diese Weise den Beitritt der Vereinigten Staaten zur RBÜ zu ermöglichen[738].

1. Die Anfänge und Hindernisse der allgemeinen Revisionsbemühungen

Bereits ab Inkrafttreten war der CA 1909 dauerhafter Kritik ausgesetzt. Ursächlich hierfür war, dass das gesamte Gesetz von Beginn an den tatsächlichen Bedürfnissen eines modernen Copyright Law nicht entsprach: „It was in many ways an unsatisfactory piece of legislation from the beginning, out of step with copyright as it was developing at that time in other prinicipal countries of the world, and subordinating the sample protection of author's rights to a bewildering complexety of technicalities."[739]

Die schlechte Qualität des CA 1909 war seinen Verfassern bewusst. Der maßgebliche Entwurf dieses Gesetzes basierte auf drei Konferenzen, die im Juni und November 1905 sowie im März 1906 unter dem Vorsitz des Register of Copyrights durchgeführt worden waren. An den Konferenzen hatten ca. 30 verschiedene Interessengruppen teilgenommen, die sich in zwei Hauptgruppen einteilen ließen. Einerseits waren Fürsprecher der Autoren und Künstler – also der Copyrightinhaber – vertreten andererseits solche der Verleger, Druckereien und Musikproduzenten – also der kommerziellen Nutzer urheberrechtsfähigen Materials. Ihre in weiten Bereichen kollidierenden (wirtschaftlichen) Interessen führten dazu, dass in wesentlichen Rechtsfragen anfänglich kein Konsens herrschte, sondern bereits die gesetzgeberische Zielsetzung im Verhandlungsweg gefunden werden musste. Dementsprechend wurde der Gesetzesentwurf als ein Kompromiss bezeichnet, der keine der beteiligten Gruppen vollständig befriedigen würde, teilweise undogmatisch und ausschließlich national auf die Vereinigten Staaten ausgerichtet sei. Diese Quintessenz trifft der damalige Librarian of Congress in seiner Stellungnahme während der Eröffnung der Anhörungen zu diesem Entwurf im Senat und dem House of Representatives im Juni 1906: "[The bill] is not an attempt at abstract and theoretic perfection, nor

---

738 Diese Absichten *Derenbergs* treten am deutlichsten in seiner Stellungnahme zum Report of the Register of Copyrights on the General Revision of the U.S. Copyright Law zu Tage. Siehe: *Derenberg,* Comment, Copyright Law Revision, Part 2, Discussion and Comments on the Report of the register of Copyrights on the General Revision of the U.S. Copyright Law, S. 273 ff.

739 *Lacy*, Copyright Revision in the United States, S. 109.

is it an attempt to transplant to this country theoretic or what might be charged to be sentimental provisions of foreign law. It tries to be a bill possible for this country at this time and under conditions local here. It contains, therefore, some provisions which are, in our judgement, neither theoretically sound nor according to modern usage abroad nor satisfactory to particular participants in the conference. These are a compromise between principle and expediency or between one interest and another at the conference, between which we could not decide for either extreme – I mean decide in the sense of bringing before you a suggestion in this particular form. We had not any decision in any other sense; we were not a commission. The bill is a compromise. I doubt if there is a single participant in the conferences whom it satisfies in any particular."[740]

Der anachronistische Charakter des Gesetzes verstärkte sich im Laufe der Jahre um so mehr, als der technische Fortschritt in immer kürzeren Intervallen neue Medien zur Speicherung und Vervielfältigung urheberrechtsfähigen Materials hervorbrachte[741]. Entworfen und erlassen zu einer Zeit, als die Tonaufnahme und der Stummfilm noch in den Kinderschuhen steckten, Rundfunk und Mikrofilm nur schwer vorstellbar waren, ganz zu schweigen vom Fernsehen und der Computertechnik, wird offenkundig, dass das Gesetz ohne jeweilige Anpassung an die neuen Bedingungen ein unzureichendes Regelwerk darstellen musste.

Erste Versuche das Copyright Law der USA zu modernisieren, erfolgten unmittelbar nach dem Erlass des CA 1909. In der Zeit von 1909 bis 1923 beschränkten sich diese Vorschläge jedoch stets auf die Nachbesserung einzelner Paragraphen des Gesetzes. Von der Vielzahl der eingebrachten Initiativen führten aber nur vier zum Erlass einzelner Abänderungsgesetze[742].

Erst nach Ende des Ersten Weltkrieges begann in den USA die Erkenntnis zu reifen, dass mit zunehmendem Waren- und Kulturexport (vor allem nach Europa) ein internationaler Copyrightschutz für heimische Urheberrechtsinhaber erforderlich war[743]. Das einzige multilaterale Abkommen, welches einen solchen international wirksamen Urheberrechtsschutz vermittelte, war die RBÜ in ihrer Fassung nach der Berliner Revision von 1908[744]. Um der RBÜ beitreten zu können, wären jedoch fundamentale Änderungen des US-amerikanischen

---

740 zum Ganzen: *Goldman*, The History of U.S.A. Copyright Law Revisions from 1909 to 1954, S. 2 f.

741 *Derenberg*, Copyright Law, Annual Survey, 1942, S. 702.

742 *Goldman*, The History of U.S.A. Copyright Law Revisions from 1909 to 1954, S. 4. die einzelnen Änderungsgestze sind dort in Fußnote 1 aufgeführt.

743 *Goldman*, The History of U.S.A. Copyright Law Revisions from 1909 to 1954, S. 4; *Lacy*, Copyright Revision in the United States, S. 109.

744 Diese Fassung ließ den beitretenden Staaten allerdings noch Vorbehaltsmöglichkeiten hinsichtlich einzelner Vorschriften der RBÜ offen, siehe: Art. 25, 26, 27 RBÜ Fassung Berlin, RGBl 1910, 965 ff.

Copyright Law erforderlich gewesen. Denn die RBÜ enthielt Mindestanforderungen an den Urheberrechtsschutz, die jedes Mitgliedsland erfüllen musste. Insbesondere durfte die Entstehung des Urheberrechts nicht von Formalien abhängig sein, sondern musste direkt mit der Herstellung des Werkes gewährleistet werden und der Schutz durfte grundsätzlich erst 50 Jahre nach dem Tod des Urhebers erlöschen[745].

Schon allein diese Vorschriften standen im Widerspruch zum CA 1909. Und da sie Ausdruck des naturrechtlichen Verständnisses vom Urheberrecht waren[746] (im Gegensatz zu der in den USA vorherrschenden Auffassung), hatte sich in den USA eine bedeutende Meinung herausgebildet, nach der die Vereinigten Staaten, um der RBÜ beitreten zu können, ihr geltendes Copyright Law grundlegend hätten verändern und das weltweit vorherrschende Konzept vom Urheberrecht zu Lasten ihrer Auffassung vom Copyright hätten annehmen müssen[747]. Da eine solche Gesetzesänderung nicht durch die Korrektur oder Ergänzung einzelner Paragraphen des CA 1909 zu erreichen war, wurden ab 1924 mehrere Gesetzesentwürfe in den US Congress eingebracht, die eine vollständige Revision des US-amerikanischen Copyright Law bedeutet hätten[748].

Ab 1928 mussten diese Revisionsbemühungen noch umfangreicher ausfallen, da von dem Zeitpunkt an die RBÜ in der Fassung von Rom verabschiedet war und diese Fassung den neu beitretenden Mitgliedsstaaten kaum noch Vorbehaltsmöglichkeiten hinsichtlich einzelner Regelungen offen ließ[749]. Ebenfalls erschwerend wirkt es sich aus, dass in der Romkonferenz mit Art. 6bis das Urheberpersönlichkeitsrecht als zu gewährendes Mindestrecht in den RBÜ Konventionstext aufgenommen wurde[750].

---

745 Art. 4 Abs. II und Art. 7 Abs. I RBÜ, Fassung Berlin; Art. 7 Abs. II ließ jedoch hinsichtlich der Schutzdauer Ausnahmeregelungen zu.

746 Siehe die Ausführungen oben S. 159

747 *Derenberg* ist jedoch nicht der Meinung, dass eine grundlegende Revision des nationalen Rechts unverzichtbare Voraussetzung zum Beitritt zur RBÜ sei. Seines Erachtens könnte ein Beitritt auch unter Abänderung der kollidierenden Vorschriften erfolgen. Er beklagt, dass der so dringend erforderliche Beitritt im US Congress noch nicht einmal in der Sache diskutiert werde, sondern schon daran scheitere, dass über die Frage, ob eine grundlegende Reform des nationalen Rechts unerlässliche Voraussetzung sei oder nicht, keine Einigung erzielt werde. Siehe: *Derenberg*, Copyright Law, Annual Survey, 1942, S. 702, 710f.

748 Die wichtigsten Gesetzesinitiativen waren hierbei der Dallinger, Vestal, Sirovich und Shotwell Bill. Siehe: *Goldman*, The History of U.S.A. Copyright Law Revisions from 1909 to 1954, S. 4-11; *Lacy*, Copyright Revision in the United States, S. 109 f.; *Derenberg*, Copyright Law, Annual Survey, 1942, S. 702, 703.

749 *Goldman*, The History of U.S.A. Copyright Law Revisions from 1909 to 1954, S. 7; Die einzige Vorbehaltsmöglichkeit war in Art. 25 III RBÜ Fassung Rom hinsichtlich des Übersetzungsrechts vorgesehen.

750 *Bappert/Wagner*, Internationales Urheberrecht, S. 86; Die RBÜ Fassung von Rom ist abgedruckt in RGBl, 1933 II, S. 890 ff. Zum Begriff der Mindestrechte und ihrer Bedeutung

Keine der eingebrachten Gesetzesinitiativen war sowohl im Senat als auch im House of Representatives erfolgreich. Zu stark waren Widerstand und Lobby der industriellen Interessenvertreter, insbesondere der Radiostationen, Druckereien und Verleger gegen die erforderlichen Änderungen[751]. Es traten in der Zeit von 1926-1941 nur fünf Gesetzesänderungen in Kraft, die wiederum nur einzelne Paragraphen des CA 1909 abänderten[752]. Schließlich bereitete der Eintritt der USA in den Zweiten Weltkrieg allen Revisionsbemühungen ein vorläufiges Ende[753].

Erst als nach Ende des Zweiten Weltkrieges der Export von urheberrechtsfähigen Werken aus den USA nach Europa weiter zunahm, wurden die Vereinigten Staaten erneut des fehlenden internationalen Schutzes für solche US-amerikanischen Werke gewahr[754]. Zu dem ansteigenden Exportfluss trat noch der technische Fortschritt hinzu, der eine immer schneller werdende Vervielfältigung und Verbreitung von urheberrechtsfähigem Material zuließ. Dies erhöhte zusätzlich die Dringlichkeit des Beitritts der USA zu einem multilateralen weltweiten Urheberrechtsabkommen.

Allerdings hatte sich in der Vergangenheit die Meinung durchgesetzt, dass ein Beitritt zur RBÜ ohne grundlegende Revision des nationalen Copyright Law nicht möglich war. Die Umstellung des US-amerikanischen Copyrightkonzepts auf das der RBÜ zugrunde liegende Urheberrechtskonzept wurde zum damaligen Zeitpunkt jedoch für unmöglich gehalten, erst recht unter Zeitdruck als nicht realisierbar[755]. Ebenfalls hatte die Vergangenheit gezeigt, dass eine Revision nur erfolgreich sein konnte, wenn dabei die rechtlichen und wirtschaftlichen Belange aller vom Copyright betroffenen Interessengruppen beachtet und

---

siehe die Ausführungen unten S. 175; zur Bedeutung des Art. 6bis für den Beitritt der USA zum RBÜ siehe die Ausführungen unten S. 195, Fußnote 871.

751 *Goldman*, The History of U.S.A. Copyright Law Revisions from 1909 to 1954, S. 5, 6, 7, 11.

752 *Goldman*, The History of U.S.A. Copyright Law Revisions from 1909 to 1954, S. 12.

753 *Derenberg*, Copyright Law, Annual Survey, 1942, S. 702, 703; 1943, S. 650 f.

754 *Goldman*, The History of U.S.A. Copyright Law Revisions from 1909 to 1954, S. 12.

755 Siehe hierzu den Bericht des Senate Committee on Foreign Relations (Ex. Rep. No. 5, 83rd Cong., 11. June 1954), abgedruckt in *Goldman*, The History of U.S.A. Copyright Law Revisions from 1909 to 1954, S. 12: „[The United States] has found it impossible to subscribe to the [Berne] Convention […] because it embodied concepts at variance with American Copyright Law. These concepts involved such matters as the automatic recognition of copyright without any formalities, the protection of "moral" rights and the retroactivity of copyright protection with respect to works which are already in the public domain in the United States. This revival of copyright under the retroactivity doctrine would have worked considerable prejudice to American motion, picture, music, and publishing houses […]. Finally it was claimed that Berne's protection of "oral" works, such as speeches, would have conflicted with Article I, Section 8 of the Constitution, which referes only to "writings" as material to be protected.".

zu einem Konsens geführt werden. Wie die Gesetzesinitiativen zwischen 1924 und 1941 gezeigt hatten, war eine solche Einigung bislang nicht möglich gewesen. Ein erneuter Versuch einer grundlegenden Revision sollte jedoch ohne den zeitlichen Druck erfolgen, den das dringende Bedürfnis nach Copyrightschutz für US-amerikanische Werke im Ausland hervorrief[756].

2. Das WUA als Kunstgriff der USA

Der Weg aus dieser Misere fand sich für die USA in der Vereinbarung eines neuen multilateralen Copyrightabkommens, dem WUA (UCC)[757].

Auf Anregung der Vereinigten Staaten wurde 1948 unter der Schirmherrschaft der UNESCO ein Programm gestartet, in dessen Verlauf ein Überblick über die weltweit vorherrschenden Urheberrechtssysteme und internationalen Beziehungen auf diesem Rechtsgebiet zusammengestellt wurde. Das gefundene Ergebnis diente in der Zeit von 1948 bis 1952 insgesamt fünf Intergovernmental Committees of Experts als Grundlage für den Entwurf eines internationalen Urheberrechtsabkommens[758]. Der erste detaillierte Entwurf wurde auf dem dritten Treffen dieses Komitees im Herbst 1950 verfasst. An diesem Treffen nahm auch *Derenberg* als Repräsentant der International Law Association teil[759]. Er äußert sich über diesen Official Report of the Committee of Experts[760] sehr wohlwollend und mit hoher Erwartung an die Zukunft, da der Report von einer zuvor noch nicht erreichten Einstimmigkeit der verschiedenen Teilnehmer gekennzeichnet sei[761]. Die positiv gespannte Haltung *Derenbergs* verstärkt sich in seinen weiteren Berichten über die Committees of Experts. 1951 zeigt er sich hoch erfreut über den Fortgang der Beratungen zum WUA, als sich ein einigungsfähiger Konsens abzeichnet[762]. Das Jahr 1952 beschreibt er als das wichtigste Jahr in der Geschichte des US-amerikanischen Copyright Law seit 1909[763]. Denn am 6. September 1952 wurde von 36 Staaten, darunter auch die USA, in Genf das WUA unterzeichnet[764]. Mit diesem Schritt hatten es die Vereinigten Staaten vollbracht, urheberrechtsfähigen Werken ihrer Mitbürger über ein multilaterales Abkommen internationalen Schutz zu verleihen, ohne ihr nationales Copyright Law grundlegend verändern zu müssen.

---

756 *Lacy*, Copyright Revision in the United States, S. 110.

757 BGBl 1955 II, S. 101 ff.

758 *Goldman*, The History of U.S.A. Copyright Law Revisions from 1909 to 1954, S. 12 f.

759 UNESCO Copyright Bulletin, Vol. 3, 1950, S. 6.

760 Der Report ist abgedruckt in: UNESCO Copyright Bulletin, Vol. 3, 1950, S. 9-14.

761 *Derenberg*, Copyright Law, Annual Survey, 1950, S. 701, 702.

762 *Derenberg*, Copyright Law, Annual Survey, 1951, S. 712 f.

763 *Derenberg*, Copyright Law, Annual Survey, 1952, S. 618.

764 *Schricker-Katzenberger*, Urheberrecht, Vor §§ 120 ff, Rn. 58; *Fromm/Nordemann-Nordemann*, Urheberrechtskommentar, 2. Band, IntR, 3. Abschnitt, S. 1.

Dieses Ergebnis wurde zum einen dadurch erreicht, dass dem WUA fast ausschließlich das Prinzip der Inländerbehandlung zugrunde gelegt worden war[765]. Das Prinzip der Inländerbehandlung besagt, dass jeder Vertragsstaat den Werken der Angehörigen eines anderen Vertragsstaates den gleichen Schutz gewährt, wie er ihn für solche Werke seiner Staatsangehörigen vorgesehen hat[766]. Im Unterschied zur RBÜ gewährt das WUA nicht darüber hinausgehende besondere Rechte (Mindestrechte), die sich direkt aus dem Konventionsrecht ergeben und auf die sich jeder Urheber eines anderen Mitgliedsstaates selbst dann berufen kann, wenn das nationale Recht des Schutzlandes diese Rechte nicht vorsieht[767]. Das WUA sieht neben dem Grundsatz der Inländerbehandlung nur noch einen gewissen Mindestschutz vor, der den Angehörigen eines Vertragsstaates in dem anderen Vertragsstaat gewährt werden muss. Aber dieser durch nationales Recht bereitzuhaltende Mindestschutz ist erheblich geringer als die vom Konventionsrecht der RBÜ unmittelbar gewährten Mindestrechte[768].

Der bedeutendste Unterschied zur RBÜ lag jedoch darin, dass es das WUA zuließ, den Copyrightschutz nach Veröffentlichung an die Einhaltung gewisser Förmlichkeiten zu knüpfen, nämlich an die Verwendung des Copyrightvermerks, Art. III WUA. Die RBÜ hingegen schrieb vor, dass der Genuss und die Ausübung des Urheberrechts nicht an die Erfüllung irgendwelcher Förmlichkeiten gebunden sein durfte, Art 5 Abs. 2 RBÜ, sondern automatisch mit Herstellung des Werkes entstand.

Diese beiden Unterschiede zur RBÜ führten dazu, dass das WUA vom Schutzumfang weit hinter dem zurückblieb, den die RBÜ gewährte. Aber sie führten auch dazu, dass die USA in der Lage waren, ohne wesentliche Ände-

---

765 *Schricker-Katzenberger*, Urheberrecht, Vor §§ 120 ff, Rn. 64; *Fromm/Nordemann-Nordemann*, Urheberrechtskommentar, 2. Band, IntR, 3. Abschnitt, S. 1.

766 *Schricker-Katzenberger*, Urheberrecht, Vor §§ 120 ff, Rn. 64.

767 *Fromm/Nordemann-Nordemann*, Urheberrechtskommentar, 2. Band, IntR, 3. Abschnitt, S. 1.; Dieser Grundsatz ist in Art. 5 I RBÜ enthalten.

Nach dem derzeitigen Entwicklungsstand der RBÜ in der Fassung von Stockholm und Paris werden als besondere Konventionsrechte insbesondere das Urheberpersönlichkeitsrecht (Art 6 bis), das Übersetzungsrecht (Art. 8), das Vervielfältigungsrecht (Art. 9, 13), das Aufführungsrecht (Art. 11), das Senderecht (Art. 11 bis), das Vortragsrecht (Art. 11 ter), das Bearbeitungsrecht (Art. 12) und das Verfilmungsrecht (Art 14, 14 bis) gewährt. RBÜ Fassung Stockholm 1967, Bundestagsdrucksache V, 3582; Fassung Paris 1971, BGBl 1973 II, S. 1071 ff.

768 Als ausreichenden Mindestschutz sieht das WUA vor, dass es genügt, als Copyrightvermerk das © Zeichen in Verbindung mit dem Namen des Urhebers und dem Datum der ersten Veröffentlichung an den zu schützenden Werken anzubringen, Art. III. Ferner ist es ausreichend, dass die Schutzdauer 25 Jahre gerechnet vom Zeitpunkt der Veröffentlichung beträgt, Art. IV. Darüber hinaus muss grundsätzlich das Übersetzungsrecht dem Urheber gewährt werden, Art. V.

rung des nationalen Rechts einem multilateralen Urheberrechtsabkommen beizutreten.

Nutznießer dieses neuen Abkommens waren demzufolge vor allem die USA. Sie hatten sich der Problematik entledigt, die der fehlende internationale Copyrightschutz von Werken ihrer Staatsangehörigen mit sich brachte. Obendrein profitierten sie aufgrund des Prinzips der Inländerbehandlung davon, dass in Mitgliedsstaaten, die über ein weiterreichendes Urheberrecht verfügten, der Urheberrechtsschutz US-amerikansicher Staatsbürger intensiver war als in den USA selbst[769]. Für Länder mit einem hoch entwickelten Urheberrecht wirkte sich somit das Prinzip der Inländerbehandlung in Verbindung mit dem äußerst geringen Mindestschutz nachteilig aus[770]. Obendrein hatte das WUA für Verbandsstaaten der RBÜ nur geringe Bedeutung, da es im Verhältnis zur RBÜ subsidiär ist, Art. 17 WUA i.V.m. der dazu ergangenen Zusatzerklärung lit. c). Infolge dieser Subsidiarität zur RBÜ diente das WUA im Endeffekt hauptsächlich nur dazu, die urheberrechtlichen Beziehungen zwischen den USA und allen übrigen Staaten, die internationales Urheberrecht anerkannten, zu regeln[771].

Dennoch wurde das WUA auch von Ländern mit höher entwickeltem Urheberrecht als positiver Schritt in Richtung eines weltweit einheitlichen Urheberrechts gewertet und unterzeichnet. Aus diesem Grund empfahl auch *Furler* als Berichterstatter des Deutschen Bundestages, das WUA zu unterzeichnen und zu ratifizieren: „Warum befürworten wir den Beitritt zu dieser Welturheberrechtskonvention, wenn wir schon seit Jahren eine viel weitergehende Konvention besitzen? [...] Wir wollen, dass die Welt, auch die Vereinigten Staaten und die südamerikanischen Staaten, auf diesem Gebiet zusammenwächst, und wir hoffen, dass durch die Entwicklungsmöglichkeit in der Welturheberrechtskonvention auch dieses Konventionsrecht im Sinne eines geläuterten, großen, weitgehenden Urheberrechts fortgebildet wird, dass also die Konvention schließlich dahin kommt, wo die Berner Übereinkunft heute schon ist.“[772]

Wegen der geringen Mindestanforderungen, die das WUA seinen Mitgliedsländern abverlangte, waren in den USA nur geringfügige Änderungen des nationalen Copyright Law erforderlich, um den Beitritt zum WUA ratifizieren zu können. Werke der Staatsangehörigen von WUA-Mitgliedsstaaten mussten aus dem Anwendungsbereich der manufacturing clause[773] ausgeschlossen werden.

---

[769] Genau das Umgekehrte galt natürlich für den Copyrightschutz, den die Mitbürger solcher Staaten in den USA nachsuchten.

[770] Denkschrift zum Welturheberrechtsabkommen, abgedruckt in *Mestmäcker/Schulze*, Kommentar zum deutschen Urheberrecht, Band 3, IntR, Anhang B 10 a, S. 24 f.

[771] *Lacy*, Copyright Revision in the United States, S. 109, 110; *Schricker-Katzenberger*, Urheberrecht, Vor §§ 120 ff, Rn. 59.

[772] *Furler*, GRUR Int., 1955, 296, 297.

[773] Zur manufacturing clause siehe oben S. 163.

Die Formvorschriften des Copyrightvermerks[774] mussten dahingehend gelokkert werden, dass das © Zeichen in Verbindung mit dem Namen des Urhebers und der Angabe des Jahres der Erstveröffentlichung als ausreichender Copyrightvermerk anzusehen war. Ferner war es erforderlich, bei Werken von Staatsangehörigen von WUA-Mitgliedsstaaten die Hinterlegung und Registrierung als förmliche Voraussetzung für die Entstehung des Copyrights abzuschaffen. Sie wurde jedoch als Voraussetzung dafür beibehalten, um die aus dem Copyright abgeleiteten Rechte gerichtlich geltend machen zu können[775]. Diese erforderlichen Änderungen des CA 1909 wurden 1954 in Form des Public Law 743 (UCCIA) gesetzlich fixiert[776].

Auf dieses Gesetz geht *Derenberg* in seinen Jahreszusammenfassungen von 1953 und 1954 ausführlich und kommentierend ein[777]. Seinen Berichten lässt sich ein zweigeteiltes Echo hinsichtlich des durch Public Law 743 Erreichten entnehmen.

In Bezug auf das internationale Urheberrecht sei Public Law 743 von historischer Bedeutung. Denn durch diese Gesetzesänderung sei die Ratifizierung des WUA durch die Vereinigten Staaten ermöglicht worden[778]. Und vom WUA versprach sich *Derenberg*, dass mit dessen Inkrafttreten eine neue Ära des internationalen Urheberrechts eingeläutet werde[779].

In Bezug auf das nationale Urheberrecht ist den Ausführungen *Derenbergs* eine gewisse Enttäuschung darüber anzumerken, dass die Möglichkeit verpasst worden war, auch das nationale Copyright Law zu modernisieren. Zwar betont er, dass das Public Law 743 von Anfang an nicht dazu gedacht gewesen sei, den CA 1909 auf breiter Linie zu reformieren, sondern nur die gesetzlichen Mindestvoraussetzungen für einen Beitritt zum WUA schaffen sollte[780]. Dass sich der US Congress bei dem Umfang der Gesetzesänderungen jedoch tatsächlich nur auf die unumgänglichen, legislativen Maßnahmen beschränkt hatte, bedauert *Derenberg* sehr. Als Folge dieser Vorgehensweise stellte er nicht nur die ausgebliebene Teilmodernisierung fest, sondern auch eine unterschiedliche Behandlung von Werken aus WUA-Staaten oder deren Staatsangehörigen im Ver-

---

[774] Zu dem bis dato geltenden Formalismus in Bezug auf den Copyrightvermerk siehe oben S. 160 f.

[775] Zu diesen Änderungen siehe: *Lacy*, Copyright Revision in the United States, S. 109, 110; detaillierter: *Derenberg*, Copyright Law, Annual Survey, 1954, S. 407, 410 ff.

[776] 17 U.S.C.A. § 9 (Supp. 1954).

[777] *Derenberg*, Copyright Law, Annual Survey, 1953, S. 367, 370 ff., 1954, S. 407, 408 ff.

[778] *Derenberg*, Copyright Law, Annual Survey, 1954, S. 407, 408.

[779] *Derenberg*, Copyright Law, Annual Survey, 1954, S. 407, 409.

[780] *Derenberg*, Copyright Law, Annual Survey, 1953, S. 367, 370 f., 1954, S. 407, 410; zu dieser Intention von Public Law 743 siehe auch *Cary*, The Impact of The Convention on United States Copyright Law, Bulletin of The Copyright Society of The U.S.A., Vol. 2, 1954-1955, S. 113.

hältnis zu solchen von US-Amerikanern oder in den USA erstmals veröffentlichten Werken. Bis auf die Einführung des © Zeichens als ausreichender Copyrightvermerk waren die Inländer nämlich von allen Erleichterungen, die Public Law 743 den WUA-Werken gewährte, ausgenommen[781]. Dies führte dazu, dass Public Law 743 den Werken, die in den Anwendungsbereich des WUA fielen, Vorteile gewährte, von denen die US-amerikanischen Urheber ausgeschlossen waren. Diese Benachteiligung der heimischen Urheber widerspricht *Derenbergs* Empfinden von einem gerechten Urheberrecht. Insbesondere in Bezug auf die manufacturing clause stößt dieses Vorgehen bei ihm auf Unverständnis. Seiner Ansicht nach sei es ohnehin schon höchste Zeit, diese dem Urheberrecht fremde Regelung abzuschaffen. Unglücklicherweise scheitere jedoch jede Initiative diesbezüglich an der entgegenstehenden Lobby von Teilbereichen der Druckindustrie[782].

Als zutreffendes Fazit von *Derenbergs* Stellungnahme zum Public Law 743 lässt sich somit festhalten, dass auf dem Weg zu einem international einheitlichen Urheberrecht ein bedeutender Schritt nach vorn erfolgte, für das nationale Recht jedoch keine Verbesserung erreicht worden war.

Die wichtigste Auswirkung des Beitritts der USA zum WUA war somit, dass US-amerikanischen Urhebern aufgrund eines multilateralen Abkommens international Schutz ihrer Werke gewährt wurde. Auf diese Weise hatten die USA die Zeit gewonnen, die sie für erforderlich gehalten hatten, um das eigene nationale Copyright Law grundlegend zu untersuchen und zu reformieren[783]. Somit war der Weg frei für die von *Derenberg* seit langem geforderte Modernisierung des US-amerikanischen Copyright Law.

3. Der Beginn eines ernsthaften Revisionsprogramms

Der Startschuss für dieses Revsisionsprogramm erfolgte im August 1955, als der US Congress den Register of Copyrights[784] ermächtigte, Experten in ein

781 Obendrein mussten die US-amerikanischen Autoren bei der Verwendung des © Zeichens weiterhin die §§ 19, 20 CA 1909 beachten, die genau vorschrieben, an welchem Platz der Copyrightvermerk anzubringen war. Bei den WUA-Werken genügte hingegen jede Stelle am Werk, an der ein vernünftiger Dritter den Vermerk vermuten würde. Siehe *Derenbergs* Ausführungen hierzu in: Copyright Law, Annual Survey, 1954, S. 407, 411.

782 *Derenberg*, Copyright Law, Annual Survey, 1953, S. 367, 371, dort Fußnote 22.

783 *Sargoy* (chair.), Report of Committee No. 15, Program for Revision of the Copyright Law, American Bar Association Committee Reports, 1957, S. 51; *Lacy*, Copyright Revision in the United States, S. 109, 110.

784 Der Register of Copyrights ist der Leiter des Copyright Office. Dieses ist seit 1897 als selbständige Abteilung der Library of Congress angegliedert, welche ihrerseits seit 1870 die

„Panel of Consultants on General Revision of the Copyright Law“[785] zu berufen[786]. Insgesamt 29 Copyrightexperten benannte der Register of Copyrights als Mitglieder dieses Panels[787] - *Derenberg* war einer von ihnen.

a. Das Konzept

Das Revisionsprogramm sah vor, dass zu Kernfragen des US Copyright Law von den Mitgliedern des Panels of Consultants und von Spezialisten des US Copyright Office Einzelstudien erstellt werden sollten.

Die Tätigkeit der Mitglieder des Panels of Consultants war dadurch gekennzeichnet, dass sie als Berater der Copyrightspezialisten des US Copyright Office agieren sollten. Sie waren zur Objektivität und Unparteilichkeit verpflichtet und sollten nicht als Interessenvertreter irgendwelcher vom Copyright betroffener Gruppen Stellung nehmen[788]. Interessenpolitisch motivierte Erwägungen sollten in diesem Gremium keinen Eingang finden, damit das US Copyright Office auf der Grundlage der Empfehlungen des Panels of Consultants einen objektiven Bericht über das Ergebnis der Revision und den Status Quo des US-amerikanischen Copyright Law fertigen konnte[789], der als Grundlage für einen Gesetzesentwurf eines neuen Copyright Law der Vereinigten Staaten dienen sollte[790]. Erst bei den Beratungen über den Abschlussbericht und den Gesetzesentwurf sollten auch die Meinungen der einzelnen Interessengruppen eingeholt und berücksichtigt werden[791].

---

zentrale Stelle für die Hinterlegung der Pflichtexemplare und der Registrierung der Schutzanträge darstellt. Siehe *Ulmer*, Urheber- und Verlagsrecht, S. 73.

785 Im weiteren Verlauf der Arbeit „Penal of Consultants“ genannt.

786 *Ringer*, Statement, Copyright Law Revision, Hearings before the Subcommittee on Courts, Civil Liberties, and the Administration of Justice of the Committte on the Judiciary, House of Representatives, 94th Congr., 1st Session on H.R. 2223, Washington 1976, S. 95, 96.

787 *Kaminstein*, Preface, Copyright Law Revision, Report of the Register of Copyrights on the General Revision of the U.S. Copyright Law, Washington 1961, S. IX, X.

788 *Sargoy* (chair.), Report of Committee No. 15, Program for Revision of the Copyright Law, American Bar Association Committee Reports, 1957, S. 51, 53.

789 Dies war der spätere "Report of the Register of Copyrights on the General Revision of the US Copyright Law", auf dessen Inhalt und Derenbergs Einfluss darauf unten S. 181 ff. genauer eingegangen wird.

790 *O'Mahoney*, Foreword, Copyright Law Revision, Studies prepared for the Subcommittee on Patents, Trademarks and Copyrights of the Committee on the Judiciary, United States Senate, 86th Congr., 1st Session, Washington 1960, S. III; *Sargoy* (chair.), Report of Committee No. 15, Program for Revision of the Copyright Law, American Bar Association Committee Reports, 1957, S. 51, 53; *Kaminstein*, Preface, Copyright Law Revision, Report of the Register of Copyrights on the General Revision of the U.S. Copyright Law, Washington 1961, S. IX, X f.

791 *Sargoy* (chair.), Report of Committee No. 15, Program for Revision of the Copyright

Für die Dauer dieses Revisionsprogramms hatte der US Congress ursprünglich drei Jahre veranlagt[792], tatsächlich nahm es jedoch den doppelten Zeitraum ein[793].

b. Derenbergs Einflussnahme auf den Report of the Register of Copyrights

Insgesamt brachte die Tätigkeit des Panels of Consultants 35 Einzelstudien hervor[794].

aa. Derenbergs Einzelstudie

Die Studie Nr. 3 „The meaning of „writings" in the copyright clause of the constitution" wurde unter der Leitung *Derenbergs* an der NYU, School of Law, erstellt[795]. Eine Studie mit diesem Gegenstand war aufgrund der Formulierung des Art. 1, Sec. 8 der US-amerikanischen Verfassung, aus dem die Gesetzgebungskompetenz des US Congress für das Copyright Law hergeleitet wurde, erforderlich. Dort heißt es: „The Congress shall have the Power [...(8)] To promote the Progress of Science and useful Arts by securing for limited Times to Authors [...] the exclusive Right to their respective Writings [...]." Eine wörtliche Interpretation dieses Absatzes hätte zur Folge gehabt, dass sich das Bundescopyright Law nur auf Schriftstücke von Autoren beziehen dürfte und ein weiterer Regelungsgehalt verfassungswidrig gewesen wäre. Da der Bundescopyrightschutz im Laufe der Jahre aber bereits auf Werbeplakate[796], Photographien und Filme[797], Gemälde[798], Landkarten[799], Zeichentrickfiguren[800] und

---

Law, American Bar Association Committee Reports, 1957, S. 51, 53.

792 *Henn* (chair.), Report of Committee No. 304, Program for Revision of the Copyright Law, American Bar Association Committee Reports, 1960, S. 57, 58; Copyright Act Revision Authorized, Bulletin of the Copyright Society of the U.S.A., Vol. 2, 1955, S. 159.

793 *Ringer*, Statement, Copyright Law Revision, Hearings before the Subcommittee on Courts, Civil Liberties, and the Administration of Justice of the Committtee on the Judiciary, House of Representatives, 94th Congr., 1st Session on H.R. 2223, Washington 1976, S. 95, 96.

794 Eine Aufzählung dieser 35 Einzelstudien enthält das Inhaltsverzeichnis von: Studies on Copyright, Arthur Fisher Memorial Edition, Compiled and edited under Supervision of The Copyright Society of the U.S.A., New York 1963, S. VIII. Die 35. Studie, "The manufacturing clause of the U.S. copyright law", wurde nachträglich, nämlich 1963, angefertigt, siehe *Lacy*, Copyright Revision in the United States, S. 109, 110.

795 zuerst veröffentlicht als: Note, New York University Law Review, 1956, S. 1263-1312.

796 Siehe Nachweise bei: *Derenberg*, Note, New York University Law Review, 1956, S. 1263, 1294 ff.

797 Siehe Nachweise bei: *Derenberg*, Note, New York University Law Review, 1956, S. 1263, 1296 f.

sogar dreidimensionale Gegenstände[801] ausgeweitet worden war, war es erforderlich, den Umfang der Gesetzgebungskompetenz des US Congress für dieses Rechtsgebiet wissenschaftlich fundiert zu bestimmen. Eine empirische Interpretation der Bedeutung der Worte „writings" und „author" war bis dato nicht erfolgt[802]. Ähnlich wie im Warenzeichenrecht[803] übernimmt *Derenberg* somit auch im Copyright Law die Aufgabe, die Gesetzgebungskompetenz des US Congress für dieses Rechtsgebiet darzustellen. Diesmal sind seine Ausführungen jedoch nur auf den Umfang der Befugnis bezogen, da das generelle Ob, anders als im Warenzeichenrecht, durch die Verfassung positiv bestimmt worden war.

Die Interpretation der Begriffe „writings" und „author" nimmt er in der Studie unter Berücksichtigung der historischen Aspekte sowie allem verfügbaren Material aus der Gesetzgebung und einschlägigen Gerichtsentscheidungen vor[804]. Dabei kommt er zu dem Ergebnis, dass die beiden Begriffe keinesfalls wörtlich aufzufassen, sondern unter copyrightspezifischen Aspekten auszulegen seien. Dem US Congress sei die Kompetenz für alle bekannten und zukünftigen Darstellungsmedien und -formen gegeben, die nach den grundlegenden Urheberrechtsprinzipien copyrightfähig seien. Sie müssten eine gewisse Schöpfungshöhe und geistige Kreativität erkennen lassen und zum Fortschritt von Kunst oder Wissenschaft beitragen[805].

Dieses Ergebnis *Derenbergs* Studie findet auch unverändert Eingang in den 1961 verfassten Report of the Register of Copyrights on the General Revision of the US Copyright Law[806]. Dort wird nämlich vorgeschlagen, dass das zukünftige Gesetz hinsichtlich seines materiellen Anwendungsbereichs keinen wörtlichen Bezug mehr auf die Formulierung „all writings of an author" nehmen solle[807]. Anstelle dessen sollte die neue Formulierung des materiellen Anwendungsbereichs so gefasst sein, dass er sich auf alles erstrecke, was als co-

---

798 Siehe Nachweise bei: *Derenberg*, Note, New York University Law Review, 1956, S. 1263, 1297 f.

799 Siehe Nachweise bei: *Derenberg*, Note, New York University Law Review, 1956, S. 1263, 1298 f.

800 Siehe Nachweise bei: *Derenberg*, Note, New York University Law Review, 1956, S. 1263, 1299 f.

801 Siehe Nachweise bei: *Derenberg*, Note, New York University Law Review, 1956, S. 1263, 1300 ff.

802 *Derenberg*, Note, New York University Law Review, 1956, S. 1263, 1264.

803 Siehe die Ausführungen oben auf S. 116 ff.

804 *Derenberg*, Note, New York University Law Review, 1956, S. 1263, 1264.

805 *Derenberg*, Note, New York University Law Review, 1956, S. 1263, 1311.

806 Im weiteren Verlauf der Arbeit „Report of the Register of Copyrights" genannt.

807 *The Register of Copyrights*, The Report in Summaray, Copyright Law Revision, Report of the Register of Copyrights on the General Revison of the U.S. Copyright Law, 1961, S. V.

pyrightfähig angesehen werde und somit bereits bekannte als auch zukünftige Darstellungsmedien und -formen erfasse[808].

bb. Weitere Stellungnahmen Derenbergs

Derenbergs Kritik und Verbesserungsvorschläge finden aber nicht nur über seine eigene Studie Eingang in den Report of the Register of Copyrights. Denn bevor dieser Abschlussbericht erstellt wurde, erhielten alle Mitglieder des Panel of Consultants die einzelnen Studien zugesandt, mit der Bitte um Stellungnahme[809]. Auf Basis der Studien und der jeweils dazugehörigen Stellungnahmen wurde dann 1961 der Report of the Register of Copyrights erstellt.

Von *Derenberg* sind heute noch zu insgesamt 14 Einzelstudien Kommentare in abgedruckter Form vorhanden[810]. Nachfolgend werden nicht alle Stellung-

---

808 *The Register of Copyrights*, The Report in Summaray, Copyright Law Revision, Report of the Register of Copyrights on the General Revison of the U.S. Copyright Law, 1961, S. V.

809 *Kaminstein*, Preface, Copyright Law Revision, Report of the Register of Copyrights on the General Revision of the U.S. Copyright Law, Washington 1961, S. IX.

810 Dies sind im Einzelnen:

- Comment on Study No. 7 "Notice of copyright", Copyright Law Revision, Studies prepared for the Subcommittee on Patents, Trademarks and Copyrights of the Committee on the Judiciary, United States Senate, 86th Congr., 1st Session, pursuant to S. Res. 53, 3rd Print, 1960, S. 56 f.
- Comment on Study No. 11 "Divisibility of Copyrights", a.a.O., 4th Print, 1960, S. 70 f.
- Comment on Study No. 12 "Joint Ownership of Copyrights", a.a.O., 4th Print, 1960, S. 118 f.
- Comment on Study No. 13 "Works Made for Hire and on Commision", a.a.O., 4th Print, 1960, S. 149
- Comment on Study No. 14 "Fair Use of Copyrighted Works", a.a.O., 5th Print, 1960, S. 39 f.
- Comment on Study No. 16 "Limitation on Performing Rights", a.a.O., 5th Print, 1960, S. 126
- Comment on Study No. 17 "The Regsistration of Copyright", a.a.O., 6th Print, 1960, S. 77 ff.
- Comment on Study No. 18 "Authority of the Register of Copyrights to Reject Applications for Registration", a.a.O., 6th Print, 1960, S. 104
- Comment on Study No. 19 "The Recordation of Copyright Assignments and Licenses", a.a.O., 6th Print, 1960, S. 131
- Comment on Study No. 20 "Deposit of Copyrighted Works", a.a.O., 7th Print, 1960, S. 45 f.
- Comment on Study No. 25 "Liability of Innocent Infringers of Copyright", a.a.O., 8th Print, 1960, S. 166
- Comment on Study No. 28 "Copyright in Coreographic Works", a.a.O., 9th Print, 1960, S. 109

nahmen behandelt, sondern nur diejenigen, die mit den oben auf den Seiten 160 bis 167 angeführten Themen in Zusammenhang stehen.

(1) Notice of copyright

Derenberg spricht sich dafür aus, dass das Copyright auch nach Veröffentlichung bestehen solle, selbst wenn ein Copyrightvermerk nicht an dem Werk angebracht worden sei. Er habe die förmliche Voraussetzung des Copyrightvermerks von jeher als Anachronismus empfunden und die vielen Copyrightverluste aus rein technischen Gründen sehr bedauert[811]. Die Abschaffung dieser Voraussetzung würde das US-amerikanische Copyright Law der Philosophie der RBÜ angleichen und somit einen Schritt auf dem Weg zu weltweiter Konformität bedeuten. Einzige Wirkung des Copyrightvermerks solle sein, dass im Falle seines Fehlens, der Copyrightinhaber bei Klagen auf Schadensersatz oder Herausgabe des Gewinns den Verletzungsvorsatz des Beklagten beweisen müsse[812].

Mit dieser weitgehenden Auffassung konnte sich *Derenberg* jedoch nicht im Report of the Register of Copyrights durchsetzen. Dort wurde vorgeschlagen, dass der Copyrightvermerk an veröffentlichten Werken noch immer Voraussetzung für die Entstehung des Copyrights sein sollte. Wenn er jedoch unabsichtlich auf manchen Werken nicht angebracht werde oder Fehler enthalte, sollte dies nicht sofort zum Verlust des Copyrights führen. Auf jeden Fall aber könnten unvorsätzliche Verletzungshandlungen keinen Anspruch auf Schadensersatz oder Herausgabe des Gewinns nach sich ziehen[813].

Die von *Derenberg* erstrebte Angleichung an die Grundsätze der RBÜ war somit nicht erreicht. Aber die Fälle, in denen durch einen Verstoß von geringfügiger technischer Natur das Copyright erlischt, sollten für die Zukunft ausgeschlossen werden.

- Comment on Study No. 29 "Protection of Unpublished Works", a.a.O., 10th Print, 1960, S. 43 f.
- Comment on Study No. 32 "Protection of Works of Foreign Origin", a.a.O., 11th Print, 1960, S. 21 f.

811 *Derenberg*, Comment, Copyright Law Revision, Studies prepared for the Subcommittee on Patents, Trademarks and Copyrights of the Committee on the Judiciary, United States Senate, 86th Congr., 1st Session, pursuant to S. Res. 53, 3rd Print, 1960, S. 56.

812 *Derenberg*, Comment, Copyright Law Revision, Studies prepared for the Subcommittee on Patents, Trademarks and Copyrights of the Committee on the Judiciary, United States Senate, 86th Congr., 1st Session, pursuant to S. Res. 53, 3rd Print, 1960, S. 56.

813 *The Register of Copyrights*, The Report in Summary, Copyright Law Revision, Report of the Register of Copyrights on the General Revison of the U.S. Copyright Law, 1961, S. V, VI.

(2) Divisibility of copyrights

Derenberg befürwortet, dass die Teilbarkeit aller im Copyright enthaltenen Schutzrechte gesetzlich anerkannt werde. Er sei schon immer ein Vertreter dieser Auffassung gewesen. Ferner solle die prozessuale Stellung der Lizenznehmer der einzelnen Rechte gestärkt werden, indem sie eine Verletzung des übertragenen Rechts selbständig gerichtlich verfolgen könnten und dazu nicht mehr der Beteiligung des Copyrightinhabers als notwendigen Streitgenossen bedürften[814].

Der Report of the Register of Copyrights übernimmt diese Ansicht *Derenbergs* und spricht sich ebenfalls für die Trennbarkeit und isolierte Übertragbarkeit der einzelnen im Copyright enthaltenen Schutzrechte aus[815].

(3) Deposit and registration

Derenberg spricht sich dafür aus, dass die fehlende Hinterlegung von Werkexemplaren und die fehlende Registrierung des Copyrights beim Register of Copyrights nicht zum Erlöschen des Rechts führen dürfe. Dies gelte seit dem Beitritt der USA zum WUA ohnehin schon für Mitbürger der WUA-Staaten und solle nun auch auf Inländer Anwendung finden. Ein Ausbleiben der Registrierung und Hinterlegung solle allenfalls eine Geldstrafe oder sonstige Sanktion nach sich ziehen[816].

Der Report of the Register of Copyrights folgt diesem Vorschlag. Registrierung und Hinterlegung des Werkes sollen beibehalten werden. Ihr Ausbleiben führt jedoch nicht zum Erlöschen des Copyrights, sondern nur dazu, dass eine Prozessvoraussetzung für eine Klage gegen die Schutzrechtsverletzung fehlt. Und wenn die Registrierung nicht innerhalb dreier Monate nach Veröffentlichung erfolgte, sollten bestimmte Rechtsbehelfe dem Copyrightinhaber gänzlich verwehrt werden[817].

---

814 *Derenberg*, Comment, Copyright Law Revision, Studies prepared for the Subcommittee on Patents, Trademarks and Copyrights of the Committee on the Judiciary, United States Senate, 86th Congr., 1st Session, pursuant to S. Res. 53, 4th Print, 1960, S. 70 f.

815 *The Register of Copyrights*, The Report in Summary, Copyright Law Revision, Report of the Register of Copyrights on the General Revison of the U.S. Copyright Law, 1961, S. V, VII.

816 *Derenberg*, Comment, Copyright Law Revision, Studies prepared for the Subcommittee on Patents, Trademarks and Copyrights of the Committee on the Judiciary, United States Senate, 86th Congr., 1st Session, pursuant to S. Res. 53, 7th Print, 1960, S. 45 f.

817 *The Register of Copyrights*, The Report in Summary, Copyright Law Revision, Report of the Register of Copyrights on the General Revison of the U.S. Copyright Law, 1961, S. V, VI f.

(4) Protection of unpublished works

Im Zusammenhang mit der Studie über den Schutz unveröffentlichter Werke spricht sich *Derenberg* für ein einheitliches Bundescopyright aus. Das common law Copyright (i.e.S.) sollte endlich zugunsten des Bundescopyrights aufgegeben werden. Hierdurch würden nicht nur die Probleme entfallen, die durch diese weltweit einzigartige Dreiteilung des Copyright Law verursacht worden waren. Es würde darüber hinaus auch die Perspektive geschaffen, dass das WUA und die RBÜ verschmelzen könnten und auf diese Weise die USA endlich Verbandsstaat der RBÜ werden würden. In diesem Zusammenhang spricht sich *Derenberg* auch dafür aus, die Dauer des Copyrightschutzes an die Lebzeit des Urhebers plus 50 Jahre nach dessen Tod zu knüpfen[818].

Mit beiden Forderungen konnte sich *Derenberg* im Report of the Register of Copyrights nicht durchsetzen. Der Report sah vor, dass das common law Copyright (i.e.S.) neben dem gesetzlichen Bundescopyright beibehalten bleiben sollte. Das common law Copyright (i.e.S.) solle jedoch nicht mehr mit der „publication“ sondern im Zeitpunkt der „public dissemination“ erlöschen[819].

Die vom Copyright gewährte Schutzdauer sollte weiterhin zweigeteilt bleiben und an den Zeitpunkt der „public dissemination“ geknüpft werden. Für die Dauer des ersten Teils waren unverändert 28 Jahre vorgesehen. Nach erfolgreich gestelltem Verlängerungsantrag sollte der zweite Teil hingegen auf 56 Jahre verdoppelt werden, so dass dies eine maximale Gesamtschutzdauer von 76 Jahren ergeben hätte[820].

c. Zwischenergebnis

Somit ist festzuhalten, dass die hier ausschnittsweise beschriebenen Anregungen *Derenbergs* nicht vollständig im Report of the Register of Copyrights Aufnahme gefunden haben. Dennoch ist dieser Report zum ganz überwiegenden Teil konform mit *Derenbergs* Vorstellungen von einem modernen Copyright Law für die Vereinigten Staaten. Denn die überwiegende Anzahl seiner Anregungen, über die hier nur zu einem geringen Teil berichtet werden konnte, war in diesem Report enthalten. Nur in dem Bereich, der von den Bemühungen um die Angleichung des US-amerikanischen Copyright Law an die Grundsätze der

---

818 *Derenberg*, Comment, Copyright Law Revision, Studies prepared for the Subcommittee on Patents, Trademarks and Copyrights of the Committee on the Judiciary, United States Senate, 86th Congr., 1st Session, pursuant to S. Res. 53, 10th Print, 1960, S. 43 f.

819 *The Register of Copyrights*, The Report in Summary, Copyright Law Revision, Report of the Register of Copyrights on the General Revison of the U.S. Copyright Law, 1961, S. V, VI.

820 *The Register of Copyrights*, The Report in Summaray, Copyright Law Revision, Report of the Register of Copyrights on the General Revison of the U.S. Copyright Law, 1961, S. V, VI.

RBÜ betroffen war, bestanden deutlich unterschiedliche Auffassungen zwischen *Derenberg* und den Verfassern des Reports. Dieses Ergebnis lässt sich aus *Derenbergs* eigener Stellungnahme zum Report of the Register of Copyrights entnehmen[821]. Anders als die zuvor erwähnten Stellungnahmen erfolgte diese nicht zu einzelnen Studien, sondern zu dem Report of the Register of Copyrights als Ganzes. Sie stellt somit einerseits eine Zusammenfassung von *Derenbergs* Vorstellungen von einem erstrebenswerten nationalen Copyright Law dar und andererseits seine abschließende Bewertung des Resultats des Revisionsprogramms der vergangen sechs Jahre.

Seine äußerst positive Bewertung dieses Revisionsprogramms stellt *Derenberg* an den Anfang seiner Stellungnahme: „Let me say at the outset that in my opinion your office had done an outstanding job and that I find myself in complete agreement with most of the recommendations made in the report."[822]

Daran anschließend führt er seine drei Ziele an, die seines Erachtens durch die Revision erreicht werden sollten:

1. Modernisierung des CA 1909, indem sämtliche anachronistischen Vorschriften, wie die manufacturing clause und die jukebox exemption entfernt werden müssten.

2. Aufhebung der durch Public Law 743 entstandenen Ungleichbehandlung zwischen Urhebern, die den Schutz des WUA beanspruchen könnten und den inländischen Urhebern, indem den Inländern die gleichen Erleichterungen wie den WUA-Autoren zugestanden werden sollten.

3. Angleichung des nationalen Copyright Law an das Konzept der RBÜ, um so in ferner Zukunft die Fusion von WUA und RBÜ Realität werden zu lassen.[823]

Hinsichtlich der anzustrebenden Modernisierung stimmt er mit allen im Report vorgeschlagenen Veränderungen überein. Neben der Abschaffung der jukebox exemption und der manufacturing clause spricht er sich jedoch für noch weitergehende Änderungen aus, die den Anwendungsbereich des Copyrightschutzes ausdehnen würden[824].

---

821 *Derenberg*, Comment, Copyright Law Revision, Part 2, Discussion and Comments on Report of the Register of Copyrights on the General Revision of the U.S. Copyright Law, 1963, S. 273-277.

822 *Derenberg*, Comment, Copyright Law Revision, Part 2, Discussion and Comments on Report of the Register of Copyrights on the General Revision of the U.S. Copyright Law, 1963, S. 273.

823 *Derenberg*, Comment, Copyright Law Revision, Part 2, Discussion and Comments on Report of the Register of Copyrights on the General Revision of the U.S. Copyright Law, 1963, S. 273.

824 *Derenberg*, Comment, Copyright Law Revision, Part 2, Discussion and Comments on

Im Hinblick auf sein zweites Ziel, Copyrightinhaber aus dem Inland und solche aus WUA-Staaten unter Public Law 743 gleichzubehandeln, möchte *Derenberg* noch geringfügige Änderungen am Report of the Register of Copyrights vornehmen lassen. Allerdings ist er schon hoch erfreut darüber, dass die WUA Vorschriften über das © Zeichen als Copyrightvermerk auch für Inländer maßgeblich und ausreichend sein sollen und zwar sowohl hinsichtlich der Form als auch der Position am Werk[825].

Sein drittes Ziel, die Vision von der internationalen Angleichung, sieht *Derenberg* durch den Inhalt des Reports in grundlegenden Fragen noch verfehlt. Er wendet sich erneut nachdrücklich gegen die Dreiteilung des US-amerikanischen Copyright Law und fordert, dass jegliche Copyrightmaterie einheitlich durch das neue Bundesrecht geregelt werde[826]. In diesem Zusammenhang wendet er sich auch gegen die Einführung des Begriffs der „public disseminiation". Dieser Begriff sei ebenso undefiniert und amorph wie der bislang maßgebliche der „publication" und würde nur zu einem semantischen Austausch, keinesfalls aber zu größerer Rechtssicherheit führen[827].

Energisch widerspricht er der Absicht, die Schutzdauer weiterhin an den Zeitpunkt der „publication / public dissemination" zu knüpfen und das renewal system beizubehalten. Um den Weg in die RBÜ zu eröffnen und die Urheber davor zu bewahren, mit ansehen zu müssen, wie ihr Werk der Öffentlichkeit zur freien Verfügbarkeit anheim fällt, sei es dringend erforderlich, die in der RBÜ enthaltene Schutzdauer des Urheberrechts zu übernehmen - nämlich die Lebensdauer des Urhebers plus 50 Jahre nach dessen Tod. Nur für einzelne Ausnahmefälle, wie commercial prints, labels und photographs, sollte eine kürzere Schutzdauer gewährt werden[828].

Es ist kein Zufall, dass ausgerechnet das dritte Ziel *Derenbergs* im Report of the Register of Copyrights wenig Anklang gefunden hatte. Dessen war sich

---

Report of the Register of Copyrights on the General Revision of the U.S. Copyright Law, 1963, S. 273.

825 *Derenberg*, Comment, Copyright Law Revision, Part 2, Discussion and Comments on Report of the Register of Copyrights on the General Revision of the U.S. Copyright Law, 1963, S. 273, 274.

826 *Derenberg*, Comment, Copyright Law Revision, Part 2, Discussion and Comments on Report of the Register of Copyrights on the General Revision of the U.S. Copyright Law, 1963, S. 273, 275.

827 *Derenberg*, Comment, Copyright Law Revision, Part 2, Discussion and Comments on Report of the Register of Copyrights on the General Revision of the U.S. Copyright Law, 1963, S. 273, 276.

828 *Derenberg*, Comment, Copyright Law Revision, Part 2, Discussion and Comments on Report of the Register of Copyrights on the General Revision of the U.S. Copyright Law, 1963, S. 273, 276 f.

Derenberg auch von vornherein bewusst, schließlich leitete er seine Stellungnahme zu diesem Abschnitt auch folgendermaßen ein: „It is, of course, in this area where my views might more basically differ from some of the conclusions reached in the report.“[829]

Der vorhersehbare Widerstand gegen *Derenbergs* Revisionsvorschläge in diesem Bereich resultierte daraus, dass all diese Anregungen darauf gerichtet waren, das autorenunfreundliche US-amerikanische Konzept vom Copyright zugunsten des Verständnisses der RBÜ vom Urheberrecht aufzugeben. Diese Bestrebung *Derenbergs* lässt sich weniger auf seinen kontinentalrechtlichen Ursprung zurückführen als vielmehr auf seine persönliche Grundeinstellung über Funktion und Zweck des Urheberrechts. Diese war nämlich primär vom Gedanken der Fairness geprägt. Fairness dahingehend, dass demjenigen, der durch seine geistige Arbeit etwas geschaffen hatte, auch primär die Früchte dieser Arbeit zuzustehen haben. Aus diesem Grund sollte nach *Derenbergs* Ansicht ein gerechter Schutz des Urhebers das Herzstück eines jeden Urheberrechts bilden, und diesem Grundsatz entsprach die Philosophie der RBÜ, nicht hingegen das Konzept vom Copyright mit seinen zahlreichen Fallstricken, die insbesondere den juristisch ahnungslosen Urheber wegen oft kleinster Verstöße gegen hoch technische Vorschriften oder gar Zufälligkeiten seines berechtigten Urheberschutzes unwiederbringlich beraubten. Diese Ansicht Derenbergs tritt deutlich in einer seiner Anhörungen während eines „Meetings on General Revision of the U.S. Copyright Law“ in der Library of Congress, Washington, D.C., hervor. Im Zusammenhang mit der Frage, ob die Veräußerung des Copyrights durch den Copyrightinhaber gesetzlich auf 20 Jahre beschränkt werden solle, wird den Verfassern des Reports of the Register of Copyrights durch *Joseph A. Dubin*, Repräsentant der Universal Pictures Co., Inc., vorgeworfen, der Report sei nicht realistisch und auf einer idealistischen Basis verfasst[830]. Darauf entgegnet *Derenberg*: „Just one word. I think I would want to defend whoever wrote that report against the statement just made by Mr. Dubin. I think the difference is that the authors he deals with - of the entertainment industry - are the successful authors. If someone is approached to write a book, and a motion picture is made, well, he is in a good bargaining position. We are thinking, or some of us are thinking, maybe historically, of artists, and painters, and writers, and songwriters, who are struggling. [...] We know what happened to many living artists. We know that most of them become prosperous only after they are dead. Certainly their works become very valuable, and I don´t believe

829 *Derenberg*, Comment, Copyright Law Revision, Part 2, Discussion and Comments on Report of the Register of Copyrights on the General Revision of the U.S. Copyright Law, 1963, S. 273, 275.

830 *Dubin*, Statement, Copyright Law Revision, Part 2, Discussion and Comments on Report of the Register of Copyrights on the General Revision of the U.S. Copyright Law, 1963, S. 104 f.

that the average artists, the struggling artist - be it a writer, or a painter, or a sculptor - is in the kind of bargaining position that you just referred to. I think the people you have in mind, like Charlie Chaplin, obviously, or some people like that, do have Panamanian and Liechtenstein corporations, but they are not the people that we are thinking about.“[831]

4. Die weitere Entwicklung

Der Fortgang der Revisionsbemühungen nach 1961 war von einer intensiven Diskussion geprägt. Zwar hatte der Report of the Register of Copyrights sein Ziel erreicht, die Probleme des geltenden US Copyright Law zu fokussieren. Jedoch riefen manche der in ihm enthaltenen Vorschläge eine solch starke Opposition hervor, dass zu befürchten war, die gesamten Revisionsbemühungen könnten scheitern[832].

Der Hauptwiderspruch konzentrierte sich dabei auf die Bereiche, die auch von *Derenberg* in seinen Stellungnahmen als verbesserungswürdig bezeichnet worden waren. So standen vor allem die Aufteilung der Dauer des Copyrightschutzes in zwei Zeitabschnitte, der Begriff der „public dissemination“ als Anknüpfungspunkt zur Berechnung der Schutzdauer und die Beibehaltung des common law Copyrights (i.e.S.) im Zentrum der Kritik[833].

a. Ein erneutes „Panel of Consultants“

Die Koordinierung dieser Kritik zur Fortführung der Revision erforderte erhebliche legislative Bemühungen, die im Jahre 1966 ebenso intensiv wie erfolgreich erfolgten. Im Februar 1966 wurde erneut ein „Panel of Consultants on General Revision of the Copyright Law appointed by the Librarian of Congress“ eingerichtet - eines seiner Mitglieder war *Derenberg*[834]. Dieses Panel hielt als House Judiciary Subcommittee bis September 1966 insgesamt 51 Sitzungen, indem es fast durchgängig zweimal pro Woche zusammentrat[835].

---

831 *Derenberg*, Statement, Copyright Law Revision, Part 2, Discussion and Comments on Report of the Register of Copyrights on the General Revision of the U.S. Copyright Law, 1963, S. 106.

832 *Ringer*, Statement, Copyright Law Revision, Hearings before the Subcommittee on Courts, Civil Liberties, and the Administration of Justice of the Committte on the Judiciary, House of Representatives, 94th Congr., 1st Session on H.R. 2223, Washington 1976, S. 95, 97.

833 *Ringer*, Statement, Copyright Law Revision, Hearings before the Subcommittee on Courts, Civil Liberties, and the Administration of Justice of the Committte on the Judiciary, House of Representatives, 94th Congr., 1st Session on H.R. 2223, Washington 1976, S. 95, 97.

834 *Derenberg*, Copyright Law, Annual Survey of American Law, 1966, S. 337 vor Fußnote 1.

835 *Ringer*, Statement, Copyright Law Revision, Hearings before the Subcommittee on

b. Der „House Report von 1966“

Als Ergebnis dieser intensiven Komiteetätigkeit wurde am 21. September 1966 dem House Judiciary Committee ein neuer Report als Grundlage für einen Gesetzesentwurf eines neuen nationalen Copyright Law vorgelegt[836]. Dieser House Report of the Judiciary Committee[837] wird von *Derenberg* als das wichtigste Einzeldokument im Verlauf der Revisionstätigkeit seit dem Report of the Register of Copyrights von 1961 bezeichnet[838]. In ihm waren erhebliche Änderungen des Reports von 1961 eingearbeitet, die bezeichnenderweise kongruent mit den von *Derenberg* bereits 1961 geäußerten Änderungsvorschlägen waren. Die wesentlichen waren im einzelnen:

1. Die Copyrightschutzdauer sollte die Lebensdauer des Urhebers plus 50 Jahre nach dessen Tod betragen.

2. Sämtliche Sachverhalte des Copyrights sollten einheitlich durch das Bundescopyright Law geregelt werden, somit das common law Copyright (i.e.S.) abgeschafft werden.

3. Der Anwendungsbereich des Copyright Law sollte erweitert werden, indem unter anderem Tonaufnahmen und pantomimische und choreographische Werke vom Copyright Law mit erfasst werden sollten.

4. Das Prinzip von der Unteilbarkeit des Copyrights sollte zugunsten der freien Teilbarkeit aufgegeben werden.

5. Ein fehlender Copyrightvermerk sollte nur noch in Ausnahmefällen dazu führen, dass das Copyright erlischt. Primär sollte der Vermerk nur prozessuale Erleichterungen bewirken.

6. Die Bedeutung der manufacturing clause sollte auf ein Minimum zurückgeführt werden.

7. Die jukebox exemption sollte ebenfalls nur in abgeschwächter, modifizierter Form beibehalten werden.[839]

Damit hatten die bedeutendsten Änderungsvorschläge *Derenbergs* Aufnahme in den Report gefunden, der bis zum endgültigen Abschluss des weiteren Gesetzgebungsverfahrens die Grundlage für das neue Copyright Law der USA bildete[840].

Courts, Civil Liberties, and the Administration of Justice of the Committte on the Judiciary, House of Representatives, 94th Congr., 1st Session on H.R. 2223, Washington 1976, S. 95, 98; *Derenberg*, Copyright Law, Annual Survey of American Law, 1966, S. 337 f.

[836] Dies war H.R. Report No. 2237, 89th Congr., 2nd Session (1966), siehe: *Derenberg*, Copyright Law, Annual Survey of American Law, 1966, S. 337, dort Fußnote 3.

[837] Im weiteren Verlauf der Arbeit als „House Report von 1966“ bezeichnet.

[838] *Derenberg*, Copyright Law, Annual Survey of American Law, 1966, S. 337.

[839] Zum Ganzen siehe die Zusammenfassung von *Derenberg*, Copyright Law, Annual Survey of American Law, 1966, S. 337, 338.

[840] Zu dieser Funktion des House Reports von 1966 siehe: *Ringer*, Statement, Copyright Law Revision, Hearings before the Subcommittee on Courts, Civil Liberties, and the Ad-

Obwohl mit dem House Report von 1966 in weiten Bereichen des Revisionsprogramms eine konsensfähige Basis gelegt worden war, verzögerte sich der tatsächliche Erlass des neuen Copyright Gesetzes um weitere zehn Jahre. Der Grund für diese zeitliche Verzögerung lag nicht etwa darin, dass über bereits behandelte Punkte neuer Streit entbrannte. Vielmehr waren es neben der politischen Frage, in welchem Umfang urheberrechtlich geschütztes Material zu Ausbildungszwecken und durch Bibliotheken sanktionslos verwendet werden durfte, neue Probleme, die durch den technischen Fortschritt aufgeworfen worden waren, nämlich neu entwickelte Kommunikationsmedien[841]. Zum einen waren durch die Entwicklung von Computern zuvor unbekannte Schwierigkeiten entstanden[842]. Hauptsächlich aber waren es die unterschiedlichen Auffassungen über die Behandlung von Betreibern sogenannter Community Antennas Televisions (CATV) und den späteren Cable Televisions, die den Abschluss des Gesetzgebungsverfahrens so lange hinausschoben[843].

Da es sich bei diesen einzelnen Streitpunkten nicht mehr um Fragen über die konzeptionelle Natur des Copyrights handelte und sie auf die Gesamtgestaltung des neuen Copyright Gesetzes von eher untergeordneter Natur waren, wird in dieser Bearbeitung auf deren abschließende Lösungen und *Derenbergs* Beiträge hierzu nicht mehr weiter eingegangen[844].

---

ministration of Justice of the Committte on the Judiciary, House of Representatives, 94th Congr., 1st Session on H.R. 2223, Washington 1976, S. 95, 98.

841 *Patry*, Latman's Copyright Law, 6th Edition, S. 12 f.

842 *Derenberg*, Copyright Law, Annual Survey of American Law, 1967, 581, 584.

843 *Lacy*, Copyright Revision in the United States, S. 109, 116 f.; *Ringer*, Statement, Copyright Law Revision, Hearings before the Subcommittee on Courts, Civil Liberties, and the Administration of Justice of the Committte on the Judiciary, House of Representatives, 94th Congr., 1st Session on H.R. 2223, Washington 1976, S. 95, 98 f.; *Derenberg*, Copyright Law, Annual Survey, 1967, 581 f.

Bei dem CATV Problem handelte es sich um überdimensionierte Empfangsantennen, die zuerst durch nachbarliche Initiative, später durch kommerzielle Anbieter errichtet worden waren. Sie dienten in entlegenen Gebieten dazu, den Funk- und Fernsehempfang zu verbessern. Die in den entsprechenden Versorgungsgebieten wohnenden Anlieger verzichteten auf eigene kleine Antennen und schlossen sich direkt an die Gemeinschaftsantenne an. Die urheberrechtliche Problematik entstand in dem Zeitpunkt, als diese Antennen nicht nur zum Empfang gebraucht wurden, sondern ihrerseits das empfangene Signal weiter ausstrahlten, also als Verstärker dienten und so zu einer größeren Verbreitung des Sendeinhaltes führten, die der Betreiber der Ursprungsquelle nicht kontrollieren konnte und meistens auch nicht autorisiert hatte. Ob diese Weiterverbreitung urheberrechtlich relevant war, war Streitfrage. Siehe hierzu: *Lacy*, Copyright Revision in the United States, S. 109, 116 f.

844 Im Zusammenhang mit dem CATV Problem reicht *Derenberg* 1967 im Namen von AT&T dem US Senat eine Stellungnahme ein, in welcher er sich dafür ausspricht, nicht nur den Betreibern von Gemeinschaftsantennen die simultane, unveränderte Austrahlung fremden Materials urheberrechtlich sanktionslos zu gestatten. Von einer diesbezüglich gefassten gesetzlichen Ausnahmevorschrift sollten jegliche Kommunikationsunternehmen erfasst sein, al-

5. Das Ergebnis der Revision

Derenberg war es nicht mehr vergönnt, das Ergebnis seiner Bemühungen um ein modernes Copyright Law der USA mitzuerleben. Denn erst am 19. Oktober 1976 wurde das neue Copyright Gesetz vom Präsidenten der Vereinigten Staaten, *Gerald R. Ford*, unterzeichnet[845]. Aber ebenso wie der House Report von 1966 enthielt auch der CA 1976 die wesentlichen Revisionsvorschläge *Derenbergs*.

Das neue Gesetz wurde als grundlegender Wechsel in der US-amerikanischen Philosophie vom Copyright Law bezeichnet[846].

Dies lag vor allem daran, dass die Zweiteilung des US-amerikanischen Copyright Law aufgegeben worden war, indem das common law Copyright (i.e.S.) zugunsten eines einheitlichen Bundescopyrights abgeschafft worden war und dieses Copyright automatisch mit der Schöpfung des Werkes entstand, ohne dass etwaige Förmlichkeiten beachtet werden mussten[847].

Als weitere fundamentale Neuerung wurde als grundsätzliche Schutzdauer des Copyrights die Lebzeit des Urhebers plus 50 Jahre nach dessen Tod in das Gesetz aufgenommen[848]. Im Zusammenhang hiermit wurde die Zweiteilung der Schutzdauer und das damit verbundene renewal system für die Zukunft abgeschafft. Für bestehende Copyrights war jedoch eine Übergangsregelung vorgesehen. Alle Copyrights, die sich zwischen dem 31. Dezember 1976 und dem 31. Dezember 1977 bereits in ihrem zweiten Abschnitt befanden oder für die in dieser Zeit der Antrag auf Erneuerung wirksam gestellt worden war, verlängerten sich automatisch auf eine Schutzzeit von 75 Jahren, gerechnet ab erstmaligem Schutzbeginn[849]. Für diejenigen Copyrights, die sich in oben genannter Zeit noch in der ersten Schutzphase befanden und für die noch kein Erneuerungsantrag gestellt werden konnte, musste nach Ablauf der ersten 28 Jahre weiterhin ein Erneuerungsantrag gestellt werden. Die zweite Schutzdauer betrug dann aber 47 Jahre[850].

---

so auch Telekommunikationsunternehmen wie AT&T, siehe *Derenberg*, Submission on behalf of AT&T, Hearings before the Subcommittee on Patents, Trademarks, and Copyrights of the Committee on the Judiciary, United States Senate, 90th Congr., 1st Session, Pusuant to S. Res. 37 on S. 597, S. 1143 f.

845 Act of October 19, 1976. Public Law No. 94-553, 90 Stat. 2541.

846 *Zissu*, The Past Revisited - The Copyright Act of 1976 at Mid Decade: An Overview with Observations, Journal of the Copyright Society of the U.S.A., Vol. 34, 1986 S. 4; *Latman*, A Glimpse at the new Copyright Act, The Copyright Act of 1976, S. 77.

847 § 301 (a) CA 1976 enthält die ausschließliche Anwendung des Bundesrechts auf copyrightfähiges Material. § 302 (a) CA 1976 bestimmt, dass der Copyrightschutz mit der Werkschöpfung automatisch entstehe.

848 § 302 (a) CA 1976.

849 § 304 (b) CA 1976.

850 § 304 (a) CA 1976.

Die Übergangsregelungen wurden damit begründet, dass die Copyrightübertragungen in der Vergangenheit noch auf Grundlage der renewal-Vorschriften zustande gekommen waren und diese Verträge nicht ihrer Grundlage beraubt werden sollten[851].

Eine weitere Erleichterung und Modernisierung wurde dadurch erreicht, dass die Teilbarkeit des Copyrights gesetzlich ausdrücklich anerkannt wurde[852]. Sowohl das Urheberrecht als Ganzes als auch die einzelnen Verwertungsrechte konnten seither übertragen und vererbt werden. Die prozessuale Stellung der Erwerber wurde gestärkt, indem sie von nun an selbständig gegen Verletzungen der ihnen eingeräumten Rechte vorgehen durften[853]. In diesem Zusammenhang wurde auch die in dem *Dam Case*[854] enthaltene Problematik beseitigt, indem festgeschrieben wurde, dass eine Veräußerung eines Werkstücks durch den Berechtigten nicht zugleich die Übertragung urheberrechtlicher Befugnisse beinhaltet[855]. Als Wirksamkeitsvoraussetzung für die Übertragung solcher Befugnisse wurde die Schriftform bestimmt[856].

Ebenfalls als Verbesserung war die Abschaffung der jukebox exemption anzusehen. Jukeboxbetreiber waren von nun gezwungen, pro Maschine und Jahr eine Lizenz zu erwerben, um urheberrechtlich geschützte Aufnahmen abspielen zu dürfen[857]. Die Höhe der zu entrichtenden Lizenzgebühr wurde durch ein hierfür gesetzlich neu geschaffenes Copyright Arbitration Royalty Panel festgelegt[858]. Zum Zeitpunkt des Inkrafttretens des CA 1976 betrug diese Gebühr 8 $ pro Jukebox[859].

Ebenfalls aus dem Gesetz entfernt wurde die manufcturing clause[860]. Ursprünglich war vorgesehen, dass sie nach einer Übergangszeit am 1. Juli 1982 auslaufen sollte, dieser Zeitraum wurde aber noch auf den 1. Juli 1986 ausgedehnt[861]. Aber bereits in ihrer Übergangszeit war ihre Wirkung im Vergleich zu der im CA 1909 enthaltenen Regelung deutlich reduziert. Der Anwendungsbereich war erheblich eingeschränkt und ein Verstoß gegen § 601 CA 1976

---

851 *Latman*, A Glimpse at the new Copyright Act, The Copyright Act of 1976, S. 77, 79.

852 § 201 (d) CA 1976.

853 § 201 (e) CA 1976.

854 Siehe die Ausführungen oben S. 165.

855 § 202 CA 1976.

856 § 204 (a) CA 1976; zum Ganzen siehe *Möhring/Schulze/Ulmer/Zweigert,* Quellen des Urheberrechts, Band 6, Anhang, Multilaterale Abkommen, I, S. 20.

857 § 116 CA 1976.

858 § 116 (c) i.V.m. § 801 CA 1976.

859 *Tseng*, New Copyright U.S.A., S. 27; *Latman*, A Glimpse at the new Copyright Act, The Copyright Act of 1976, S. 77, 82.

860 § 601 (a) CA 1976.

861 *Leaffer*, Understanding Copyright Law, S. 138 Fußnote 206.

führte nicht zum Verlust des Copyrights, sondern verwehrte nur den gerichtlichen Rechtsschutz gegen Verletzungshandlungen[862].

Ferner wurden die Vorschriften über den Copyrightvermerk deutlich liberalisiert[863]. Der Copyrightvermerk war ausschließlich nur noch auf öffentlich verbreiteten Kopien anzubringen, von denen das Werk visuell wahrgenommen werden konnte[864]. Dabei konnte der Vermerk überall dort am Werk plaziert werden, wo man vernünftigerweise damit rechnen durfte[865]. Unterblieb der Vermerk, so führte dies nunmehr nicht automatisch zum Verlust des Copyrights, sondern der Fehler konnte innerhalb von fünf Jahren wirksam behoben werden[866]. Verstöße gegen § 401 CA 1976 hatten somit grundsätzlich nur zur Folge, dass Verletzungshandlungen durch Dritte keine Schadensersatzverpflichtungen mehr zur Folge hatten, sofern der unberechtigt Handelnde nachweisen konnte, im guten Glauben an den fehlenden Copyrightschutz gehandelt zu haben und diese Gutgläubigkeit auf dem fehlenden Copyrightvermerk beruhte[867].

Eine weitere Verbesserung und Modernisierung wurde durch eine neue Definition des Anwendungsbereichs des CA 1976 erreicht. Es wurde nicht mehr auf „all writings of an author“ bezug genommen. Statt dessen wurde der Copyrightschutz auf „ ... original works of authorship fixed in any tangible medium of expression, now known or later developed, from wich they can be perceived, reproduced, or otherwise communicated, either directly or with the aid of a machine or device“ begrifflich ausgedehnt[868]. Im Anschluss daran wurde aufgezählt, welche Werke zum Zeitpunkt des Erlasses des CA 1976 als „original works of authorship“ angesehen wurden. Dies waren: 1. literary works, 2. musical works, including any accompanying words, 3. dramatic works, including any accompanying music, 4. pantomimes and choreographic works, 5. Pictorial, graphic and sculptural works, 6. motion pictures and other audiovisiual works, 7. sound recordings[869]

III. Abschließende Betrachtung

All diese Veränderungen entsprachen weitestgehend den Vorstellungen *Derenbergs* von einem modernen, gerechten und im Einklang mit dem weltweit vorherrschenden Verständnis vom Urheberrecht stehenden Copyright Law. Sie sind

---

[862] *Leaffer*, Understanding Copyright Law, S. 139 f.

[863] §§ 401-405 CA 1976.

[864] § 401 (a) CA 1976.

[865] § 401 (c) CA 1976.

[866] § 405 (a) CA 1976.

[867] § 405 (b) CA 1976.

[868] § 102 (a) CA 1976.

[869] § 102 (a), (1)-(7) CA 1976.

als Verdienst seiner jahrelangen, intensiven Bemühungen und Beiträge zur Erleichterung und zum Fortgang der Revision des bis dato unbefriedigenden Copyright Law der Vereinigten Staaten anzusehen.

Der von ihm von Anfang an so sehnlich herbeigesehnte Wechsel in der Auffassung über Sinn und Zweck des Copyrights hin zum autorenfreundlicheren Urheberrecht ermöglichte es den USA endlich, den Beitritt zur RBÜ Realität werden zu lassen. Dieser Traum *Derenbergs* erfüllte sich am 1. März 1989, als mit Inkrafttreten des Berne Convention Implementation Acts (BCIA)[870] gleichzeitig der Beitritt der Vereinigten Staaten zur RBÜ wirksam wurde[871].

---

870 Public Law 100-568; 102 Stat. 2853 vom 31. Oktober 1988.

871 Zum Beitritt siehe: *Baumgarten/Meyer*, Die Bedeutung des Beitritts der USA zur Berner Übereinkunft, GRUR Int., 1989, 620; *Schricker-Katzenberger*, Urheberrecht, Vor §§ 120 ff, Rn. 59.

Der Beitritt der USA zum RBÜ erforderte noch weitere Veränderungen des CA 1976. Ebenso wie in der Zeit nach dem Zweiten Weltkrieg waren die USA jedoch erneut nur bereit, die hierfür unbedingt notwendigen Änderungen vorzunehmen (*Delp*; Das Recht des geistigen Schaffens, S. 242 f.). So wurde auf die ausdrückliche Gewährung der sogenannten moral rights (Urheberpersönlichkeitsrecht) verzichtet, da man der Auffassung war, dass dieses Recht - zwar verstreut - über das common law (i.e.S.) ausreichend gewährt würde. Unter Verweis auf die Copyrightgesetze Großbritanniens und Kanadas, die ebenfalls keine einheitliche Vorschrift über das Urheberpersönlichkeitsrecht enthielten und dennoch RBÜ Verbandsstaaten waren, gelangte man zu der Überzeugung, dass das nationale Recht der USA bezüglich der moral rights den Mindestanforderungen des Art. 6 bis RBÜ genügen würde (hierzu: *Dieselhorst*, Was bringt das Urheberpersönlichkeitsrecht?, S. 36-40; *van Waasen*, Das Spannungsfeld zwischen Urheberrecht und Eigentum im deutschen und ausländischen Recht, S. 205 f.; Der Kampf gegen die ausdrückliche Kodifizierung der moral rights nahm seinerzeit schon groteske Züge an. Er führte sogar so weit, dass sich eine Koalition zum Schutz gegen (!) das moral right bildete, die sich den Namen „Coalition to Preserve the Amerikan Copyright Tradition" gab. Mit dem ehemaligen Register of Copyrights, David Ladd, verfügte sie über einen einflussreichen Repräsentanten bei den vom US Congress durchgeführten Anhörungen zum BCIA; siehe hierzu *Dietz*, Die USA und das „droit moral": Idiosynkrasie oder Annäherung?, GRUR Int. 1989, 627, 629). Im Ergebnis beschränkte sich der BCIA darauf, den Copyrightschutz in den USA gänzlich frei von Förmlichkeiten zu bestimmen. Ein fehlender Copyrightvermerk führt in keinem Fall mehr zum Erlöschen des Schutzes und die Registrierung ist zumindest für RBÜ Werke nicht mehr Voraussetzung für eine Urheberrechtsverletzungklage (siehe hierzu: *Baumgarten/Meyer*, Die Bedeutung des Beitritts der USA zur Berner Übereinkunft, GRUR Int., 1989, 620, 623 ff.).

Dass eine ausdrückliche Vorschrift über die Gewährung der moral rights nicht in den BCIA aufgenommen wurde, wäre für Derenberg mit Sicherheit ein Wermutstropfen im Hinblick auf den Beitritt zur RBÜ gewesen, da bei ihm der unzureichende Schutz des Urheberpersönlichkeitsrechts in den USA seit jeher auf Ablehnung und Kritik stieß (siehe hierzu beispielsweise: *Derenberg*, Copyright Law, 1949 Annual Survey of American Law, S. 855, 857; auch *Diamond* erwähnt dieses besondere Interesse *Derenbergs* am Schutz des Urheberpersönlichkeitsrechts, siehe: *Diamond*, Legal Protection for the „Moral Rights" of Authors and Other Creators, The Trademark Reporter, Vol. 68, 1978, S. 244 vor Fußnote 1).

Dieses Ergebnis ist als ein bedeutender Schritt zur Verwirklichung von *Derenbergs* Vision von einem weltweit einheitlichen, gerechten Urheberrecht anzusehen.

Drittes Kapitel: Biobliographie Walter Julius Derenbergs

§1 Buchbesprechungen durch Derenberg

Althammer, Werner	Warenzeichengesetz, (Taschenkommentar) The Trademark Reporter Vol. 64, 1974, S. 71
Amdur, Leon H.	Trade-Mark Law and Practice Journal of the Patent Office Society Vol. 30, 1948, S. 559-561
Bäumer, Ludwig	Schutzfähigkeit und Schutzumfang der Marke im französischen Recht The Trademark Reporter Vol. 57, 1967, S. 552f.
Beier, Friedrich-Karl	Grundfragen des französischen Markenrechts The Trademark Reporter Vol. 52, 1962, S. 576f.
Bentwitch, Norman DeBustamante, A. S. McLean, Donald A. Radbruch, Gustav Smith, H. A.	Justice and Equity in the International Sphere The Arbitration Journal Vol. 2, 1938, S. 208-212
Berle, Alf K. De Camp, L. S.	Inventions and Their Management The Arbitration Journal Vol. 2, 1938, S. 100 f.
Bundesjustizministerium 1954	Referententwürfe zur Urheberrechtsrechtsreform Vorwort von Bundesjustizminister Neumayer The American Journal for Comparative Law Vol. 4, 1955, S. 299-301
Cambridge Research Institute	Omnibus Copyright Revisions - Comparative Analysis of The Issues Bulletin of The Copyright Society Vol. 21, 1973-1974, S. 278
Chicago: Commerce Clearing House (1948 Edition)	Robinson-Patman Act Symposium Journal of the Patent Office Society Vol. 30, 1948, S. 557

Chicago: Commerce Clearing House	7 Copyright Problems Analyzed Columbia Law Review Vol. 52, 1952, S. 954-957
Davis, Wilma S. (Compiler and Editor)	Copyright Decisions - Cumulative Index 1909-1970 Bulletin of The Copyright Society Vol. 21, 1973-1974, S. 228f.
Developments in the Law:	Trademarks and Unfair Competition, Harvard Law Review, Vol. 68, 1954-1955, S. 814-920 The Trademark Reporter Vol. 45, 1955, S. 164
Diamond, Sidney A.	Trademark Problems and How to Avoid Them The Trademark Reporter Vol. 63, 1973, S. 329f.
Doi, Teruo	Digest of Japanese Court Decisions in Trademarks and Unfair Competition Cases The Trademark Reporter Vol. 62, 1972, S. 171f.
Domke, Martin	The Control of Alien Property Journal of the Patent Office Society Vol. 29, 1947, S. 772
Festschrift für Stephen P. Ladas	Estudios de Propriedad Industrial y Derecho de Autor The Trademark Reporter Vol. 64, 1974, S. 56-59
Festschrift für Eugen Ulmer zum 70. Geburtstag	Rechtsvergleichung, Interessenvergleich und Rechtsfortbildung The Trademark Reporter Vol. 64, 1974, S. 56-59
Friedländer, Heinrich	Die Rechtspraxis der Kartelle und Konzerne in Europa The Arbitration Journal Vol. 3, 1939, S. 103 f.
Friedmann, Wolfgang	The Contribution of English Equity to the Idea of an International Equity Tribunal The Arbitration Journal Vol. 2, 1938, S. 208-212
Fox, Harold G.	The Canadian Law of Trademarks and Industrial Design The Yale Law Journal Vol. 50, 1940 - 1941, S. 734-736

Fox, Harold G.	Monopolies and Patents A Study of the History and Future of the Patent Monopoly Journal of the Patent Office Society Vol. 29, 1947, S. 693f.
Gedächtnisausgabe zu Eugen Ulmers 70. Geburtstag	Gewerblicher Rechtsschutz Urheberrecht Wirtschaftsrecht The Trademark Reporter Vol. 64, 1974, S. 169-171
wie vor	Bulletin of The Copyright Society Vol., 21, 1973-1974, S.279f.
Gérard, P.-D.	Les Auteurs de l'Oeuvre Cinématographique et Leurs Droit The American Journal for Comparative Law Vol. 3, 1954, S. 435f.
Guglielmetti, G.	Il Marchio Celebre o "de haute Renommée" The Trademark Reporter Vol. 67, 1977, S. 325f.
Handler, Milton	Cases and Other Materials on Trade Regulation New York University, Law Quarterly Review Vol. XV, 1937-1938, S. 147-152
Hereward, P. O.	Handbook on Trade Marks Laws Throughout the World The American Journal for Comparative Law Vol. 1, 1952, S. 302-304
Herrick, Arthur D.	Food Regulation and Compliance The Trade-Mark Reporter Vol. 34, 1944, S. 181-185
Howell, Herbert A.	The Copyright Law (Second Edition) Journal of the Patent Office Society Vol. 30, 1948, S. 556
Howell, Herbert A.	The Copyright Law Columbia Law Review Vol. 52, 1952, S. 954-957
Jacobson, Egbert (Editor)	Trade-Mark Design The Trademark Reporter Vol. 42, 1952, S. 421f.
James, Charles F.	The Story of The Performing Right Society The American Journal for Comparative Law Vol. 2, 1953, S. 115

Kaplan, Benjamin
Brown, Ralph S., Jr. — Copyright, Unfair Competition and other Topics Bearing on The Protection of Literary, Musical and Artistic Works
Journal of Legal Education
Vol. 14, 1961-1962, S. 410-417

Kerly's
by Lloyd, R. G. and
Bray, F. E. — Law of Trademarks and Tradenames (7th ed.)
The American Journal for Comparative Law
Vol. 1, 1952, S. 302-304

Krasser, Rudolf — Das Recht des unlauteren Wettbewerbs in den Mitgliedstaaten der Europäischen Wirtschaftsgemeinschaft
The Trademark Reporter
Vol. 57, 1967, S. 554f.

Ladas, Stephen, P. — The International Protection of Literary and Artistic Property
New York University, Law Quarterly Review
Vol. 16, 1938-1939, S. 681-683

Langen, E. — Internationale Lizenzverträge
The American Journal for Comparative Law
Vol. 3, 1954, S. 294f.

Lindey, Alexander — Motion Picture Agreements
Journal of the Patent Office Society
Vol. 30, 1948, S. 556

ders. — Plagiarism and Originality
Columbia Law Review
Vol. 52, 1952, S. 818-822

Mahoney, Tom — The Great Merchants
The Trademark Reporter
Vol. 45, 1955, S. 407

Mak, W. — Rights Afecting the Manufacture and Use of Gramophone Records
The American Journal for Comparative Law
Vol. 3, 1954, S. 104f.

Mangold, H. von — Die rechtliche Ordnung des Rundfunks im Ausland
The American Journal for Comparative Law
Vol. 3, 1954, S. 105

Mariano, John H. — The Busch Jewelry Store Labor Injunction
The George Washington Law Review
Vol. 9, 1940 - 1941, S. 752f.

Miosga, Willy	Internationaler Marken- und Herkunftsschutz The Trademark Reporter Vol. 57, 1967, S. 553f.
Mouchet, C. Radaelli, S. A.	El Autor de la Cinematográfica The American Journal for Comparative Law Vol. 3, 1954, S. 435f.
Nims, Harry D.	Unfair Competition and Trade-Marks (Fourth Edition) Journal of the Patent Office Society Vol. 30, 1948, S. 153f.
Oppenheim, Chesterfield S.	Cases on Trade Regulation New York University, Law Quarterly Review Vol. 15, 1937-1938, S. 147-152
Oppenheim, Chesterfield S.	Cases on Federal Antitrust Laws Journal of the Patent Office Society Vol. 30, 1948, S. 555
Pinner, H. L. (Editor)	World Copyright (The Protection of Intellectual and Industrial Property Throughout the World) Vol. I of 4 volumes The American Journal for Comparative Law Vol. 3, 1954, S. 104
Reimer, Eduard	Wettbewerbs- und Warenzeichenrecht The Trademark Reporter Vol. 57, 1967, S. 552
Rothenberg, S.	Copyright and Public Performance of Music The American Journal for Comparative Law Vol. 4, 1955, S. 143
Russel-Clarke, A. D.	Copyright and Industrial Designs The American Journal for Comparative Law Vol.1, 1952, S. 302-304
Sandifer, Durward V.	Evidence Before International Tribunals The Arbitration Journal Vol. 4, 1940, S. 65f.
Savatier, R.	Le Droit de l´Art et Lettres (Les Travaux des Muses dans les Balances de la Justice.) The American Journal for Comparative Law Vol. 3, 1954, S. 435f.

Schramm, C.	Grundlagenforschung auf dem Gebiete des gewerblichen Rechtsschutzes und Urheberrechts The American Journal for Comparative Law Vol. 4, 1955, S. 299-301
Schricker, Gerhard	Die täuschende Werbung im italienischen Wettbewerbsrecht The Trademark Reporter Vol. 52, 1962, S. 576f.
Schulze, E.	Urheberrecht in der Musik und die deutsche Urheberrechtsgesellschaft The American Journal for Comparative Law Vol. 1, 1952, S. 323f.
ders.	Musik und Recht The American Journal for Comparative Law Vol. 4, 1955, S. 299-301
ders.	Recht und Unrecht (Eine Studie zur Urheberrechtsreform) The American Journal for Comparative Law Vol. 4, 1955, S. 299-301
Schwarzenberger, Georg	William Ladd: An Examination of an American Proposal for an International Equity Tribunal The Arbitration Journal Vol. 2, 1938, S. 208-212
Seidel, Arthur H.	What the General Practitioner Should Know about Trademarks and Copyright The Trademark Reporter Vol. 48, 1958, S. 439-441
Spring, Samuel	Risks and Rights in Publishing, Television, Radio, Motion, Pictures, Advertising and The Theatre Columbia Law Review Vol. 52, 1952, S. 818-822
Terrou, F. Solal, L.	Legislation for Press, Film and Radio The American Journal for Comparative Law Vol. 1. 1952, S. 304f.
Toulmin, Harry Aubrey, Jr.	Trade-Mark Act of 1945 The Trade-Mark Reporter Vol., 37, 1947, S. 37

Trade-Marks and the Lanham Act,	A Series of Lectures Conducted by the Practising Law Institute Journal of the Patent Office Society Vol. 30, 1948, S. 558
Trademark Management	A Guide for Businessmen Published by the United States Trademark Association Journal of the Patent Office Society Vol. 37, 1955, S. 609
Ulmer, Eugen Bussman, K. Weber, S.	Das Recht der Verwertungsgesellschaften The American Journal for Comparative Law Vol. 4, 1955, S. 299-301
U. S. Department of Commerce	Foreign Marks-Of-Origin Regulation Journal of the Patent Office Society Vol. 30, 1948, S. 558
Vermeijden, J.	Auteursrecht en het Kinematographisch Werk The American Journal for Comparative Law Vol. 3, 1954, S. 435f.
Watson, Barnett	Small Businesses and Trade-Marks Journal of the Patent Office Society Vol. 30, 1948, S. 559
Wilberforce, R. O. Cambell, Alan Elles, Neil P. M.	The Law of Restrictive Trade Practices and Monopolies The Trademark Reporter Vol. 47, 1957, S. 722f.
White, T. A. B.	Trademarks and the Law of Unfair Competition The American Journal for Comparative Law Vol. 1, 1952, S. 302-304
Zimmerman Lavine	Handbook of Material Trade Names Journal of the Patent Office Society Vol., 30, 1948, S. 154
Zorn, Burton A. Feldman, George	Business Under the New Price Laws New York University, Law Quarterly Review Vol. 15, 1937-1938, S. 307-310
Zorn, Burton A. Feldman, George	Advertising and Promotional Allowances Journal of the Patent Office Society Vol. 30, 1948, S. 557

§ 2 Bücher Derenbergs

Warenzeichen und Wettbewerb in den Vereinigten Staaten von Amerika
Berlin, 1931

Trade-Mark Protection and Unfair Trading
Albany, NY, 1936

§ 3 Artikel Derenbergs

I. Annual Survey of American Law

The Antitrust Laws
1942 Annual Survey of American Law, S. 354-378, New York, 1945

Copyright Law
1942 Annual Survey of American Law, S. 702-711, New York, 1945

Trade-Marks
1942 Annual Survey of American Law, S. 712-719, New York, 1945

Commercial Arbitration
1942 Annual Survey of American Law, S. 896-909, New York, 1945

The Antitrust Laws
1943 Annual Survey of American Law, S. 343-360, New York, 1945

Unfair Trade Practices
1943 Annual Survey of American Law, S. 381-393, New York, 1945

Copyright Law
1943 Annual Survey of American Law, S. 650-654, New York, 1945

The Law of Trademarks
1943 Annual Survey of American Law, S. 655-671, New York, 1945

Commercial Arbitration
1943 Annual Survey of American Law, S. 836-843, New York, 1945

The Antitrust Law
1944 Annual Survey of American Law, S. 472-491, New York, 1946

Unfair Trade Practices
1944 Annual Survey of American Law, S. 516-530, New York, 1946

Copyright Law
1944 Annual Survey of American Law, S. 909-920, New York, 1946

The Law of Trademarks
1944 Annual Survey of American Law, S. 921-931, New York, 1946

Commercial Arbitration
1944 Annual Survey of American Law, S. 1141-1149, New York, 1946

The Antitrust Laws
1945 Annual Survey of American Law, S. 598-633, New York, 1946

Unfair Trade Practices
1945 Annual Survey of American Law, S. 645-659, New York, 1946

Copyright Law
1945 Annual Survey of American Law, S. 1067-1083, New York, 1946

The Law of Trademarks
1945 Annual Survey of American Law, S. 1084-1096, New York, 1946

Commercial Arbitration
1945 Annual Survey of American Law, S. 1220-1228, New York, 1946

The Antitrust Laws
1946 Annual Survey of American Law, S. 516-529, New York, 1947

Unfair Trade Practices
1946 Annual Survey of American Law, S. 548-559, New York, 1947

Copyright Law
1946 Annual Survey of American Law, S. 980-987, New York, 1947

The Law of Trademarks
1946 Annual Survey of American Law, S. 988-993, New York, 1947

Commercial Arbitration
1946 Annual Survey of American Law, S. 1182-1190, New York, 1947

The Antitrust Law
1947 Annual Survey of American Law, S. 457-474, New York, 1948

Unfair Trade Practices
1947 Annual Survey of American Law, S. 490-502, New York, 1948

Copyright Law
1947 Annual Survey of American Law, S. 954-966, New York, 1948

The Law of Trademarks
1947 Annual Survey of American Law, S. 967-978, New York, 1948

The Antitrust Laws
1948 Annual Survey of American Law, S. 332-347, New York, 1949

Unfair Trade Practices
1948 Annual Survey of American Law, S. 359-371, New York, 1949

Copyright Law
1948 Annual Survey of American Law, S. 774-785, New York, 1949

The Law of Trademarks
1948 Annual Survey of American Law, S. 786-796, New York, 1949

The Antirust Laws
1949 Annual Survey of American Law, S. 364-379, New York 1950

Unfair Trade Practices
1949 Annual Survey of American Law, S. 391-406, New York 1950

Copyright Law
1949 Annual Survey of American Law, S. 855-866, New York 1950

The Law of Trademarks
1949 Annual Survey of American Law, S. 867-879, New York 1950

The Antitrust Laws
1950 Annual Survey of American Law, S. 275-294, New York, 1951

Unfair Trade Practices
1950 Annual Survey of American Law, S. 299-310, New York, 1951

Copyright Law
1950 Annual Survey of American Law, S. 701-713, New York, 1951

The Law of Trademarks
1950 Annual Survey of American Law, S. 714-724, New York, 1951

Trade Regulation
1951 Annual Survey of American Law, S. 364-406, New York, 1952
[Antitrust Law, Unfair Trade Practices und The Law of Trademarks sind hier zusammengefaßt.]

Copyright Law
1951 Annual Survey of American Law, S. 712-728, New York, 1952

Trade Regulation
1952 Annual Survey of American Law, S. 281-317, New York, 1952
Copyright Law
1952 Annual Survey of American Law, S. 618-632, New York, 1952

Trade Regulation
1953 Annual Survey of American Law, S. 218-264, New York, 1953

Copyright Law
1953 Annual Survey of American Law, S. 367-381, New York, 1953

Trade Regulation
1954 Annual Survey of American Law, S. 292-334, New York, 1955

Copyright Law
1954 Annual Survey of American Law, S. 407-419, New York, 1955

Trade Regulation
1955 Annual Survey of American Law, S. 237-267, New York, 1956

Copyright Law
1955 Annual Survey of American Law, S. 278-287, New York, 1956

Trade Regulation
1956 Annual Survey of American Law, S. 192-227, New York, 1957

Copyright Law
1956 Annual Survey of American Law, S. 228-237, New York, 1957

Trade Regulation
1957 Annual Survey of American Law, S. 209-245, New York, 1958

Copyright Law
1957 Annual Survey of American Law, S. 246-262, New York, 1958

Trade Regulation
1958 Annual Survey of American Law, S. 175-210, New York, 1959

Copyright Law
1958 Annual Survey of American Law, S. 237-255, New York, 1959

Trade Regulation
1959 Annual Survey of American Law, S. 181-220, New York, 1960

Copyright Law
1959 Annual Survey of American Law, S. 242-260, New York, 1960

Trade Regulation
Derenberg, Walter J. / Baum, Daniel J.
1960 Annual Survey of American Law, S. 163-191, New York, 1961

Copyright Law
1960 Annual Survey of American Law, S. 210-225, New York, 1961

Trade Regulation
Derenberg, Walter J. / Baum, Daniel J.
1961 Annual Survey of American Law, S. 159-188, New York, 1962

Copyright Law
1961 Annual Survey of American Law, S. 555-570, New York, 1962

Trade Regulation
Derenberg, Walter J. / Baum, Daniel J.
1962 Annual Survey of American Law, S. 153-184, New York, 1963

Copyright Law
1962 Annual Survey of American Law, S. 577-602, New York, 1963

Copyright Law
1963 Annual Survey of American Law, S. 437-456, New York, 1964

Copyright Law
1964 Annual Survey of American Law, S. 603-616, New York, 1965

Copyright Law
1966 Annual Survey of American Law, S. 337-350, New York, 1967

Copyright Law
1967 Annual Survey of American Law, S. 581-596, New York, 1968

Copyright Law
1968/69 Annual Survey of American Law, S. 431-448, New York, 1968

Copyright Law
1969/70 Annual Survey of American Law, S. 711-724, New York, 1970

Copyright Law
1970/71 Annual Survey of American Law, S. 515-526, New York, 1971

Copyright Law
1971/72 Annual Survey of American Law, S. 645-656, New York, 1973

Copyright
Derenberg, Walter J. / Latman Alan
1972/73 Annual Survey of American Law, S. 615-628, New York 1973

Copyright Law
Derenberg, Walter J. / Latman Alan
1973/74 Annual Survey of American Law, S. 577-595, New York 1974
[Diese Ausgabe des Annual Survey of American Law ist Derenberg gewidmet.]

II. American Journal of Comparative Law

Recent Literature in the Field of Comparative Law on Literary and Artistic Property
The American Journal for Comparative Law
Vol. 3, 1954, S. 104-106

The Influence of the French Code Civil on the Modern Law of Unfair Competition
The American Journal for Comparative Law
Vol. 4, 1955, S. 1-34

Recent Publications on Literary, Artistic and Industrial Property
The American Journal for Comparative Law
Vol. 5, 1956, S. 662-667

Recent Publications on Literary, Artistic and Industrial Property
The American Journal for Comparative Law
Vol. 7, 1958, S. 289-297

Recent Publications on Literary, Artistic and Industrial Property
The American Journal for Comparative Law
Vol. 9, 1960, S. 522-533

Recent Publications on Literary, Artistic and Industrial Property
The American Journal for Comparative Law
Vol. 10, 1961, S. 459-472

Recent Publications on Literary, Artistic and Industrial Property
The American Journal for Comparative Law
Vol. 12, 193, S. 96-105

Recent Publications on Literary, Artistic and Industrial Property
The American Journal for Comparative Law
Vol. 14, 1965, S. 161-175

Recent Publications in the Field of Copyright, Trademarks and Unfair Competition
The American Journal for Comparative Law
Vol. 17, 1968, S. 297-310

III. Archiv für Urheber- Film- Funk- und Theaterrecht (UFITA)

Die urheberrechtliche Situation in den Vereinigten Staaten
Archiv für Uhrheber- Film- Funk- und Theaterrecht
Vol. 62, 1971, S. 29-75

IV. Bulletin of The Copyright Society of the USA

Preface
[Derenbergs Einleitung als Chairman of the Editorial Board of the Bulletin of The Copyright Society of the U. S. A. zur besonders gestalteten Ausgabe des Bulletins infolge der Unterzeichnung der Ratifizierung der Universal Copyright Convention durch President Eisenhower am 5. November 1954.]
Bulletin of The Copyright Society
Vol. 2, 1954-1955, S. 82

The Status of United States Authors and Works First Published in the United States under the Universal Copyright Convention
Bulletin of The Copyright Society, Vol. 5, 1957-1958, S. 206-216

Third Joint Meeting of UNESCO Intergovernmental Copyright Committee and Berne Permanent Committee
Bulletin of The Copyright Society, Vol. 8, 1960-1961, S. 71-80

Introduction
[Derenbergs Einleitung zum Artikel von Charles, Ruth
ASCAP - A Half Century of Progress]
Bulletin of The Copyright Society, Vol. 11, 1963-1964, S. 133f.

Recent Judicial Developments
Bulletin of The Copyright Society, Vol. 12, 1964-1965, S. 42-70

The Status of United States Copyright Law Revision
Bulletin of The Copyright Society, Vol. 15, 1967-68, S. 397

Editorial Note
[Als Einführung zu dem Artikel von Goldstein, Donald / Koven, Ruth
Judicial Developments in Literary and Artistic Property]
Bulletin of The Copyright Society, Vol. 20, 1972-1973, S. 345f.

U. S. Senate Passes Omnibus Revision Bill (S. 1361) and Interim Legislation (S. 3976)
Bulletin of The Copyright Society, Vol. 22, 1974-1975, S. 1-9

V. California Law Review

The Problem of Trademark Dilution and the Antidilution Statutes
California Law Review
Vol. 44, 1956, S. 439-488

VI. Columbia Law Review

Product Simulation: A Right or a Wrong?
Columbia Law Review
Vol. 64, 1964, S. 1192-1215

VII. Copyright Law Symposium (ASCAP)

Derenberg, Walter J. / Sargoy, Edward A.
[beide Autoren waren die Juroren für den damaligen Wettbewerb]
Foreword
Nathan Burkan Memorial Competition
Sponsored by the American Society of Composers Authors and Publishers
Columbia University Press, New York
Copyright Law Symposium (ASCAP), No. 22, S. V-XX, 1977 [kein Tippfehler, die Ausgabe hatte Verspätung]

VIII. Export Trade and Shipper

International Trademark Protection under the Lanham Act
Export Trade and Shipper
Vol. 59, Feb. 14, 1949, S. 3-4+33

IX. Food Drug Cosmetic Law Quarterly

The Status of Existing Trademark Registrations under The New Trademark Act of 1946
Food Drug Cosmetic Law Quarterly, Vol. 3, 1948, S. 270-283

Some Unique Features in the Selection and Protection of Pharmaceutical Trademarks
Food Drug Cosmetic Law Quarterly, Vol. 4, 1949, S. 137-151
(auch abgedruckt in: The Trade-Mark Reporter, Vol. 39, 1949, S. 93-103)

[Ab Vol. 5 wird das Food Drug Cosmetic Law Quarterly als Food Drug Cosmetic Law Journal fortgesetzt.]

The Pharmaceutical Visa Problem in France
Food Drug Cosmetic Law Journal, Vol. 5, 1950, S. 840-848

X. GRUR Internationaler Teil

Die Beurteilung von Gratislieferungen, insbesondere von Warenproben, in den USA
GRUR Int. 1958, S. 183 f.

Markenrechtliche Probleme des Einfuhrhandels
GRUR Int. 1960, S. 593-605

Sklavische Nachahmung - Recht oder Unrecht?
GRUR Int., 1965, S. 341-352

Konsumentenschutzbewegung und „altmodischer kaufmännischer Anstand“
GRUR Int. 1972, S. 1-9

Der Mythos des Trademark „Regsitration“ Treaty (TRT)
GRUR Int. 1973, S. 101-106

XI. IDEA

Vortrag Derenbergs zum Thema: Will Proposed Legislation on Unfair Commercial Activities Pertaining to Trademark Identity and Trade Secrets meet the Challenge ?
Sein Vortrag erstreckt sich über die S. 137-142
Auch eine Stellungnahme seinerseits während der anschließenden Diskussion ist abgedruckt, S. 155.
IDEA, The Patent, Trademark and Copyright Journal of Research and Education
Vol. 11, Conference Number 1967

Consumerism and "Old-Fashioned Commercial Honesty"
IDEA, The Patent, Trademark and Copyright Journal of Research and Education
Vol. 15, Conference Number 1971, S. 45-63

XII. Industrial Marketing

Qualifying a Trademark for Registration Under the Lanham Act
Industrial Marketing
January 1947, S. 35-36+71, February 1947, S. 47-49+144+146
[Es handelt sich um eine Zusammenfassung der 56 Seiten umfassenden Analyse Derenbergs "Preparing for the New Trademark Law", die Derenberg für das Research Institute of America in Zusammenarbeit mit dessen Board of Editors geschrieben hat.]

XIII. Journal of Legal Education

The Place of Literary and Artistic Property in Legal Education
Journal of Legal Education
Vol. 6, 1953-1954, S. 108-112

XIV. Journal of The Patent Office Society

Commercial Prints and Labels: A Hybrid in Copyright Law
Journal of the Patent Office Society
Vol. 22, 1940, S. 452-468, 532-547
[Nachdruck vom Yale Law Journal, Vol. 49,1939-1940, S. 1212-1236]

The Lanham Trademark Act and its Impact on the Drug Industry
Journal of the Patent Office Society
Vol. 29, 1947, S. 469-487

Proposed Revision of Canadian Unfair Competition Act
Journal of the Patent Office Society
Vol. 30, 1948, S. 145f.

The Lanham Trademark Act of 1946, Practical Effects and Experiences
After One Year´s Administration
Journal of the Patent Office Society
Vol. 30, 1948, S. 730-772

The Patent Office as Guardian of the Public Interest in Trade-Mark Registration Proceedings
Journal of the Patent Office Society
Vol. 31, 1949, S. 647-701

Separate Ownership of German Trade-Marks in the Eastern and Western Zones of Germany
Journal of the Patent Office Society
Vol. 31, 1949, S. 790f.

Copyright No-Man´s Land: Fringe Rights in Literary and Artistic Property
Journal of the Patent Office Society
Vol. 35, 1953, S. 627-657, 690-709, 770-788

XV. Law and Contemporary Problems

The Patent Office as Guardian of the Public Interest in Trademark registration Proceedings
[Beitrag zu: Trade-marks in Transition - a symposium]
Law and Contemporary Problems
Vol. 14, 1949, S. 288-322

XVI. Le Droit d´Autuer

Lettre des Etats-Unis d´Amérique
Le droit d´auteur
Vol. 68, 1955, S. 160-166

Lettre des Etats-Unis d´Amérique
Le droit d´auteur
Vol. 69, 1956, S. 158-164

Lettre des Etats-Unis d´Amérique
Le droit d´auteur
Vol. 70, 1957, S. 195-200

Lettre des Etats-Unis d´Amérique
Le droit d´auteur
Vol. 71, 1958, S. 75-77, 91-96

Lettre des Etats-Unis d´Amérique
Le droit d´auteur
Vol. 72, 1959, S. 99-108

Lettre des Etats-Unis d´Amérique
Le droit d´auteur
Vol. 73, 1960, S. 207-226

Lettre des Etats-Unis d´Amérique
Le droit d´auteur
Vol. 74, 1961, S. 165-179

Letter from the United States of America
Le droit d´auteur
Vol. 76, 1963, S. 8-15

Lettre des Etats-Unis
Le droit d´auteur
Vol. 77, 1964, S. 153-161

Lettre des Etats-Unis
Le droit d´auteur
Vol. 80, 1967, S. 104-113

Lettre des Etats-Unis
Le droit d´auteur
Vol. 82, 1969, S. 184-193

Lettre des Etats-Unis
Le droit d´auteur
Vol. 84, 1971, S. 125-130

Lettre des Etats-Unis
Le droit d´auteur
Vol. 85, 1972, S. 205-212

Lettre des Etats-Unis
Le droit d'auteur
Vol. 88, 1975, S.52-57

XVII. New York University Law (Quarterly) Review

"Shredded Wheat" - The still-born Trademark
New York University Law Quarterly Review
Vol. 16, 1938-1939, S. 376-407

[Seit dem Jahre 1947 wird "New York University, Quarterly Review" in "Survey of New York" und "American Survey" unterteilt.]

Commercial Arbitration
New York University Law Quarterly Review
Vol. 22, 1947, S. 909-920, (Survey of New York)

[Seit dem Jahre 1950 wird "New York University, Law Quarterly Review," unter dem Namen "New York University, Law Review" fortgeführt.]

The Impact of the Anti-Trust Laws on Trademarks in Foreign Commerce
New York University Law Review
Vol. 27, 1952, S. 414-456

Copyright Law
New York University Law Review
Vol. 28, 1953, S. 681-695, (American Survey)

Trade Regulation
New York University Law Review
Vol. 28, 1953, S. 312-348, (American Survey)

Copyright Law
New York University Law Review
Vol. 29, 1954, S. 455-469, (American Survey)

Trade Regulation
New York University Law Review
Vol. 29, 1954, S. 306-352, (American Survey)

Copyright Law
New York University Law Review
Vol. 30, 1955, S. 460-472,(American Survey)

Trade Regulation
New York University Law Review
Vol. 30, 1955, S. 345-387, (American Survey)

Copyright Law
New York University Law Review
Vol. 31, 1956, S. 334-343, (American Survey)

Trade Regulation
New York University Law Review
Vol. 31, 1956, S. 255-285, (American Survey)

Copyright Law
New York University Law Review
Vol. 32, 1957, S. 302-311, (American Survey)

Federal Unfair Competition Law at the End of the First Decade of the Lanham Act: Prologue or Epilogue?
New York University Law Review
Vol. 32, 1957, S. 1029-1065

Trade Regulation
New York University Law Review
Vol. 32, 1957, S. 231-266, (American Survey)
Trade Regulation
New York University Law Review
Vol. 33, 1958, S. 263-299, (American Survey)

Congress Rehabilitates Modern Art
Derenberg , Walter J.
Baum, Daniel J.
New York University Law Review
Vol. 34, 1959, S. 1228-1253

Trade Regulation
New York University Law Review
Vol. 34, 1959, S. 546-581, (American Survey)

Copyright Law
New York University Law Review
Vol. 35, 1960, S. 650-668, (American Survey)

Trade Regulation
New York University Law Review
Vol. 35, 1960, S. 769-808, (American Survey)

Copyright Law
New York University Law Review
Vol. 36, 1961, S. 585-600, (American Survey)

Trade Regulation
Derenberg , Walter J.
Baum, Daniel J.
New York University Law Review
Vol. 36, 1961, S. 440-468, (American Survey)

XVIII. Practising Law Institute

Registrability under the Lanham Act
(A Lecture)
Delivered on October 16, 1947 as Part of a Course on Trademarks and the Lanham Act conducted by Practising Law Institute

Trade-Marks and The Lanham Act
A Series of Lectures and Panel Discussions
Durchgeführt vom Practising Law Institute im Zeitraum von Oktober 1947 - Januar 1948
New York, 1948
Derenbergs Beiträge:
- Registrability Under the Lanham Act, S. 7-22
- Equitable Defenses in Patent Office Proceedings, S. 263-273
- Derenberg, Walter J. / Kalk, Clarence A. / Merchant, John H. Problems in Registration Procedure, S. 23-46
- Derenberg, Walter J. / Ladas, Stephen P. / Federico, P. J. Trade-Marks and Foreign Trade, S. 153-192

Innerhalb dieser Veranstaltungsreihe nimmt Derenberg an zwei Diskussionen teil, die ebenfalls abgedruckt worden sind:
- Open Forum Discussion (Questions Answered) Derenberg, Walter J., Merchant John H.
- Trade-Marks from the Advertiser's Point of View Derenberg, Walter J. / Abt, Harry E. / Haase, Eric / Moeller, Frederick / Navin, William J. / Smith, Harold A.

Trademark Registration and Protection
Patent, Copyright, Trademark and Literary Property Course Handbook Series, Vol. 2
Walter J. Derenberg (Chairman)
Practising Law Institute, New York City, 1968
Derenbergs Beiträge:
- Walter J. Derenberg / Katherine Hancock Registration on the Principle Register, S. 9-22
- Walter J. Derenberg / Katherine Hancock / Alan Latman Registration on the Supplement Register, S. 23-26
- Walter J. Derenberg / Philip T. Dalsimer Recordation with the Treasury Department of Trademarks & Tradenames, S. 55-76

Contemporary Problems in Contested Patent Office Proceedings
Patent, Trademark and Literary Property Course Handbook Series, No. 7
Walter J. Derenberg (Chairman)
Practising Law Institute
New York City, 1969

Intangible Rights and Liabilities
Patent, Copyright, Trademark and Literary Property Course Handbook Series, Vol. 4
Walter J. Derenberg / Spencer C. Olin (Cochairmen)
New York City, 1969
Derenbergs Beiträge: Are Your Designs Inventions, Trademarks or Writing?, S. 259-276
Copyright and Trademark Aspects of Advertising, S. 277-286

Current Trademark Problems
Patents, Copyright and Literary Property Course Handbook Series, No. 50
Walter J. Derenberg / Morton David Goldberg (Cochairmen)
Practising Law Institute
New York City, 1974
Derenbergs Beiträge: Problems of Parallel Importation, S. 139-172
Lemon Tree and Its Ramification, S. 173-188

Current Developments in Copyright Law 1975
Vol. 1
Patent, Copyright, Trademark and Literary Property Course Handbook Series, No. 64
Walter J. Derenberg / Morton David Goldberg (Cochairmen)
Practising Law Institute, New York City, 1975
Derenbergs Beitrag: Fringe Areas and Overlaps with other Forms of Protection, S. 49-142

XIX. Revista Mexicana de la Propiedad Industrial y Artística

La ley sobre derecho de autor
Revista Mexicana de la Propiedad Industrial y Artística
Vol. 3, 1964, S. 73-104

Marcas abandonadas?"campo libre"? para todos?
Revista Mexicana de la Propiedad Industrial y Artística
Special Vol. 21-22, 147-160, 1973
[Vol. 21 und 22 sind: En homenaje a Stephen P. Ladas
Estudios de propiedad industrial y derecho de autor]

XX. Soap and Sanitary Chemicals

The Lanham Act
Soap and Sanitary Chemicals
June 1947, S. 37-40, 91-94

XXI. The Arbitration Journal

Comments on cases:
The Arbitration Journal
Vol. 1, 1937, S.104-107

Digest of Recent New York Supreme Court Decisions
The Arbitration Journal
Vol. 1, 1937, S. 201-206

Review of Court Decisions:
The Arbitration Journal
Vol. 2, 1938, S. 89-98
[verschiedene, auch internationale Gerichtsentscheidungen, z.B.: England und Österreich]

Review of Court Decisions:
The Arbitration Journal
Vol. 2, 1938, S. 200-205

Review of Court Decisions:
The Arbitration Journal
Vol. 2, 1938, S. 295-302

Review of Court Decisions:
The Arbitration Journal
Vol. 2, 1938, S. 411-416

Review of Court Decisions:
The Arbitration Journal
Vol. 3, 1939, S. 91-99

Review of Court Decisions:
The Arbitration Journal
Vol. 3, 1939, S. 194-205

Review of Court Decisions:
The Arbitration Journal
Vol. 3, 1939, S. 283-295

Review of Court Decisions:
The Arbitration Journal
Vol. 3, 1939, S. 377-385

Review of Court Decisions:
The Arbitration Journal
Vol. 4, 1940, S. 50-63

Review of Court Decisions:
The Arbitration Journal
Vol. 4, 1940, S. 180-189

Review of Court Decisions:
The Arbitration Journal
Vol. 5, 1941, S. 103-108

Review of Court Decisions:
The Arbitration Journal
Vol. 5, 1941, S. 229-237

Review of Court Decisions:
The Arbitration Journal
Vol. 5, 1941, S. 329-341

Review of Court Decisions:
The Arbitration Journal
Vol. 6, 1942, S. 64-68

Review of Court Decisions:
The Arbitration Journal
Vol. 6, 1942, S. 178-188

Review of Court Decisions:
The Arbitration Journal
Vol. 6, 1942, S. 294-309

XXII. The George Washington Law Review

The Impact of the Anti-Trust Laws on Trade-Marks in Foreign Commerce
The George Washington Law Review
Vol. 21, 1952-1953, S.665-667
[Nur eine Kurze Zusammenfassung seines gleichlautenden Artikels im NYU Law Review und TMR. Derenberg hat als Teilnehmer an einem Diskussionsforum diese Kurzversion abgefasst. Die Diskussion mit Beiträgen Derenbergs ist auf den Seiten 694-701 abgedruckt. Die gesamte Diskussion mit dem Titel "The Impact of the Anti-Trust Laws on Patents and Trade-Marks in Foreign Commerce" unter dem Vorsitz von S. Chestrefield Oppenheim erstreckt sich über die Seiten 663-709]

XXIII. The Trademark Reporter

Drug Trade-Marks in Danger
The Trade-Mark Reporter, Vol. 31, 1941, S. 67-72

Trade-Marks ante portas
The Trade-Mark Reporter, Vol. 33, 1943, S. 135-151

Lanham Bill, H. R. 82, Reported by Senate Committee on Patents
The Trade-Mark Reporter, Vol. 34, 1944, S. 177-181

"Conditional Relief" in Trade-Mark Infringement and Unfair Competition Cases
The Trade-Mark Reporter, Vol. 35, 1945, S. 3-6

The New Trade-Mark Law Casts it Shadow (The La Touraine Case)
The Trade-Mark Reporter, Vol. 36, 1946, S. 175-177

Non-Use of Trade-Marks Due to "Special Circumstances"
The Trade-Mark Reporter, Vol. 36, 1946, S. 181-185

"Reconditioning" of Trade-Marked Articles again before The U. S. Supreme Court
The Trade-Mark Reporter, Vol. 36, 1946, S. 235-239

Summary Judgment Granted in Opposition Proceedings
The Trade-Mark Reporter, Vol. 37, 1947, S. 134

"At The Threshold to The Lanham Trade-Mark Act"
The Trade-Mark Reporter, Vol. 37, 1947, S. 297-305

The Lanham Trade-Mark Act and its Impact on The Drug Industry
The Trade-Mark Reporter, Vol. 37, 1947, S. 392-403

Foreign Law Aspects of the New Trade-Mark Act of 1946
The Trade-Mark Reporter, Vol. 37, 1947, S. 711-730

Problems in Registration Procedure
Derenberg, Walter J. / Merchant John H.
The Trade-Mark Reporter, Vol. 37, 1947, S. 799-815
Trade-Marks in Foreign Trade
Ladas, Stephen P. / with comments by Derenberg, Walter J. and Federico P. J.
The Trade-Mark Reporter, Vol. 38, 1948, S. 278-304

Equitable Defenses in Patent Office Proceedings
The Trade-Mark Reporter, Vol. 38, 1948, S. 495-503

The Lanham Act of 1946 in Operation
The Trade-Mark Reporter, Vol. 38, 1948, S. 628-639

The Lanham Trade-Mark Act of 1946
Practical Effects and Experiences after One Year's Administration
The Trade-Mark Reporter, Vol. 38, 1948, S. 831-856
[auch abgedruckt in: Journal of the Patent Office Society, Vol. 30, 1948, S. 730-772]

Some unique Features in the Selection and Protection of Pharmaceutical Trade-Marks
The Trade-Mark Reporter, Vol. 39, 1949, S. 93-103

The Second Year of Administration of the Lanham Trade-Mark Act of 1946
The Trade-Mark Reporter, Vol. 39, 1949, S. 651-667

Preview of the International Trade-Mark Conference (Lisbon, 1951)
The Trade-Mark Reporter, Vol. 40, 1950, S. 637-643

The Third Year of Administration of the Lanham Trade-Mark Act of 1946
The Trade-Mark Reporter, Vol. 40, 1950, S. 914-947

The Fourth Year of Administration of the Lanham Trade-Mark Act of 1946
The Trade-Mark Reporter, Vol. 41, 1951, S. 893-922

Federal Jurisdiction over Trade-Mark Infringement and Unfair Competition Abroad
The Trade-Mark Reporter, Vol. 42, 1952, S. 294-298

The Impact of the Antitrust Laws on Trade-Marks in Foreign Commerce
The Trade-Mark Reporter, Vol. 42, 1952, S. 365-394

The Fifth Year of Administration of the Lanham Trade-Mark Act of 1946
The Trade-Mark Reporter, Vol. 42, 1952, S. 712-742

Registrability of "Distinctive" Geographical Designations:
The British "Yorkshire" Copper Case
The Trade-Mark Reporter, Vol. 43, 1953, S. 242-247

The Sixth Year of Administration of the Lanham Trade-Mark Act of 1946
The Trade-Mark Reporter, Vol. 43, 1953, S. 779-832

The Seventh Year of Administration of the Lanham Trade-Mark Act of 1946
The Trade-Mark Reporter, Vol. 44, 1954, S. 991-1054

The Eighth Year of the Administration of the Lanham Trade-Mark Act of 1946
The Trademark Reporter, Vol. 45, 1955, S. 987-1051

Preface
The Trademark-Reporter, Vol. 46, 1956, S. 669-672
[Es ist eine Einleitung zur Juni Ausgabe des Trademark Reporters von 1956. Diese Ausgabe ist ein Bericht über den Jahreskongress der US Trade-Mark Association und den alle zwei Jahre stattfindenden Kongress der Association Internationle pour la Protection de la Propriété Industrielle (A.I.P.P.I.), der 1956 zum ersten Mal in den USA stattfand, Washington, D. C.]

The Nineth Year of Administration of the Lanham Trade-Mark Act of 1946
The Trademark Reporter, Vol. 46, 1956, S. 1017-1098

The Tenth Year of Administration of the Lanham Trade-Mark Act of 1946
The Trademark Reporter, Vol. 47, 1957, S. 879-957

The Eleventh Year of Administration of the Lanham Trademark Act of 1946
The Trademark Reporter, Vol. 48, 1958, S. 1037-1112

Current Trademark Problems in Foreign Travel and the Import Trade
The Trademark Reporter, Vol. 49, 1959, S. 674-706

The Twelfth Year of Administration of the Lanham Trademark Act of 1946
The Trademark Reporter, Vol. 49, 1959, S. 1019-1090

The Thirteenth Year of Administration of the Lanham Trademark Act of 1946
The Trademark Reporter, Vol. 50, 1960, S. 773-876

The Fourteenth Year of Administration of the Lanham Trademark Act of 1946
The Trademark Reporter, Vol. 51, 1961, S. 777-852

The Fifteenth Year of Administration of the Lanham Trademark Act of 1946
The Trademark Reporter, Vol. 52, 1962, S. 877-950

"Honest" Truth or Unfair Competition?
The Trademark reporter, Vol. 53, 1963, S. 225-335
[Derenberg agiert als Moderator einer Diskussionsrunde]

The Sixteenth Year of Administration of the Lanham Trademark Act of 1946
The Trademark Reporter, Vol. 53, 1963, S. 785-864

The Seventeenth Year of Administration of the Lanham Trademark Act of 1946
The Trademark Reporter, Vol. 54, 1964, S. 655-729

[Nachruf Derenbergs auf Fritz G. Lanham]
The Trademark Reporter, Vol. 55, 1965, S. 608

The Eighteenth Year of Administration of the Lanham Trademark Act of 1946
The Trademark Reporter, Vol. 55, 1965, S. 609-688

The Nineteenth Year of Administration of the Lanham Trademark Act of 1946
The Trademark Reporter, Vol. 56, 1966, S. 691-791

The Twentieth Year of Administration of the Lanham Trademark Act of 1946
The Trademark Reporter, Vol. 57, 1967, S. 643-741

The Twenty-first Year of Administration of the Lanham Trademark Act of 1946
The Trademark Reporter, Vol. 58, 1968, S. 609-712

The Twenty-second Year of Administration of the Lanham Trademark Act of 1946
The Trademark Reporter, Vol. 59, 1969, S. 625-733

The Twenty-third Year of Administration of the Lanham Trademark Act of 1946
The Trademark Reporter, Vol. 60, 1970, S. 387-480

The Twenty-fourth Year of Administration of the Lanham Trademark Act of 1946
The Trademark Reporter, Vol. 61, 1971, S. 257-337

The Contribution of Edward S. Rogers to the Trademark Act of 1946 in Historical Perspective
The Trademark Reporter, Vol. 62, 1972, S. 189-196

The Twenty-fifth Year of Administration of the Lanham Trademark Act of 1946
The Trademark Reporter, Vol. 62, 1972, S. 393-502

[Derenbergs Nachruf auf James F. Hoge]
The Trademark Reporter, Vol. 62, 1972, S. 503

The Twenty-sixth Year of the Administration of the Lanham Trademark Act of 1946
The Trademark Reporter, Vol. 63, 1973, S. 333-418

The Myth of the Proposed International Trademark "Registration" Treaty
The Trademark Reporter, Vol. 63, 1973, S. 531-550

The Twenty-seventh Year of Administration of the Lanham Trademark Act of 1946
The Trademark Reporter, Vol. 64, 1974, S. 339-449

XXIV. The Yale Law Journal

Commercial Prints and Labels: A Hybrid in Copyright Law
The Yale Law Journal, Vol. 49, 1939 - 1940, S. 1212-1236

XXV. Trademark Bulletin

[Bulletin of the United States Trade-Mark Association aber grundsätzlich bekannt unter „Trademark Bulletin". Alle zitierten Volumes sind solche der neuen Serie.]

Deceptive Advertising as Unfair Competition in Germany
Trademark Bulletin, Vol. 27, 1932, S. 322-324

Resolutions of the Seventh Congress of The International Chamber of Commerce as to Changes in the Paris Union Convention
Trademark Bulletin, Vol. 28, 1933, S. 263-267

"Roquefort Cheese" again before the Courts
Trademark Bulletin, Vol. 30, 1935, S. 244-248

The Federal Tribunals versus the Fair Trade Acts
Trademark Bulletin, Vol. 30, 1935, S. 276-280

Is Piracy of Dress Designs an Actionable Wrong?
Trademark Bulletin, Vol. 31, 1936, S. 57-63

The Limited Legal Effects of State Registration
Trademark Bulletin, Vol. 31, 1936, S. 267-279

"Asperin" Still a Valid Trade-Mark in Italy
Trademark Bulletin, Vol. 31, 1936, S. 279-282

Status of the Sturtevant Name in England
Trademark Bulletin, Vol. 31, 1936, S. 311-316

Sale of Reconditioned Article as Trade-Mark Infringement
Trademark Bulletin, Vol. 32, 1937, S. 15-24

Arbitral Tribunals for the Suppression of Unfair Trade Practices
Trademark Bulletin, Vol. 32, 1937, S. 181-190

Misfortune in Selecting a Trade-Mark
Trademark Bulletin, Vol. 32, 1937, S. 338-342

The Lanham Bill (H. R. 9041)
Trademark Bulletin, Vol. 33, 1938, S. 49-58

"Shredded Wheat" - The Still-Born Trade-Mark
Trademark Bulletin, Vol. 34, 1939, S. 33-69

A New Civil Remedy Against Unfair Competition (Section 964, New York Penal Law)
Trademark Bulletin, Vol. 35, 1940, S. 112-115

XXVI. Trademarks in Action Conference

Federal Unfair Competition Law at the End of the First Decade of the Lanham Act: Prologue or Epilogue
Trademarks in Action Conference, 1957, S. 14-50
Reprints of papers presented at the Trademarks in Action Conference
A Symposium directed to current, active problems and developments in Trademark law and practice and expressing the techniques and views of leading authorities.
Published by the Lawyers Institute of The John Marshall Law School, Chicago.
Chicago, 1957

XXVII. Virginia Law Review

Territorial Scope and Situs of Trademarks and Good Will
Virginia Law Review
Vol. 47, 1961, S. 733-750

§ 4 Besprechungen von Derenbergs erstem Buch

Warenzeichen und Wettbewerb in den Vereinigten Staaten von Amerika
Derenberg, Walter J.
Berlin, 1931

Abel, Paul	Österreichisches Anwaltsblatt 1932, Nr. 17 [ohne Seitenangabe]
Baum, Alfred	Archiv für Urheber- Film-und Theaterrecht Band 4, Heft 5/6, S. 568-571
Deák, Francis	Harvard Law Review Vol. 45, 1931 - 1932, S. 954f.
Eyek, Erich	Vossische Zeitung 1932, Nr. 623 vom 29.12.1932 [ohne Seitenangaben]
Hinrichsen, Max	Hanseatische Rechts- und Gerichtszeitschrift 1931, S. 625f.
Katz, Hanna	Michigan Law Review Vol. 30, 1931 - 1932, S. 168f.
dies.	Mitteilungen vom Verband deutscher Patentanwälte 1931, S. 295-298
Magnus	Juristische Wochenschrift 1931, S. 1876
Meyer, Oskar	Mitteilungen der Industrie- und Handelskammer zu Berlin 1931, Nr. 23 [ohne Seitenangabe]
o.V.	Propriété Industrielle 1931, S. 126f.
o.V.	Bulletin of the U. S. Trademark Association 1931, S. 192

Reimer, Eduard	Gewerblicher Rechtschutz und Urheberrecht 1931, S. 999f.
Reimer Eduard	Warenzeichen- und Wettbewerbsrecht in Deutschland und den Vereinigten Staaten von Amrika (Eine rechtsvergleichende Buchpesprechung) Gewerblicher Rechtschutz und Urheberrecht 1931, S. 920-935
Schechter, Frank I.	University of Pennsylvania Law Review and American Law Register Vol. 80, 1931 - 1932, S. 148f.
Schiller, Arthur A.	Columbia Law Review Vol. 32, 1932, S. 160f.
Schrader	Markenschutz und Wettbewerb 1931, S. 410f.
Wassermann, Martin	Zentralbaltt für die juristische Praxis Prag, 1932 [ohne Seitenangabe]
Wertheimer, Ludwig	Blätter für internationales Privatrecht 1931, S. 248
Wolff, John	Yale Law Journal Vol. 41, 1931-1932, S. 481-483

§ 5 Besprechungen von Derenbergs zweitem Buch

“Trade Mark Protection and Unfair Trading”
Derenberg, Walter J
Albany, 1936

Isaacs, Nathan	Harvard Law Review Vol. 51, 1937-1938, S. 769-771
Ladas, Stephen P.	The Yale Law Journal Vol. 47, 1937-1938, S. 1425f.
Liddy, Sylvester J.	New York University Law Quarterly Review Vol. XIV 1936-1937, S. 555-558
Fathchild, Irvin H.	Illinois Law Review of Northwestern University Vol. 31 1936-1937, S. 1139f.

Oppenheim, Chesterfield S.	The George Washington Law Review Vol. 5, 1936-1937, S. 922f.
o.V.	Österreichische Blätter für gewerblichen Rechtsschutz 1936, Heft 4 [ohne Seitenangabe]
o.V.	Patent and Trade Mark Review Vol. 35, October 1936 - September 1937, S. 50 f.
o.V.	Printer´s Ink Vol. 179, No. 5, NY, 1937 [ohne Seitenangabe]
o.V.	La Propriété Industrielle No. 12, 52. Jahr, 31. Dec. 1936 [ohne Seitenangabe]
Pickett, Charles	Brooklyn Law Review Vol. VII, 1937 - 1938, S. 543-546
Ruby, Charles E.	Boston University Law Review Vol. 17, 1937, S. 503-505
Sayre, Paul	Iowa Law Review Vol. 23, 1937-1938, S. 445-448
Shulman, Harry	The University of Chicago Law Review Vol. 5, 1937-1938, S. 695-701
White, William R.	Fordham Law Review Vol. 7, 1938, S. 147f.
Wolff, John	University of Pennsylvania Law Review and American Law Register Vol. 85, 1936-1937, S. 754f.

§ 6 Schriftliche Stellungnahmen Derenbergs als Mitglied des Panel of Experts

Comment on Study No. 7 “Notice of copyright”,
Copyright Law Revision, Studies prepared for the Subcommittee on Patents, Trademarks and Copyrights of the Committee on the Judiciary, United States Senate, 86th Congress, 1st Session, pursuant to S. Res. 53, 3rd Print, 1960, S. 56 f.
Comment on Study No. 11 “Divisibility of Copyrights”, a.a.O., 4th Print, 1960, S. 70 f.
Comment on Study No. 12 “Joint Ownership of Copyrights”, a.a.O., 4th Print, 1960, S. 118 f.
Comment on Study No. 13 “Works Made for Hire and on Commision”, a.a.O., 4th Print, 1960, S. 149
Comment on Study No. 14 “Fair Use of Copyrighted Works”, a.a.O., 5th Print, 1960, S. 39 f.
Comment on Study No. 16 “Limitation on Performing Rights”, a.a.O., 5th Print, 1960, S. 126
Comment on Study No. 17 “The Regsistration of Copyright”, a.a.O., 6th Print, 1960, S. 77 ff.

Comment on Study No. 18 “Authority of the Register of Copyrights to Reject Applications for Registration”, a.a.O., 6th Print, 1960, S. 104
Comment on Study No. 19 “The Recordation of Copyright Assignments and Licenses”, a.a.O., 6th Print, 1960, S. 131
Comment on Study No. 20 “Deposit of Copyrighted Works”, a.a.O., 7th Print, 1960, S. 45 f.
Comment on Study No. 25 “Liability of Innocent Infringers of Copyright”, a.a.O., 8th Print, 1960, S. 166
Comment on Study No. 28 “Copyright in Coreographic Works”, a.a.O., 9th Print, 1960, S. 109
Comment on Study No. 29 "Protection of Unpublished Works”, a.a.O., 10th Print, 1960, S. 43 f.
Comment on Study No. 32 “Protection of Works of Foreign Origin”, a.a.O., 11th Print, 1960, S. 21 f.

Frankfurter wirtschaftsrechtliche Studien

Herausgegeben von
Theodor Baums, Andreas Cahn, Friedrich Kübler, Hans-Joachim Mertens, Eckard Rehbinder, Gunther Teubner

Band 1 Tomas Brinkmann: Unternehmensinteresse und Unternehmensrechtsstruktur. Aufgaben und Grenzen eines normativen Regulativs unternehmenspolitischer Prozesse. 1983.

Band 2 Rüdiger Hahn: Behinderungsmißbräuche marktbeherrrschender Unternehmen. Eine Untersuchung der Beeinträchtigung von Wettbewerb und Marktstruktur durch horizontalen Nichtleistungswettbewerb als Gegenstand der Mißbrauchaufsicht nach § 22 Abs. 4 S. 2 Nr. 1 GWB. 1984.

Band 3 Peter Buchmann: Registerpublizität und Gläubigerschutz bei der Einmann-Gesellschaft. 1984.

Band 4 Christian Joerges/Eugen Hiller/Knut Holzscheck/Hans-W. Micklitz: Vertriebspraktiken im Automobilersatzteilsektor. Ihre Auswirkungen auf die Interessen der Verbraucher. 1985.

Band 5 Annette Boerner: Die Haftung des herrschenden Kommanditisten. 1985.

Band 6 Dirk H. Mahler: Rechtsmißbrauch und einstweiliger Rechtsschutz bei Dokumentenakkreditiven und "Akkreditiven auf erstes Anfordern": Eine rechtsvergleichende Untersuchung. 1986.

Band 7 Brigitte Kratz: Ausländische Eingriffsnorm und inländischer Privatrechtsvertrag. 1986.

Band 8 Dimitris Tsibanoulis: Die genossenschaftliche Gründungsprüfung. 1987.

Band 9 Jürgen Braun: Rechtsfragen des Transport-Unfall-Informations- und Hilfeleistungs-Systems der deutschen chemischen Industrie. 1987.

Band 10 Thomas Pfeiffer: Die Bedeutung des privatrechtlichen Immissionsschutzes. Eine Untersuchung zu §§ 1004, 906 BGB. 1987.

Band 11 Michael Bothe/Josef Brink/Christian Kirchner/Albrecht Stockmayer: Rechtsfragen der internationalen Verschuldungskrise. Voraussetzungen, Formen und Verfahren internationaler Umschuldungsmaßnahmen und Umschuldungsvereinbarungen. 1988.

Band 12 Felix Dörr: Die fehlerhafte GmbH. 1989.

Band 13 Rolf Trittmann: Anwendungsprobleme des Haager Beweisübereinkommens im Rechtshilfeverkehr zwischen der Bundesrepublik und den Vereinigten Staaten von Amerika. Exklusive Regelung zur Überbrückung der Unterschiede zwischen dem kontinental-europäischen und anglo-amerikanischen Zivilprozeßrechtssystem? 1989.

Band 14 Margaretha Sudhof: Dreieckige Rechtsverhältnisse im Wirtschaftsverwaltungsrecht - Am Beispiel von Konkurrentenklagen. 1989.

Band 15 Michael Weigel: Schriftformklauseln in Allgemeinen Geschäftsbedingungen. 1989.

Band 16 Hans-Peter Schröder: Der sichere Weg bei der Vertragsgestaltung. 1990.

Band 17 Matthias Haas: Haftungsfreizeichnungsklauseln in Allgemeinen Geschäftsbedingungen. Eine rechtsdogmatische und ökonomische Analyse. 1991.

Band 18 Andreas Hahn: Instandhaltungsverträge. Begriffe, Einordnung, Rechtsfolgenbestimmung, Auswirkung auf die Kautelarpraxis. 1991.

Band 19 Jürgen Götz: Der Entherrschungsvertrag im Aktienrecht. 1991.

Band 20 Friedrich Wächtershäuser: Das Gesellschaftsrecht des internationalen Joint Ventures. 1992.

Band 21 Christina Escher-Weingart: Nutzungsausfall als Schaden und sein Ersatz. 1993.

Band 22 Jean-Claude Zerey: Rechtliche Probleme der Finanzierung von *Leveraged Buyouts* und *Tender Offers* durch Banken in den USA und in der Bundesrepublik Deutschland. Eine rechtsvergleichende Studie über die Rolle der Banken bei Unternehmenskontrolltransaktionen in den USA und in der Bundesrepublik Deutschland. 1994.

Band 23 Markus Bauer: Gläubigerschutz durch eine formelle Nennkapitalziffer - Kapitalgesellschaftsrechtliche Notwendigkeit oder überholtes Konzept? Eine rechtsvergleichende Untersuchung der Gläubigerschutzkonzepte des amerikanischen und deutschen Kapitalgesellschaftsrechts. 1995.

Band 24 Marion Vollmann: Minderheitenschutz im aktienrechtlichen Beschlußmängelrecht. Eine Bestandsaufnahme und Vorschläge zu einer rechtspolitischen Reform. 1997.

Band 25 Lydia Klose-Mokroß: Gläubigerschutz im Kapitalgesellschaftsrecht am Beispiel der Lehre von der verdeckten Sacheinlage. 1997.

Band 26 Stephan Aubel: Der vereinfachte Bezugsrechtsausschluß. Aktionärs- und Gesellschaftsinteressen beim vereinfachten Bezugsrechtsausschluß nach Maßgabe des § 186 Absatz 3 Satz 4 AktG. 1998.

Band 27 Kurt Peter Dittrich: Die Privatplazierung im deutschen Kapitalmarktrecht. Eine Untersuchung der Vorschriften des Auslandinvestmentgesetzes, des Wertpapier-Verkaufsprospektgesetzes und des Gesetzes über Kapitalanlage-Gesellschaften unter Berücksichtigung des Rechts der Vereinigten Staaten von Amerika und des Vereinigten Königreichs. 1998.

Band 28 Viola Sailer: Aktienrechtliche Minderheitskompetenzen zwischen Mißbrauch und unternehmerischer Entscheidungsfreiheit. 1999.

Band 29 Marc Zimmerling: Kapitalerhaltung und Konzernfinanzierung. Eine Untersuchung der kapitalerhaltungsrechtlichen Problematik aufsteigender Sicherheiten im Konzern. 1998.

Band 30 Joachim Wichert: Die Finanzen der Kommanditgesellschaft auf Aktien. 1999.

Band 31 Kerstin Andrea Müller: Produktverantwortung und ihre Durchsetzung. Eine kartellrechtliche Beurteilung von Selbstverpflichtungen im Umweltrecht aus deutscher und europäischer Sicht unter besonderer Berücksichtigung der Altautoentsorgung. 1999.

Band 32 Bettina Friedrich: Konvergenzen im Gesellschaftsrecht. Recht-Fertigung durch Status- und Befundsicherung. 2000.

Band 33 Rudolf Lemke: Haftungsrechtliche Fragen des Ratingwesens – ein Regelungsproblem? 2000.

Band 34 Klaus R. Roller: Die Vergütung des Aufsichtsrats in Abhängigkeit vom Aktienkurs. 2000.

Band 35 Bettina Bokelmann: Personelle Verflechtungen über Aufsichtsräte. Aufsichtsratsmitglieder mit hauptberuflicher Vorstandsfunktion. 2000.

Band 36 Kai-Uwe Steck: Regulierung von US-amerikanischen Investmentgesellschaften (Investment Companies). Unter besonderer Berücksichtigung des National Securities Markets Improvement Act of 1996 (NSMIA) und anderer aktueller Rechtsanpassungen. 2000.

Band 37 Kristofer Bott: Wissenszurechnung bei Organisationen. 2000.

Band 38 Ursula Lenzen: Unerlaubte Eingriffe in die Börsenkursbildung. 2000.

Band 39 Martin Schulz: Verfassungsrechtliche Vorgaben für das Kollisionsrecht in einem Gemeinsamen Markt. Eine rechtsvergleichende Untersuchung zu den Grenzen einzelstaatlicher Anknüpfungsmethoden im internationalen Vertrags-, Delikts- und Gesellschaftsrecht am Beispiel der Vereinigten Staaten von Amerika. 2000.

Band 40 Maximilian Koch: Diversifizierung und Vorstandskompetenzen. 2001.

Band 41 Corrado Wohlwend: Die Hauptversammlung im Wandel der Kommunikationsformen. 2001.

Band 42 Michael Rozijn: Der Unternehmensmaklervertrag. Zur Anwendung des allgemeinen Maklervertragsrechts auf Mergers & Acquisitions-Dienstleistungen. 2001.

Band 43 Konstantinos N. Kyriakakis: Die Überwachung einer US-amerikanischen Aktiengesellschaft durch institutionelle Anleger. 2002.

Band 44 Uta Fredebeil: Aktienemissionen. Das underwriting agreement (der Übernahmevertrag) und seine spezifischen Klauseln. 2002.

Band 45 Michaela G. Döbler: Die Einführung des WTO-weiten Erschöpfungsgrundsatzes in das Markenrecht der EU und der USA. 2002.

Band 46 Jan Liersch: Regulierung des Blockhandels an den organisierten Aktienmärkten der Vereinigten Staaten, Großbritanniens und Deutschlands. 2002.

Band 47 Sascha Lotze: US-amerikanisches Kapitalmarktrecht und Internet. Aufsichts- und haftungsrechtliche Fragen des Internet-Einsatzes bei Wertpapieremissionen und im Wertpapierhandel. 2002.

Band 48 Boris Trautmann: Die Konkurrenz von Haftpflicht- und Versicherungsanspruch. Ein Beitrag zur ökonomischen Analyse des Rechts unter Berücksichtigung von Unsicherheit und Verhaltensanomalien. 2002.

Band 49 Matthias Möller: Rechtsformen der Wagnisfinanzierung. Eine rechtsvergleichende Studie zu den USA und zu Deutschland. 2003.

Band 50 Heiner Feldhaus: Die Eignung zur erheblichen Kursbeeinflussung bei der Ad-hoc-Publizität. Eine rechtsvergleichende und interdisziplinäre Untersuchung unter Berücksichtigung der europarechtlichen Vorgaben. 2003.

Band 51 Matthias Janke: Gesellschaftsrechtliche Treuepflicht. Neubewertung der richterrechtlichen Generalklausel im Rahmen einer rechtsvergleichenden und ökonomischen Analyse. 2003.

Band 52 Katrin Thoma: Eigengeschäfte des Vorstands mit der Aktiengesellschaft. Eine vergleichende Untersuchung zum englischen, U.S.-amerikanischen und deutschen Recht. 2003.

Band 53 Mathias Stöcker: Rechtsfragen grenzüberschreitender Unternehmenszusammenschlüsse - unter besonderer Berücksichtigung des Falles Daimler/Chrysler - 2003.

Band 54 Otto Korte: Zur mißbräuchlichen Wahrnehmung der aktienrechtlichen Anfechtungsbefugnis. 2003.

Band 55 Wilhelm Wilderink: Die Auflösung, die Übertragung und die Verschmelzung von Investmentfonds. 2003.

Band 56 Anja Birkenkämper: Rechtsfragen feindlicher Übernahmen. Jurisitische Nachlese zum Fall Krupp/Thyssen. 2003.

Band 57 Manuel Lorenzo Alonso: Die Neuausrichtung der Zwischenstaatlichkeitsklausel der Art. 81, 82 EG. Folgen der neuesten Entwicklungen des Gemeinschaftsrechts für die Zwischenstaatlichkeitsklausel - unter besonderer Berücksichtigung des Bankenbereichs. 2003.

Band 58 Dirk Kocher: Kapitalgesellschaft & Co. KG in Finnland. Eine Untersuchung zur Frage der Übertragbarkeit der deutschen Grundtypenvermischung auf das finnische Recht. 2003.

Band 59 Ruiting Qin: Parteiautonomie: Eine rechtsvergleichende Untersuchung. Versuch zur Entwicklung einer Gerechtigkeitsjurisprudenz im IPR. 2003.

Band 60 René Runte: Walter Julius Derenberg – Leben und Werk. 2004.

Band 61 Udo Prinz: Umstrukturierung durch *Schemes of Arrangement* mit Gesellschaftern im englischen Recht. – Ein Vorbild? 2004.

Imke Schröder

Zur Legitimationsfunktion der Rechtsphilosophie im Nationalsozialismus

Kontinuität und Diskontinuität rechtsphilosophischer Lehren zwischen Weimarer Republik und NS-Zeit

Frankfurt am Main, Berlin, Bern, Bruxelles, New York, Oxford, Wien, 2002. 212 S.
Europäische Hochschulschriften: Reihe 2, Rechtswissenschaft. Bd. 3379
ISBN 3-631-39284-2 · br. € 39,00*

Ausgangspunkt der Untersuchung ist das Fehlen einer einzelfallspezifischen Auseinandersetzung mit der Rolle der Rechtsphilosophie im Nationalsozialismus. Konkret standen drei Fragen zur Untersuchung und Beantwortung an: Die Frage, ob und in welchem Ausmaß Rechtswissenschaft und Rechtspraxis als „willige Erfüllungsgehilfen" der nationalsozialistischen Ideologie fungiert haben; die Frage ob es eine „Rechtsphilosophie des Nationalsozialismus" gab und welches ihre Merkmale waren. Ferner die Frage, ob die beiden bislang als einheitliche Erklärungsmuster verwendeten Grundthesen zum einen einer bereits zu Zeiten der Weimarer Republik bestehenden großen Affinität der rechtsphilosophischen Lehre zur Ideologie des Nationalsozialismus, zum anderen des fehlenden deutlichen Widerstandes aufgrund der Intention, „Schlimmeres verhüten" zu wollen, tatsächlich in erschöpfender und zutreffender Weise die Motive und Reaktionsformen der rechtsphilosophischen Lehre im Nationalsozialismus beschreiben.

Aus dem Inhalt: „Die" Rechtsphilosophie des Nationalsozialismus? · Spezifische NS-Dogmen / Kontinuität und Diskontinuität rechtsphilosophischer Produktion anhand von autorenspezifischen, vergleichenden Textanalysen · Ablehnung der These von 2 Erklärungsgrundmustern für die Bereitstellung „passender" Ideologietheorien durch die Rechtsphilosophie

FSC
www.fsc.org
MIX
Papier | Fördert
gute Waldnutzung
FSC® C083411

Kolibri 360 GmbH
Ferdinand-Jühlke-Straße 7
99095 Erfurt, Deutschland
produktsicherheit@kolibri360.de

Druck:
CPI Druckdienstleistungen GmbH
im Auftrag der
Kolibri 360 GmbH
Ferdinand-Jühlke-Str. 7
99095 Erfurt